Susan L. Trollinger,
William Vance Trollinger, Jr

•

Righting America
At the Creation Museum

Johns Hopkins University Press

Baltimore

2016

Сюзан Л. Троллингер,
Уильям Вэнс Троллингер — мл.

Америка правее(т)

Музей Сотворения мира

Academic Studies Press

Библиороссика

Бостон / Санкт-Петербург

2025

УДК 575.8, 2-67
ББК 86.29
Т70

Перевод с английского Арсения Черного

Серийное оформление и оформление обложки Ивана Граве

Троллингер, Сюзан Л., Троллингер — мл., Уильям Вэнс.

Т70 Америка правее(т). Музей Сотворения мира / Сюзан Л. Троллингер, Уильям Вэнс Троллингер — мл.. ; [пер. с англ. А. Черного]. — СПб.: Academic Studies Press / Библиороссика, 2025. — 436 с. — (Серия «Современное религиоведение и теология» = «Contemporary Religious and Theological Studies»).

ISBN 979-8-901270-44-8 (Academic Studies Press)
ISBN 978-5-907918-77-1 (Библиороссика)

28 мая 2007 года в Питерсберге, штат Кентукки, открылся Музей сотворения мира. Целью музея является научное доказательство того, что Вселенная была создана менее десяти тысяч лет назад Богом. Музей пользуется огромной популярностью, привлекая миллионы посетителей. Своими фигурно подстриженными кустами и контактным зоопарком с верблюдами музей вызывает в памяти образы религиозного Диснейленда. Внутри посетителей на каждом шагу встречают динозавры и реконструкция Эдемского сада с Древом Жизни, змеем, Адамом и Евой.

Сьюзан Л. Троллингер и Уильям Вэнс Троллингер — мл. проводят для читателей увлекательную экскурсию по музею. Троллингеры живо описывают и анализируют множество экспонатов, плакатов, диорам и видеоматериалов — от зала «Культура в кризисе», где на видео изображены грешные аморальные персонажи, смотрящие порнографию или размышляющие об аборте, до зала «Естественный отбор», где плакаты доказывают, что естественный отбор не приводит к эволюции. В книге также прослеживается становление креационизма и история христианского фундаментализма в Америке.

УДК 575.8, 2-67
ББК 86.29

© Susan L. Trollinger,
William Vance Trollinger, Jr, text, 2016
© Johns Hopkins University Press, 2016
© А. Черный, перевод с английского, 2025
© Academic Studies Press, 2025
© Оформление и макет.
ООО «Библиороссика», 2025

ISBN 979-8-901270-44-8
ISBN 978-5-907918-77-1

Нашим детям

План музея

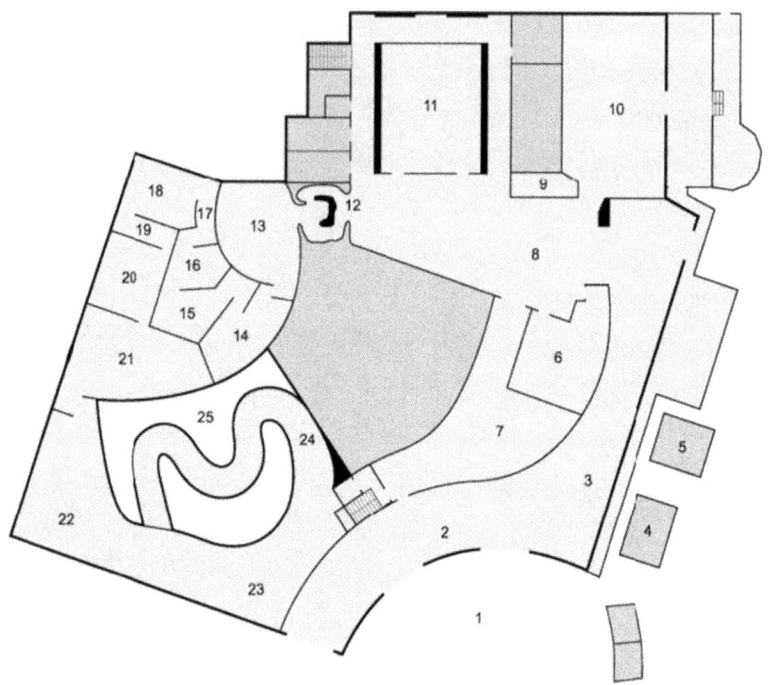

Верхний ярус:

1. Площадь
2. Главный вход и кассы
3. Галерея
4. Канатная дорога
5. Встреча с Ковчегом
6. Планетарий Звездочета
7. Драконова книжная лавка
8. Фойе
9. Кафетерий с мороженым
10. Ноево Кафе
11. Театр со спецэффектами
12. Выход на «Библейский путь»
13. Раскоп
14. Исходные точки
15. Авторитет Писания
16. Актуальность Писания
17. Аллея граффити
18. Кризис культуры
19. Тоннель времени
20. Шестидневный театр
21. Чудеса Сотворения
22. Эдемский сад
23. Пещера скорбей
24. Спуск на нижний ярус
25. Строительство Ковчега

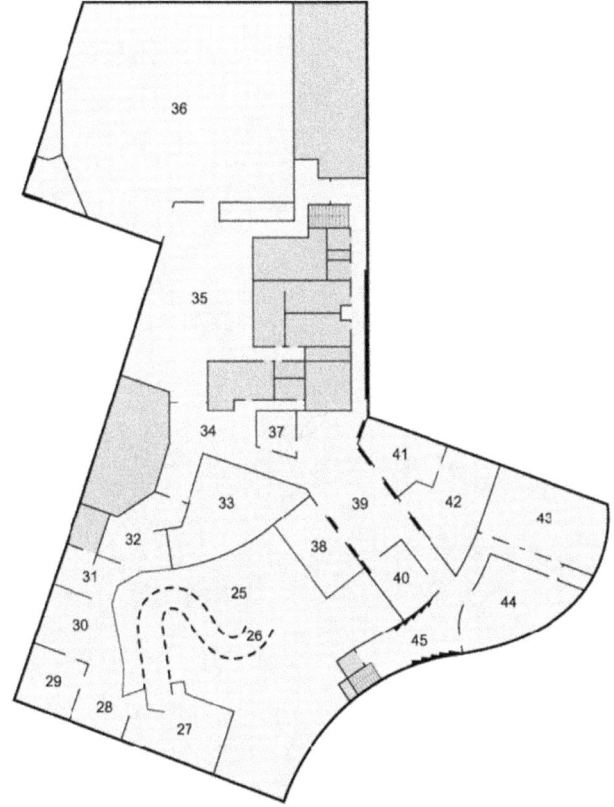

Нижний ярус:

26. Подъем на верхний ярус
27. Путешествие Ковчега
28. Геология Потопа
29. Естественный отбор
30. Лицом к лицу с аллозавром
31. Мир после Потопа
32. Вавилон
33. Последний Адам
34. Христос, Крест, Искупление
35. Книжная лавка Наследия
36. Зал Наследия
37. Часовня
38. Музей Библии
39. Пальмовая площадь
40. Пальмовая площадь
41. Дино-логово Бадди Дэвиса
42. Инсектарий доктора Кроули
43. Лектории им. Генри Морриса и Джона Уиткомба
44. Зал открытий
45. Зал ответов

Вступление

28 мая 2007 года в Петербурге, штат Кентукки, двери для посетителей распахнул Музей Сотворения мира, своей целью заявивший «вернуть нынешнюю культуру к авторитету Писания и нести Евангельскую весть». Достигается это посредством наглядной демонстрации того, что «рассказ о происхождении жизни, представленный в Книге Бытия, является весьма простым, однако же фактологически верным изложением действительно имевших место событий». Таким образом, в Музее общей площадью около семи тысяч квадратных метров вниманию посетителей представлены экспонаты, отражающие утверждения, наподобие того, что менее десяти тысяч лет назад за шесть последовательных 24-часовых дней библейский Бог сотворил нашу Вселенную; «многоразличные формы жизни (виды)... появились в результате непосредственного акта Божественного Творения»; особняком среди подобных актов стоит «сотворение Адама и Евы, чье последующее грехопадение» привело к тому, что «смерть (как физическая, так и духовная) и кровопролитие вошли в этот мир»; а всемирный потоп — был реальным историческим событием, подтверждающимся как геологической стратиграфией, так и археологическими находками[1]. Подобные тезисы музей подкрепляет более чем 150 экспонатами, включая роботизированные

---

[1] «Membership with a Mission», Creation Museum — http://creationmuseum.org/members/mission [дата обращения: 11.06.2025]; «Statement of Faith», answersingenesis — https://answersingenesis.org/about/faith [дата обращения: 11.06.2025].

фигуры людей и динозавров (представленных подчас в едином сюжете), многочисленные пояснительные плакаты и диаграммы, а также несколько миниатюрных диорам, иллюстрирующих события всемирного потопа и реконструкцию Эдемского сада с животными в натуральную величину, пестрой райской флорой, низвергающимся водопадом, внушительным Древом Жизни и рядом сцен с Адамом, Евой и Змеем-искусителем.

Первое, что тут приходит на ум, — попросту отмахнуться от подобного «музея», как от какой-то сюрреалистической, непонятно-вычурной причуды от мира культуры. Вместе с тем было бы ошибкой счесть Музей пусть и диковинным, но, в сущности, маргинальным явлением; как ни странно, Музей занимает весьма заметное место в правой части американского культурного, политического и религиозного мейнстрима. Иначе говоря, Музей существует и здравствует не по причине экстравагантности ряда тезисов, — хотя кого-то из посетителей он привлекает именно этим — но потому, что отражает и утверждает религиозно-политические взгляды значительной части американцев. Кроме — и даже важнее — того, Музей Сотворения стремится образовать, подготовить и вооружить аргументами миллионы американских христиан, приобретя в их лице бескомпромиссных и бесстрашных воинов, необходимых в продолжающейся (по мнению Музея) в Америке культурной войне.

Словом, Музей Сотворения — место весьма значимое, о котором стоит знать каждому американцу, следствием чего и является настоящая книга. Самый же верный путь к тому, чтобы вполне прояснить ситуацию, — это подробное рассмотрение фундаментализма, этого удивительного движения, судя по всему, и не помышляющего покидать американский культурный ландшафт. Плоть от плоти фундаментализма, Музей разделяет и продвигает соответствующие принципы: убежденность в безошибочности библейского текста, премилленаризм[2], патриархальность, политический консерватизм и, конечно же, креацио-

---

[2] То есть веру в Тысячелетнее царство, наступление коего воспоследует Второму пришествию. — *Прим. пер.*

низм³. Ниже представлен краткий исторический очерк об американском фундаментализме и том, каким образом в эту историю вписался Музей Сотворения мира⁴.

Фундаментализм, креационизм и Ответы Бытия

Истоки фундаментализма восходят к середине — концу XIX столетия, когда дарвинизм (работа «О происхождении видов» вышла как раз в 1859 году) и историзм (а точнее, историко-критический подход) открыто бросили вызов традиционным интерпретациям библейского текста. Сторонники первого метода указывали на несостыковки представленного в книге Бытия рассказа о творении (всего шесть дней? Все виды сразу?), не говоря уже о совсем принципиальных для теологии вопросах, наподобие божественной роли в сотворении мира или сущности человеческой природы. Второй же подход — опираясь на тезис о том, что время и место задают специфику данного текста и потому намереваясь подходить к Библии как к очередному историческому тексту, — поставил ряд серьезных вопросов о сверхъестественном характере и буквальной достоверности библейского повествования: кто были реальные авторы Библии? Как быть с многочисленными противоречиями и ошибками в тексте? Как насчет сюжетных заимствований из преданий других культур?

---

³ В этой книге мы рассмотрим главным образом младоземельный креационизм, однако само понятие «креационизма» относится также и к сторонникам концепции «старой Земли», которая, пусть и несколько утратила популярность, но полностью не исчезла. Кроме того, идея «разумного замысла» также является формой креационизма, и сходства с младоземельной (и тем более «староземельной») концепцией заметны куда более, нежели различия между ними. [Matzke 2010: 145–162], http://link.springer.com/article/10.1007%2Fs12052-010-0233-1 [дата обращения: 11.06.2025].

⁴ В последние несколько десятилетий настало время настоящего расцвета штудий в области американского фундаментализма. Настоящее вступление (да и вся книга в целом) во многом основывается на материале этих исследований, а потому мы настоятельно советуем ознакомиться с приложенным в конце книги списком работ для дальнейшего чтения.

Многие американские протестанты отвечали на подобные интеллектуальные вызовы принятием дарвинистской концепции с выводом о том, что Библия — это исполненный ошибок и нестыковок документ, явившийся плодом коллективного творчества многих авторов, живших в различные эпохи. Однако же был и иной взгляд, приверженцы которого крайне негативно воспринимали угрозы, исходившие от дарвинизма и историзма. Наиболее значимым теологическим ответом явилась доктрина о безошибочности библейского текста. Сформулированный принстонскими богословами в конце XIX столетия, принцип постулировал абсолютную непогрешимость «оригинальных автографов» Писания: текст писался под непосредственным водительством Святого Духа и, следовательно, никоего рода ошибок содержать не может. Все, о чем повествуется в Писании, объявлялось фактологически достоверным, включая утверждения по части истории, науки и т. д. Пусть в ряде переводов действительно находятся незначительные разночтения и ошибки, — ведь истинно безошибочными являлись лишь изначальные автографы текста — их количество и влияние столь незначительно, что даже несмотря на них мы вполне можем с верой относиться к любому экземпляру Библии, принимая оный в качестве печатного Слова Божия.

Библейский текст не только не содержит ошибок, но и предсказывает будущее. Еще более утверждала сверхъестественную природу Писания другая идеологическая концепция, тесно связанная с безошибочностью библейского текста, — диспенсационный премилленаризм. Согласно данной эсхатологической системе, буквальное прочтение Библии (в особенности книги пророка Даниила и Откровения) предоставляет надежные сведения о прошлом, настоящем и будущем человеческой истории. Премилленаризм подразделяет человеческую историю на отдельные временные сегменты или диспенсации (как правило, выделяется семь подобных глобальный периодов). В ходе каждой диспенсации Бог испытывает человечество, неизменно проваливающее испытание, после чего Бог вершит над ним свой Высший суд (наподобие Всемирного потопа). Для нынешней диспенсации — «церковной эпохи» — характерно все нарастающее отступничество от церкви с общим упадком цивилизации. Однако же в финале этой эпохи, чему будет предшествовать возвращение евреев в Палестину, явится Христос и «восхи́тит» верных ему, дабы навеки пребывали с Господом «на воздухе»[5]. Воспоследуют этому времена «скорби», включая период правления антихриста, после чего вернется Христос со святыми и, одолев лютого врага, установит Тысячелетнее царство.

Во многом благодаря целой волне конференций на тему Библии и содержащихся в ней пророчеств к началу нового века многие американские евангелисты были убежденными сторонниками милленаризма и библейской безошибочности. В 1909 году пастор Сайрус Скоуфилд издает Библию со своим комментарием (в 1917 году выходит уже второе издание), которая тут же становится популярнейшей версией Писания у консервативных американских протестантов: библейский текст толковался сугубо в диспенсационалистском ключе, и безошибочность премилленаризма окончательно утвердилась в массовом евангелическом сознании.

Словом, пусть и без особого удивления, — учитывая мрачные пророчества о «конце времен», — милленаристы уже были «на взводе». Тогда же богатые нефтяники-евангелисты Лайман и Мильтон Стюарты профинансировали издание и распространение (более трех миллионов экземпляров было разослано протестантским пасторам, издательствам, семинаристам и прочим) «Фундаменталий» («Основ») — 12-томного «фундамента веры», выходившего с 1910 по 1915 год. В издании излагалась консервативная теологическая позиция (в центре которой располагалась доктрина безошибочности), которая подразумевалась в качестве доктринального фундамента, утвердившись на котором «ортодоксальные» американские христиане будут противостоять наступающему либеральному врагу. Однако же, несмотря на то что сочинения были проникнуты двойственностью куль-

---

[5] См. 1 Фес. 4:17: «Потом мы, оставшиеся в живых, вместе с ними восхищены будем на облаках в сретение Господу на воздухе, и так всегда с Господом будем». — *Прим. пер.*

турной войны, а впоследствии даже подарили название новому движению крестоносцев, общий подход не был последовательно милленаристским. Скажем, несмотря на то что и сами братья Стюарт, и редакторы «Фундаменталий» стояли на позициях диспенсационного премилленаризма и принимали оный за непреложную данность, именно «фундаментальным» для христианской веры его в собрании так и не объявили. Но еще удивительнее то, что дарвинизм не только не предавался анафеме, но в одной работе даже рассматривался в контексте возможности «теистической эволюции».

Столь умеренная (особенно если смотреть ретроспективно) тональность резко оборвалась — и более никогда не звучала — с началом Первой мировой войны, когда множество американцев уверились, что полчища варваров-гансов несут угрозу христианской морали и всей западной цивилизации. Консервативные евангелисты объясняли германское скатывание в аморальную дикость в контексте общественного принятия дарвиновой эволюции и историко-критического подхода к Библии (который, как они считали, был плодом немецкой мысли). Более того, сторонники диспенсационализма видели в британском взятии Иерусалима в 1918 году волнующее указание на стремительно надвигающийся конец истории. В подобной атмосфере, усугублявшейся еще и появлением Красной угрозы, в мае 1919 года в Филадельфии прошло собрание евангелических общин, в результате которого была образована Всемирная ассоциация христианских фундаменталистов (ВАХФ/*WCFA*). Возглавляемая баптистским пастором и ярым премилленаристом Беллом Райли, новая межконгрегационная организация ставила перед собой две главные цели: пропаганда «основ веры» (включая, конечно, безошибочность Писания и диспенсационный премилленаризм) среди американских протестантов, а также очищение протестантских деноминаций от либералов и модернистов.

Несмотря на то что фундаменталистское толкование Писания быстро завоевывало популярность в евангелической Америке 20-х, а протестантские общины весьма по-разному подходили к «дилемме» фундаментализма, движению так и не удалось заполучить контроль над крупнейшими деноминациями. Агрессивные фундаменталистские кампании на севере в баптистских и пресвитерианских приходах не увенчались особым успехом: фундаменталистские столпы вероучения так особо и не прижились, а либеральные теологические течения никуда не делись из семинаристской и миссионерской среды.

К 1922 году львиную долю внимания фундаменталисты уделяли изгнанию дарвинизма-эволюционизма из школ. Ведь в конечном счете эволюция отвергала версию Бытия о сотворении земной жизни, подчеркивая естественный характер появления таковой и считая человека не более чем высокоразвитым приматом. В недавно завершившейся Первой мировой войне фундаменталисты находили моральное подтверждение своим взглядам, трактуя вероломную агрессию немцев в русле дарвинова «выживания сильнейших». В ответ на подобную смертельную угрозу ВАХФ и прочие организации фундаменталистского толка развернули кампанию с целью оказать давление на власти штатов, вынуждая законодательно запретить преподавание эволюции человека в государственных школах. В 1925 году власти штата Теннесси приняли специальный законодательный акт, запрещающий «преподавать любую теорию, отрицающую историю Божественного Творения человека, как тому учит Библия, и вместо этого преподавать, что человек произошел от низших животных». Когда же учитель из городка Дейтон Джон Томас Скоупс при поддержке Американского союза защиты гражданских свобод решил оспорить принятый закон, пресса развернула настоящий цирк вокруг начавшегося «Обезьяньего процесса». Несмотря на то что вердикт суда был не в пользу Скоупса, крупнейшие национальные СМИ на все лады высмеивали фундаменталистов, подкрепляя общее впечатление в академической и журналистской среде, что движение не только процесс проиграло, но и было обречено уже изначально.

И тем не менее целый ряд штатов (особенно южных) продолжали принимать антиэволюционистские законы, причем в трех штатах таковые были отменены лишь в 60-е годы. Но еще важнее то, что фундаменталистское движение продолжало развиваться на низовом уровне: по всей стране появилось множество поместных церквей (независимых и прямо относящихся к фундаменталистским конгрегациям или же номинально сохранявших подчинение крупным общинам), процветавших благодаря разрастающейся сети неподконтрольных епархиям издательств, миссионерских обществ, радиостанций и курсов катехизации. Спустя менее чем два десятилетия после «Обезьяньего процесса» движение вновь заявило о себе на общенациональной сцене. Признавая, что в 20-е годы понятию «фундаменталист» был нанесен известный репутационный ущерб, многие из тогдашних фундаменталистов обратились к наследию предыдущего века и стали именовать себя «нео-евангелистами», а потом и просто «евангелистами».

Пусть некоторые протестанты-консерваторы наотрез отказались от подобного переименования, демонстративно определяя себя «фундаменталистами», по большому счету полемика шла лишь о «названии на упаковке»; внутри же, несмотря на смену названия, многие «евангелисты» по-прежнему (как и поныне) сохраняли верность принципам библейской безошибочности, премилленаризму, патриархальности, политическому консерватизму и креационизму. Вообще же, в 30–40-х годах политический консерватизм стал гораздо более выраженным. Истовые приверженцы нерегулируемого капитализма, фундаменталисты с ужасом взирали на ретивую государственную политику Рузвельта, видя в его Новом курсе явные признаки скорого наступления всемирного Антихристова владычества. Еще более подобные апокалиптические опасения усугубились с началом холодной войны, когда мрачная тень атеистического коммунизма нависла и над отечеством, и над всем остальным миром, разрастаясь еще более на фоне вполне реальных страхов перед ядерной войной. К 50-м годам фундаменталисты и евангелисты уже вполне прочно застолбили за собой правую часть американского политического спектра. Ярые поборники капитала, милитаристы и антикоммунисты, они горячо выступали против расширения социальной роли государства и были готовы разве что на самые незначительные уступки по части «белых привилегий». И пусть в 60–70-е годы в евангелической среде появилась малочисленная, но достаточно влиятельная левая партия, подавляющее большинство фундаменталистов оставались политическими консерваторами: они ругали антивоенные протесты и движения за гражданские права, категорически не одобряли планы администрации президента Джонсона по расширению Нового курса, проклинали «сексуальную революцию» и феминизм, клеймили Верховный суд за то, что чиновники отменили обязательные молебны в школах, но узаконили аборты, и осуждали решение Налогового управления по отмене специального налогового режима для христианских школ, где проводилась дискриминация по расовому признаку[6].

Умело играя на подобном возмущении, в конце 70-х годов теле-евангелисты и ушлые эмиссары Республиканской партии объединили усилия, чтобы мобилизовать консервативных протестантов (большинство из которых и так уже были республиканцами) на «возвращение» величия Америки посредством избрания «кандидатов, выступающих за семью, за жизнь, за библейскую мораль и за Америку». Так, возглавляемые Джерри Фолвеллом и его «Моральным большинством», христианские правые внесли существенный вклад в избрание Рональда Рейгана в 1980 и 1984 годах. В пострейгановский период христианские правые сделались настоящей политической силой с разветвленной сетью поместных евангелических церквей и общенациональных организаций, включая «Семью в центре внимания» и комитет «Небезразличных женщин Америки». Наконец, с избранием Джорджа Буша — младшего на целых восемь первых лет XXI столетия христианские правые получили во главе государства «своего» президента.

Словом, за последние четыре десятилетия христианские правые оформились в самую надежную и, пожалуй, наиболее важную электоральную силу внутри Республиканской партии. Так, по состоянию на 2015 год ни один из многочисленных кандидатов от Великой старой партии на президентских выборах 2016 года

---

[6] О расовой дискриминации и ее влиянии на усиление правых христианских течений см. [Balmer 2014: 102–108].

публично не объявил, что верит в эволюцию. И если некоторые пытались как-то уклониться от прямого ответа на вопрос, многие категорически отвергали эволюцию, а некоторые и вовсе предлагали преподавать в государственных школах креационизм[7].

Тут стоит отметить, что, когда на заре XXI столетия мы говорим о «креационизме», мы, как правило, имеем в виду нечто отличное от «креационизма», в который верили Уильям Дженнингс Брайан и прочие пионеры фундаментализма. Проще говоря, наиболее распространенное в среде фундаменталистов и евангелистов содержание понятия «креационизм» с тех пор изменилось. Как ни странно, подобные перемены не были связаны с фундаментализмом-евангелизмом, но исходили от Адвентистов седьмого дня (АСД). В 1864 году проповедница и соорганизатор (на пару со своим мужем Джеймсом) АСД Эллен Уайт получила очередное[8] видение: на протяжении шести дней Бог сотворял мироздание, а на седьмой вкушал отдохновение (важный пункт в программе юной религиозной организации, отдельно подчеркивавшей важность заповеди «помнить день субботний»). Эллен Уайт подтвердила не только то, что Земле действительно лишь около шести тысяч лет, но также и то, что потоп, который пережил Ной, видоизменил ландшафт планеты, щедро оставив археологам всевозможные окаменелости и прочие ископаемые. Впрочем, не считая самих адвентистов, мало кто обращал внимание на воззвания Уайт вплоть до начала нового века, когда канадский адвентист Джордж Маккриди Прайс принялся за писательское ремесло, решив популярно изложить увиденное и рассказанное пастве проповедницей. Так свет увидели «Очерки современного христианства в свете современной науки» («Outlines of Modern Christianity and Modern Science», 1902), «Фундаментальные основы геоло-

---

[7] Luke Brinker, «Evolution and the GOP's 2016 Candidates: A Complete Guide», Salon, February 11, 2015, http://www.salon.com/2015/02/11/evolution_and_the_gops_2016_candidates_a_complet_guide [дата обращения: 11.06.2025]; Heather Digby Parton, «Scott Walker Ably Demonstrates GOP Is Still the Party of Stupid», Alternet, February 18, 2015, http://www.alternet.org/scott-walker-ably-demonstrates-gop-still-party-stupid [дата обращения: 11.06.2025].

[8] Среди более чем двух тысяч. — *Прим. пер.*

гии» («The Fundamentals of Geology», 1916) и главная работа Прайса — «Новая геология» («The New Geology», 1923). В своих сочинениях он пылко критиковал теорию эволюции, приводя «научные» доводы для объяснения далекого прошлого нашей планеты, подтверждавшие видения Эллен Уайт о катастрофическом по масштабам глобальном наводнении. По мнению Прайса, изложенная им «геология потопа» не только вполне объясняла факт наличия многочисленных ископаемых, но также разрешала и все прочие вопросы, поднимаемые современными учеными относительно изложенного в Бытии рассказа о творении[9].

Так, во время «Обезьяньего процесса» над Скоупсом Уильям Брайан ссылался как раз на труды Прайса — одного из двух ученых мужей, мнение которых по части истории Земли он уважал. Впрочем, и сам Брайан, и подавляющее большинство ранних фундаменталистов — все были староземельными креационистами, примирившимися с точкой зрения современных геологов. Их толкование сводилось либо к некоторой временной лакуне между собственно Актом Сотворения в Бытии 1:1 и остальным «творческим» процессом, либо же само слово «день» понималось не как сутки, состоящие из 24 часов, но скорее в порядке «эпохи» или «эры», то есть продолжительного временного периода без четко означенных границ. Уильям Брайан придерживался как раз последнего толкования о бытийном «дневном веке», о чем сам прямо и заявил во время прений с адвокатом Скоупса Кларенсом Дарроу[10].

Но несмотря на отступничество Брайана (а именно так расценивал его взгляды Прайс), уже в первые десятилетия после процесса над Скоупсом доводы «новой геологии» завоевали значительную популярность у американских фундаменталистов. В 1961 году Джон Уиткомб (теолог и преподаватель Ветхого Завета в семинарии Грэйс колледжа в Индиане) в соавторстве с Генри Моррисом (профессором гидравлики и заведующим кафедрой гражданского строительства в Вирджинском политехническом институте и университете штата) издали книгу под

---

[9] [Numbers, Schoepflin 2014: 214–216; Numbers 2006: 88–106].
[10] [Numbers 2006: 88–89, 116–117].

заглавием «Бытийный потоп: Библейские свидетельства и их научные обоснования». В значительной степени опираясь на материал Прайса (при этом же существенно преуменьшая степень зависимости от изысканий адвентиста, дабы не оттолкнуть собственную аудиторию фундаменталистов и евангелистов), Моррис и Уиткомб заявляли, — о чем свидетельствует подзаголовок книги — что «Бытийный потоп» преследует «двоякую цель». Во-первых, будучи убежденными в «полной богодухновенности», «вербальной непогрешимости» и «кристальной ясности» Писания, авторы стремились «популярно изложить сказанное в Библии о Потопе и связанных с ним событиях». Второй же задачей авторов являлось определение «научных обоснований библейской истории о Потопе и, по возможности, согласование в библейских рамках последнего с первыми». Свои соображения авторы излагают на протяжении почти 500 страниц. Итак, в Библии говорится, что Ноев потоп, катастрофа глобального масштаба, продлился целый год; наука подтверждает, что масштабное наводнение явилось причиной образования геологических слоев, наблюдаемых современными учеными; *ergo*, заключают Моррис и Уиткомб, доводы в пользу эволюции и «старой Земли» абсолютно несостоятельны. Конечно, подобная аргументация по большей части повторяла геологию потопа Прайса (пусть и в переработке для евангелической и фундаменталистской аудитории), однако в одной важной детали Уиткомб и Моррис пошли дальше адвентистов: они прямо постулировали, что Бог сотворил не только Землю в шесть 24-часовых дней, но и вообще всю Вселенную, которая «в момент творения должна была обрести "видимый возраст"»[11].

Моррис и Уиткомб написали одну из важнейших книг в американской религиозной истории XX столетия. Подобно изданной за полвека до этого скоуфилдовской комментированной Библии, «Бытийный потоп» и изложенные в нем идеи с невероятной скоростью укоренились в среде консервативных протестантов. Множество американских евангелистов и фундаменталистов

---

[11] [Whitcomb, Morris 1961: XX, 369; Numbers 2006: 116–119, 211–229].

с воодушевлением восприняли идею о том, что «буквальное» прочтение Библии с необходимостью означает и принятие Творения за шесть 24-часовых дней. Еще более уверенность читателя в авторской правоте подкреплял внушительный научный аппарат книги: страницы изобиловали ссылками, сносками, фотографиями, а порой даже и математическими уравнениями. Из религиозных организаций, в создании которых принимал участие Моррис, наиболее важными являлись две: образованное в 1963 году Общество исследований креационизма (ОИК / Creation Research Society, CRS) и Институт креационных исследований (ИКИ / Institute for Creation Research, ICR), основанный в 1972-м. Несмотря на весьма малое отношение к «исследованиям» именно научного рода, обе институции заявляли, что занимаются «научным исследованием вопросов о сотворении мира» — делом важным, нужным и всецело заслуживающим равного статуса с эволюционными научными дисциплинами[12].

Пожалуй, в долгосрочной перспективе наибольший вклад ИКИ в развитие креационизма состоял в том, что именно под эгидой этой организации состоялся дебют Кена Хэма на всеамериканской религиозной сцене. Хэм родился в 1951 году в городке Кэрнс в австралийском штате Квинсленд. Его отец Мервин был учителем и служил директором в нескольких местных школах; именно он наставлял Хэма с братьями и сестрами, что Библию (включая книгу Бытия) следует читать буквально. Вооружившись отеческой премудростью, Хэм получил степень бакалавра прикладных наук в Квинслендском технологическом институте, а затем и педагогический диплом в Квинслендском университете. В 1975 году он устроился учителем естествознания в Далби; впоследствии Хэм рассказывал, что был потрясен тем, что некоторые из его учеников считали, что их учебники, где рассказывалось об эволюции, успешно доказывают, что Библия не соответствует действительности. Сталкиваясь с подобным, он всякий раз ощущал «жгучую тягу как-то противодействовать тому тлетворному влиянию, что оказывало эволюционное мышление на

---

[12] [Numbers 2006: 239–328].

учащихся и общество в целом». Хэм как раз недавно с восторгом дочитал «Бытийный потоп» и решил выступать на эту тему в местных церквях. Публика чрезвычайно благожелательно восприняла его лекции о младоземельном креационизме[13].

В 1977 году Хэм перебрался в Брисбен, где также устроился учителем и продолжил публичные выступления. Вскоре к нему присоединился Джон Маккей, тоже учитель и младоземельный креационист. Единомышленники решили начать распространять материалы с научным объяснением творения в квинслендских государственных школах, по закону обязанных преподавать как эволюцию, так и креационизм. В 1979 году Хэм оставляет преподавательскую деятельность и вместе с Маккеем основывает креационистскую организацию, которая вскоре (после слияния в 1980 году с южно-австралийской Ассоциацией креационных наук, возглавляемой Карлом Виландом) становится Фондом креационных наук (ФКН / Creation Science Foundation, CSF). Миссионеры Фонда стремительно разнесли «благую весть» о младоземельном креационизме по всей Австралии и даже погастролировали с публичными лекциями по Штатам. В январе 1987 года в Америку перебирается и сам Хэм, где приступает к сотрудничеству с Генри Моррисом и его исследовательским Институтом в качестве приглашенного эксперта по научному креационизму. Спустя месяц между Хэмом (по-прежнему занимавшим пост соучредителя ФКН) и Маккеем разгорелся нешуточный, но весьма странный скандал: последний обвинил личную секретаршу Хэма Маргарет Бьюкенен в том, что она «ведьма, летает на помеле, стряпает в котле колдовское варево, нередко участвует в спиритических сеансах и сатанинских оргиях» и даже не брезгует «некрофилией». На вопрос о доказательствах он заявил, что ему свыше было ниспослано «духовное прозрение». В результате спустя некоторое время Маккей был вынужден

---

[13] «Ken A. Ham», http://www.creationmuseumnews.com/docs/bio_ham.pdf [дата обращения: 11.06.2025]; Ken Ham, «Back to AiG Roots», Ken Ham (blog), November 28, 2012, http://blogs.answersingenesis.org/blogs/ken-ham/2012/11/28/back-to-aig-roots [дата обращения: 11.06.2025]; [Stephens, Giberson 2011: 39].

покинуть Фонд, а его место (спустя пару месяцев, пока Фондом временно управлял геолог-креационист Эндри Снеллинг) занял Карл Виланд, впоследствии женившийся на Маргарет. Впрочем, несмотря на все это, Маккей и Хэм в дальнейшем вновь стали работать вместе[14].

Кен Хэм окончательно поселился в Америке, под эгидой ИКИ продвигал младоземельный креационизм, объехав всю страну со своими популярными семинарами «Назад к Бытию». Но, в отличие от Института Морриса, стремившегося продвигать и популяризовать «креационную науку», Хэм мало заботился об исследовательских штудиях, все внимание и силы посвящая донесению до мирян простой трехчастной истины. Во-первых, возвещал Хэм, эволюционные наукоучения — суть дьявольские козни и причина такого культурного упадка, что масштабы его с трудом поддаются описанию; далее, прочитанные дословно, первые 11 глав книги Бытия рассказывают об истинном происхождении Вселенной и указывают верный способ организации жизни общества; наконец, в-третьих, искренне верующие христиане обязаны присоединиться к культурной войне против наседающих сил атеистического гуманизма. Подобная проповедь завоевала немалую популярность в евангелической и фундаменталистской среде: в отличие от сравнительно скромной аудитории на лекциях в Институте Морриса, послушать харизматического австралийского креациониста стекалась уйма верующих. На волне столь небывалого успеха и с благословения самого Морриса в 1994 году Хэм и сотоварищи отделяются от Института и открывают

---

[14] «The History of Answers in Genesis through February 2015», answersingenesis, https://answersingenesis.org/about/history [дата обращения: 11.06.2025]; [Buchanan 1990: 10, 12, 15 (quotes); Numbers 2006: 365]. Скептический взгляд см. в [Storr 2014: 1–20]. Также см. «Creation Down Under», Ken Ham (блог), September 7, 2012, http://blogs.answersingenesis.org/blogs/ken-ham/2012/09/07/creation-down-under [дата обращения: 11.06.2025]; «Unexpected Message in an Unexpected Place», Ken Ham, August 27, 2013, http://blogs.answersingenesis.org/blogs/ken-ham/2013/08/27/unexpected-message-in-an-unexpected-place [дата обращения: 11.06.2025]; «Speechless and Convicted», Ken Ham, September 9, 2014, http://blogs.answersingenesis.org/blogs/ken-ham/2014/09/09/speechless-and-convicted [дата обращения: 11.06.2025].

новое подразделение ФКН под названием «Ответы Бытия» (Answers in Genesis, AiG). Уже спустя три года в «Ответы» был переименован и весь Фонд, отражая как успех американской организации, так и приверженность библейскому креационизму. В 2005 году «не самым дружеским образом» оканчивается сотрудничество Хэма и Виланда. Как значится в официальной истории «Ответов», причиной явились «накопившиеся разногласия по организационно-философским [*NB — а не по доктринальным*] вопросам». В результате Хэм сохранил за собой «Ответы» в Соединенных Штатах и Великобритании, а Виланд остался во главе австралийской части Фонда, переименованной в Международную креационную миссию с обширной миссионерской сетью по всему англоязычному миру[15].

«Ответы» заявляют, что их цель состоит в «проведении семинаров, лекций и дебатов, издании книг и прочих материалов и организации музеев и выставочных комплексов, поддерживающих авторитет и безошибочность Библии в вопросах истории и происхождения жизни». Центром деятельности организации является запущенный в 1995 году веб-сайт (www.answersingenesis.org), популярность которого (по данным за 2014 год количество уникальных посетителей составило почти 14,5 миллиона с 44 миллионами просмотров) подтверждает самопровозглашенный статус «крупнейшей в мире апологетической организации»[16].

---

[15] [Stephens, Giberson 2011: 41–43; Numbers 2006: 400–402]; «History of Answers in Genesis». Что бывшие единомышленники расстались совсем не по-дружески, стало совершенно очевидно в 2007 году, когда Миссия Виланда подала в суд на «Ответы» Хэма. «Trouble in Paradise: Answers in Genesis Splinters», Reports of the National Center for Science Education 26 (2006), http://ncse.com/rncse/26/6/trouble-paradise [дата обращения: 11.06.2025]; «Brisbane creationist group settles US legal dispute», Brisbane Times, April 29, 2009, http://www.brisbanetimes.com.au/queensland/brisbane-creationist-group-settles-us-legal-dispute-20090429-an0e.html [дата обращения: 11.06.2025].

[16] «United States District Court Eastern District of Kentucky Central Division at Frankfort», 3; Corinne Ramey, «Meet the Creationist Group Building a Life-Size Noah's Ark», Curbed, July 8, 2015, http://curbed.com/archives/2015/07/08/answers-in-genesis-ark-encounter.php [дата обращения: 11.06.2025]; «History of Answers in Genesis».

Сайт[17] пестрит ссылками на целый ряд аффилированных веб-изданий, включая собственно «Ответы» (Answers, с 2006 года выходящие раз в квартал как в сети, так и в печатном виде) — стремящиеся «отображать важность Бытия в формировании мировоззрения, основанного на креационизме, снабжая читателей практическими ответами, дабы те, исполнившись уверенности, ясно и добросердечно могли возвещать о евангельских и библейских истинах» — и также выпускающиеся с 2006 года «Глубокие Ответы», вооружающие[18] «христиан мощной апологетической аргументацией, тщательно выверенной критикой и внимательным исследовательским подходом к окружающему их миру». Кроме того, сайт «Ответов» предлагает посетить целый ряд авторских блогов, из которых наибольший интерес представляет страница самого Кена Хэма. В разделе «Медиа» читателя ждут «Ответы Кена», ежедневная 60-секундная радиопередача, которую Хэм запустил еще в 1994 году и которую, согласно «Ответам», ныне «транслируют более 700 радиостанций». Кроме того в том же разделе находятся: «Ответные беседы», еженедельный 15-минутный подкаст, посвященный обсуждению «объективной истины, явленной нам... в непогрешимом, безошибочном и богодухновенном Слове» Писания; «Мини-драмы в "Ответах"», минутные радиопьесы на такие темы, как «Пришельцы и Библия», «Отец: пастырь духовный» и «Евангелический Хэллоуин»; видеоролики различного хронометража, посвященные вопросам о «Возрасте Земли», «Эволюции» и «Мировоззрении»; а также пестрая коллекция креационистских комиксов, высмеивающих эволюцию и ее влияние на общество, глобальное потепление и либерально-толерантный миф (список можно продолжать еще долго). В разделе «Мероприятия» находится список актуальных событий и конференций («Приятие: "Ответы" для женщин — 2015», «Мегаконференция "Ответов"», «К вопросу о компромис-

---

[17] Нижеследующее описание актуально на 9 марта 2015 года.

[18] Продолжая линию с игрой слов (Ответы Бытия / в Бытии — как такового, Божественного творения и библейской книги), полное название — *Answers in Depth* — сокращается на обложке до *AiD* — подкрепление, помощь. — *Прим. пер.*

сах: "Ответы" для пастырей», «Конференция по детскому миссионерству», поход на «Рафтинг в Большом каньоне» и т. д.), плюс календарь крупных и небольших грядущих конференций, а также перечень из более чем 30 докладчиков (включая нескольких спикеров в Великобритании), которых могут пригласить потенциальные организаторы мероприятий под эгидой «Ответов». Наконец, в разделе «Магазин» представлен широкий ассортимент креационистской продукции: одежда, книги, обучающие материалы, цифровой контент, DVD-диски и прочее[19].

Словом, «Ответы» — это такой огромный креационистский дредноут. Что особенно удивительно, весь этот невообразимый поток печатной, цифровой и социальной продукции производит относительно небольшая группа людей (везде мелькают одни и те же имена). Подобная плодовитость свидетельствует как о завидном миссионерском энтузиазме, движущем «ответственных» младоземельных креационистов, так и о том, что они всегда находятся, так сказать, «при исполнении», неустанно, раз за разом продвигая один и тот же идеологический набор. То же относится и к онлайн-изданию «Исследования "Ответов"», с момента запуска в 2008 году возглавляемое руководителем исследовательского направления «Ответов», геологом-младоземельцем Эндрю Снеллингом. Журнал характеризует себя как «профессиональное рецензируемое исследовательское издание, предназначенное для публикаций актуальных междисциплинарных работ научной и иной направленности», предлагающее вниманию читателей «передовые креационные изыскания». Конечно, уже из названий многих статей (вроде «Грибы в библейской перспективе», «Где находится Вавилонская башня?», «Первоначальные критерии при видовом определении и подсчете черепах и крокодилов в Ковчеге», «Проект научно-библейского подхода к глобальному потеплению» и прочих) можно с определенностью заключить, что журнал отнюдь не является научным изданием в привычном понимании. К примеру, в работе о глобальном потеплении утверждается, что «ни с библейской, ни с научной точки зрения нет

---

[19] Подробнее о деятельности «Ответов» мы поговорим в главе пятой.

никаких причин опасаться преувеличенных и ошибочных указаний на надвигающуюся катастрофу, связанную с вызванным человеком повышением уровня углекислого газа в атмосфере»[20]. Более того, если внимательно изучить содержание выпусков, нетрудно заметить, что материалы часто публикуются без подписи, а авторство львиной доли статей принадлежит перу довольно скромной группы людей. Так, в 2012 году Кэлли Жубер, чьи данные нигде в журнале не фигурируют, написал около 50 % вышедших в том году статей, включая и ту, где, ссылаясь на философа науки Майкла Рьюза, делается вывод о том, что «страх перед Богом и жизнью после смерти играет важную роль в формировании мышления и образа жизни так называемого атеиста». За следующий год Жубер опубликовал в журнале лишь одну статью. Вместе с тем Саймон Турпин (на сайте «Ответов» указано, что он является «бакалавром в области теологии и межкультурных исследований») и Дэнни Фолкнер (отвечающий в «Ответах» за астрономию) сообща выпустили в журнале 11 из 30 опубликованных в 2013 году работ. В 2014 году главный редактор журнала Эндрю Снеллинг (пять статей), Жубер (три) и Фолкнер (шесть, включая «Интерпретацию образования кратеров в свете

---

[20] Ira S. Loucks [pseud.], «Fungi from the Biblical Perspective: Design and Purpose in the Original Creation», Answers Research Journal 2 (2009): 123–131, www.answersingenesis.org/contents/379/arj/v2/fungi_design_purpose.pdf [дата обращения: 11.06.2025]; Anne Habermehl, «Where in the World Is the Tower of Babel», Answers Research Journal 4 (2011): 25–53, www.answersingenesis.org/contents/379/arj/v4/Tower_Babel.pdf [дата обращения: 11.06.2025]; Tom Hennigan, «An Initial Estimate toward Identifying and Numbering the Ark Turtle and Crocodile Kinds», Answers Research Journal 7 (2014): 1–10, www.answersingenesis.org/contents/379/arj/v7/ark_turtle_crocodile_kinds.pdf [дата обращения: 11.06.2025]; Rod Martin, «A Proposed Bible-Science Perspective on Global Warming», Answers Research Journal 3 (2010): 91–106, https://answersingenesis.org/environmental-science/climate-change/a-proposed-bible-science-perspective-on-global-warming [дата обращения: 11.06.2025]. Именующий себя «независимым исследователем», Род Мартин заключает свою статью списком материалов, с которыми он рекомендует ознакомиться «скептикам глобального потепления»; среди прочего в списке находится и DVD с фильмом «Ответов» по теме — «Глобальное потепление: научное и библейское обоснование климатических изменений».

гипотезы их появления в Четвертый день Творения») опубликовали 45 % всех вышедших статей[21].

Возможным объяснением столь скромного числа авторов «Исследований Ответов» может быть то, что за последние полвека «креационная наука» достигла весьма скудных результатов. Впрочем, уже с самого начала Кен Хэм и его «Ответы» были направлены не на научные изыскания, а на обоснование библейского креационизма — что означало создание вокруг этой идеи музея. Как признавался сам Хэм, о подобном музее он мечтал еще в Австралии:

> как-то на одной выставке в духе «от обезьяны к человеку» рядом со мной папа рассказывал своему сыну, что-де «вот он — твой далекий пращур». У меня защемило сердце, и душа возопила ко Господу: «Как же так, что до сих пор нет музея, посвященного Творению, где бы учили по истине?»

Основав в 1994 году «Ответы», Хэм и сотоварищи вскоре открыли и лавку к югу от Цинциннати — «поскольку чуть не две трети Америки проживает в радиусе 650 миль», а значит, место идеально подходило для будущего Музея Сотворения мира. Несмотря на противодействие на местном и национальном уровне, «Ответам» все же удалось поставить на своем, и в 1999 году организации удалось получить под строительство музея участок площадью в 47 акров к западу от аэропорта Цинциннати (сделка была окончательно закрыта в мае 2000 года). Спустя семь лет проект музея общей стоимостью в 27 миллионов долларов был завершен; финансирование осуществлялось из средств частных жертвователей и фондов самих «Ответов», не прибегая к ипотечному кредитованию[22].

---

[21] [Joubert 2012: 125–139 (quote: 137)], www.answersingenesis.org/contents/379/arj/v5/Michael_Ruse_creation_evolution_controversy.pdf [дата обращения: 11.06.2025]; [Faulkner 2014: 11–25], www.answersingenesis.org/contents/379/arj/v7/craters_day_four.pdf [дата обращения: 11.06.2025].

[22] «History of Answers in Genesis»; «Overturned! Creation Museum Finally Gets Approval from County!», Creation Museum (блог), http://creationmuseum.org/blog/1999/05/07/overturned-creation-museum-finally-gets-approval-from-county [дата обращения: 11.06.2025]; «AiG Closes on Purchase of 47 Acres Near

Всего за год в музее побывало более 400 тысяч посетителей[23], 26 апреля 2010 года — спустя менее чем три года после открытия — музей преодолел миллионную отметку, а к лету 2015 года общее количество гостей достигло почти 2,5 миллиона. Среднестатистический посетитель музея «окончил колледж или высшее учебное заведение, имел общий семейный доход в 67 500 долларов в год» и, чтобы попасть сюда, проделал путь в 250 миль. При таком потоке посетителей и ценах на билеты (в 2015 году взрослые платили 29,95 доллара за однодневный билет и дополнительные 7,95 доллара за билет в планетарий) Музей Сотворения получил значительный не облагаемый налогом доход (ведь «Ответы» — некоммерческая, религиозная организация). Как следует из отчетной документации «Ответов» за 2013 финансовый год, закончившийся 30 июня 2013 года, общий доход Музея Сотворения составил около 4,8 миллиона долларов[24]. Интерес посетителей к Музею не спадает, и в «Ответах» ожидают, что их количество возрастет еще на 50 % после завершения последнего проекта организации — реконструкции Ноева Ковчега в натуральную величину (тематический парк «Встреча с Ковчегом», расположенный менее чем в часе езды от Музея)[25].

Cincinnati!», Creation Museum (блог), http://creationmuseum.org/blog/2000/05/04/aig-closes-on-purchase-of-47-acres-near-cincinnati [дата обращения: 11.06.2025]; [Stephens, Giberson 2011: 44].

[23] Данная цифра фигурировала в судебном иске, поданном в феврале 2015 года «Ответами» (и аффилированными структурами) против штата Кентукки касательно начавшегося строительства комплекса «Встреча с Ковчегом» (который мы еще обсудим в эпилоге). См. «United States District Court Eastern District of Kentucky Central Division at Frankfort» on behalf of Ark Encounter, LLC, Crosswater Canyon, Inc., and Answers in Genesis, Inc., against Bob Stewart (secretary of the Kentucky Tourism, Arts and Heritage Cabinet) and Steven Beshear (governor, Kentucky), 7, https://answersingenesis.org/religious-freedom/religious-discrimination-lawsuit-filed [дата обращения: 11.06.2025].

[24] «Millionth Guest Visits Creation Museum», answersingenesis, April 26, 2010, https://answersingenesis.org/ministry-news/creation-museum/millionth-guest-visits-creation-museum; Ramey, «Meet the Creationist Group» [дата обращения: 11.06.2025]; «United States District Court Eastern District of Kentucky», 15; «Return of Organization Exempt from Income Tax», Internal Revenue Service Form 990 (2012), 9.

[25] Подробнее о «Встрече с Ковчегом» см. эпилог.

Задачи и методы

Музей Сотворения мира — жемчужина апологетической коллекции «Ответов», являющая столь весомый и вместе с тем утонченный визуальный аргумент в пользу младоземельного креационизма и радикально политизированного фундаментализма. С учетом его неослабевающей популярности, а равно и того, что продвигаемые там идеи все чаще звучат в американской культуре и политике, Музей Сотворения мира требует самого пристального изучения. Что, собственно, и предполагается осуществить посредством данной книги — первой комплексной научной работы, посвященной Музею. Центральное место в нашем исследовании занимают три вопроса, а именно: каков посыл Музея Сотворения мира? Каким образом передается данный посыл посетителям? И каким образом — передавая означенный посыл — Музей стремится преобразить посетителей в христиан и американцев? Кроме того, на протяжении всей книги подспудно возникает и четвертый: что же все это значит в контексте американской религии и политики?

Чтобы ответить на поставленные вопросы, мы прибегли к методу «включенного наблюдения», отправившись изучать экспозицию, делая заметки и фотографии, и с 2007 года посетили музей по меньшей мере семь раз. Кроме того, мы приобрели DVD с фильмами, отсмотрели видеоматериалы, представленные в лектории музея, а также внимательно изучили статьи и выступления представителей «Ответов» касательно музея и его строительства. Помимо собственно посещения музея мы также проштудировали сотни книг, статей на различных сайтах и записей в блогах, написанных Кеном Хэмом и его коллегами. Наконец, мы побывали в восточном Огайо, где в местной церкви проходило программное мероприятие «Ответов», благодаря чему мы получили представление о миссионерских проектах организации.

Всю свою замысловатую аргументацию Музей Сотворения преподносит посредством современных технических решений: «Ответы» продвигают свои идеи на собственном веб-сайте и в издаваемых книгах, в фильмах на DVD и на выездных мероприятиях. Поскольку поездка в сам музей или участие в каком-либо связанном с «Ответами» мероприятии (реальным или виртуальном) может обрушить на человека чрезмерный поток информации, одна из главных целей этой книги заключается попросту в том, чтобы несколько замедлить ход событий и спокойно во всем разобраться. Проще говоря, книга предлагает тщательный контент-анализ экспонатов, плакатов, диорам, всевозможных изображений и видео, представленных в музее, а также обзор риторической позиции, которую озвучивает небольшая команда «Ответственных» младоземельных креационистов. Только прибегнув к подобному «замедлению» и уделив время вдумчивому анализу транслируемых посылов, можно претендовать на понимание того, что именно озвучивается и осуществляется в Музее Сотворения и почему это имеет значение.

Дабы в целом охватить и проанализировать все транслируемые Музеем посылы, необходимо использовать междисциплинарный подход. Поэтому данная книга опирается на данные различных научных областей, включая историю религии, политики и науки, музееведение, цифровую риторику, теорию аргументации и библеистику. При этом главный фокус работы остается неизменно направлен на максимальное прояснение того, что в Музее показано и рассказано — и что дальше происходит с показанным и рассказанным.

В связи с этим мы весьма серьезно рассмотрим то, что Музей сообщает сам о себе, равно как и то, что сообщают «Ответы» (и особенно Кен Хэм) о деятельности музея. Отдельное место этому будет отведено в первых трех главах, где рассматривается Музей как собственно музей, а также его подход к науке и Библии. Отталкиваясь от позиции Музея и «Ответов», — согласно которой это современный музей, изобилующий «настоящей наукой» и стремящийся поддерживать авторитет Писания, — мы затем сопоставим подобные утверждения с тем, что на практике имеет место в Музее.

Пока же ограничимся тем, что скажем, что существует значительное расхождение между обещаниями Музея и «Ответов», и тем, что происходит на деле. Две заключительные главы, посвященные политике и критике, дают более развернутое объяснение реальной деятельности Музея, для чего требуется выйти за его пределы и обратиться к глобальному миру «Ответов». Конечно, и Музей, и «Ответы» в целом — организации открытые и публичные (ведь каждый может зайти на сайт «Ответов», посетить Музей или какую-нибудь конференцию), однако посылы «Ответов» направлены преимущественно искренне верующим младоземельным креационистам. Внимательное изучение этих посылов, так сказать, «к инсайдерам» многое проясняет касательно реальной деятельности Музея.

Музей Сотворения мира стремится образовывать, формировать христианство и христиан, обращаясь для этого к мощным средствам выражения, которые будут иметь долгосрочное влияние на американскую жизнь. А потому все мы заинтересованы в ясном понимании того, что происходит в Музее, его роли в подготовке и вооружении крестоносцев для длящейся культурной войны, которая неустанно поляризует и, словно яд, пронизывает американскую религию и политику. Проще говоря, каким бы чудным заведением Музей ни казался многим американцам, происходящее за его дверями касается нас всех.

Так давайте же войдем в них.

Глава первая
Музей

Уже самим своим названием «Музей Сотворения мира» делает весомое заявление, а именно — что это, собственно, музей. Вес подобного заявления обусловлен тем, что музеи обладают особым статусом «одного из важнейших источников детского образования и одного из главных источников объективных сведений о мире». Подобный пиетет в отношении музейных организаций вполне заслужен: на протяжении более чем 200 лет директора музеев, кураторы выставок, всевозможные художники, попечители и сотоварищи стремились взрастить свой музей в качестве институции, занятой не только собиранием, хранением, изучением, представлением и сопутствующим пояснением интересующих ее объектов, но и в целом улучшением жизни людей, в частности посредством обеспечения их актуальными и достоверными сведениями о представленных объектах[1]. То есть уже в самом названии Музей утверждает себя в качестве одного из таких особых, пользующихся общественным доверием и уваже-

---

[1] Положение о достоверности сведений, предоставляемых музеями, заимствовано у Американского альянса музеев (бывшей Ассоциации музеев Америки), объединяющего около 21 тысячи музеев в Соединенных Штатах Америки (и среди прочего предоставляющего аккредитацию сотням квалифицированным специалистам из исследовательских центров по всей стране, наподобие вашингтонского Смитсоновского института). См. «Museum Facts», American Alliance of Museums, no date, accessed April 14, 2015, http://www.aam-us.org/about-museums/museums-facts [дата обращения: 11.06.2025]. [MacDonald 1998b: 12; Barry 1998: 100; Bennett 1995: 47].

нием, учреждений. Таким образом, «Музей» приглашает посетителя воспринимать представленный его вниманию материал как актуальный и проверенный, а также возможный источник дальнейшего самосовершенствования.

Но, ясное дело, одними заявлениями дело не ограничивается. Под стеклом в «Музее Сотворения» хранится множество редких экспонатов: окаменелостей, минералов и костей. Черепа и кости на витринах сопровождаются подписями, сообщающими общеизвестное и научное именование того вида, которому некогда принадлежал экспонат. По всему музею висят крупноформатные плакаты с фотографиями различных природных явлений. Тут и там развешаны подробные схемы, объясняющие натуральные и исторические процессы, включая разделение континентов, видовое разнообразие и переселение народов. Уверенный мужской голос, вещающий из установленных на стенах динамиков, знакомит посетителей с экспозицией. В залах музея гостей встречают реконструированные модели и скелеты динозавров в натуральную величину; раскинувшиеся на целый коридор диорамы приглашают пройтись по миру древних людей и животных в их естественной среде обитания. Словом, Музей Сотворения не просто декларирует себя музеем, но и выглядит как самый что ни на есть музей[2].

Впрочем, подобное впечатление разделяют не все, и есть немало противоположных отзывов публицистов и ученых. Так, один обозреватель сообщает, что «Музей Сотворения на самом деле вовсе не является музеем», а другой — что «все это напоминает эдакое зачарованное королевство, что-то в духе Диснейленда». Ученый-физик говорит, что это — «музей дезинформации», геолог — что «антимузей», профессор философии окрестил Музей «музеем отповеди», а биолог — и вовсе «домом с приви-

---

[2] То же говорят и Рэндал Стивенс и Карл Гиберсон: «Минуя стегозавра, пристально взирающего на входящих, тираннозавра, притаившегося среди деревьев, небольшое стадо зауроподов в лобби, посетители и не подозревают, что их ожидает отнюдь не очередной естественно-научный музей». См. [Stephens, Giberson 2011: 22].

дениями»³. Однако и те журналисты, что прямо не высказываются в том ключе, что Музей Сотворения — не «настоящий» музей, описывают его, к примеру, как «один из самых странных музеев мира», предлагающий посетителю «весьма путаное сочетание доводов веры и разума», способное вызвать «нешуточную мигрень». Другой автор рассказывает, что, едва он переступил порог, ему показалось, что «он попал в мир, сошедший с ума», однако по окончании экскурсии задался вопросом: а вдруг сумасшедшим был он сам?⁴

---

3   A. A. Gill, «Roll Over, Charles Darwin!», Vanity Fair, February 2010, http://www.vanityfair.com/culture/features/2010/02/creation-museum-201002 [дата обращения: 11.06.2025]; Matthew Wells, «Creation Museum Pushes 'True History'», BBC News, December 11, 2006, news.bbc.co.uk/2/hi/Americas/6216788.stm [дата обращения: 11.06.2025]; [Krauss 2007: 23]; Daniel Phelps, «The Anti-Museum: An Overview and Review of the Answers in Genesis Creation 'Museum'», National Center for Science Education, December 17, 2008, http://ncse.com/creationism/general/antimuseum-overview-review-genesis-creation-museum [дата обращения: 11.06.2025]. Примечательно, что свое определение Фелпс почерпнул собственно из статьи, опубликованной на сайте самих «Ответов», предварявшей открытие Музея. В заключительном абзаце автор материала Майкл Мэттьюс (сценарист музейной экспозиции, как сообщает сайт организации) говорит: «Милостью Божьей "Ответы" чают создать наиболее впечатляющий и даже революционный "анти"-музей из всех, когда-либо существовавших». Michael Matthews, «The Anti-Museum», answersingenesis, December 15, 2003, http://www.answersingenesis.org/museum/docs/031215_antimuseum.asp [дата обращения: 11.06.2025]; Stephen T. Asma, «Solomon's House: The Deeper Agenda of the New Creation Museum in Kentucky», Skeptic, May 23, 2007, http://www.skeptic.com/eskeptic/07-05-23/; P. Z. Meyers, «The Creation 'Museum'» Pharyngula (блог), Science Blogs, August 10, 2009, http://scienceblogs.com/pharyngula/2009/08/10/the-creation-museum-1 [дата обращения: 11.06.2025]; Stephen Bates, «So What's with All the Dinosaurs?», The Guardian, November 12, 2006, http://www.guardian.co.uk/world/2006/nov/13/usa.religion [дата обращения: 11.06.2025].

4   Stephen Bates, «So What's with All the Dinosaurs?», The Guardian, November 12, 2006, http://www.guardian.co.uk/world/2006/nov/13/usa.religion [дата обращения: 11.06.2025]; Edward Rothstein, «Adam and Eve in the Land of the Dinosaurs», New York Times, May 24, 2007, LexisNexis Academic, LexisNexis, http://www.nytimes.com/2007/05/24/arts/24crea.html?pagewanted=all&_r=0 [дата обращения: 11.06.2025]; Gordy Slack, «Inside the Creation Museum», Salon, May 31, 2007, http://www.salon.com/2007/05/31/creation_museum/ [дата обращения: 11.06.2025]; [Radosh 2010: 286].

Так почему же Музей Сотворения вызывает вопросы о том, является он «настоящим» музеем? Короткий ответ заключается в том, что, хотя Музей Сотворения и выглядит как музей, он продвигает идеи, противоречащие тем музеям, на которые он внешне похож, — скажем, что Земле и всей остальной Вселенной всего около шести тысяч лет. Кроме того, в поддержку данного тезиса мобилизуется буквальное толкование Библии параллельно с данными науки. Словом, Музей Сотворения, по выражению одного автора, — это «естественно-научный музей, перевернутый с ног на голову»[5].

Вполне логично, что «Ответы» позиционируют Музей Сотворения в качестве реального музея, а целый ряд ученых и журналистов подобные притязания с жаром оспаривают[6]. Впрочем, как бы то ни было, для многих (если не для подавляющего большинства) посетителей Музей функционирует именно как музей. А потому настоящая книга имеет целью разобраться не с точностью определений, а в том, что Музей делает в подтверждение того, что является музеем.

---

[5] Edward Rothstein, «Adam and Eve in the Land of the Dinosaurs», New York Times, May 24, 2007, LexisNexis Academic, LexisNexis. По справедливому замечанию Джулии Хомчик, Музей Сотворения прибегает к миметической риторике, имитируя привычный естественно-научный музей. При этом весьма важно разобраться, заимствуются ли формы выражения, характерные для музея XIX или же XXI столетия. [Homchick 2009].

[6] В ответ на вышедшую в *Cincinnati Enquirer* критическую статью Кен Хэм ссылается на Американский альянс музеев и приводит определение Международного совета музеев, настаивая на том, что «Музей Сотворения мира безусловно вписывается в означенные критерии». Ken Ham, «Assistant Manager of Cincinnati Museum Center Derides Creation Museum», Ken Ham (блог), answersingenesis, June 7, 2013, http://blogs.answersingenesis.org/blogs/ken-ham/2013/06/07/assistant-manager-at-cincinnati-museum-center-derides-creation-museum/ [дата обращения: 11.06.2025]. Помимо упомянутых выше наблюдателей, не считающих Музей музеем, можно привести также слова математика Джейсона Розенхауса, также полагающего, что Музей Сотворения не является музеем на том основании, что «настоящий музей привлекает именно возможностью воочию наблюдать реальные, физические экспонаты», в то время как «Музей Сотворения мира может похвастаться довольно но скудной коллекцией таковых». [Rosenhouse 2012: 137].

Безусловно, экспозиция любого музея выдерживается в известном тематическом русле. Кроме того, вне зависимости от репутации музея и тщательности проработки материала, ни одна музейная организация не может претендовать на объективность представленных сведений. Любой выдвинутый музеем тезис является приглашением к критическому его рассмотрению. И в этом смысле все музеи (включая и Музей Сотворения мира) являются риторической конструкцией, целью которой является побуждение и убеждение, а задействованные приемы никогда не бывают совершенно нейтральны[7].

Подобного рода риторичность в музее имеет даже больше места, нежели представляется на первый взгляд. Ведь музеи постоянно утверждают нечто о своих экспонатах — давая им названия, снабжая определениями, категоризируя тем или иным образом[8]. Нередко экспонаты представляют в историческом контексте, дабы рассказать посетителям о причинах, их породивших: о гениальном художнике, природном явлении или конкретных периодах развития культуры. Также повествование может включать информацию о том, какое влияние экспонат произвел на другие вещи, людей или историю в целом. Музеи прибегают к всевозможным способам, дабы сообщить посетителям не только то, в каком свете надлежит рассматривать представленные экспонаты, но и как на них смотреть. Таким образом, музеи указывают посетителям способ осмысления предметов — будь то известные или же совершенно им не знакомые вещи. Итак,

---

[7] [Ferguson 1996: 178–185].

[8] Опираясь на работы Тони Беннета и других авторов, исследователи риторики уделяют особое внимание повествовательным приемам, к которым обращаются музеи и мемориальные комплексы для рассказа о прошлом и формирования способов осмысления настоящего, а также тому, как эти способы осмысления, в свою очередь, влияют на формирование взглядов посетителей. См. в особ. [Balthrop, Blair, Michel 2010: 170–210; Biesecker 2002: 393–409; Blair 1999: 16–57; Dickinson 2002: 5–27], http://www.jstor.org/stable/3886018 [дата обращения: 11.06.2025]; [Dickinson 1997: 1–27; Dickinson, Ott, Aoki 2006: 27–47; Gallagher 1995: 109–119; Hasian, Jr. 2004: 64–92]. «Экспонатом» может быть все что угодно — любой предмет, процесс, понятие, о котором рассказывает музейная экспозиция.

через простое представление экспонатов музеи придают им некий особый статус⁹.

Наделяя экспонаты смыслами, музей также «формирует» и посетителей, знакомящихся с этими экспонатами; музей не только формирует представления об экспонатах, но и определяет то, кем является посетитель по отношению к ним. Музей может позиционировать посетителя в качестве субъекта познания о представленном объекте — то есть того, кто знаком с тем, что это за предмет, как он функционирует, какова его значимость и место в иерархии ценностей; или же музей может сообщить посетителю впечатление, что тот не в состоянии познать данный объект в полной мере, ибо по-настоящему к тому способны лишь те, кто обладают специальными знаниями[10]. Нередко выставленные в музее экспонаты сопровождаются обширным историческим контекстом, рассказывающим о событиях из области искусства, об эволюции видов, развитии цивилизации, научных достижениях и т. д. Представляя объекты в рамках столь широкого повествования, музей предлагает мощный инструментарий для осмысления не только самих этих объектов, но и вообще любых, внешне им подобных, не имеющих прямого отношения к экспозиции. Таким образом, музей предлагает некоторую глобальную историю, которую посетитель может употребить к осмыслению не только содержимого самого музея, но и мира в целом.

---

⁹ Подробнее об истории и политике музейной экспозиции и ее отношениях с посетителем и наблюдателем см. в работе [Hetherington 2002: 187–205]. О риторическом анализе экспозиции (в данном случае — оружейной) и ее отношении к наблюдению, присутствию, отсутствию, а также конструированию субъективной позиции посетителя музея см. [Ott, Aoki, Dickinson 2011: 215–239]. См. также риторический анализ музея гражданских прав с противопоставлением традиционных и нетрадиционных способов экспонирования предметов и рассмотрением их влияния на понимание истории как процесса статичного (традиционный способ) или же динамично изменчивого (нетрадиционный) — [Gallagher 1999: 303–320].

¹⁰ Подробнее о том, как музеи (и в целом мемориальные комплексы) конструируют субъектные позиции см. [Biesecker 2002; Dickinson, Ott, Aoki 2006; Blair, Michel 2000: 31–55], http://www.jstor.org/stable/3886759 [дата обращения: 11.06.2025]; и [Lynch 2013: 1–28].

Если воспринимать Музей Сотворения мира всерьез и на его собственных условиях, — то есть в качестве собственно «музея», функционирующего подобно всем прочим музеям, — нетрудно заметить, что весь он является риторической конструкцией. Как и в любом другом музее, риторический эффект достигается в Музее Сотворения посредством слов и экспонируемых объектов. Но это еще не все: в риторических целях используются также стеклянные витрины, диорамы, диаграммы, рисунки, фотографии, видеоматериалы, переходы между секциями, освещение, цветовая гамма и тому подобное [Ferguson 1996: 181]. Известный историк-музеевед, специализирующийся на музеях естественной истории, Тони Беннетт называет подобные стратегии «работой музея» и говорит, что изучение того, как она действует, имеет ничуть не меньшее значение, чем пристальное внимание к «жизни музея» и тому, какими экспонатами она наполнена. По его словам, лишь внимательно рассмотрев то, каким образом данный музей подает экспонаты, можно оценить влияние, оказываемое им на посетителей[11].

В этой главе, посвященной Музею Сотворения как музею, мы рассмотрим то, как он «работает», или, пользуясь определением Брюса Фергюсона, обратимся к его материальной, овеществленной речи. В частности, мы разберем те материальные средства, с помощью которых музей стремится переменить или уточнить взгляды посетителей на представленные объекты и их отношения

---

[11] См. [Bennett 1995: 126]. В области риторических исследований подобный подход продвигают Кеннет Загаки и Виктория Галлахер: они вводят понятие «пространств внимания», в рамках которых посетители музея могут осмыслять новые идентичности и отношения (к примеру) между собой и природой, данные при посредстве опыта перемещения в мультимодальном пространстве. [Zagacki, Gallagher 2009: 171–191]. Аналогичным образом Брюс Фергюсон утверждает, что «выставка — это овеществленная речь того, что по сути своей является политической институцией — с юридическими и этическими обязанностями, заинтересованными лицами и агентами, в каждый конкретный исторический момент действующими в зависимости от актуального ряда последствий и влияний» [Ferguson 1996: 182]. О материальной риторике мемориалов см. работу [Blair 1999]. Грег Дикинсон, Брайн Отт и Эрик Аоки пользуются термином «эмпирические ландшафты», описывая с его помощью то, каким образом материальная речь музея, не ограничиваясь сугубо его пределами, включает в себя как окружающий его контекст, так и «когнитивный ландшафт» его посетителей [Dickinson, Ott, Aoki 2006: 29].

с ними; каким образом Музей побуждает посетителей задуматься о месте, занимаемом данными объектами в истории и как приглашает их осмыслить собственное место в ней; и наконец то, какое влияние все это оказывает на формирование убеждений посетителей о себе самих и дальнейшем развитии истории. Проще говоря, материальная речь Музея Сотворения мира, подобно речи любого другого музея, носит характер политический[12]. В самом деле, ведь Музей чает не только сформировать взгляды своих посетителей на младоземельный креационизм, но и оформить (и дать) им понимание самих себя в качестве субъектов в этом мире и особенно (или, скорее, «обязательно») — в качестве агентов, проводников христианства в нем.

Вещественная речь Музея Сотворения (как и любого другого) появилась не на пустом месте, но вследствие наличия собственной истории — и именно благодаря этой исторической природе (то есть факту заимствования Музеем форм материальной речи у предшествовавших музеев) он оказывается доступен для понимания посетителей. Рассмотрим какую-нибудь из стратегий музейного экспонирования — скажем, застекленный стеллаж: входя в музей и наблюдая предметы под стеклом, посетители сразу знают, что это — вещи значимые, что они важны, ценны и заслуживают всяческого внимания. Почему так? Потому что музеи столетиями помещали под стекло важные, ценные и заслуживающие внимания вещи. Но почему они поступали именно так? И, что еще важнее, какого рода воздействие, как правило, оказывает витрина на наблюдателя? Каким образом она позиционирует его в отношении к выставленной в ней вещи?

Ниже следует краткий экскурс в музейную историю с особым фокусом на созданных за долгие годы стратегиях экспонирования, целях, для достижения которых эти стратегии вырабатывались, и практическом их проявлении. Основное внимание мы уделим музеям естественной истории (лишь отчасти затронув музеи прочих научных дисциплин), поскольку именно у них

---

[12] Или, как говорит Фергюсон, «в основе любой музейной выставки лежит стремление оказать влияние» [Ferguson 1996: 179].

Музей Сотворения мира заимствует общую конъюнктуру и выразительные средства, — учитывая, что отчасти Музей опирается в своей аргументации на научный дискурс, а ключевая тема всех экспозиций — творение вселенной и всего сущего в ней — сродни тематике привычных естественно-научных музеев.

Краткая история естественно-научных музеев

Когда музеев еще не было, в XVI–XVII веках популярностью пользовались кунсткамеры — кабинеты со всевозможными редкостями и диковинами, в силу каких-либо исключительных своих свойств вызывавшими удивление и трепет. Как правило, подобные кабинеты «курьезов»[13] устраивали у себя богатые вельможи и князья, и попасть туда можно было лишь по их личному приглашению. Подразумевалось, что, взятые в совокупности и верным образом истолкованные, хранящиеся в кунсткамере предметы являют эдакую миниатюру мироздания и способны прояснить сокровенные механизмы сущего, заложенные Богом при Творении. Помимо же прикосновения к сокровенным истинам немалое удовольствие в обладании кунсткамерой заключалось в возможности посредством нее продемонстрировать собственную власть, позволявшую владеть столь удивительными и редкими вещами. Новые масштабы путешествий, торговых и иных отношений, сопровождавшие формирование колониальных империй, отозвались на Западе взрывным ростом количества всевозможных артефактов, способствовавших подобной демонстрации власти[14].

Новый (или, точнее, традиционный) тип музея естественной истории сформировался в конце XVIII — начале XIX столетия[15].

---

[13] Причем сперва появились именно «кабинеты» — особого рода шкафы с полочками и дверцами для хранения примечательных вещей. Дверцы затем сменились стеклом, а количество «кабинетов» все увеличивалось, так что со временем и все помещение также стало именоваться кабинетом, или, по-немецки, «камерой». — *Прим. пер.*

[14] См. [MacDonald 1998b: 6–7; Bennett 1995: 95–96].

[15] Под «новыми» здесь подразумевается культурно-хронологическая связь с периодом Нового времени.

Подобно кабинетам редкостей, музеи также служили хранилищем ценных объектов и артефактов, однако же, если коллекции первых собирались по принципу исключительности, музейными экспонатами становились вещи вполне привычные и обыденные. Кроме того, в сравнении с кабинетами диковин, музеи обладали куда более подробными и обширными коллекциями. Ведь цель музеев «современного» типа заключалась в том, чтобы в одном месте собрать как можно более полную коллекцию объектов и артефактов за все времена. Другой отличительной чертой была открытость: нередко музеи создавались с подачи государства и были призваны познакомить широкую аудиторию с объектами, которые прежде можно было увидеть лишь в частных собраниях. Учитывая же новую роль государства в просвещении своих граждан, вполне понятно, что цели образования нового публичного пространства, где демонстрировались значимые предметы и артефакты, отнюдь не ограничивались простой идеей общедоступности частных коллекций. Задача естественно-научного музея заключалась в преобразовании и улучшении зрительской массы посредством визуальной демонстрации экспонатов, формирования определенного исторического нарратива и регулирования маршрутов передвижения по залам[16].

Экспонирование

В качестве средства представления имеющихся объектов музеи естественной истории практически сразу взяли на вооружение стеклянные витрины и диорамы. Экспонаты под стеклом, конечно, напоминали о кунсткамерах прошлых лет, поскольку таким

---

[16] См. [Bennett 1995: 19–21, 41, 1–2]. Отталкиваясь от мысли Мишеля Фуко, Беннет говорит, что так же, как некогда осужденные были перемещены с эшафота — где зрелище наказания служило назидательным примером — внутрь тюремных учреждений, где посредством подобной интериоризации парадигмы и власти надзирателя им самим предстояло преобразить свое поведение, подобно тому и коллекции приватных кунсткамер переместились в пространства современных музеев. Подобно тюрьме, музей заключил свое собрание внутрь, однако, в отличие от нее, стремясь таким образом не сокрыть, а открыть собранное для публичного обозрения (ради ее, публики, просвещения и самосовершенствования) [Ibid.: 59–69].

образом можно было целенаправленно размещать предметы так, чтобы лучше достигать желаемого эффекта наблюдения. Однако же, если курьезные кабинеты демонстрировали нечто исключительное, вызывая трепет и благоговение, то музейная витрина стремилась помочь рассмотреть обыденные предметы в научном свете, дабы подробнее разобраться в исследуемом вопросе. Снабжая посетителя подобной оптикой восприятия, музей позволял ему ощущать известного рода господство над окружающими его вещами[17].

Диорама же представляла более значительное отступление от традиций кабинетов диковин, нежели стеклянная витрина, поскольку таким образом предметы экспонировались *in situ*, в «естественной своей среде». В то время как кунсткамера представляла объекты деконтекстуализированно, лишенными привычной среды, музейная диорама создавала иллюзию натурального окружения экспоната. Более того, если объекты в кабинете диковин вызывали благоговение благодаря своей исключительности, то экземпляры, представленные в диораме, олицетворяли нечто значительно более широкое — скажем, целый биологический вид или культуру[18].

Подготовка животных для диорамы предполагала их отлов, умерщвление и освежевание в природных условиях. Затем к работе подключались таксидермисты, создававшие фигуры, максимально схожие с живыми (здесь требовались глубокие познания в анатомии и немалые дарования в области скульптурного ремесла). Но, глядя на готовую диораму, посетители мало задумывались о вложенных в нее усилиях; они просто наслаждались наблюде-

---

[17] См. рассуждения Джудит Барри о подобных отношениях между наблюдателем и объектом под стеклом или элементом диорамы в [Barry 1996: 308–309]. Отт, Аоки и Дикинсон описывают такой взгляд, побуждаемый объектом за стеклом, как характерный для Западной культуры способ видения, приглашающий посетителя «обратиться к наблюдению, смотря отстраненно и "объективно", взглядом вневременным, пусть и не лишенным шор» [Ott, Aoki, Dickinson 2011: 217].

[18] См. обсуждение данной стратегии и ее влияния на посетителей музеев в [Kirshenblatt-Gimblett 1991: 388–390].

нием прекрасных животных, словно бы перенесенных прямиком из дикой природы в скрупулезно и достоверно воссозданную среду обитания. Видимая легкость в достижении реалистичности помогала диораме выступать в качестве своего рода «глазка», эдакого зрительного канала в мир дикой природы или далекой культуры. Неудивительно поэтому, что обладавшие столь мощным визуальным воздействием диорамы стали центральным элементом музеев естественной истории XIX столетия[19].

Разумеется, объективного взгляда на свое содержимое диорама не предоставляла, предлагая взамен тщательно продуманную и скрупулезно выстроенную сцену, подающую историю в определенном свете и ракурсе. Можно вспомнить знаменитые диорамы Карла Эйкли, где стая млекопитающих всегда представляла доминирующего самца в окружении более мелких самок, иллюстрируя нарратив о том, что патриархальная семья с присущим ей половым разделением труда является естественной, необходимой и надлежащей формой социальной организации для всех живых существ[20]. То есть диорама оказывалась даже не просто «глазком», а полноценным инструментом повествования о естественном характере известных социальных отношений.

Кроме того, диорама выступала и в роли своеобразной «машины времени», всякий раз перенося посетителей музея — по меткому выражению Донны Харауэй, анализировавшей работы Эйкли, — в натуральный «Эдемский сад», в котором все упорядочено так, как оно «должно быть». Харауэй говорит, что в период, когда американское общество переживало сознание социального и культурного упадка на фоне монополистического капитализма и технологических изменений, музейные диорамы служили источником ободрения и вдохновения — особенно для мужчин, напоминая о естественной доминирующей роли, которую им надлежало исполнять, чтобы в Америке вновь воцарился порядок[21].

---

[19] См. [Haraway 1984–1985: 24, 34–38], http://www.jstor.org/stable/466593 [дата обращения: 11.06.2025].
[20] [Ibid.: 24, 35–38].
[21] [Ibid.: 20, 23–38].

И стеклянная витрина, и диорама отдавали приоритет зрению относительно прочих чувств: предполагалось, что посетители прежде всего будут воочию наблюдать представленные в коллекции объекты. Ничуть неудивительно, что в современных естественно-научных музеях уделялось подобное внимание визуальной составляющей, учитывая ключевую роль, которую зрительное восприятие играло в производстве знания в западной культуре XIX века. Будь то объектив камеры, телескоп, микроскоп или контролируемое наблюдение — всегда именно зрение проникает в суть вещей. В основе подобного представления о зрении, разумеется, лежал эмпиризм — идея о том, что человек постигает мир через опыт, получаемый посредством чувств, прежде всего — зрения[22].

Объекты и артефакты, помещенные в стеклянные витрины и диорамы, сопровождались пояснительными табличками, благодаря которым вещи (по выражению Тони Беннетта) становились «немедленно читаемыми» для посетителей. Таким образом, музеи естественной истории позволяли посетителям видеть — а значит, и познавать — нечто значимое о представленных экспонатах. Более того, за счет реалистической эстетики диорама воспринималась не в качестве концептуального подспорья, но как возможность непосредственного и достоверного опыта соприкосновения с ее содержанием. С учетом того, что экспонаты нередко были привезены из далеких краев и созданы культурами, считавшимися на Западе «экзотическими», можно с уверенностью сказать, что современный естественно-научный музей осенял публику, так сказать, «зримым господством» — ощущением могущества, исходящим из возможности наблюдать мир, который в противном случае вполне мог показаться непонятным и обескураживающим[23].

---

[22] [Teslow 1998: 55–58; Ott, Aoki, Dickinson 2011: 217–218; Markie 2013]; http://plato.stanford.edu/archives/sum2013/entries/rationalism-empiricism/ [дата обращения: 11.06.2025].

[23] Подробнее о «читаемости» см. [Bennett 1998: 29; MacDonald 1998b: 13]. Примечательно, что «авторский голос» пояснительных табличек и прочих музейных текстов принадлежал безличному мужчине, что в то время еще

Повествование

С признанием дарвиновской теории эволюции в различных научных дисциплинах — истории, геологии, биологии, антропологии и других — сформировался и отдельный «большой нарратив»[24] естественной истории. Согласно ему, вся жизнь имела общее происхождение и в ходе эволюционных процессов развивалась поступательно. В крайней точке на хронологической линии повествования — а значит, на вершине всей жизни, истории и цивилизации — располагался современный человек. Таким образом, уже «по праву рождения» человек не только представлял наивысшее достижение всего прошлого, но и олицетворял перспективы развития в будущем [Bennett 1995: 96, 39].

Современные музеи способствовали формированию и распространению этого «большого нарратива», радикально изменив логику, определявшую экспонирование объектов. Так, если в XVIII веке предметы, как правило, размещались на столиках, распределенные по категориям, основанным на наблюдаемых сходствах и различиях между ними, то спустя столетие объекты выстраивались в экспозицию согласно предполагаемому порядку их развития. Таким образом, современный музей выступал в роли своеобразного «ретросказчика» — некоторой интеллектуальной силы, рассмотревшей артефакты прошлого, выявившей универсальные законы, их упорядочившие, и преобразовавшей полученное знание в серию экспозиций, благодаря которым историческое развитие и направлявшая его логика прогресса становились очевидными и запоминающимися для посетителей[25].

более подкрепляло ощущение универсальности предложенных нарративов. [Bennett 1995: 32–33; MacDonald 1998a: 232–233; Teslow 1998: 58]. Подробнее о зримом господстве см. [Bennett 1995: 66].

[24] Термин Ж.-Ф. Лиотара, считавшего, что «Состояние постмодерна» (работа 1979 года) как раз и явилось следствием крушения метанарративов Нового времени. — *Прим. пер.*

[25] Шарон МакДональд указывает, что по принципу схожести-различия музейные объекты начали категоризировать в XVII веке [MacDonald 1998b: 6–7]. Новый подход появился благодаря стратиграфическому изучению окамене-

Правила музейного движения

С появлением музеев и прочих общественных пространств — железнодорожных станций, больших магазинов, публичных выставок и т. д. — появилась и озабоченность поведением людских масс: каким образом удержать большое количество людей самого разного социально-экономического положения от обращения в хаотическую толчею? Сверх того, существует ли способ контроля толпы, который был бы «одновременно ненавязчивым и самоподдерживающимся»? Ответ нашелся сам собой, когда стало ясно, что в основании опыта посещения музея (а равно и любого иного публичного пространства) лежит физическое передвижение по нему. Как только посетитель — в глазах организатора — стал «ходячим умом», музеи сосредоточились на регуляции передвижения, причем не только из соображений безопасности, но и ради того, чтобы пришедший в музей всенепременно прошел по маршруту повествования и до него дошли все необходимые посылы [Bennett 1995: 6].

Вместо одного или нескольких крупных открытых пространств, между которыми посетители могли свободно перемещаться (или же вовсе оставаться на месте), новые научные музеи были устроены в виде череды залов, образующих единонаправленный маршрут. Объекты и артефакты внутри этой серии помещений располагались согласно линейной структуре «большого нарратива» поступательного развития. Таким образом, по мере того как «ходячие умы» переходили из залы в залу, перед ними последовательно разворачивалась история эволюционных процессов. Организованные подобным образом, музеи возражали против иных маршрутов, расходящихся с предписанным, поскольку вне

лостей, когда содержавшие их слои породы были приняты в качестве хронологической индикации [Bennett 1995: 77, 179–180]. Оба исследователя отмечают, что организаторы музеев и выставок усердно трудились над тем, чтобы широкая публика легко «считывала» как представленные ее вниманию экспонаты, так и логику их развития, дабы скрепляющий их нарратив сделался мгновенно узнаваемым [MacDonald 1998b: 12; Bennett 1998: 29–30].

заданной последовательности и связанного с ней нарратива экспозиция теряла свой смысл[26].

Продвигаясь по заданному маршруту, посетители музея не только усваивали, что в основе всей жизни лежат эволюционные процессы, но и, знакомясь с актуальной научной перспективой, принимали соответственно ей и факт своей подчиненности тем же законам. Таким образом, собственное поведение и привычки становились объектом познания, который посетители рассматривали в призме прогрессивных законов природы; теперь, выявив в себе какие-либо изъяны, они могли взяться за их исправление[27].

Естественно-научный музей современного типа предлагает целый ряд возможностей подобного самосовершенствования. Так, при помощи архитектурных решений — скажем, широких пролетов и открытых пространств, заимствованных у галерей прошлого, — музеи позволяли посетителям наблюдать друг друга: представители менее обеспеченных классов, следя за поведением более респектабельных граждан, могли перенять у них «более изысканные» манеры. Кроме того, наблюдая за окружающими, каждый посетитель музея знал, что и за ним наблюдают, благодаря чему достигалась эффективная саморегуляция людского потока[28].

Во всех подобных аспектах музей естественной истории давал посетителю понять, что он является как субъектом столь мощного знания, что оно способно проникнуть в сокровенные истины вещей, так и его объектом. В итоге музей формировал у западного наблюдателя представление о победоносном шествии

---

[26] [Bennett 1995: 43–46, 179–186]. Риторический анализ музейных маршрутов в свете структурирования опыта посетителей музея гражданских прав см. в [Gallagher 1999].

[27] [Bennett 1995: 63–69]. Современный выставочный комплекс (будь то музей, галерея, крупный магазин и т. д.) являет собой отточенную до мелочей систему зрительного самонаблюдения, в которой позиции субъекта и объекта могут поменяться местами, а толпа саморефлексирует и саморегулируется, усваивая свой идеализированный и упорядоченный образ, каковой предстает в отныне общедоступной точке зрения [Ibid.: 69].

[28] [Ibid.: 47]. Беннетт метко определяет подобную динамичность своего зрения с сознанием собственной зримости как «видимую взаимность» [Ibid.: 51].

прогресса, лежащего в основе всей наблюдаемой природной действительности. Более того, музей приглашал посетителя занять в рамках данного большого нарратива (или сценария) известную социальную позицию, с которой ему удобнее будет осознать отведенную ему в иерархическом порядке природы возвышенную роль и полнее воплотить сию высокую истину путем самоконтроля и подражания окружающим[29].

Ярким примером крупной выставки, в которой были задействованы типичные музейные стратегии (и проявились также и иные эффекты, помимо вышеописанных) является экспозиция «Человеческих рас», с 1936 по 1966 год выставлявшаяся в Филдовском музее естественной истории в Чикаго[30]. Работа над выставкой началась в 1929 году по инициативе президента музея Стэнли Филда. Итоговая композиция состояла из 104 бронзовых бюстов, голов и скульптур в натуральную величину, отражавших разнообразие человеческих рас. Выполненные художницей Мальвиной Хоффман в реалистичной манере, фигуры были под стать флоре и фауне в музейных диорамах — будто бы только что перенесенные в залу из естественной среды обитания. Кроме того, скульптуры располагались в эволюционной последовательности: от «наименее» развитых расовых типов к «наиболее» развитым. Завершался этот длинный ряд, тем самым являя вершину эволюционного развития, фигурой «человека американского/нордического типа». В то время как прочие полноразмерные фигуры изображались в традиционных костюмах и с предметами повседневного обихода в руках, американо-нордический человек был наг и с пустыми руками, олицетворяя выход за пределы расовой типологии. По замечанию Трэйси Лэнг Теслоу, «эта фигура вовсе не вызывает ассоциаций с окружающей жизнью, но сродни

---

[29] [Ibid.: 7, 98; MacDonald 1998b: 9–12; Bennett: 30; Barry 1998: 100].

[30] Несмотря на то что после смерти в 1966 году Мальвины Хоффман (автора более чем сотни скульптурных портретов, вокруг которых была устроена выставка) выставка была снята, многие скульптуры по-прежнему можно было наблюдать в различных залах музея. См. «Malvina Hoffman», The Field Museum, no date, http://www.fieldmuseum.org/malvina-hoffman [дата обращения: 11.06.2025].

скорее античной скульптуре. "Американский" или "нордический" человек представляет бесклассовую, внерасовую квинтэссенцию человека» [Teslow 1998: 67].

Теслоу говорит, что выставка завоевала популярность благодаря реалистичности фигур, поскольку — в отличие от реальных людей — их вполне можно было пристально и всесторонне разглядывать, а расстановка по этапам развития подкрепляла впечатление, что белый европеец (особенно мужского пола) является венцом истории и эволюции. Словом, Филдовский музей, подобно многим другим, сообщал посетителям идею о том, что народ страны, в которой находился музей, и является наивысшей точкой человеческого и культурного прогресса[31].

Новый естественно-исторический музей

В сентябре 1969 года в пустовавшем на тот момент Дворце изящных искусств в районе Марина в Сан-Франциско открылся новаторский музей, задуманный Фрэнком Оппенгеймером (участником Манхэттенского проекта и братом его руководителя Роберта Оппенгеймера). Эксплораториум знакомил посетителей с наукой совершенно иначе, нежели прочие музеи того времени.

Новый музей не направлял посетителя по заранее намеченному маршруту, дабы раскрыть сокровенные законы Вселенной, но был спроектирован как открытое пространство, лишенное строгих границ между экспонатами, так что посетители могли свободно передвигаться по собственному усмотрению. В отличие от традиционных музеев, где объекты выставлялись за стеклом или в диорамах, предполагая пассивное созерцание, Оппенгеймер

---

[31] [Teslow 1998: 55]. По словам Теслоу, «Филдовский музей предлагал посетителю стабильный и знакомый миропорядок, отлитый в бронзе, — порядок гуманистический, проповедовавший единство и заботу об исчезающих культурах прошлого и одновременно воодушевляющий, утверждавший естественное место европейцев и американцев на вершине эволюционной пирамиды» [Ibid.: 61]. Подробнее о роли современных музеев в проведении идеи расового и национального превосходства (особенно в контексте империализма) см. [MacDonald 1998b: 9].

(при участии множества соавторов) спроектировал свой музей так, что к науке и технике можно было прикоснуться в буквальном смысле: посетителю предлагалась целая коллекция интерактивных экспонатов, побуждавших задействовать все органы чувств ради увлекательного опыта совершения самостоятельных научно-технических открытий[32].

Открытый Оппенгеймером музей решал сразу две проблемы, с которыми наука и техника столкнулись во второй половине XX столетия. Во-первых, наука стала для большинства людей чем-то совершенно непонятным: фокус ученых штудий был узко специализирован, лексика — чрезмерно эзотеричной, а объекты — то непомерно громадны, то неизмеримо малы для понимания. Во-вторых же, оглядываясь на масштабные перемены, связанные с индустриализацией военного дела, с размахом проявившиеся во время Второй мировой войны, американцы питали страх перед современным развитием техники и его последствиями для жизни на Земле. Новатор и убежденный просветитель, Фрэнк Оппенгеймер живо отреагировал на подобные вызовы: лейтмотивом его музея являлось восприятие, чтобы непосвященная публика могла получить непосредственный и внятный опыт общения с наукой и техникой в качестве позитивных и жизнеутверждающих сил[33].

Творческий подход Оппенгеймера к организации музейного пространства быстро завоевал популярность во многих странах[34]. Под усиливающимся давлением потребительской экономики

---

[32] [Barry 1998: 103]. Мнение самого Оппенгеймера см. в [Oppenheimer 1968: 206–209], http://www.exploratorium.edu/feiles/about/our_story/history/frank/pdfs/rationale.pdf [дата обращения: 11.06.2025]. Его описание интерактивного характера Эксплораториума см. в [Oppenheimer 1972], http://www.exploratorium.edu/files/about/our_story/history/frank/pdfs/playful_museum.pdf [дата обращения: 11.06.2025].

[33] [MacDonald 1998b: 13–16; Barry 1998: 103].

[34] [Barry 1998: 104]. Тем не менее с одной из главных своих отличительных черт, с диорамой, музеи естественной истории не могли расстаться на протяжении без малого 100 лет. Edward Rothstein, «Beyond Dioramas: Nature's New Story», New York Times, August 3, 2013. C1.

Уже при въезде посетителю напоминают о важной роли динозавров в Музее Сотворения: это и развлекательный элемент, и доказательство в пользу младоземельного креационизма. Снимок Сюзан Троллингер. Дополнительные фотографии и подробную информацию о Музее можно найти на сайте creationmuseum.org

музеи естественной истории (как и все прочие) все менее воспринимались в качестве образовательных учреждений, служащих гражданским интересам, — и все более независимыми игроками на конкурентном рынке развлекательных услуг, где искушенному потребителю (посетителю музея) требовалось предложить свой продукт (выставку). Кроме того, музеям приходилось иметь дело с критикой, обвинявшей их в патерналистском — а значит, и антидемократическом — отношении к посетителю[35]. Через заданные маршруты движения по выставкам и представление экспонатов

---

[35] [Barry 1998: 101; MacDonald 1998c: 118–123]. См. также [Johnson 2008: 344].

в витринах, через сцены в диорамах, посвященные «правильной» модели семьи, «большие нарративы» о неотвратимых законах мироздания и прочее музеи, утверждали критики, обращались с посетителем как с пассивным сосудом, наполняемым мудростью незримых экспертов.

Находки Оппенгеймера — отсутствие заграждений, интерактивность и задействование различных органов чувств — впоследствии дополнялись в других музеях и новыми подходами к представлению знания. Так, вместо классической выставки, презентующей якобы единственно верное и решающее научное слово, современные музеи нередко устраивают экспозиции, ставящие под сомнение справедливость научных положений. Вместо того чтобы задавать посетителю направление мысли, подобные выставки скорее поставят ряд острых вопросов относительно того, что сами ученые думают по данному вопросу. Сверх того, вместо единственного и, предположительно, верного ответа посетитель познакомится с различными взглядами на проблему. Таким образом, современные выставки являются пространствами саморефлексии — как в смысле производства и легитимации знания, так и в смысле импульса, придаваемого музеем посетителю через презентацию этого знания. Общее же стремление состоит в том, чтобы посетитель стал более активным участником в производстве и обсуждении знания[36].

Обзорная экскурсия по Музею Сотворения мира

Со временем естественно-научные музеи наработали весьма богатый набор форматов и стратегий, от которых в дальнейшем могли отталкиваться авторы новых музеев. Неудивительно поэтому, что и Музей Сотворения мира также вдохновлялся наработками предшественников, — но какими именно? Восходят ли задействованные в Музее стратегии и формы к эпохе модернизма или же скорее относятся к музеям недавнего прошлого? И, что еще более важно, какое влияние оказало заимствованное на

---

[36] [MacDonald 1998b: 14–17].

Открытая терраса с видом на пруд и обнимающий Музей парк, наглядно подтверждающие музейный тезис о том, что подобная красота могла появиться лишь благодаря Богу. Снимок Сюзан Троллингер. Дополнительные фотографии и подробную информацию о Музее можно найти на сайте creationmuseum.org

формирование Музея? Для ответа на подобные вопросы немного прогуляемся по Музею Сотворения мира[37].

Как уже говорилось в начале, Музей расположен примерно в 20 милях к западу от Цинциннати, в сельской местности близ 275-й автомагистрали. Музей занимает участок площадью в 49 акров, обошедшийся некогда в 27 миллионов долларов. Бо́льшая часть прилегающих территорий почти сразу были

---

[37] На сайте Музея можно найти раздел с виртуальными экскурсиями, где можно «посетить» почти все залы и даже немного приблизить изображение, чтобы лучше рассмотреть экспонаты. http://creationmuseum.org/whats-here/photo-preview/ [дата обращения: 11.06.2025].

тщательно облагорожены: здесь появился парк, искусственное озеро и пруд, три тематических сада и контактный зоопарк. Огромная парковка позволяет оставить множество машин, трейлеров и школьных автобусов. Само здание, площадью около семи тысяч квадратных метров, выстроено в форме неправильного многогранника, отдаленно напоминающего пятиугольник. Две фасадные стороны встречают посетителей огромными тонированными окнами высотой в два этажа, перемежающимися массивными бетонными колоннами бежевого цвета. Прочие стены облицованы камнем, похожим на добываемый на местном карьере[38]. Нередко при входе гостей приветствует зауропод, выполненный в натуральную величину.

Попав внутрь, посетители оказываются по ту сторону затененных окон, в обширной галерее с 12-метровыми потолками, облицовкой из того же камня, что и снаружи, и полом, выполненным в виде состаренной брусчатки. Здесь же можно встретить и первые пояснительные плакаты, сообщающие, что драконы из мифов и легенд — это не что иное, как отражение коллективной культурной памяти о тех временах, когда люди и динозавры бок о бок бродили по Земле. Сразу после экспозиции, посвященной «Легендарным драконам», можно приобрести билет на прочие выставки (29,95 доллара для взрослых) и в планетарий (7,95 доллара). За кассами установлен зеленый экран, на фоне которого можно сфотографироваться, получив снимок у Ноева ковчега, в Эдемском саду и — самый драматичный вариант — рядом с кровожадно оскалившимся динозавром.

Затем посетители попадают в обширный главный зал. Потолки столь же высокие, а стены и пол выложены плиткой из искусственного камня. Направо от главного зала расположено «Ноево Кафе» — тематическая рестория в духе ковчега с блюдами американской кухни. Далее следует череда переходов, вдоль которых установлены стеклянные витрины со скелетами, окаменелостями и ископаемыми минералами. Затем посетители попада-

---

[38] Сами «Ответы» пишут, что облицовка Музея выполнена не из натурального камня, а из «легких полых форм из литого композитного камня». См. [McKeever, Vaterlaus, King 2008: 27].

Девочка играет рядом с охотящимися тираннозаврами в полноразмерной диораме, расположенной в главном зале Музея Сотворения; провокационное визуальное сопровождение тезиса о том, что люди и динозавры некогда соседствовали на Земле. Снимок Сюзан Троллингер. Дополнительные фотографии и подробную информацию о Музее можно найти на сайте creationmuseum.org

ют в мультимедийный театр, где на большом экране идет фильм «Люди в белом»[39]. Напротив «Ноева Кафе» расположен «Планетарий Звездочета», а также «Драконова книжная лавка», где можно приобрести книги, DVD-диски и сувениры.

В центральной части фойе находится длинный переход, на правой стороне которого (если идти из галереи) встроены остекленные клетки с птицами, лягушками и хамелеонами. На противоположной стороне расположена большая диорама, где на ка-

---

[39] К этому фильму мы еще вернемся в главе четвертой.

менистом склоне две роботизированные модели мальчиков играют рядом с двумя небольшими роботозаврами. Посмотрев наверх, посетитель увидит, что на стене с клетками примостился десятиметровый робот-зауропод, мирно лакомящийся листвой.

Завершается главный зал выходом на «Библейский путь». Стены здесь стилизованы под иссеченную веками слоистую породу Большого каньона, а пол представляет собой истоптанную каменную кладку. У входа установлен вполне правдоподобного вида знак, приветствующий посетителя в «Национальном парке Гранд-Каньон». В конце основного прохода (от которого ответвляется второстепенный, предназначенный главным образом для детей) находится археологический раскоп, в центре которого расположена большая диорама: двое мужчин с кисточками и зубилами трудятся над проявляющимися в песчаной породе очертаниями скелета динозавра. На экранах появляется белый мужчина из раскопа и поясняет, что, пусть один из них — эволюционист, а другой — креационист, оба они при этом являются учеными.

При входе в следующий зал, посвященный «Исходным точкам», посетителя встречает светло-серая стена, на которой крупными белыми и угольно-черными буквами выведено: «Те же факты, но разные взгляды... Почему?» Ответ на вопрос ждет тут же, за углом: в оформленной в современном духе зале с полами из светлого дерева, серыми стенами и темными сводами установлен огромный плакат, противопоставляющий «Человеческий разум» (в виде стопки книг) «Слову Божьему» (свиток). На стене выше плаката значится: «Взгляды разные, ибо разнятся исходные точки». К плакату прикреплена небольшая табличка, сообщающая, что

> каждому надлежит совершить выбор: человек либо обращается к Божьему Слову, беря его за исходную точку всех своих суждений, либо же отталкивается от собственной произвольной философии в качестве основания для оценки всего вокруг, включая отношение к Библии[40].

---

[40] Заметим, что на момент открытия музея этой таблички не было; ее добавили позже.

Оппозиция «человеческий разум — Слово Божье» затем многократно фигурирует и на остальных плакатах в зале, иллюстрирующих разность эволюционистских и креационистских выводов, сделанных из наблюдений за окружающей действительностью. Следом за серией подобных плакатов расположена хронологическая прямая, охватывающая период с 4004 года до н. э. по сегодняшний день. На прямой отмечены «Семь С(толпов)», отражающие каждое «Божественное вмешательство в ключевой период истории, чем и объясняется то, почему мир именно такой, каков есть»[41]. В самом центре зала установлена стеклянная витрина с моделью низкорослого примата и контраргументацией против доводов эволюционистов, согласно которым найденный в 1974 году скелет «Люси» и является тем звеном, которого прежде недоставало ученым для доказательства эволюционного развития человека[42].

Далее посетителей ждет зал, посвященный «Авторитету Писания». Здесь вновь выстраивается резкий контраст, на этот раз между цельностью Божьего Слова и множеством вызовов, которые человечество бросало ему на протяжении всей своей истории. При входе посетителей встречают полноразмерные фигуры пророка Исайи, Моисея и царя Давида из Ветхого завета, а также новозаветный апостол Павел. Под ними размещен длинный стенд с их (и прочих библейских персонажей) цитатами о Творении, Потопе, Воскресении и рождении нового человека во Христе. На противоположной стене на большом экране транслируется видеоряд, где люди зачитывают короткие отрывки из Писания. В дальнем конце зала находится огромный плакат с перечислением множества случаев, когда человек — начиная уже с Адама и Евы и включая античных философов, средневековую церковь, лингвистов, геоло-

---

[41] Англ.: «Seven C's» — Creation, Corruption, Catastrophe, Confusion, Christ, Cross, and Consummation, то есть сотворение, грехопадение, катастрофа, вавилонское смешение, Христос, Крест и искупление.

[42] Эта дополнительная экспозиция открылась в мае 2012 года по случаю пятой годовщины открытия Музея. «Stunning Exhibit Unveiled at Creation Museum: New High-Tech Display Opens on Museum's Fifth Anniversary», answersingenesis, May 28, 2012, https://answersingenesis.org/ministry-news/creation-museum/stunning-exhibit-unveiled-at-creation-museum/ [дата обращения: 11.06.2025].

гов и археологов — пытался оспорить «Слово Божье». Следуя далее по указателям, посетители попадают в зал «Актуальности Писания», где среди прочего есть полноразмерная фигура Лютера, прибивающего свои «Тезисы» к церковным дверям, деревянный книгопечатный станок Гутенберга со свежим экземпляром Библии и большой экран, на котором рассказывается о процессе над Скоупсом. На длинной стене зала размещена временна́я шкала, отражающая процесс впадания католической церкви в ослушание Божественного Слова под влиянием современных философов и ученых на пару с заблудшими теологами и проповедниками.

За углом расположен следующий «зал» — «Аллея граффити». Узкий темный коридор с грубыми кирпичными стенами, испещренными уличными художествами, вызывает привычные ассоциации с бандитскими разборками. Словно на доске объявлений, тут и там висят вырезки и целые газетные развороты, посвященные стволовым клеткам, теракту 11 сентября, эвтаназии, абортам, подросткам-гомосексуалистам, исламским террористам, эволюции, однополым бракам, школьным расстрелам и упадку христианской Америки; все это сопровождается какофонией городских звуков. Свернув с «Аллеи граффити», посетитель попадает в другую «темную» улочку, изображающую «Кризис культуры». По левой стороне виднеется дощатый фасад трущобы, чуть дальше выступают окна-экраны, в которых циклично показываются бытовые сцены. На другой стороне выступает кирпичный фасад здания, явно напоминающий типичную протестантскую церковь, в окнах которой мелькают те же персонажи, что и в доме напротив. Снаружи виднеется огромный подвесной шар с надписью «Миллионы лет», который, судя по всему, только что нанес сокрушительный удар в основание здания.

Покинув зал «Кризиса культуры», посетители вступают в темный коридор, усыпанный множеством крошечных белых огоньков — «Тоннель времени», ведущий в «Шестидневный театр». Здесь посетителей ждет компьютерная анимация на тему первой главы книги Бытия, спроецированная на вогнутую стену. Далее следует зал «Чудес Сотворения» — большое, ярко освещенное помещение с белесыми стенами и несколькими массивными колоннами под мрамор. По стенам развешаны пестрые фотографические изображения, отпечатанные в плакатном формате. Обрамленные снимки ярко подсвечены с обратной стороны, благодаря чему кажется, что свет исходит как бы изнутри. Здесь изображены животные и растения, вид Земли из космоса, Солнечная система, спираль ДНК и т. д.; над многими фотографиями установлены мониторы, на которых крутятся 15 роликов, посвященных флоре и фауне, Солнцу и всей планетарной системе, молекуле ДНК и физике птичьего полета и тому подобным вопросам. Все они призваны наглядно продемонстрировать, что «за подобной Вселенной просто не может не стоять Чей-то грандиозный замысел» [Answers in Genesis 2008: 39]. Напротив фотографий и экранов стоят удобные лавки, приглашающие посетителя к вдумчивому созерцанию. Высокий информационный стенд, установленный в самом центре залы, вкратце пересказывает сюжет шести первых дней бытия мира, сопровождая их соответствующими выдержками из Писания. Из этой просторной залы посетители попадают в более компактную, оформленную в том же духе, где их встречает компьютерная анимация на тему сотворения Адама.

Отсюда через портал меж еще двух белоснежных колонн посетители попадают в совершенно иное пространство: здесь пышным цветом цветет натуральная реконструкция Эдемского сада — с плодоносящими деревьями, скалами, водопадом, прудом, множеством моделей животных (включая роботизированных динозавров) и, конечно, Адамом и Евой. Последние представлены в нескольких библейских сценах: Адам нарекает имена животным, потом из его ребра Бог сотворяет Еву, которая затем предлагает мужу отведать запретный плод с Древа познания.

Затем посетители попадают в «Пещеру скорбей» — два зала, в которых изображаются сцены вхождения греха в мир после ослушания Адама и Евы. В первом зале по левой стороне висят крупноформатные черно-белые изображения, а на серо-бетонных стенах справа идут проекции: мужчина делает внутривенный укол, грибовидное облако от взрыва атомной бомбы и высящаяся груда человеческих черепов. В следующем зале находятся полноразмерные сцены (в основном на библейские сюжеты), иллюстри-

Библейский путь: ребенок наблюдает, как робот-тираннозавр кровожадно склоняется над добычей, иллюстрируя появление плотоядных животных и насилия в мире вследствие грехопадения. Снимок Сюзан Троллингер. Дополнительные фотографии и подробную информацию о Музее можно найти на сайте creationmuseum.org

рующие последствия грехопадения: первое жертвоприношение животного, Адам в поте лица возделывает пашню, Каин убивает Авеля, пожирающий более мелкого динозавра тираннозавр[43].

Далее следует переход в виде древнего шатра, где робот-Мафусаил рассказывает о потомках Адама и грядущей мировой катастрофе, после чего посетители видят сцену строительства Ноем своего Ковчега. Бóльшую часть зала занимает интерактивная

---

[43] В сцене с тираннозавром подразумевается, что до грехопадения все животные были вегетарианцами и стали друг друга пожирать лишь после вхождения в мир греха [Answers in Genesis 2008: 51].

реконструкция фрагмента будущего огромного судна. Тут же робот-Ной что-то обсуждает с приказчиком, трудятся роботы-столяры, а роботы-ремесленницы плетут корзины. В прилегающей зале посетители оказываются внутри Ковчега: пол «каюты» устлан деревом, потолочные балки окутывает мягкий теплый свет, и робот-Ной охотно отвечает на популярные вопросы о жизни на Ковчеге. Посетители могут ознакомиться с бортовой системой сброса нечистот и посмотреть мини-диораму, представляющую события внутри и снаружи Ковчега. На составленном из четырех огромных панелей экране разворачивается компьютерная анимация тонущей в Потопе Земли.

Следующий зал, посвященный геологии Потопа, декорирован в современном стиле: с черными потолками, темным ковролином и стенами в тон. Стены местами стилизованы под скалистый рельеф и очертания континентов. Освещение направлено на множество экспонатов, рассказывающих о геологическом аспекте потопа. Посетителя встречает мини-диорама, изображающая Ноя с семейством, возносящих благодарственные молитвы после окончания Потопа. Тут же размещены плакаты, посвященные сильному извержению вулкана Сент-Хеленс в 1980 году, подразумевая, что подобный катаклизм может «пролить свет» на гигантскую мощь Потопа, способного натурально перекроить Землю. Далее посетители переходят в зал Естественного отбора с подробными плакатами и застекленными витринами с экспонатами: все здесь говорит о том, что естественный отбор не приводит к эволюции. В мае 2014 года сюда же добавили экспозицию «Лицом к лицу с аллозавром» со скелетом длиной девять метров и высотой около трех в застекленной витрине[44]. Рядом размещена цифровая анимация, рассказывающая об обнаруженных останках и раскопках, а также таблички с описанием физических параметров аллозавра и его гибели во время Потопа[45].

---

[44] Mark Looy, «$1.5 Million Dinosaur Exhibit Dedicated Today at the Creation Museum: Will Challenge Evolutionary Thinking», answersingenesis, May 23, 2014, https://answersingenesis.org/ministry-news/creation-museum/15-million-dinosaur-exhibit-dedicated-today/ [дата обращения: 11.06.2025].

[45] Мы употребляем местоимение мужского рода, поскольку руководство Музея решило дать аллозавру мужское имя Эбенизер.

Заключительный зал, посвященный теме геологии Потопа, разъясняет, как вследствие Потопа колоссальная масса земной суши раскололась на знакомые нам континенты, как воды Потопа испещрили горные породы каньонами и образовали новые озера. Также на пояснительных плакатах рассказывается о том, как послепотопное охлаждение Северной Америки вызвало видовые изменения посредством естественного отбора, в результате чего потомство спасенных на Ковчеге животных со временем стало нынешними лошадьми, собаками и т. д.

Отсюда посетители переходят в последнюю — Вавилонскую — залу Библейского пути, стилизованную под улицу древнего города: стены облицованы орнаментальной плиткой синевато-зеленых оттенков и кирпичом, декоративная золотая плитка образует бордюр под потолком, в одну из стен вделаны золотые бараньи головы, изрыгающие воду в облицованный плиткой фонтан внизу, а в центре залы устрашающе возвышается ламассу — крылатый бык с человеческой головой. Здесь посетители узнают, что после того, как Бог нарушил планы Ноевых потомков построить огромную башню, люди рассеялись по Земле и со временем, вследствие процессов естественного отбора, обрели уникальные физиологические особенности. Кроме того, здесь же сообщается о появлении у потомков Ноя новых религий и возникновении расизма.

Покидая залу, посетители проходят мимо временно́й шкалы, начинающейся с «Первой семьи» и заканчивающейся «Римом». Тут же приводятся примеры Божьего суда над одними народами и Его благоволения другим. Смежная зала со стенами из каменной и кирпичной кладки, стилизованная под улицу древнего города, служит своего рода фойе при «Театре Последнего Адама», где на трех больших экранах демонстрируется 20-минутный фильм о Христовых Страстях и Воскресении, как их видела его мать Мария. Напротив располагается часовня, выстроенная в качестве «реплики синагоги первого столетия» [Answers in Genesis 2008: 71].

На этом Библейский путь заканчивается, и посетители выходят на обширную Пальмовую площадь, «спроектированную под влиянием египетской архитектуры» [Ibid.: 73]. Здесь царит атмосфера древнего города: стены, сложенные из крупных плит светлого камня, округлые колонны, несущие глубокие карнизы, мостовая, устланная мозаикой натурального камня. Через центр зала тянется ряд искусственных подсвеченных пальм. По правую руку располагается временная экспозиция Музея Библии, зачастую представляющая собрания редких манускриптов и прочих подобных артефактов. Слева находится «Инсектарий доктора Кроули», открывшийся в мае 2013 года[46]. Здесь посетители могут рассмотреть множество видов насекомых, представленных в витринах, задать вопросы об их происхождении роботу-ученому, а также сыграть в видеоигру с ожившей древней стрекозой. Вверх по лестнице над «Инсектарием» располагается «Динологово Бадди Дэвиса», где можно вблизи рассмотреть скелет трицератопса, а также скульптурные модели многих других динозавров. Рядом с каждым экспонатом установлена пояснительная табличка с названием вида и сведениями о росте, весе, длине, месте обнаружения окаменелостей и рационе после Грехопадения.

Затем посетители проходят по коридору, поднимаются по лестнице и попадают в «Драконову книжную лавку» с противоположного входа, над которым возвышается статуя Беовульфа. На сайте «Ответов» говорится, что лавка оформлена «в духе парадного зала средневекового замка» — с высокими потолками, каменной кладкой стен, аркадами и канделябрами [Answers in Genesis 2008: 81]. Бо́льшую часть стен занимают стеллажи из мореного дерева, уставленные всевозможными пособиями для самостоятельного образования, материалами для воскресной школы и DVD-дисками. Следуя драконьей тематике, на фасаде из искусственного камня высечены сюжеты о святом Георгии, который убил чудовище (внешне очень похожее на динозавра), спас царскую дочь и обратил местных жителей в христианство.

---

[46] «Creation Museum Expands with Three World-Class Exhibits», answersingenesis, May 24, 2013, https://answersingenesis.org/ministry-news/creation-museum/creation-museum-expands-with-three-world-class-exhibits/ [дата обращения: 11.06.2025].

Направляясь обратно к Главному залу (откуда начинался весь путь), посетители проходят под робоптеранодоном, похожим на дракона с логотипа лавки, изображенного прямо под ним.

Музей Сотворения мира: классический или современный?

Музей впечатляет обширным ассортиментом современных технологий: здесь и мультимедийный театр со спецэффектами, и планетарий с проекцией Вселенной на пятиметровый купол, и многочисленные плоские экраны, и уйма компьютерной анимации и графики, и звуковое сопровождение полноразмерных диорам, и пять аниматронных моделей динозавров, и подвижные фигуры людей, и множество интерактивных экспонатов. Благодаря столь внушительной интеграции передовых технологий Музей Сотворения мира смотрится вполне достойно в ряду прочих современных музеев.

Относительно Музея, как правило, мнения сходятся как к популярных, так и академических комментаторов. Так, *ABC News* описывает Музей как «высокотехнологичный сенсорный опыт с аниматронными динозаврами и кинотеатром с виброкреслами». Графический дизайнер и журналист Джандос Ротштейн отмечает, что «"Ответы" подхватили новейшие тренды в информационном дизайне, задействуя те же графические приемы, экспозиции и общую подачу, что и любой крупный научный музей». А Джозеф Кларк, архитектор и автор интернет-издания, пишет, что «высокотехнологичные, иммерсивные диорамы и мультимедийные экспонаты сделаны по последнему слову музейной моды и техники». Даже физик Лоуренс Краусс, решительно отказывающий Музею Сотворения в праве называться «музеем», признает, что, «пользуясь волшебными дарами науки и техники: роботами, мониторами, интерактивными информационными стендами, — Музей весьма эффективно доносит свои идеи до посетителей»[47].

---

[47] ABC News, «Creation Museum Unites Adam, Eve, Dinos», abcNews, May 25, 2007, http://abcnews.go.com/GMA/Story?id=3211737&page=2 [дата обращения: 11.06.2025]; [Rothstein 2008: 97; Clark 2008; Krauss 2007: 23].

Но использование передовых технологий не единственное сходство между Музеем Сотворения и современным естественнонаучным музеем. Музей представляет две точки зрения на происхождение Земли: одну — основанную на книге Бытия и авторитете Слова Божьего, другую — опирающуюся на разум и научный метод. Более того, музей подчеркивает, что выбор между этими двумя перспективами полностью остается за посетителем. Таким образом, посетитель в Музее Сотворения мира позиционируется как способный потребитель — субъект, выбирающий между конкурирующими точками зрения. Наконец, даже с учетом активного обращения к научному дискурсу в целях аргументации младоземельного креационизма, Музей раз за разом ставит под сомнение авторитет самой науки. То есть Музей Сотворения мира можно рассматривать в качестве современного музея естественной истории не только по причине использования передовых технологий, но и в силу освещения различных взглядов, а также наделения посетителя правом выбора между ними.

Неудивительно, впрочем, что «Ответы» стремятся к тому, чтобы посетители рассматривали Музей Сотворения как ультрасовременный музей естественной истории. Уже на главной странице сайта Музея его описание начинается словами: «Современный музейный комплекс площадью семь тысяч квадратных метров оживит страницы Библии». Примерно то же говорится и в написанной Хэмом сопроводительной брошюре «Путешествие по Музею Сотворения мира»:

> Это путешествие сквозь историю — мультимедийное приключение с использованием новейших достижений самых передовых технологий, призванное наиболее эффективно и на различных уровнях донести посыл до посетителей всех возрастов[48].

Более того, представители Музея с удовольствием обращают внимание публики на то, что они освещают не одну, а обе точки

---

[48] См. веб-сайт Музея: http://creationmuseum.org [дата обращения: 11.06.2025] и [Answers in Genesis 2008: 43].

зрения на происхождение Земли. В беседе с корреспондентом Национального общественного радио Барбарой Брэдли Хагерти сам Кен Хэм высказался следующим образом: «Мы действительно предлагаем посетителям взглянуть на вопрос с обеих сторон», приводя для примера зал с археологическим раскопом, в котором вместе трудятся «палеонтолог-креационист и палеонтолог-эволюционист, по-разному интерпретирующие одно и то же ископаемое». Аналогичным образом, отвечая критикам, обвинявшим музей во «взращивании изоляционного способа мышления», Боди Ходж, штатный автор и исследователь «Ответов», писал на сайте организации:

> У нас представлены основные эволюционные положения — и представлены вполне честно, как нам говорили даже многие из наших оппонентов. В музее, — продолжает он, — есть целый ряд крупных экспозиций, посвященных естественному отбору, — этому, так сказать, краеугольному камню Дарвиновой эволюции.

В интервью Стивену Бэйтсу для *The Guardian* Кен Хэм вновь подчеркивает ту же мысль, сравнивая Музей Сотворения мира с одним из самых известных естественно-научных музеев мира: «Мы освещаем обе стороны — чего не делает даже в лондонский Музей науки»[49].

То, что Музей, лейтмотивом которого является младоземельный креационизм, инспирированный буквальным прочтением Библии, не просто вскользь упоминает об эволюции, а посвящает ей полноразмерную диораму, подчеркивая, что помимо младоземельного креационизма есть и иная точка зрения, нередко

---

[49] Barbara Bradley Hagerty, «Creation Museum Promotes the Bible over Evolution», NPR, May 28, 2007, http://www.npr.org/templates/story/story.php?storyId=10498875 [дата обращения: 11.06.2025]; Bodie Hodge, «Is Christian Orthodoxy a Cult?», answersingenesis, June 11, 2010, http://www.answersingenesis.org/articles/2010/06/11/feedback-is-christian-orthodoxy-a-cult [дата обращения: 11.06.2025]; Stephen Bates, «So What's with All the Dinosaurs?», The Guardian, November 12, 2006, http://www.guardian.co.uk/world/2006/nov/13/usa.religion [дата обращения: 11.06.2025].

вызывает у посетителей удивление. Вот что по этому поводу пишет известный журналист и колумнист научно-популярного журнала *Discover* Бруно Мэддокс:

> Весьма неожиданно и даже обескураживает в ребятах из «Ответов» вот что — они не делают вид, будто абсолютно правы. Ну да, вас действительно проведут по Эдему в натуральную величину и предложат поглазеть на то самое Древо...
> Но всякий раз, когда внутри просыпается ученый-скептик, тут же за углом оказывается напоминание о том, что все то, что я только что увидел, — это лишь теория, возможный сценарий, наиболее удачная догадка и т. д. Экспонат, которым в Музее более всего гордятся, — простая полноразмерная диорама, представляющая работу двух палеонтологов, сидящих у окаменелого остова динозавра. Рядом с одним лежит раскрытая Библия, другой сверяется со справочником по палеонтологии. Посыл в том, что наше восприятие реальности неизбежно окрашено и искажено «изначальными предпосылками». Иными словами, истина — это иллюзия, и никто никогда не может ничего знать по-настоящему. Мне всегда казалось, что у креационистов счеты с Дарвином, но и в голову не приходило, что они столь ярые поклонники Жака Дерриды[50].

Если исходить из того, что Музей Сотворения мира придерживается форматов и традиций, свойственных естественнонаучным музеям современного типа, то вполне логично ожидать известного «демократизирующего» воздействия на посетителей. Но так ли это на самом деле? Применяются ли современные подходы к планировке интерьеров и экспозиционные стратегии ради того, чтобы посетители могли самостоятельно совершать открытия, формулировать собственные выводы и оспаривать авторитарный голос самого музея — вплоть до того, чтобы даже предложить к рассмотрению мысль о том, что, возможно, «истина — это вовсе иллюзия»?

---

[50] Bruno Maddox, «Blinded by Science», Discover, February 2007, Academic Search Complete, EBSCOhost.

Экспозиционный характер Музея

Параллельно с активным использованием передовых технологий в плане организации экспозиций Музей в немалой степени опирается и на традиционные музейные техники. Одна из таких — стеклянная витрина — используется в Музее повсеместно, особенно в Главном зале. Шесть встроенных витрин в Главном зале предлагают вниманию посетителей различные виды птиц, жаб, коллекцию окаменелостей, сопровождая экспозицию цифровым панно с изложением «Семи С(толпов)». Следующая серия витрин высотой до потолка выстроена по одной из сторон коридора, ведущего к мультимедийному театру. За стеклом выставлены рыбьи челюсти, черепа и зубы животных, минералы и ископаемые, снабженные табличками с научными и общеупотребительными названиями. В прочих залах Музея также немало стеклянных витрин: есть, например, реплика знаменитого скелета Люси и манекен, представляющий то, как она могла выглядеть по версии библейских «Ответов», факсимиле Синайского кодекса IV века[51], а также копия «Происхождения человека» Чарльза Дарвина.

Подобно витринам в современных музеях естественной истории, витрины в Музее Сотворения мира позволяют воочию наблюдать такие экспонаты, как окаменелости, скелеты и зубы древних животных — словом, что-то, прежде неведомое и невиданное. Рядом с экспонатами размещены таблички, сообщающие посетителю, кому некогда принадлежала челюсть или редкий минерал, которые тот изучает через стекло. Витрины снабжены стендами или плакатами с более развернутым описанием и интерпретацией представленной в них коллекции. Словом, витрины позиционируют посетителя в качестве субъекта познания, одновременно с очевидностью давая понять, что собравшие все эти предметы и оформившие для них подписи и пояснения

---

[51] Греческий список Библии с неполным текстом Ветхого и полным — Нового Завета. Был обнаружен в 1844 году в Синайском монастыре немецким исследователем Константином фон Тишендорфом. — *Прим. пер.*

творцы Музея Сотворения обладают в отношении представленной под стеклом коллекции значительно большей экспертностью.

Заметим при этом, что застекленные дверцы также создают для посетителя и преграду, ограничивая его сближение с предметом и исключая возможность задействовать для его изучения прочие органы чувств, особенно осязание. Безусловно, подобные ограничения обеспечивают сохранность выставленных в витрине экспонатов. Однако, пожалуй, еще более очевиден другой посыл: что находящиеся за стеклом объекты являются весьма значимыми, редкими, ценными и заслуживают особого внимания посетителей. Таким образом, подобно ранним естественно-научным музеям, стеклянные витрины Музея декларируют, что это — особое учреждение, обладающее коллекцией по-настоящему ценных образцов и артефактов.

Но еще более примечательным элементом экспозиции Музея является диорама. Первая встречает посетителя уже в Главном зале — это полноразмерная сцена, где двое детей играют рядом с динозаврами. Далее следует множество прочих диорам, также выполненных в натуральную величину: два палеонтолога, откапывающие скелет динозавра; трое ветхозаветных персонажей и апостол Павел, пишущий по-гречески Второе послание к Тимофею (3:15–17)[52]; тираннозавр, выжидающий среди листвы, и т. д. Конечно, наибольший эффект производит серия полноразмерных диорам, планомерно перетекающих одна в другую: сцены в Эдемском саду с последующим Грехопадением и строительством Ковчега (которое в свою очередь также сопровождается серией мини-диорам, знакомящих посетителей с внешним убранством и внутренней жизнью Ноева судна).

Даже без использования таксидермии при создании многочисленных фигур животных и прочих персонажей, представленных в диорамах, в Музее преобладает реалистическая эстетика. При

---

[52] «Притом же ты из детства знаешь священные писания, которые могут умудрить тебя во спасение верою во Христа Иисуса. Все Писание богодухновенно и полезно для научения, для обличения, для исправления, для наставления в праведности, да будет совершен Божий человек, ко всякому доброму делу приготовлен». — *Прим. пер.*

помощи таких искусств, как скульптура и живопись, а также с применением новейших технологий — электроники и робототехники — все выставленные в Музее модели, согласно самим «Ответам», намеренно сделаны так, чтобы «выглядеть максимально реалистично» [Answers in Genesis 2008: 13]. С особенной тщательностью проработаны детали в диорамах, изображающих сцены из книги Бытия. Яркий пример подобной скрупулезности — Дерево жизни, вздымающееся ввысь на шесть метров и увенчанное пышной десятиметровой кроной. «Ответы» с гордостью сообщают о «поразительной детализации, с коей выполнено Древо, на которое при возведении вручную было закреплено более 31 тысячи вечнозеленых листочков» [Ibid.: 44].

Подобное внимание к деталям, весьма характерное для музейных диорам модернистского периода, здесь сочетается с еще одной примечательной стратегией — моделированием сцен в духе «застывшего мгновения», словно бы запечатленных в момент действия. Все представленные в Музее библейские (да и не только) сцены выполнены именно таким образом. Вот Адам простирает руку к только что нареченному им животному, а другие звери с явным интересом наблюдают за ним; Адам пробуждается ото сна сразу после сотворения Евы — они у водоема под шумящим водопадом, он впервые видит свою супругу, проводит пальцами по ее волосам и пристально смотрит ей в глаза; Адам мотыгой возделывает землю, рядом двое ребятишек — один собирает морковь, другой несет корзину с виноградом, а неподалеку по каменной лестнице спускается беременная Ева; Каин в отчаянии вздымает руки над поверженным братом, чья кровь струится по песку.

Миниатюрные диорамы сохраняют тот же эффект «моментального снимка», что и полноразмерные сцены. Вот, к примеру, «кусочек» Ковчега в разрезе: женщина спускается по лестнице в трюм, где пара кошек пытается поиграть с четой черепах, а в соседнем загоне на подстилке из соломы уютно устроилось семейство динозавров. Вот Ковчег, наконец пришвартовавшийся на вершине взгорья, с которого с грохотом низвергаются воды; вот Ной с семейством уже выбрались из Ковчега и совершают благодарственное жертвоприношение на вершине горы; вот Ковчег уверенно бороздит стремительно поднимающиеся воды, а множество людей и животных усеяли вершины ближайших гор, спасаясь от надвигающейся гибели[53].

Подобно тому как реалистические диорамы в традиционных музеях служили своего рода глазком, через который западный посетитель мог понаблюдать за жизнью экзотических животных и далеких народов, Музей Сотворения мира предлагает собственный «глазок» — в библейские сюжеты из первых 11 глав книги Бытия. Более того, подход организаторов к планировке позволяет делать сцены еще более осязаемо-реалистичными: развернутые в натуральную величину и при этом не заключенные в стекло (как это зачастую устроено в традиционных музеях), диорамы дают посетителю возможность не просто наблюдать за библейскими сценами, но и буквально прогуляться по ним. Отсутствие стеклянного барьера, плавные переходы от одного сюжета к другому и качественное звуковое сопровождение способствуют эффекту присутствия, благодаря чему посетитель может ощутить себя очевидцем разворачивающихся событий.

Несмотря на отсутствие остекления в большинстве полноразмерных диорам, — благодаря чему, как мы говорили, достигается мощный эффект присутствия, — в Музее активно применяется целый ряд способов сохранения экспозиции вне прямого взаимодействия с потоком посетителей. Сюда входят и искусственные скалистые отроги, и всевозможные перила, барьеры и канаты, а также таблички, на манер Божьих заповедей увещевающие: «Не притрагивайся! Пожалуйста!» — словом, все, чтобы посетитель наблюдал трехмерную сцену на расстоянии[54]. Кроме

---

[53] Своеобразные «снимки» библейской истории Творения, эти диорамы функционируют подобно фотографиям, которые, по выражению Барби Зелайзер, «захватывают вещи в процессе развертывания». Отметим здесь важный аспект: диорамы в Музее Сотворения мира не только вовлекают посетителя в повествование, разворачивающееся буквально у него на глазах, но и, — продолжает Зелайзер, — благодаря известной сослагательности, сцены приглашают представить свое возможное развитие [Zelizer 2004: 158, 164].

[54] Отметим, что подобного подхода придерживаются и многие современные музеи естественной истории. При этом нередко музеи специально устраивают такие сцены, в которых посетитель может вплотную подойти к моделям,

того, многочисленные мини-диорамы все же снабжены стеклянными заграждениями. То есть, несмотря на то что Музей Сотворения перенял идею диорамы, чтобы при ее посредстве усилить реалистический эффект повествования, сама диорама по-прежнему — как и в классическом музее — остается формой, в которой предпочтение отдается зрению, исключая прочие органы чувств в силу вынужденного соблюдения дистанции зрителем.

Таким образом, реалистичность с акцентом на визуальной составляющей в Музее Сотворения мира предлагает посетителю ту же «зрительную доминанту», что и классический музей. Однако же в данном случае взгляд посетителя фокусируется не на представителях экзотической фауны или культуры, а на скелетах, минералах и окаменелостях, которые, как заявлено, подтверждают историческую достоверность стародавних преданий, буквально сошедших с библейских страниц, воплотившись в трехмерных сценах. Посетитель Музея, следовательно, позиционируется в качестве субъекта, познающего данные объекты и нарративы.

Повествование в Музее Сотворения мира

Музей Сотворения мира рассказывает не только разрозненные сюжеты из Бытия 1:11, но и куда более обширную историю, охватывающую все человеческое прошлое от начала и до конца времен, при этом радикально отличную от прогрессивно-эволюционного нарратива, привычного для современного музея естественной истории.

Сюжетная линия Музея разворачивается перед посетителем уже в Главном зале — в первой из серии встроенных стеклянных витрин, где представлены ядовитые жабы, птицы и хамелеоны. Здесь же находится плакат с «Семью Столпами предвечного за-

---

а иногда даже их потрогать. Так, в уже упоминавшемся выше Филдовском музее естественной истории в Чикаго есть экспозиция под названием «Эволюция нашей планеты», где посетители вполне могут свободно погулять по диораме с искусственными деревьями. Подробнее об этой выставке, открывшейся 10 марта 2006 года см. http://www.fieldmuseum.org/at-the-field/exhibitions/evolving-planet [дата обращения: 11.06.2025].

мысла Божьего», на котором отмечены «семь ключевых событий от начала до конца времен»[55]. Те же семь вех вновь появляются чуть позже и уже на гораздо более крупной информационной панели в зале, посвященном «Исходным точкам». Заголовок гласит: «Божье Слово — *вот ключ* к прошлому, настоящему и будущему» (выделено в оригинале). Ниже представлена временна́я шкала, начинающаяся 4004 годом до н. э. и заканчивающаяся настоящим временем. На шкале отмечены семь эпохальных событий, образующих три мировые эпохи: «Совершенного Творения Божьего», «Суда Божьего за отвержение Слова Его» и «Восстановления Творения Божьего».

Вдоль музейного маршрута посетители периодически встречают плакаты с каким-либо из Семи «С(толпов)», снабженные кратким описанием и толкованием события, а также соответствующей цитатой из Писания. Так, плакат с «Сотворением мира» логичным образом находится при входе в Эдемский сад. Крупная надпись наверху сообщает, что речь идет о «Творении по Слову Божьему», а чуть ниже поясняется, что «вначале — около четырех тысяч лет до нашей эры и в течение шести 24-часовых суток — Бог осуществил Совершенное Творение мира». Далее следуют сцены, изображающие, как Адам дает имена животным, как знакомится с Евой сразу после ее творения, как оба они купаются у живописного водопада. Сразу за водопадом расположен следующий Столп — Грехопадение. «Ослушание Слова Божьего привело к грехопадению» — гласит заголовок, под которым сообщается также, что «первый человек Адам ослушался Творца и принес в тварный мир смерть и греховную порчу. Его непокорность — вот причина наличия катаклизмов, болезней, страданий и смерти в нашем мире». За плакатом следуют две встроенные стеклянные витрины: одна — с алым Змеем, ползущим навстречу посетителю, вторая — с Евой, протягивающей запретный плод Адаму.

---

[55] Когда Музей только открылся, «Семь С(толпов)» были представлены в череде витрин, выставленных в Галерее. Таким образом, посетитель знакомился со Столпами, как только переступал порог Музея.

Третий Столп появляется после сцены братоубийства с Каином и Авелем, когда посетители покидают шатер старца Мафусаила, предвещающего грядущий катаклизм. «Отвержение Слова Божьего привело к катастрофе» — сообщает крупная надпись наверху.

> Род Адама сделался столь нечестивым, что Бог подверг Землю катастрофическому всемирному Потопу, дозволив спастись лишь взошедшим на построенный Ноем Ковчег (около 2348 года до н. э.). Следы глобального катаклизма можно обнаружить по всей планете в виде ископаемых и окаменелостей.

Далее следует экспозиция со строительством Ковчега, сцена в каюте, зал, посвященный геологии Потопа и, наконец, Вавилонская зала, где установлена колонна с четвертым Столпом — «Смешением». Под заголовком, гласящим, что «отвержение Слова Божьего привело к смешению», следует пояснение: «Когда Ноевы потомки ослушались Божьего наказа "плодиться и размножаться, и наполнять Землю", Он смешал их языки, заставив рассеяться по всей планете. Это древнее расселение и объясняет образование разных народов».

Плакаты с тремя последними «С» подвешены к потолку вдоль стены в фойе «Театра Последнего Адама». Итак, пятый Столп гласит, что «Христос — Обетование Слова Божьего», поясняя далее: «Творец воплотился, сделался сродни нам — членом человеческой расы. Его звали Иисус из Назарета, и Он повиновался Богу во всем, в отличие от первого человека Адама». За тем следует шестая «С»: «Крест — Ответ Слова Божьего» и «Наказанием за ослушание первого человека была смерть. Мессия Иисус принял смерть на кресте, дабы искупить эту вину. Он воскрес из мертвых, даруя жизнь всем, уверовавшим в Него». Наконец, седьмой и последний Столп возвещает, что «Искупление — это исполнение Слова Божьего». Пояснение гласит: «будет день, когда Творец обновит Свое творение. Он устранит смерть и непокорных и вечно пребудет со всеми, верными Ему. Земля вновь обретет первозданное совершенство, став тем Садом, каковым была до вхождения в мир греха».

Представленные подобным образом на плакатах, размещенных вдоль Библейского пути, Семь Столпов рассказывают линейную историю, начинающуюся с Сотворения мира и завершающуюся установлением Царства Божьего на Земле в некотором будущем времени. Кроме того, Столпы выстраивают мощную интерпретативную конструкцию для осмысления любого отдельно взятого библейского сюжета. Ведь вместо того, чтобы всякий раз пытаться вникнуть в смысл той или иной истории, посетителю достаточно лишь запомнить семь ключевых вех и знать, где относительно них располагается данное событие, чтобы выяснить его фундаментальное значение. В своей брошюре, посвященной Столпам, Кен Хэм и Стейша МакКивер сообщают следующее:

> Люди в большинстве воспринимают Библию как книгу, в которой собрано множество занимательных историй и теологических учений. Отчасти это так, но все же Библия — это нечто большее. Это историческая книга, проливающая свет на ключевые события мировой истории, лежащие в основе важнейшего посыла Писания[56].

Любой, кто мало-мальски знаком с американским евангелизмом и фундаментализмом, без труда уловит сильное созвучие между музейными Столпами и диспенсационным премилленаризмом. Учение диспенсационализма было описано основателем «Плимутских братьев» Джоном Нельсоном Дарби и завоевало серьезную популярность с выходом в 1909 году скоуфилдовской Библии[57], что вовсе неудивительно, учитывая, что младоземельный креационизм во многом перекликается с премилленаритской доктриной. Фактически, отмечает Марк Нолл, «креационизм вполне можно считать научным изводом диспенсационализма,

---

[56] [Ham, McKeever 2004]. В формате .pdf брошюра доступна на сайте «Ответов»: https://legacy-cdn-assets.answersingenesis.org/assets/pdf/radio/the7csofhistory.pdf [дата обращения: 11.06.2025].

[57] Второе издание вышло в свет в 1917 году. Подробнее о премилленаризме и библейском комментарии Сайруса Скоуфилда мы поговорим в главе третьей.

поскольку креационистский научный подход подобным же образом сосредоточен на глобальной катастрофе и строгом разделении исторических эпох». Неудивительно поэтому, что многие младоземельные креационисты были в то время и являются сейчас приверженцами и диспенсационного премилленаризма. Среди таковых были и Генри Моррис с Джоном Уиткомбом, авторы «Бытийного Потопа», предложившие, как отмечает Рональд Намберс, «убедительную версию истории нашей планеты, выстроенную вокруг симметричных катастрофических событий и объединенную общей [буквалистской] герменевтической канвой»[58].

Несмотря на известный публичный «агностицизм» по этому поводу, очевидно, что «Семь С» «Ответов Бытия» вполне соответствуют диспенсационалистской традиции[59]. На самом базовом уровне оба учения исходят из того, что Библия находится во взаимных отношениях с окружающей действительностью, и потому сказанное в ней — *действительно* истинно вполне буквально. Отсюда библейские рассказы о событиях прошлого и пророчества о грядущих являются достоверной хроникой не сугубо «библейской» — но мировой истории в целом[60]. Кроме того, для осмысления мировой истории обе системы предлагают семичастную интерпретативную «рамку», при помощи которой верующие

---

[58] [Noll 1994: 195; Numbers 2006: 371]. В своих библеистских изысканиях Генри Моррис придерживался премилленаристских позиций. См., например, [Morris 1995 (2012): NB app. 18, 2127–2131].

[59] Как пишет штатный автор и исследователь организации Боди Ходж, «"Ответы Бытия" не занимают никакой позиции в теологической полемике между диспенсационализмом и ковенантным богословием, предлагающим несколько иную толковательную стратегию буквального прочтения Библии, — рассматривая обе доктрины как соответствующие библейскому духу». См. Bodie Hodge, «Why Don't Christians Follow All the Old Testament Laws?», answersingenesis, May 6. 2013, https://answersingenesis.org/christianity/christian-life/why-dont-christians-follow-all-the-old-testament-laws/ [дата обращения: 11.06.2025].

[60] Как отмечает Дуглас Фрэнк, возможность уверенно объяснить любое событие в прошлом и прогнозировать будущее весьма способствовала популярности премилленаризма в конце XIX столетия. См. [Frank 1986: 68–69, 73].

могут легко уяснить смысл и значение любого библейского сюжета или исторического события. Иными словами, обе системы предлагают тотализирующий исторический нарратив, когда вне пределов данной сверхъестественной канвы не происходит вообще ничего.

Совершенно в духе премилленаристских «Семи Д(испенсаций)», «Семь С(толпов)» Музея Сотворения мира позиционируют посетителя как субъект познания не только глубинной исторической истины, но и самой воли Божьей. Так, в качестве субъекта такого познания, посетитель понимает, как Богу надлежит поступать в отношении культуры, скатившейся в отступничество и исполненной грешников, повинных в упадке, дабы восстановить правильный миропорядок раз и навсегда. Подобное знание, несомненно, производит сильное впечатление на консервативных христиан, а равно и всех прочих, считающих, что современная культура давно лишилась ориентиров, утратила надлежащий порядок, мораль и истинную веру, а с тем — и людей, подобно им, оставшихся верными этим ценностям. В конечном же счете и те и другие считают, что истинные «библейские христиане» окажутся правыми, и все вернется на круги своя.

Семь Д против Семи С

Семь диспенсаций	Семь столпов
Невинность: от Эдема до грехопадения	Сотворение
Сознание: от Адама до Ноя	Грехопадение (изгнание из Рая)
Цивилизация: от Ноя до Авраама	Катастрофа (Потоп)
Патриархальное правление: от Авраама до Моисея	Смешение (Вавилонское рассеяние)
Закон: от Моисея до Христа	Христос
Благодать: Эпоха Церкви	Крест
Тысячелетнее Царство: Правление Христово	Искупление

При всем очевидном сходстве Семь «Д» и Семь «С» все же не совсем идентичны (см. таблицу).

Обратим внимание на смысловое различие между младоземельными «С» и премилленаристскими «Д». Столпы относятся к отдельным событиям и обрамляются началом и концом мировой истории: первые четыре «С» взяты из начальных 11 глав книги Бытия (об этом великом мифологическом прологе иудейского Писания мы подробно поговорим в главе третьей), после чего следует Христос, Распятие и — когда-то в будущем — искупительный конец истории.

Диспенсации же обозначают масштабные исторические эпохи, каждая из которых следует особым, Богом установленным требованиям, применимым исключительно к одному этому историческому периоду. В своей основе классический диспенсационный премилленаризм стремится разрешить вопросы о взаимоотношении иудаизма с Церковью и соотношении еврейских Писаний и Нового Завета. Джон Нельсон Дарби писал, что есть два богоизбранных народа: народ земной — Израиль и народ небесный — Церковь. Но, как указывает религиовед Роберт О. Смит, в предложенной Дарби системе прерывистых диспенсаций «Бог может взаимодействовать лишь с одной группой людей за раз». У евреев для этого было достаточно времени в прошлом, когда они жили по полученному Закону. Однако, «когда евреи отвергли Иисуса, Бог решил образовать народ "небесный" — Церковь, состоящую из язычников, признавших Иисуса Спасителем и начавших жить не по Закону, а по Благодати», — поясняет историк Даг Фрэнк в своей работе о премилленаризме. Тем не менее евреи по-прежнему остаются Божьим народом, и после того, как «верные» христиане будут «восхи́щены», пережившие «скорбные времена» евреи вновь обретут свое земное царство[61].

Некоторые диспенсационалисты утверждали, что их учение знаменует отказ от «суперсессионизма» — представления о том, что христиане пришли на смену евреям в Божьем плане человеческого спасения. Как убедительно доказывает Смит, подобная аргументация упускает из виду следующий момент: в системе Дарби Израиль остается подчиненным Церкви, — то есть земное

---

[61] [Smith 2013: 151–154 (153); Frank 1986: 69–75 (note 71); Sandeen 1970: 66–70].

царство подчиняется Царствию небесному — а единственная надежда евреев на вечное спасение заключается в вере в Иисуса Христа. Проще говоря, "евреи" для Дарби были не реальными людьми, но литературными тропами, удобными в его профетическом дискурсе». Евреи в диспенсационном премилленаризме попросту не существуют сами по себе, но выполняют роль сугубо второстепенных персонажей в христианской апокалиптической драме [Smith 2013: 154–158].

Вместе с тем в семи «Д» евреям уделяется гораздо больше внимания, нежели в семи «С», — ни один из Столпов напрямую не связан с Древним Израилем. Вообще, в Музее в целом об Израиле, конечно, упоминается, но не слишком часто. Время от времени встречаются плакаты, посвященные древнееврейским пророкам вроде Исайи, однако в большинстве из них акцент сделан на исполнении их пророчеств (особенно касавшихся Мессии), нежели подтверждается то, что Библия действительно является Словом Божьим. Скажем, в зале, посвященном «Авторитету Писания», под фигурой Моисея расположена информационная табличка следующего содержания (опять же, обратите внимание на акцент на первых 11 главах книги Бытия): «Моисей дал Израилю первые пять книг Библии, называемые "Законом". Первая из них, Бытие, повествует о сотворении мира, первородном грехе человека, Всемирном Потопе во времена Ноя и появлении народа Израилева». Или возьмем зал с «Чудесами Сотворения»: при всем обилии древнееврейских текстов, служащих здесь (а равно и прочих экспозициях, о чем подробнее будет сказано в главе третьей) фоном, удивительно, насколько мало внимания уделяется истории Древнего Израиля, а также следующим — за первыми 11 — 39 главам книги Бытия, как, впрочем, и остальным 37 книгам еврейских Писаний.

Подобное положение вещей можно, в принципе, рассматривать по аналогии с диспенсационализмом — что в Музее Сотворения мира евреям также отведена скромная роль статистов в мировой христианской драме. В 2007 году, спустя всего месяц после открытия, Музей посетил профессор тель-авивского Университета Бар-Илана Ноах Эфрон во главе группы студентов раввинской школы Еврейского юнион-колледжа / Еврейского института религии (с лекционным курсом для которого профессор и прибыл в Цинциннати). Как сам Эфрон пишет во введении к своей книге «Зов избранности: евреи в науке XX столетия», ни он, ни его студенты не заметили признаков антисемитизма в Музее. «Если евреи где-то и фигурировали, они неизменно изображались весьма уважительно», однако же, «час за часом изучая экспозиции», Эфрон и «целый автобус будущих раввинов все отчетливее испытывали беспокойство, огорчение и уныние. Когда же все они погрузились в автобус, уныние и вовсе переросло в болезненную тревогу». Эфрон пишет, что он и его студенты осознали (особенно глядя на явные попытки увязать эволюционизм с антисемитизмом)[62], что евреи в Музее Сотворения мира «вовлекались в борьбу [против науки], в которую не просились и в которой не желали участвовать». Проще говоря, «евреев вписали в музей, в котором для них не было места» [Efron 2014: ix–xii].

Дело не только в том, конечно, что Столпы и Музей Сотворения мира в целом практически не упоминают о Древнем Израиле и «диспенсации Закона», занимавших центральное место в продвигавшейся Дарби и Скоуфилдом схеме. Так, согласно шестой премилленаристской «Д», мы нынче живем в «Эпоху Церкви» и «Благодати». Напротив, заявляя шестой Столп Крестом, а следующий за ним седьмой — уже Искуплением, Музей тем самым просто «перескакивает» всю промежуточную историю, от Распятия и вплоть до наступления Тысячелетнего царства. То есть никакого особого внимания церкви, не говоря уже об «эпохе благодати», в Музее не уделяется[63]; собственно, даже слово «благодать» ни разу не упоминается ни на одном из посвященных Столпам плакатов или буклетов «Ответов».

---

[62] Подробнее о попытках Музея свести вместе антисемитизм и эволюционизм (и особенно о тропе «от Дарвина к Гитлеру») мы поговорим в главе четвертой.

[63] Вполне возможно, что подобного рода молчание Музея в отношении церкви отчасти связано с тем, что сами «Ответы» в целом являются, по сути, «парацерковной» евангелической организацией, формально не относящейся и не подчиненной какой-либо церковной юрисдикции.

Безусловно, в Музее и публикациях «Ответов» вполне слышатся отголоски идей Дарби об «Эпохе Церкви» как периоде, характеризующемся все нарастающим развращением нравов и отступничеством среди христианских церквей[64]. В таких же эпизодах, как «Восхи́щение», «скорбные времена» и «Судный день», опора на диспенсационалистское толкование становится еще более очевидной. Тем не менее подчеркнутый «нейтралитет» Музея в отношении истории Древнего Израиля и становления христианской церкви — явно входящий в противоречие с премилленаристской трактовкой, в фокусе которой находились как раз иудейско-церковные взаимоотношения, — указывает на то, что в Столпах взгляды Дарби были серьезным образом пересмотрены. Сложносочиненную мировую историю, сотканную из прерывистых диспенсаций (к каждой из семи применялись различные Божественные установления), в Музее Сотворения мира сменяет гораздо более простая событийная канва, линейно разворачивавшаяся с ходом истории. Согласно этой, более простой, исторической концепции, Бог сотворил совершенный мир, поместил туда первого человека Адама и даровал ему свое Слово, коему тот был должен повиноваться (Сотворение). Пока Адам повиновался, все шло замечательно, однако когда человек ослушался Слова, Бог наказал его вместе со всеми прочими тварями, допустив в сотворенный мир страдания, боль и смерть (Грехопадение)[65]. В последовавшие за изгнанием из Эдема годы человеческий род сделался столь непокорным и порочным, что Бог ниспослал на Землю воды Потопа, уничтожившие все живое, за исключением праведного Ноя и бывших с ним на Ковчеге (Катастрофа). Затем, уже в вавилонские времена, потомки Ноя вновь ослушались Слова Божьего — «наполнить Землю»; вместо этого, поселившись все месте, они принялись отстраивать грандиозный город. За это Бог наказал их смешением языков и рассеянием по планете (Смешение).

---

[64] Внимание «Ответов» к вопросу отступничества христианских церквей и церковных лидеров мы подробнее разберем в главе пятой.

[65] Как мы увидим далее в главе четвертой, Музей Сотворения мира и «Ответы Бытия» считают, что «авторство» первородного греха (и, соответственно, последовавшей Божьей кары) принадлежит именно Адаму, а не Еве.

История развивается непрерывным, ясным и понятным образом, неустанно повторяя себя. Фактически музейные Семь Столпов являются упрощенным вариантом диспенсационализма, из которого вычеркнули всю логику различий между эпохами и применявшимися к каждой из них божественными требованиями, а на ее место был вписан единый фундаментальный закон, направляющий все движение мировой истории. Заключается он в следующей формуле: Бог дарует человеку Слово, коему надлежит следовать; люди раз за разом проявляют непокорность; Бог справедливо карает ослушников (и щадит праведников). Подобная неодолимая историческая непрерывность, вероятно, и объясняет, отчего в Музее (в отличие от диспенсационализма) практически не уделяется внимания Древнему Израилю (и его истории), христианской церкви (и ее истории) и взаимоотношениям между двумя этими «народами Божьими». Вместо этого настойчивым рефреном в Музее повторяется идея о том, что все человечество было и остается подчинено единой исторической логике: «заповедь, ослушание, наказание». Иными словами, человечество было и остается встроено в единый, повторяющийся и непрерывный исторический нарратив.

Разумеется, как сказано на плакате с шестой «С» (висящем прямо у «Театра Последнего Адама»), а затем повторяется и в фильме о «Последнем Адаме», «Иисус, принявший смерть на Кресте, дабы искупить вину [за непослушание рода человеческого], воскрес из мертвых, даруя жизнь всем, уверовавшим в Него». То есть в Нем воплощается разрыв, нарушение плавного и размеренного течения истории — и тем поразительнее, сколь скромная роль в экспозициях Музея Сотворения мира отведена собственно фигуре Иисуса. Тут и там в Музее встречаются библейские цитаты, однако лишь немногие вывески и плакаты цитируют слова самого Иисуса. Визуальные образы Иисуса в Музее, как видно, сведены к белоснежной статуе, обычно стоящей в углу близ «Театра Последнего Адама» (не считая, кажется, рождественского сезона, когда ее переносят в Главный зал), а также к сценам распятия из фильма о «Последнем Адаме».

Такое «относительное не-присутствие» Иисуса оттеняет ключевой лейтмотив Музея: Бог дарует Слово — люди проявляют непокорность — Богу ничего не остается, кроме как покарать их за ослушание. Согласно такой логике, в настоящем вновь и вновь воспроизводится прошлое. Эти временные отношения ярким образом Музей и иллюстрирует в Библейском пути, начинающемся в настоящем с археологического раскопа, где двое ученых рассуждают об «исходных точках». В зале, посвященном этим «Исходным точкам», вновь проявляется настоящее, представленное в виде фотографий страдающих, отчаявшихся и умирающих людей. Еще два зала спустя настоящее опять настигает посетителя — и весьма драматическим образом: в виде тускло освещенной «Аллеи граффити» с коллажем из газетных вырезок о теракте 11 сентября, очередной стрельбе в школе, абортах, однополых браках, запрете школьных молебнов, эвтаназии и тому подобных ужасах нашего времени. За углом — в зале, посвященном «Кризису культуры», — посетителя поджидают видеосюжеты о распространении порнографии и наркотиков в подростковой среде, ранней беременности, разводах и лживых проповедниках.

Настоящее представляется в Музее мрачным временем, в котором царят разврат, насилие и грех, а отпавшая от Слова церковь уже неспособна чем-либо помочь. Более того, Музей втолковывает посетителю мысль о том, что важнейшие события прошлого служат поучительными аналогиями мрачному настоящему. Наглядным образом эта идея представлена в виде смешанной экспозиции, где современные кадры чередуются с эпизодами развращения из Библии. Сразу за углом, после встроенных сцен со Змеем, устремляющимся к посетителю и Евой, предлагающей Адаму отведать запретный плод, посетители попадают в небольшой коридор с резко контрастирующей атмосферой: вместо пышного цветения Райского сада — мрачные серые тона пола и стен. Коридор упирается в выцветшую, обшарпанную дверь, запертую семью замками. На ней кто-то грубо выцарапал предостережение: «Мир более не безопасен».

Далее посетителей ждет «Пещера скорбей», пол и стены которой также исполнены в сером цвете. Яркое направленное освещение подчеркивает серию крупных черно-белых изображений на стенах: ядерный взрыв, темнокожий ребенок со вздутым животом, белый мужчина, натягивающий жгут перед тем, как сделать укол, белая женщина, кричащая в родовых муках. Эти две стены сходятся в угол, а на противоположную стену, сложенную из установленных под углом бетонных плит, проецируются черно-белые снимки нацистских парадов, кладбищ с рядами одинаковых надгробий, наступления танковых колонн и груды человеческих черепов. Отсюда посетители вновь возвращаются к библейским сценам, но теперь они посвящены греху и страданию. Таким образом, настоящее, столь мрачно изображенное и заключенное между грехопадением Адама, с одной стороны, и различными эпизодами библейских грехов — с другой, предъявляется как, в сущности, тождественное тем древним событиям. Ведь настоящее, подобно тому давнему прошлому, проистекает из первородного греха Адама и выливается в насилие, боль и страдание.

Отсюда посетители следуют в шатер Мафусаила, предостерегающего их о грядущем Божьем Суде в наказание за все человеческие прегрешения. То есть аналогия закольцовывается весьма понятным образом: подобно тому, как в допотопные времена Бог осудил человека за грехи его, ровно так же поступит Он и с живущими ныне. Сверх того, ниспосланное Богом наказание в прошлом явно указывает на то, что грядет в будущем. Сокрушительные масштабы разрушений при Потопе раскрывают характер Божьего Суда. Возможно, в том и кроется причина, по которой в Музее столь мало внимания уделяется седьмому Столпу — Искуплению. В отличие от диспенсационализма, Музею нет нужды так уж подробно останавливаться на Искуплении или Конце времен, поскольку конец уже давно предвосхищен в Потопе. Иными словами, место Апокалипсиса в Музее занимает Всемирный Потоп.

Подобно классическим музеям естественной истории, Музей Сотворения мира устроен вокруг единого нарратива, визуально проявляющегося в экспонатах и экспозициях; и, как в классических музеях, данный нарратив также целиком охватывает всю мировую историю и человечество. В результате посетитель Музея, аналогичным образом, позиционируется в качестве субъекта, познающего всемирную историю и, следовательно, сам может осмыслить любой библейский сюжет, а равно и событие прошлого или настоящего. Сверх того, он обладает знанием относительно того, что еще только будет.

Тем не менее общий нарратив Музея выстраивается по логике, противоположной классическому музею естественной истории. Традиционные музеи рассказывали об изменениях, прогрессивно совершающихся во времени. Музей Сотворения мира, напротив, говорит о событийной непрерывности и внутренней повторяемости. Согласно музейной версии мировой истории, каждый ныне живущий — по сути, тот же Адам, первый человек, ослушавшийся Бога, — и посетитель Музея понимает, что, вполне вероятно, он также проявит аналогичное неповиновение. Более того, он осознает к тому же, что нынешняя западная культура, подобно богоизбранному народу древности, все сильнее ударяется в отступничество, стремительно приближаясь к Суду Божьему. Наконец, если в традиционном научном музее посетитель получал лишь общие представления о будущем ходе эволюции, то в Музее Сотворения мира ему достаточно было припомнить главы о Потопе, чтобы с точностью знать, что последует дальше: осуждение и смерть.

Словом, лейтмотив Музея Сотворения мира довольно мрачен, хотя и не совсем безнадежен — по крайней мере, для некоторых. Если внимательно присмотреться к тому, как Музей задействует третье нововведение классических научных музеев, — а именно регуляцию посетительского потока — станет ясно, что второй шанс у людей все же есть, пусть и добываемый чуть ли не «в поте лица»[66].

Передвижение по Музею

Как и в классическом музее, пространство Музея Сотворения мира разделено на сегменты, спроектированные таким образом, чтобы направлять посетителя по строго единонаправленному

---

[66] Быт. 3:19. — *Прим. пер.*

маршруту — особенно с выходом на Библейский путь. За исключением одного зала, все остальные имеют единственный вход и выход[67]. Экспозиции в залах устроены так, чтобы посетитель обязательно двигался от входа к выходу мимо каждой витрины и экспоната именно в том порядке, в каком они выстроены. Неуклонное движение по заранее намеченному маршруту, особенно когда в Музее аншлаг, достигается в том числе посредством специфических форм и размеров залов. Даже довольно просторные залы, — вроде посвященных «Геологии Потопа» или «Чудесам Сотворения» — вроде бы побуждая посетителя к менее линейному и более свободному по ним перемещению, тем не менее зачастую также проходятся в заданном порядке.

Еще один способ, с помощью которого Музей Сотворения мира подталкивает посетителей следовать определенным маршрутом, заключается в особом обещании. Пройдя через «Аллею граффити» и зал «Кризиса культуры» (где, как уже говорилось выше, указывается множество признаков — связанных как с общественной, так и с частной жизнью людей, — упадка и неспособности церкви ему противостоять), посетитель оказывается перед входом в «Тоннель времени», где с подсвеченной серой стены к нему обращено выделенное жирным шрифтом послание: «Сколь бы мрачно все ни казалось, **Слово Божье** дарует **твердь**, дабы мы восстановились на ней. Главное же свершилось "**в начале**"... — **шесть тысяч лет назад**» (многоточие и выделение в оригинале). Таким образом, Музей обещает, что ответ на весь мрак и упадок мира обязательно воспоследует, если посетитель отважится пуститься в путешествие, начиная с конкретной отправной точки — а именно с первой же главы книги Бытия, прочитанной буквально.

По мере движения посетителей через последующие залы — и особенно в Эдемском саду — данное обещание начинает исполняться. Действительно, следуя по заданному маршруту, люди

---

[67] Исключением является зал со скелетом аллозавра, куда посетители могут попасть как узнав о «Геологии потопа», так и после «Естественного отбора». Выход, впрочем, также один.

переживают вышеописанный мощный нарратив, согласно которому даже самая мрачная современность есть лишь очередной эпизод в древней, повторяющей себя исторической формуле: Божья заповедь — человеческое непослушание — Божий суд. Если же посетитель свернет с заданного курса, он рискует не познать сию сокровенную тайну мировой истории, проясняющуюся в музейном нарративе и являющуюся ответом мрачной современности[68].

Помимо настойчивого указания экскурсионного маршрута, Музей Сотворения мира заимствует и другую классическую музейную стратегию, связанную с движением потока посетителей. Как уже упоминалось, музеи традиционно устраивались так, чтобы посетители были друг у друга на виду, благодаря разного рода аллеям, галереям и прочим архитектурным ухищрениям. Следуя подобной аллее, «рядовой» посетитель мог наблюдать за представителями «высших слоев», набираясь у них «хороших манер» и тому подобной науки. Сверх того, наблюдая, посетитель понимал, что и сам также находится под чьим-то наблюдением. Подобная ситуация в результате создавала мощный стимул следить за собственным поведением и «в случае чего» приниматься за самосовершенствование, дабы лучше соответствовать «высшему обществу».

---

[68] Джон Линч говорит, что Музей Сотворения мира направляет посетителей — «взыскующих» и «чающих» — через «пространственную проповедь», воспроизводящую трехчастную структуру Преображения: создание напряжения и диссонанса, снятие напряжения в символической смерти и искупление через обретение новой идентичности. По мнению Линча, Музей в первых же залах создает напряжение и диссонанс — начиная с зала с Раскопом и до Кризиса Культуры. Затем — в Шестидневном театре — напряжение разрешается, и наступает символическая смерть прежнего «я», уступающего место новообретенной младоземельно-креационистской идентичности. Однако если Линч прав в том, что возникающие в начале экскурсии напряжение и диссонанс разрешаются затем через символическую смерть прежнего посетительского «я», то почему они потом возникают вновь, в частности, между сценами Грехопадения и строительством Ковчега? В связи с этим представляется, что наше прочтение музейного нарратива — с предзаданным однонаправленным движением и опорой на Семь Столпов — позволяет лучше объяснить замысел его экспозиций. См. [Lynch 2013].

В Музее нет подобных аллей, хотя несколько просторных залов вполне позволяют наблюдать и быть под наблюдением. Впрочем, здесь есть и другие, возможно, еще более действенные стимулы к саморефлексии. Один из них ярко проявляется в зале, посвященном Кризису культуры. Как мы помним, стена в зале стилизована под фасад дома с тремя окнами-экранами, на каждом из которых крутятся сценки с членами семьи, живущей внутри. В первом окне посетители видят подростков: один увлечен кровавой видеоигрой, другой ищет в интернете порнографию, а рядом лежит пакет с наркотиками. Во втором — девушка-подросток говорит по телефону со своим парнем и сообщает ему, что беременна, но собирается «разделаться с этим». В третьем окне их вероятная мать сидит на кухне с подругой и, как сообщает пояснительная табличка, «жалуется на мужа, жену пастора и вообще всех вокруг», при этом «нимало не заботясь о том, чем живут ее дети». На фоне видно тучного мужчину, развалившегося на диване перед телевизором, держа в одной руке коробку с пиццей, а в другой — бутылку пива.

Чтобы просмотреть ролики (каждый около семи минут), посетителям нужно ближе подступить к окнам, поскольку те довольно малы — примерно по плечам обычного человека. К тому же звук для каждого мини-фильма передает небольшой черный динамик, расположенный прямо под оконной рамой. Динамик негромкий, поэтому, чтобы все расслышать, посетителю также требуется подойти к окну совсем близко. Наконец, таблички, поясняющие происходящее в доме, также весьма небольшого размера, и, чтобы толком прочесть написанное, необходимо наклониться вперед. Таким образом, чтобы просмотреть фильм, расслышать звук и прочесть комментарий, посетители зачастую вплотную подходят к черным перилам, расположенным по всей длине примерно в метре от импровизированного фасада, и склоняются вперед, к окнам.

Таким образом, посетитель вынужден примерить на себя роль эдакой «любопытной Варвары», натурально сующей нос в чужую жизнь. За ничего не подозревающими обитателями дома не только пристально наблюдают, но даже подслушивают, как они делятся своими секретами. Словом, посетитель оказывается здесь в позиции вуайериста. Наконец, обращаясь к церковному окну, «любопытствующие» обнаруживают, что все это время наблюдали за жизнью своих собратьев по вере.

В Музее Сотворения мира работает тот же принцип, что и в традиционных музеях: наблюдать одновременно значит понимать, что наблюдают и за тобой. Так что, заглядывая в частную жизнь со всеми тайнами и грешками, посетитель невольно задумывается о том, что и в его собственных «шкафах» могут таиться подобные «скелеты». Подглядывая в окна дома, видя то, что постороннему видеть не следовало бы, посетитель задается вопросом: а что бы увидел кто-то иной, — скажем, Бог — если бы заглянул в окна его дома? Какие секреты открылись бы тогда? Что узнал бы этот прозорливец о его детях, матери, отце? Вдруг и его собственный дом пребывает в том же моральном упадке, что и этот?

То, что эта экспозиция намеренно провоцирует подобного рода саморефлексию, подтверждается и явным сходством с «адскими домами». Как правило, такие инсталляции создаются и финансируются консервативными церквями или христианскими организациями. Внутри все оформлено мрачно и пугающе, наподобие домов с привидениями. Как и там, «адский дом» разделен на несколько комнат, и в каждой актеры-любители представляют бытовую сценку, «раскрывающую» чудовищные последствия нераскаянного греха. В центре сюжета зачастую находится употребление алкоголя или наркотиков, секс до брака, аборт, гомосексуализм и т. д. Суть заключается в том, чтобы, напугав зрителя, заставить его задуматься о собственных помыслах и деяниях[69]. Аналогичным образом и окна в этом музейном «доме» приглашают посетителей вступить в вуайеристские отношения с чужими грехами и тайнами, подталкивая внимательнее присмотреться к собственным.

В классическом музее естественной истории посетители могли соотносить себя как с «высшим обществом» (которое могли наблюдать в открытых пространствах и музейных переходах), так

---

[69] Брайан Джексон предлагает весьма глубокий риторический анализ «адских домов». Нарочито ужасные сюжеты, заимствованные у Джонатана Эдвардса, усиливаются еще более, как бы напитываются жизнью, за счет непрофессиональной игры и драматургии. См. [Jackson 2007: 42–59].

и с величайшим достижением эволюционной истории, а именно — современным человеком западной культуры. Таким образом, посетители становились и субъектами разворачивающейся на их глазах истории, и ее объектами. Та же динамика, как видно, имеет место и в Музее Сотворения мира. Аналогично тому, как Музей побуждает посетителей стать субъектами большого нарратива — о том, что они могут постичь сокровенную истину всех событий прошлого и настоящего и даже предсказывать будущее, одновременно они призваны осознать себя и в качестве объектов той же истории, и особенно — ее сокровенной истины. Короче говоря, Суд, постигший Адама и Еву, их потомков, потомков Ноя и всех прочих, может постигнуть и самих посетителей. То есть посетителю следует обратить взор внутрь себя, честно спросив: послушен ли он сам? Понимает ли, кто есть Бог? Знает ли, каков Он? Повинуется ли Слову Его? И вполне ли осознает, что означает Божий Суд для непокорных?

Особенно остро подобные вопросы встают перед посетителем в зале, посвященном Путешествию Ковчега. Миниатюрная диорама представляет горстку мужчин, женщин и детей, а также несколько животных (двух взрослых тигров и медведицу с медвежонком), страдающих, запертых на скалистых утесах, пред лицом стремительно надвигающейся гибели. Кто-то еще силится вскарабкаться повыше на скалу, другие в изнеможении просто лежат, обратив лицо в небеса или уткнувшись в землю. Те же, кто еще держится на ногах, стоят в большинстве спиной к зрителю, отчаянно сигнализируя проплывающему мимо Ковчегу или просто провожая его взглядом. Табличка рядом гласит: «Бог затворил[70] Ноево семейство в Ковчеге. Все прочие, оставшиеся вне Ковчега, утратили шанс на спасение».

Стоя перед диорамой, посетитель оказывается с Ковчегом в ровно тех же отношениях, что и страждущие на скалах. Подобно им, посетитель не попал на Ковчег и с сожалением взирает на затворенные двери удаляющегося судна. Как следует из сказанного на табличке, шансы на спасение отнюдь не безграничны,

---

[70] Быт. 7:16. — *Прим. пер.*

и, однажды упущенные, — уже более невозвратимы. Впереди же — лишь боль, страдание и смерть.

Что Музей позиционирует посетителя именно таким образом, подтверждает и сам Кен Хэм. Так, в своем слове на конференции «Ответов» в июле 2013 года он приводит следующую аналогию, связывая пороки допотопных людей с нынешними:

> Ведь правда, когда читаем у Матфея в 24-й главе [стих 37]: «Как было во дни Ноя, так будет и в пришествие Сына Человеческого» — во многих отношениях, глядя на день сегодняшний, мы вполне можем сказать, что он — точно такой же, как и те дни Ноя. «И увидел Господь, что велико развращение человеков на земле, и что все мысли и помышления сердца их были зло во всякое время»[71] — что вполне относится ко все большей части современной культуры.

И далее он вновь возвращается к этой параллели:

> Мы хотим быть «проповедниками правды»[72]; хотим, чтобы люди осознали, что сказанное произошло на самом деле. Что Бог действительно повелел животным войти на Ковчег и что там действительно было всего восемь человек. Знаете, в Библии указано, что после того, как все они погрузились, Ковчег еще семь дней просто стоял, прежде чем Бог затворил двери его. Мне неведомо, что делал в эту неделю Ной, но нравится думать, что он каждый день выходил к дверям и «проповедовал правду», зазывал: «Заходите скорее и спасетесь — Суд Божий грядет». Но никто не шел. [Гулкий стук захлопнувшейся двери.] Наконец «затворил Господь за ним». [Гулкий стук.] Давайте-ка еще разок! [Гулкий стук.] И вот тогда-то люди снаружи начали понимать, что что-то не так, и начался Потоп[73].

---

[71] Быт. 6:5. — *Прим. пер.*

[72] Как называет Ноя апостол Петр. См. 2 Петра 2:5. — *Прим. пер.*

[73] Ken Ham, «The Great Delusion: The Spiritual State of the Nation», Answers Mega Conference, Sevierville, Tennessee, July 24, 2013, http://www.answersingenesis.org/get-answers/features/the-great-delusion?utm_source=homepage&utm_medium=banner&utm_campaign=great-delusion-campaign [дата обращения: 11.06.2025].

Мини-диорама из экспозиции о Путешествии Ковчега. Зрители живо ощущают резкий контраст между безопасно и мерно следующим по волнам Ковчегом, на борту которого собрались послушные Слову Божьему, и катастрофическими разрушениями и страданиями, ниспосланными на ослушавшихся. Снимок Сюзан Троллингер. Дополнительные фотографии и подробную информацию о Музее можно найти на сайте creationmuseum.org

Это один из наиболее мрачных моментов всей музейной экспозиции: именно здесь посетитель живейшим образом осознает, что означает быть субъектом и объектом такой истории, что объемлет весь мир и все время. Субъектность означает знание о грядущем Суде, что он будет безжалостен, ужасен и постигнет весь мир. Объектность же подразумевает осознание того, что в родной культуре посетителя, в его же собственном доме и самой жизни достанет «развращения», вполне заслуживающего Суда

Божьего в любой момент. И все же у посетителя есть (своего рода) надежда.

Сцены разворачивающегося Суда Божьего над тварным миром посетители наблюдают в зале, посвященном Путешествию Ковчега. Помещение устроено в духе интерьера большого корабля. На контрасте с диорамой, оглядываясь вокруг, посетитель видит вокруг тонированное почти в золото дерево уютного интерьера каюты; пол устлан прочной корабельной доской, стены обшиты деревянными панелями, вручную сложенные перекрытия и балки на потолке также деревянные. В центре стоят стулья и большой тесаный стол, на котором для детей разложен деревянный пазл с Ковчегом.

В том же зале расположены еще несколько диорам, и следующая находится прямо рядом со сценой с людьми на утесах и проплывающим Ковчегом. Здесь посетителя ждет куда более умиротворяющая картина: все твари земные — каждой по паре — чинно следуют по длинному деревянному помосту прямо во чрево исполинского Ковчега. Остальные диорамы в зале иллюстрируют различные бытовые сценки из жизни на борту.

В одной из следующих диорам Ной с семейством вкушают трапезу в, по всей видимости, той же каюте с дощатым полом и длинными потолочными балками, где посетители задавали вопросы о жизни на Ковчеге. Вдоль одной из стен стоят глиняные горшки и плетеные корзины со всевозможной провизией. По противоположной стороне уютной каюты, за спиной семейства, развешены синие с золотом гобелены, а с потолка свисают масляные лампады. Всего за столом сидят восемь человек: Ной с женой и еще три празднично одетые пары. Судя по жестикуляции, отец семейства обращается к детям с торжественным словом. Те сидят совсем близко, одна пара сидит рука об руку, и все, затаив дыхание, внимают Ною. На столе расставлены кушанья, а пол устлан шитыми коврами.

На другой диораме члены семьи кормят и ухаживают за животными, которые также выглядят весьма умиротворенно. Тут и там можно заметить массивные глиняные горшки (уже знакомые по диораме с трапезой). Здесь же находится большая клеть, полноразмерный макет системы сброса отходов жизнедеятельности и сидящий за резным столом робот-Ной, терпеливо отвечающий на вопросы о жизни на Ковчеге.

Цель экспозиции заключается в том, что посетитель натурально оказывается «внутри» Ковчега,— наблюдая за страждущими на утесах, будучи окружен массивными стенами, стоя на прочной палубе. Словом, он — там внутри, вместе с Ноевым семейством, вкушает трапезу и ухаживает за животными. Ту же идею поддерживает и следующая диорама, где все животные уже погрузились, а Ной с семейством все глядят с надеждой из Ковчега наружу. Табличка поясняет, что это момент, когда «Господь затворил дверь». Посетитель, рассматривающий эту сцену, стоит прямо за спиной у Ноя и прочих. По ту сторону двери — все твари земные, все неправедные и нераскаявшиеся, все те, что остались на утесах; дверь для них уже затворилась. По эту же сторону остались лишь Ной с семейством и — посетитель.

Согласно историческому нарративу Музея, весь тварный мир был предупрежден о грядущем Суде. Явлено было и знамение — колоссальный Ковчег: во все время строительства и еще спустя семь дней по завершении судно было общедоступно. Более того, как сообщает робот-Мафусаил, Ной неустанно проповедовал, пытаясь зазвать людей на Ковчег, однако же никто, кроме членов его семьи, не внял его увещеваниям, оставив Божье знамение без внимания. Все остальные жившие на Земле отказались прислушаться к Ною, убеждавшему их, что грядет Божий Суд и времени остается совсем мало. Исходя из того, что призыв повиноваться Богу был проигнорирован, дальнейшая логика выстроена так, что ко всем мужчинам, женщинам, детям и животным по ту сторону двери не до́лжно испытывать никакого сострадания. Так сказать, что посеяли — то и пожали[74].

---

[74] По классическим премилленаристским лекалам, Ковчег здесь выполняет функцию, аналогичную Восхи́щению, — то есть средства избавления верных и праведных от страданий при Суде и Конце времен. Подробнее о Восхи́щении в классическом диспенсационализме и том, как эта концепция способствует христианской самоуверенности, самодовольству и ханжеству, см. в [Frank 1986: 80–83, 92–96].

В этом зале посетитель наблюдает весьма живое отражение того, каким непременно будет справедливый Суд Божий для тех, кто смел ослушаться; одновременно с этим посетителю дается и шанс вообразить (то есть вжиться в образ — посредством диорам и внутреннего убранства зала) себя среди тех, кого осенило благоволение Божье, кто избежал Суда Его и восседает среди праведных. Безусловно, посетитель понимает, что Потоп хоть и служит в качестве аналогии грядущего Суда, но это все равно событие, произошедшее в далеком прошлом. Таким образом, одновременно он понимает и то, что на деле Божий Суд для него пока как раз неизбежен. И все же, раз и в будущем явится нечто вроде того древнего Ковчега, дабы отделить праведных от обреченных на погибель, то вполне можно еще постараться изо всех сил, чтобы, так сказать, попасть на борт. Учитывая, что к этому моменту посетитель уже преодолел львиную долю Библейского пути, он отлично представляет надлежащие критерии праведности.

Во-первых, требуется правильное понимание истории: посетитель должен уяснить, что Бог обязан отреагировать на нынешний культурный упадок ровно тем же образом, как поступил в древности — обрушив на Землю тотальный катаклизм. Во-вторых, необходимо с тщанием следовать Слову Божьему. В-третьих, не стоит переживать по поводу того, что все, кто подобным критериям не соответствуют, умрут в муках при грядущем Суде. Если совсем вкратце, таков ответ Музея Сотворения мира на мрак и разврат современной культуры, обещанный посетителю на выходе из зала о Кризисе культуры и входе в «Тоннель времени». Эти три шага и являются, так сказать, музейным лучиком надежды[75].

---

[75] Подобный прием двойного позиционирования вновь применяется в зале Геологии Потопа. На стене висит огромная репродукция знаменитой гравюры Гюстава Доре с Потопом. Выше написано: «Земля гибнет в Потопе» и «Потоп был Судом Божьим над миром». И пояснение чуть ниже: «Человек распространил насилие по всему миру, тем самым обрекая мир на Суд. Животные расплодили насилие повсеместно и оттого повсеместно подлежали истреблению. Вся Земля была поражена, и вся целиком нуждалась

И все же — современный или классический?

На протяжении всего Библейского пути в Музее применяются самые современные технологические приемы. Более того, делая акцент на тех «исходных точках», посетителю представляют не один-единственный, но два параллельных способа осмысления мировой истории и места самого посетителя в ней. Означает ли это, что Музей все же стоит рассматривать в качестве современной естественно-научной музейной институции, побуждающей посетителя совершать собственные открытия, используя по своему усмотрению современные технологии и ставя под сомнение так называемую мудрость экспертов, работавших над экспозицией?[76]

В своей работе «Апостолы Разума: Кризис авторитета в американском евангелизме» Молли Уортен отмечает, что подчеркнутый акцент на предпосылках (тех самых «исходных точках») является характерной чертой младоземельной апологетики. Так, выдвигая в качестве тезиса утверждение о том, что «научный креационизм и эволюция являются конкурирующими "гипотезами" — просто с различными предпосылками», креационисты как бы «обретают дар речи, получая в свое распоряжение [необходимый] язык, чтобы свергнуть господство Дарвина». Однако отсюда не следует выводить любого рода связи с «постмодернизмом», как то ошибочно делали иные критики Музея. Напротив, младоземельный креационизм — и, настаивает Уортен, современный евангелизм в целом — «сперва отстаивает примат предпосылок над доказательствами», а затем утверждает «пред-

---

в исцелении». Сюжет мини-диорамы в каюте Ковчега во многом вдохновлен гравюрой Доре: те же животные с детенышами, те же мужчины, женщины и дети — все пытаются укрыться на скалах от безжалостно поднимающихся вод Потопа. Важным же отличием диорамы является наличие Ковчега.

[76] Даже когда Музей предоставляет посетителям прямой доступ к технике (как правило, в форме тачскрина), все сводится к ответам в формате «да/нет» на заранее заданные вопросы. Такие «компьютерные уголки» есть в зале о строительстве Ковчега, а также залах, посвященных Христу, Кресту и Искуплению (сразу после Театра Последнего Адама).

варительно тщательно отобранные доказательства в качестве универсального факта»[77].

Именно это мы и наблюдаем в Музее Сотворения мира. Если обратить внимание на то, как устроен Музей, — то есть на то, как демонстрируются экспонаты и строятся экспозиции, как они затем выстраиваются в соответствии с общим нарративом и как позиционируют посетителя по отношению к нему, — тогда нетрудно заметить, что Музей Сотворения мира не слишком стремится стать исследовательским центром, пространством поиска новых технологических решений или платформой для критики авторитета самого Музея. Напротив, в гораздо большей мере Музей заинтересован в наставлении посетителя в смысле тотально-исторического нарратива (то есть такой мировой истории, которая претендует на объяснение вообще любого события — реального или возможного), раскрывающего сокрытую истину на все времена[78]. Более того, Музей позиционирует посетителей одновременно в качестве субъектов и объектов этой тотальной истории и лежащей в ее основе истины — таким образом, чтобы те знали, что следует думать и делать, чтобы оказаться на «правильной стороне» истории, а равно и как следует относиться ко всем тем, кто окажется на противоположной стороне.

---

[77] [Worthen 2014: 224–225, 258]. Рональд Намберс несколько уточняет аргумент Уортен, отмечая, что младоземельная эпистемология неоднородна, пусть все концепции и согласны в вопросе о предпосылках. Ярким примером являются сами авторы младоземельной классики — «Бытийного Потопа». Если Джон Уиткомб считал, что «средства и цели Бога постижимы исключительно через чтение Библии... и невыводимы из каких-либо внешних свидетельств», то Генри Моррис полагал, что «Бог открывает себя человеку в двух книгах, — природе и Библии — которые можно изучать и порознь, пусть, конечно, и с упором на вторую» [Numbers 2006: 225].

[78] Обсуждение концепции тотальной истории см. [Laclau, Mouffe 2001]. Другие исследователи отмечают, что, несмотря на то что применение современных технологий действительно позволяет посетителю более активно взаимодействовать с экспонатом, способствуя тем самым демократизации музейного пространства, происходит это далеко не всегда. См., например, [Dickinson, Ott, Aoki 2006].

Как в случае с любым тотально-историческим нарративом, два предложенных Музеем варианта едва ли предполагают настоящий выбор. Ведь, сделав «выбор» в пользу первого, обретаешь Божью милость и избавление от Суда; другой же чреват неизбежными мучениями и гибелью. Дело в том, что Музей Сотворения мира вообще довольно слабо озабочен проблемой выбора или тем, чтобы побудить посетителя, дать ему возможность вдумчиво оценить обе альтернативы, выбрав ту, что представляется наиболее разумной. Напротив, Музей неустанно говорит о необходимости послушания единственному универсальному и внеисторическому закону — Слову Божьему — и тех последствиях, которые влечет за собой ослушание[79].

Вопреки первым впечатлениям, в Музее Сотворения мира не питают особой приязни к Жаку Деррида и сотоварищам — словом, всем тем, кто норовит поставить под сомнение абсолютные истины и оспорить тотальность исторического нарратива. Право, с точки зрения Музея, как только «Господь затворит дверь», и Жак Деррида, и все прочие «вопрошатели» наверняка окажутся по ту сторону, с теми гибнущими на скалах.

Странный предмет Музея

С учетом вышесказанного, все же остается открытым вопрос о том, какой, собственно, этот музей — Музей Сотворения мира. Каков его предмет? Традиционно музеи определяются через предметы, которые в них выставляются. Так, музей, в котором выставлены предметы искусства, — художественный. Если экспонатами являются артефакты той или иной исторической эпохи,

---

[79] В подобном контексте отнюдь не удивительно, что Музей расположен на достаточном удалении от города и потому не противопоставляет себя прочим музеям, напоминая скорее своего рода закрытую сельскую коммуну. Подобно тотальности своего исторического нарратива, и сам Музей вещает единственно верным голосом. Подробнее о местоположении и архитектурном облике Музея см. Lynch, «'Prepare to Believe'», and Clark, «Specters of a Young Earth», Triplecanopy, December 1, 2008, www.canopycanopycanopy.com/4/specters_of_a_young_earth [дата обращения: 11.06.2025].

то это музей исторический. Музеи же, где выставляются «материальные свидетельства природной и человеческой истории планеты», суть музеи естественно-научные[80]. Коль скоро Музей как раз и представляется последним, а также с учетом постоянной аргументации в пользу младоземельного креационизма следовало бы ожидать, что его предмет как раз и будет заключаться в демонстрации тех самых «материальных свидетельств» о соответствующем возрасте Земли.

До некоторой степени это относится к «Планетарию», «Шестидневному театру», залам о «Чудесах Сотворения» и «Геологии Потопа», а также «Инсектарию доктора Кроули» и «Динологову Бадди Дэвиса». В этих залах посетителям демонстрируют видеосюжеты, в которых драматически представлены шесть 24-часовых дня, в которые был сотворен и наш мир, и вся юная Вселенная, а также приводятся аргументы в пользу наличия Самого разумного Творца. Вниманию посетителя предлагаются множество табличек и диаграмм, объясняющих влияние Потопа на геологическое устройство и всю земную жизнь. Здесь же можно посмотреть на всевозможных насекомых, скелеты животных и реалистичные модели динозавров. Словом, это очень важные залы, и мы к ним обязательно вернемся в следующей главе, где как раз будем обсуждать конкретные экспонаты и особенно то, каким образом с их посредством наука используется в интересах младоземельного креационизма.

Но как насчет остальных залов, расположенных на Библейском пути, — залов, которые в собственном сопроводительном издании («Путешествие по Музею Сотворения мира») названы «краеугольным камнем Музея» [Answers in Genesis 2008: 43]? Это те самые залы, в которых представлены полноразмерные реконструкции сцен из первых 11 глав книги Бытия. Именно они и вызывают серьезное беспокойство у ряда комментаторов. Дело в том, что экспонаты, размещенные в этих залах, не являются очевидными материальными свидетельствами в пользу младоземельной концепции, предлагая вместо того пересказ библейских

---

[80] [Kelly, Hoerl 2012: 125].

сюжетов. Для посетителей, знакомых с типичными экспонатами в музеях естественной истории и характером аргументации, на их основании выстраиваемой, все это может показаться довольно абсурдным. Каким образом полноразмерная (как, впрочем, и вообще любого размера) диорама, представляющая сцену из Библии, может послужить материальным свидетельством малого возраста Земли?

Для многих наблюдателей — действительно, никоим. Однако в своей работе, посвященной Музею, — «Бытие в гиперреальности: легитимация ложной аргументации в Музее Сотворения мира» — исследователи Кейси Келли и Кристен Хёрл говорят, что все это к делу не относится. Относится же то, что Музей Сотворения мира отнюдь не стремится быть настоящим естественно-научным музеем, но лишь казаться таковым, дабы, пользуясь соответствующим авторитетом, подкрепить мысль о «научной достоверности креационизма, не предъявляя при этом никаких доказательств того, что данное учение в состоянии выдержать научную критику». Вместе с тем, в отличие от научных музеев, коллекция Музея Сотворения мира состоит преимущественно из искусственных объектов — «моделей животных и манекенов в диорамах и прочих специально изготовленных предметов». Именно этот момент Келли и Хёрл выделяют как ключевой: ведь если выставленный в обычном естественно-научном музее экспонат представляет весь род подобных себе как раз за счет своей подлинности, то синтетические диорамы в Музее Сотворения мира «лишают объекты права сообщать сведения о прошлом». То, что предлагает взамен Музей, — не реально, но «гиперреально»: это синтетическое, искусственное пространство, не имеющее материального референта. Благодаря этому «музейные кураторы, освобожденные от необходимости доказывать подлинность выставленных объектов, могут как угодно "играть" метонимическими связями между традиционным экспонированием естественно-научного объекта и далеким прошлым». То же, чем Музей «цепляет» посетителя, заключают авторы, не имеет отношения ни к природе, ни к науке, ни к самой реальности; «крючок» заключается именно в этой «ослепительной» манере, с которой реальность обращается трехмерной гиперреальностью[81].

Келли и Хёрл справедливо всерьез останавливаются на том факте, что львиную долю «краеугольного камня» музейной экспозиции составляют не подлинные артефакты, а искусственные объекты. Более того, отталкиваясь от их тезиса о том, что экспонирование подобных объектов подрывает саму идею естественно-научного музея, нетрудно объяснить и своего рода ощущение дезориентации при посещении Музея Сотворения мира, о чем упоминают ряд комментаторов. В общем, по Келли и Хёрл, Музей — это научный музей вверх тормашками.

И вместе с тем следует ли понимать Музей Сотворения мира сугубо в качестве эдакого конструктора гиперреальности — то есть реальности, не соотнесенной с материальностью? Пожалуй, нет. Пусть экспозиции в залах, представляющих сцены из книги Бытия, действительно по большей части (а может, и полностью) состоят из искусственных объектов, не менее важно учитывать и тот факт, что эти объекты располагаются в диорамах. Напомним, что диорамы — наиболее яркая и эффективная стратегия классического музейного экспонирования — создавались с предельной тщательностью, дабы представить все максимально реалистично. То есть авторы диорамы предельно внимательно подходили к реконструкции естественной среды обитания представленных видов, а равно и к тому, чтобы все экспонаты выглядели как можно более натурально. В готовом виде диорама подразумевается в качестве своеобразного «глазка», через который посетитель может заглянуть в какой-нибудь далекий уголок планеты или понаблюдать за бытом экзотической (по крайней мере, для наблюдателя) культуры.

Аналогичную функцию выполняют и диорамы в Музее Сотворения мира. Как и в Филдовском музее, местные диорамы созда-

---

[81] [Kelly, Hoerl 2012: 125–126, 132–133, 135]. Далее авторы и вовсе пишут, что «все окаменелости, представленные в Музее Сотворения мира, являются репликами и получены в дар от частных лиц» — чему, впрочем, не приводят никаких доказательств, в то время как иные комментаторы утверждают об обратном [Ibid.: 132].

вались с большим вниманием к деталям: скажем, к ветвям Дерева жизни вручную прикрепили несколько десятков тысяч листьев. Фигуры, размещенные в диорамах, также выполнены в реалистической манере. Более того, они выполнены и размещены таким образом, чтобы — подобно животным и людям в естественно-научном музее — создавалось впечатление, будто посетитель наблюдает непосредственный момент, когда разворачивается данная ситуация. То есть экспозиция построена так, что посетитель как бы случайно застает тот самый миг, когда Адам и Ева впервые видят друг на друга.

Как уже отмечалось, подобно диорамам в научных музеях, в Музее Сотворения мира они также выполняют функцию своеобразного «глазка» или даже «окна», посредством которого посетитель может заглянуть в удаленные миры, что никак иначе ему бы сделать не удалось. Подобным недостижимым миром в классическом естественно-научном музее является либо какой-нибудь далекий уголок планеты, либо древняя или «примитивная» культура, также весьма далекая от наблюдателя — пространственно, временно, а возможно, и идеологически. В Музее же подобная роль отведена миру Бытия. Следуя по Библейскому пути через эти «краеугольные» залы, посредством «глазка» в виде диорамы с Эдемским садом посетитель лицезреет поразительно живо и подробно представленный далекий мир Бытия.

То есть все же искусственные объекты, демонстрируемые посетителям по ходу Библейского пути, не совсем создают пространство гиперреальности, лишенное материальной референции, но скорее как раз образуют последнюю. Или, лучше сказать, выстраивают такого рода реалистическую сцену, для которой понимающий специфику «глазка» посетитель сам подставляет материальный референт. Через такие реалистические диорамы посетителя приглашают увидеть мир Бытия как вполне реальное место, удаленное от него всего на каких-то несколько тысячелетий. При этом диорама — отнюдь не просто ослепительная метафора, но весьма эффективное и яркое средство репрезентации данного момента в воссозданном саду, материально олицетворяющем тот иной далекий Сад. Иными словами, при помощи посетителя музейные диорамы конструируют мир Бытия как действительно имевший место в истории и географии.

Воссоздавая сцены из книги Бытия в форме диорамы, Музей Сотворения мира предоставляет посетителям возможность вызвать к жизни материальный референт этих сцен. Тем самым посетители могут пережить Бытие не как собрание древних сакральных сказаний, но как реальные исторические события. Что весьма важно, поскольку отсюда следует, что материальный референт появляется также и у большого нарратива, скрепляющего всю музейную экспозицию. Рассказанные здесь древние истории повествуют о вполне реальных, подлинных событиях — таков логический посыл Музея. По словам самого Кена Хэма, «Музей Сотворения мира отнюдь не сводится лишь к рассказу об истоках мироздания. Это место, которое проводит человека по Библии, помогая ему осознать, что библейская история — истинна, а значит, истинно и выросшее на почве этой истории Евангелие»[82].

Более того, сам факт, что эта история состоит из серии сюжетов с одной и той же структурой (Бог дарует Слово — человек Слову непослушен — Бог наказывает его за ослушание) представляет важный урок, актуальный как сегодня, так и в плане будущего. Этот профетический нарратив в Музее — отнюдь не литературный прием. Ведь речь о том, что действительно происходило, и о том, что обязательно произойдет. Речь о том, что это истинно так в любой момент мировой истории[83].

И последний момент. Если следовать метонимической логике устройства Музея Сотворения мира, можно заметить еще одну

---

[82] Ken Ham, «'Not What I Expected!'», answersingenesis, July 18, 2011, https://answersingenesis.org/ministry-news/core-ministry/not-what-i-expected/ [дата обращения: 11.06.2025].

[83] Воссозданный в качестве реального исторического места Райский Сад усиливает восприятие ключевой нарративной линии Музея как стабилизирующей жизненной силы, особенно в плане формирования идентичности в эпоху неразберихи и хаоса. Более подробный анализ взаимоотношений между сконструированным пространством, памятью и идентичностью см. в [Dickinson 1997].

любопытную особенность в манере экспонирования предметов. Коль скоро представленные в диорамах сцены и впрямь являются такими «глазками» в далекий мир Бытия (каковыми они быть должны, дабы сконструировать этот далекий мир как реальный), то они должны быть кристально прозрачны — не должны ни на йоту искажать или перефразировать что-либо. Они должны лишь представлять. А раз так, то в Музее Сотворения мира и нет никакой интерпретации Бытия; есть лишь Слово.

Скажем в итоге, что, возможно, предмет Музея Сотворения мира необязательно заключается в представлении материальных доказательств в пользу младоземельного креационизма, как того можно было бы ожидать, но скорее в наглядном подтверждении возможности такого прочтения Библии, через которое само Слово Божье являлось бы незамутненным. Иными словами, пожалуй, главное, что Музей стремится представить, — это буквальное Слово как реальный исторический объект, как нечто действительно существующее.

Глава вторая
Наука

4 февраля 2014 года в прямом эфире телеканала CNN прошли долгожданные дебаты между Кеном Хэмом (генеральным директором «Ответов Бытия») и Биллом Наем (ученым и популяризатором науки, ведущим собственной телепередачи «Билл Най — ученый шалопай»). Центральным вопросом дебатов был заявлен следующий: «Является "Сотворение" продуктивной моделью происхождения в эпоху современной науки?». Дебаты прошли при тысяче зрителей, собравшихся в Зале наследия в самом Музее, продлились более двух с половиной часов, а модератором дискуссии выступил корреспондент CNN Том Форман[1]. Регламент мероприятия был следующий: пятиминутное вступительное слово, полчаса на раскрытие основных тезисов, свободная полемика и наконец ответы на вопросы из зала.

В предшествовавшие дебатам месяцы согласие Ная дебатировать с Хэмом неоднократно подвергалось критике со стороны целого ряда популяризаторов науки и иных комментаторов. Так, профессор эволюционной биологии Чикагского университета Джерри Койне назвал подобные дебаты «бессмысленными и даже контрпродуктивными», поскольку Най фактически «легитимизирует креационизм уже хотя бы тем, что выступит с Хэмом в рамках одной платформы». Ему вторил и Дэн Арель, внештат-

---

[1] «'Science Guys' Garner Huge Attention for Evolution/Creation Debate at the Creation Museum», answersingenesis, February 3, 2014, https://answersingenesis.org/creation-vs-evolution/science-guys-garner-huge-attention-for-evolutioncreation-debate-at-the-creation-museum/ [дата обращения: 11.06.2025].

ный корреспондент *Huffington Post* и *Alternet*, решительно заявивший, что «ученым не пристало дискутировать с креационистами. И точка». Как и Койне, Арель также полагал, что таким образом Най лишь распространит научный авторитет на позицию, в ином случае такового вовсе не имевшую. В том же ключе от имени Национального центра научного образования (НЦНО; *National Center for Science Education*) высказался и Джош Росенау, напомнив, что НЦНО всегда рекомендовал ученым воздерживаться от полемики с креационистами[2]. Однако, несмотря на подобную критику, дебаты состоялись.

Относительно того, кто же в итоге одержал верх, мнения разошлись. Эволюционисты, понятное дело, высказывались в пользу Ная. Так, блогер-популяризатор Грег Ладен выдал по этому поводу каламбур (надо сказать, «не первой свежести»): «Най не то чтобы спорил — он попросту отобедал оппонентом»[3]. Даже заранее критиковавшие Ная — Койне, Арель и прочие — и те объявили его победителем[4]. Ничуть не удивительно также и то,

---

[2] Jerry A. Coyne, «Bill Nye Talks about His Upcoming Debate with Ken Ham», Evolution Is True (blog), January 8, 2014, http://whyevolutionistrue.wordpress.com/2014/01/08/bill-nye-talks-about-his-upcoming-debate-with-ken-ham/ [дата обращения: 11.06.2025]; Dan Arel, «Why Bill Nye Shouldn't Debate Ken Ham», Richard Dawkins Foundation, January 16, 2014, https://richarddawkins.net/2014/01/why-bill-nye-shouldnt-debate-ken-ham/ [дата обращения: 11.06.2025]. Кен Хэм процитировал словаАреля в своем вступительном слове на дебатах; Josh Rosenau, «Getting Ready for the Nye-Ham Debate», National Center for Science Education, February 4, 2014, http://ncse.com/blog/2014/02/getting-ready-nye-ham-debate-0015367 [дата обращения: 11.06.2025]. Примечательно, что даже среди эволюционистов нет единого мнения относительно споров (и вообще любых форм серьезного диалога) с креационистами. Подробнее см. Paul Nelson, «Jerry, PZ, Ron, Faitheism, Templeton, Bloggingheads, and All That—Some Follow-Up Comments», Uncommon Descent, July 26, 2009, http://www.uncommondescent.com/intelligent-design/jerry-pz-ron-faitheism-templeton-bloggingheads-and-all-that-some-follow-up-comments/ [дата обращения: 11.06.2025].

[3] Обыгрывая фамилию австралийца: *ham* —ветчина. — *Прим. пер.*

[4] Greg Laden, «Bill Nye on the Inside Story of the Nye-Ham Debate», Greg Laden's Blog (blog) April 17, 2014, http://scienceblogs.com/gregladen/2014/04/17/bill-nye-on-the-inside-story-of-the-nye-ham-debate/ [дата обращения: 11.06.2025]. Dan

что креационисты утверждали, что победа была на стороне Хэма. Христианин-консерватор (и бывший член Палаты представителей штата Индиана) Дон Бойс заявил в своем блоге, что «дебаты выиграл Хэм», хотя и признал, что «счет отнюдь не разгромный». Многие же христианские блогеры и вовсе без колебаний объявили Хэма победителем[5]. Вместе с тем был и ряд менее предсказуемых комментариев. Так, Майкл Шульсон писал в *The Daily Beast*, что

Arel, «Did Bill Nye Hurt Science?», Richard Dawkins Foundation, February 5, 2014, https://richarddawkins.net/2014/02/did-bill-nye-hurt-science-2/ [дата обращения: 11.06.2025]. Издание Christian Science Monitor приводит слова Джерри Койне: «в этих дебатах все было на стороне Хэма — и он проиграл, и все было против Ная — и он выиграл», см. Sudeshna Chowdhury, «Bill Nye versus Ken Ham: Who Won?», Christian Science Monitor, February 5, 2014, http://www.csmonitor.com/Science/2014/0205/Bill-Nye-versus-Ken-Ham-Who-won-video [дата обращения: 11.06.2025].

5   Don Boys, «Ham Won the Debate but No Grand Slam!», Don Boys: Common Sense for Today (blog), donboys.cstnews.com/ham-won-the-debate-but-no-grand-slam [дата обращения: 11.06.2025]. См., например, Tim Gilleand, «Why Ken Ham Won the Debate Whether You Agree with His Position or Not», Grace with Salt, gracesalt/wordpress.com/tag/evolution/page/4/ [дата обращения: 11.06.2025]; Shari Abbott, «Who Won the Bill Nye/Ken Ham Debate?», Reasonsforhope, February 22, 2014, http://www.rforh.com/blog/nye-ham-debate/ [дата обращения: 11.06.2025]. Другой консервативный блогер Эзра Байер утверждал, что, проиграв, Хэм одержал победу, поскольку, несмотря на то что Най как дебатер оказался сильнее, Хэм «*привлек колоссальное внимание к библейскому креационизму*», «*заинтересовал множество христиан, прежде не считавших возраст Земли чем-то особо важным*» и «*в каждом из своих четырех выступлений проповедовал Евангелие на многосоттысячную аудиторию!*» (курсив автора). Ezra Byer, «Why I Believe Ken Ham Won by Losing the Debate», Powerline: Kingdom Network (blog) February 4, 2014, http://www.powerlinekingdom.com/kingdom-news/why-i-believe-ken-ham-won-by-losing-the-debate [дата обращения: 11.06.2025]. «Ответы» же заявили следующее: «Оба участника вели себя уважительно и сдержанно. Их аргументы были ясными и конкретными и демонстрировали искреннюю приверженность своим взглядам». Что же касается победителя, то «Ответы» отметили, что «главная победа для христиан в этом споре заключается в том, что Евангелие Иисуса Христа было донесено до миллионов людей, наблюдавших за дебатами». «Debate Reactions Mixed», Answers in Genesis, February 6, 2014, https://answersingenesis.org/creation-vs-evolution/debate-reactions-mixed/ [дата обращения: 11.06.2025].

если внимательно вслушиваться, то ясно, что с научной точки зрения слова Хэма не имели абсолютно никакого смысла. Однако дебаты — это формат впечатлений, а не фактов. И Хэм *произвел* впечатление, если можно так выразиться, человека более разумного, что и имело решающее значение[6].

Так или иначе, практически все были согласны в том, что эти дебаты стали важным медийным событием. Цифры везде фигурировали разные, но было вполне очевидно, что, благодаря онлайн-трансляции, дискуссия проходила при огромной аудитории. Так, *The New York Times* писала, что в прямом эфире за мероприятием следили 500 тысяч человек, *MSNBC* — что на сайте трансляции было подано более 800 тысяч заявок, а *Christian Science Monitor* — о более чем 3 миллионах зрителей. Сами «Ответы» сообщили о том, что в первые же сутки счетчик просмотров перевалил за отметку в 5 миллионов. По состоянию на октябрь 2014 года[7] «официальный» ролик с дебатами на YouTube посмотрели свыше 3,5 миллиона раз[8]. Наряду с онлайн-аудиторией

---

[6] Michael Schulson, «The Bill Nye-Ken Ham Debate Was a Nightmare for Science», The Daily Beast, February 5, 2014, http://www.thedailybeast.com/articles/2014/02/05/the-bill-nye-ken-ham-debate-was-a-nightmare-for-science.html [дата обращения: 11.06.2025]. Разумеется, в дебатах подобного рода, где участники говорят довольно долго, но при этом редко обращаются друг к другу напрямую, определить победителя крайне трудно. В академических дебатах у судей есть четкое представление о ключевых вопросах, которые должны быть затронуты, и они оценивают аргументы одной стороны в сопоставлении с аргументами другой. В данном же обмене мнениями критерии победы варьировались от достоверности научных доказательств до факта проповеди Евангелия.

[7] На май 2025 года данный показатель превысил уже 11 миллионов. — *Прим. пер.*

[8] Douglas Quenqua, "Debating Evolution and Dealing with Climate Change," New York Times, February 10, 2014, http://www.nytimes.com/2014/02/11/science/debating-evolution-and-dealing-with-climate-change.html?_r=0 [дата обращения: 11.06.2025]. Данные *The New York Times* подтверждает Нэйт Андерсон; см. Nate Anderson, "Ham on Nye: The High Cost of 'Winning' an Evolution/Creation Debate," February 7, 2014, http://arstechnica.com/science/2014/02/ham-on-nye-the-high-cost-of-winning-an-evolutioncreation-debate/ [дата обращения: 11.06.2025]. "Did Bill Nye Win the Creation Debate?," MSNBC Live, last updated February 5, 2014, http://www.msnbc.com/msnbc-live/watch-now-bill-nye-debates-

мероприятие вживую наблюдали около 70 представителей различных медиа, а также те счастливчики, которым удалось «урвать» билет (поскольку их раскупили на сайте дебатов в каких-то две минуты)[9].

Дебаты, которые многие (включая «Ответы») окрестили вторым «Обезьяньим процессом», несомненно, явились определенной вехой, но точно не благодаря успешному разрешению вопроса о креационизме против эволюционизма[10]. Можно

---

ken-ham [дата обращения: 11.06.2025]. Понятно, что если только регистраций было 800 тысяч, то фактическое количество зрителей было больше, ведь с одного аккаунта могли смотреть несколько человек. Sudeshna Chowdhury, "Bill Nye versus Ken Ham: Who Won?," Christian Science Monitor, February 5, 2014, http://www.csmonitor.com/Science/2014/0205/Bill-Nye-versus-Ken-Ham-Who-won-video [дата обращения: 11.06.2025]. "Over 3 Million Tuned in Live for Historic Bill Nye and Ken Ham Evolution/Creation Debate," answersingenesis, February 5, 2014, https://answersingenesis.org/creation-vs-evolution/over-3-million-tuned-in-live-for-historic-bill-nye-and-ken-ham-evolutioncreation-debate [дата обращения: 11.06.2025]. "Bill Nye Debates Ken Ham-HD (Official)," YouTube, accessed October 30, 2014, https://www.youtube.com/watch?v=z6kgvhG3AkI [дата обращения: 11.06.2025].

[9] "Over 3 Million Tuned in Live for Historic Bill Nye and Ken Ham Evolution/Creation Debate," answersingenesis, February 5, 2014, https://answersingenesis.org/creation-vs-evolution/over-3-million-tuned-in-live-for-historic-bill-nye-and-ken-ham-evolutioncreation-debate [дата обращения: 11.06.2025].

[10] James Hoskins, "Bill Nye vs. Ken Ham: Continuing Our Long American Tradition of Spectacle and Culture War," Christ and Pop Culture, January 7, 2014, http://www.patheos.com/blogs/christandpopculture/2014/01/bill-nye-vs-ken-ham-continuing-the-american-tradition-of-spectacle-and-culture-war/ [дата обращения: 11.06.2025]. «Обезьяний процесс № 2», «Новый процесс над Скоупсом» и многие подобные названия фигурировали повсеместно в интернете, как правило, со ссылкой на безымянных авторов. Потом и сами «Ответы», и Кен Хэм называли дебаты аналогичным образом. Ken Ham, "History: The History of Answers in Genesis through May 2014," answersingenesis, accessed July 10, 2014, https://answersingenesis.org/about/history/ [дата обращения: 11.06.2025]. Неудивительно, конечно, что и прочие подобные процессы также нередко именовались по аналогии. См., например, Jeffrey Katz, "Scopes 2: Arkansas' Creationism Trial," NPR, July 5, 2005, www.npr.org/templates/story/story.php?storyId=4726786 [дата обращения: 11.06.2025]. Конечно же, Хэм не первый креационист, дебатировавший с ученым. Так, в 30-х годах Генри Риммер дискутировал с пожилым биологом Кристианом Шмукером. См. [Numbers 2006: 82].

с уверенностью сказать, что успеха на этом поприще дебаты имели не более, чем оригинальный «Обезьяний процесс»[11]. Здесь важно отметить и то, что историческая значимость дебатов Хэма и Ная зиждется на понимании процесса над Скоупсом, сложившемся в среде консервативных христиан спустя десятилетия после завершения самого процесса[12]. Так, консерваторы 80-х годов отнюдь не горели желанием оказаться в том унизительном положении, в котором некогда оказались усилиями Уильяма Брайана, обвинителя на процессе над Скоупсом: никогда более не должны они предстать в роли эдаких сельских дурачков, мало смыслящих в науках, неуверенных в возрасте планеты и, что уже совсем никуда не годится, пошатнувшихся в вере в буквальное толкование книги Бытия. И вот на общенациональной арене, разместившейся в Музее Сотворения мира, на глазах у миллионов американцев Кен Хэм развеял тот давний кошмар[13]. Как же ему это удалось?

---

[11] Ведь если иные из тогдашних комментаторов полагали, что теперь-то (после такого процесса!) с креационизмом покончено, то лидеры консервативных христиан решили как раз напротив — что теперь борьба с эволюционизмом должна стать задачей первостепенной важности. См. [Marsden 1991: 148].

[12] Непосредственно после суда лишь немногие фундаменталисты присоединились к адвентисту Джорджу Прайсу (уже тогда, в 20-х годах, утверждавшему, что «день первый» в первой главе Бытия буквально означает привычные сутки длительностью в 24 часа), выступившему против заявлений Уильяма Брайана на процессе. Однако же к 80-м годам такие видные фундаменталисты, как Генри Моррис, Джерри Фолуэлл и их многочисленные сторонники, неоднократно сетовали на выступление Брайана на суде, из которого следовало, что тот не разделяет буквальное толкование шестидневно-24-часового Сотворения мира. См. [Numbers 1998: 82–89]. Подробный анализ процесса над Скоупсом и выступления Уильяма Брайана в качестве аргументационной модели для будущих младоземельных креационистов см. в [Caudill 2013].

[13] См. [Marsden 1991: 162–163]. Младоземельные креационисты (особенно члены Института креационных исследований Генри Морриса) и раньше устраивали дебаты с эволюционистами. Как правило, дискуссии проходили в студенческих кампусах и порой собирали немалую аудиторию, хотя, конечно, ни за одной из них не следила чуть ли не вся страна, как за дебатами Хэма с Наем. [Numbers 2006: 316].

Очевидно, не благодаря тому, что ему удалось одержать безоговорочную — ни по существу, ни по форме — победу в дебатах. Вместо этого он успешно выступил в роли эдакого «христианского апологета, не чурающегося науки». В ходе дебатов Хэм утверждал, что лишь буквальное прочтение книги Бытия, идущее вразрез с господствующими представлениями геологии и эволюционной биологии, может спасти Америку от полной моральной деградации. И, отстаивая данный тезис, он произнес слово «наука» 105 раз. По нашим подсчетам, это почти в два с половиной раза больше, чем то же слово употреблял сам «ученый шалопай» Билл Най. Видимо, чтобы уж точно удостовериться, что все всё верно уяснили, свое получасовое выступление Хэм завершил громогласным «Я люблю науку!»[14]

Конечно, Хэм не просто бравировал обращением к «науке», а развивал с ее помощью доводы — как о ней, так и через нее. Так, возражая на один из ключевых аргументов Ная о том, что вера в младоземельный креационизм тормозит научно-технический прогресс, Хэм заявил, что и среди самых что ни на есть ученейших ученых и изобретателей довольно сторонников младоземельной концепции. В подтверждение своих слов он продемонстрировал видеосюжет с участием видных ученых и изобретателей, где те сообщали, что действительно являются креационистами. Другой аргумент Хэма заключался в том, что наука — если ею должным образом заниматься — вполне «подтверждает» буквальное прочтение книги Бытия[15]. Иллюстрируя данное утверждение, он, среди прочего, приводил сказанное в Библии о том, что мы все — единая (человеческая) раса, что подтверждается и данными современной биогенетики. Наконец, более трети всего своего выступления Хэм уделил, так сказать, «просветительской деятель-

---

[14] Конечно, Кен Хэм далеко не первый консерватор, занявший подобную позицию. Видные антиэволюционисты — такие как Джордж Прайс — апеллировали к науке еще в середине 20-х годов. См. [Numbers 2006: 316].

[15] Все цитаты из выступлений оппонентов взяты авторами непосредственно с DVD-диска с дебатами, выпущенного «Ответами Бытия». Uncensored Science: Bill Nye Debates Ken Ham, aired February 4, 2014 (Hebron, KY: Answers in Genesis-USA, 2014), DVD.

ности», обращенной как к медийным деятелям науки, так и христианам: с почти догматической строгостью он раз за разом проводил границу между «исторической наукой» — спекулятивной, основанной на догадках, и «наблюдательной» — объективной, воспроизводимой и проверяемой[16].

И ведь Кен Хэм вовсе не обязан был призывать науку на защиту своего прочтения книги Бытия и доказывать, что буквальное толкование первых 11 глав, согласно которому Земле не более десяти тысяч лет, может быть «подтверждено» научными наблюдениями. Ведь он мог бы и вовсе обойтись без научных аргументов, заявив, что истинный христианин должен просто-напросто принять такой возраст планеты в качестве факта веры, вне зависимости от того, что говорят данные геологии или генетического картирования. Коль скоро Библия действительно является незыблемым Словом Божьим, какое значение для верующего может иметь тот факт, что общепринятая наука ей противоречит? Более того, можно было бы утверждать, что попытки обосновать веру научными доводами подрывают саму основу этой веры, которую наука призвана была подкрепить.

Однако же Хэм не пошел путем такой аргументации. Вероятно, это объясняется тем, что «Ответы» — апологетическая миссионерская организация, цель которой заключается в том, чтобы убеждать слушателя. Привлечение же науки в поддержку младоземельного креационизма дает по меньшей мере три существенных риторических преимущества. Во-первых, с учетом того, что в человеческой культуре наука в значительной степени воспринимается как язык истины, — то есть в качестве такой совокупности методов и практик, которая порождает реальные факты и надежные выводы, — аргумент в пользу младоземельной позиции, подкрепленный ссылками на данные науки, имеет гораздо больше шансов оказаться убедительным как для верующих, так

---

[16] По нашим подсчетам, Хэм на дебатах произнес 5039 слов, из которых 1813 были посвящены либо непосредственному проведению границы между исторической и наблюдаемой наукой, либо использованию данного различения в поддержку другого своего аргумента.

и для скептиков[17]. Во-вторых, — что тесно связано с первым пунктом, — если утверждать, что рассказ о происхождении мира в книге Бытия представляет собой достоверное изложение исторических событий, в культуре, где наука обладает подобным авторитетом, от утверждающего будут ожидать предоставления доказательств описанных событий. То есть если Всемирный Потоп действительно имел место, то он должен был оставить после себя соответствующие следы. Не отрицание или игнорирование, но принятие подобной логики делает аргумент в пользу исключительного акта Творения значительно более убедительным — разумеется, при условии, что такие доказательства действительно могут быть предъявлены. Третье риторическое преимущество связано уже с особенностями евангельско-фундаменталистской субкультуры. Принимая науку в качестве союзника, Хэм получает возможность выступать (как в дебатах, так и вне их) в роли не боящегося науки христианского апологета, которого уже давно ждала консервативная христианская Америка. И если к концу XX века консерваторы чувствовали унижение из-за того, что Уильям Дженнингс Брайан на процессе принес буквальное прочтение книги Бытия в жертву современной науке, то по завершении дебатов между Хэмом и Наем они, надо полагать, ощущали настоящий триумф — ведь стали свидетелями того, как младоземельный креационист поставил науку на службу незыблемому Слову. Консервативный христианин более не должен страшиться науки, ведь ныне она преклонила колени пред непогрешимым Словом. По крайней мере, задумка состоит именно в этом.

«Наука» в Музее Сотворения мира

Во вступительном слове Кен Хэм заметил, что латинское *scientia*, — он вообще нередко обращается к латыни — породившее «научные» корни в европейских языках, означает «познание» или

---

[17] Мы не первые, кто указывает на данный момент. См. [Kelly, Hoerl 2012: 123–141].

просто само «знание»[18]. В современной культуре, продолжал он, имеет место изрядная путаница по части науки, поскольку люди не видят разницы между обсервационной, наблюдательной наукой (ее также называют экспериментальной или операциональной) и исторической (наукой об истоках и началах).

Так, по словам Хэма, «операциональная [наблюдательная] наука имеет дело со знанием, почерпнутым путем наблюдения и многократного воспроизведения результата в условиях нашего мира»[19]. В таком определении важным является представление о том, что наблюдательная наука использует научные методы для получения знаний о данных феноменах. Хэм продолжает: «Независимо от того, является ли ученый христианином или нет, он одинаково может заниматься операциональной наукой» [Ham 2013: 58]. Поскольку она основывается на применении научного метода к явлениям актуальным, а сами методы являются воспроизводимыми, такая наука считается объективной. Любой, придерживающийся строгой научной методологии, независимо от своих религиозных убеждений, должен прийти к надежным результатам.

«Историческая же наука, напротив, — продолжает Хэм свою мысль, — занята историей, то есть — прошлым». Ее интерес сводится к вопросу «Что же произошло в прошлом?». По словам Хэма, события и процессы, имевшие место когда-то, недоступны

---

[18] *Uncensored Science.* Схожая дефиниция часто фигурирует и в печатных книгах Хэма. См., например, [Ham 2012: 35; Ham 2013: 58].

[19] [Ham 2013]. Схожее определение дает и коллега Хэма Роджер Паттерсон (написавший для «Ответов» ряд работ по геологии и биологии): «[обсервационная наука — это] систематический подход, задействующий наблюдаемые, проверяемые, воспроизводимые и фальсифицируемые экспериментальные данные для понимания закономерностей природных процессов». Roger Patterson, «What Is Science?», answersingenesis, February 22, 2007, https://answersingenesis.org/what-is-science/what-is-science/ [дата обращения: 11.06.2025]. Определение наблюдательной науки «по Хэму» перекликается и с общим определением науки у Генри Морриса, согласно которому наука есть «организованная совокупность наблюдений и экспериментов, направленных на изучение актуальных процессов». Цит. по: [Numbers 2006: 268]. Джон Парк еще в середине 20-х годов провел аналогичное различение между «действительно известными и наблюдаемыми научными фактами» и «спекуляциями по философским вопросам, наподобие органической эволюции». Цит. по: [Numbers 2006: 64–65].

для наблюдения в настоящем, а значит, не могут быть поняты посредством обсервационной науки.

> Мы не имеем доступа к прошлому; у нас есть только настоящее. Все окаменелости, все животные и растения, наша планета, вселенная — все это существует в настоящем. Мы не имеем возможности проверить прошлое непосредственно, то есть используя научный метод (куда входит воспроизводимость процессов и наблюдаемость за их развитием), поскольку все доказательства, которые у нас есть, находятся в настоящем,

— говорит он [Ibid.: 59; Ham 2012: 35]. Имея перед собой окаменелость и задаваясь вопросом о том, как она возникла, рассуждает Хэм, ученый не может рассчитывать на получение надежных ответов с помощью наблюдательной науки. Вместо нее он вынужден обратиться к науке исторической. Эта последняя подразумевает определенный набор допущений или, лучше сказать, убеждений — таких как эволюция или Акт Творения — в отношении вопросов, касающихся прошлого[20].

Для пояснения разницы между наблюдательной и исторической наукой Хэм приводит следующий пример:

> Если речь идет о том, что мы можем наблюдать и изучать приматов сегодня, можем также наблюдать и изучать людей — это наука обсервационная. Однако, если кто-то утверждает, что миллионы лет назад человекоподобные обезьяны обратились людьми, — это что такое? Это — наука историческая. Тогда если мы говорим, что Бог создал Адама из праха, — это что? Это — также историческая наука [Ham 2013: 59].

Проще говоря, когда научные методы применяются к данным настоящего, и выводы, сделанные на основании этих данных,

---

[20] Уже упоминавшийся выше автор «Ответов» Паттерсон определяет историческую науку как «интерпретацию свидетельств о событиях прошлого на основании заранее заданной философской позиции». Roger Patterson, «What Is Science?», answersingenesis, February 22, 2007, https://answersingenesis.org/what-is-science/what-is-science/ [дата обращения: 11.06.2025].

также касаются настоящего, — речь идет о наблюдательной науке. Когда же на основании современных данных делаются умозаключения о прошлом — это поле исторической науки. Более того, историческая наука, в отличие от наблюдательной, всегда предполагает применение к прошлому некоторой системы взглядов и допущений. Так что наблюдательная наука объективна, историческая же таковой не является.

При этом, несмотря на вышеописанные различия, обсервационная и историческая науки взаимосвязаны. Так, первая не в состоянии ответить на вопросы о событиях прошлого, в то время как вторая занимается как раз этим. Обращаясь к прошлому, историческая наука конструирует модель, посредством которой стремится объяснить, как именно могли произойти данные события. Наблюдательная наука подкрепляет построенные таким образом модели, предоставляя актуальные данные для их «подтверждения»[21]. При этом Хэм и сотоварищи избегают употребления в данном контексте слова «доказательство». Наблюдательная наука не может *доказать*, является ли та или иная модель происхождения Земли истинной. Это просто невозможно, поскольку, опять же, ни один живущий ныне ученый не в состоянии засвидетельствовать событие в прошлом.

Такое разделение наблюдательной и исторической наук имеет Хэма принципиальное значение, поскольку устраняет, по его мнению, заблуждение в вопросе противостояния эволюции и Творения[22]. «Вместо того чтобы вникнуть в суть вопроса, люди

---

[21] Хэм объясняет эту взаимосвязь следующим образом: «Книга Бытия говорит нам, что из-за развращенности человеков Бог обрек мир на Всемирный Потоп. Если это действительно так, какого рода свидетельства мы могли бы найти? Вероятно, мы бы ожидали находок миллиардов мертвых существ (ископаемых), погребенных в слоях горных пород в результате страшного затопления и прочих катастрофических процессов, затронувших бóльшую часть земного шара. И именно это мы и наблюдаем! Наблюдательная наука вполне подтверждает библейскую историческую науку» [Ham 2012: 59].

[22] Эти аргументы Хэма поддерживают целый ряд авторов «Ответов». См., например, Roger Patterson, «What Is Science?», answersingenesis, February 22, 2007, https://answersingenesis.org/what-is-science/what-is-science [дата обращения: 11.06.2025]. См. также Troy Lacey, «Deceitful or Distinguishable Terms—His-

ложно уверились, что эволюция и миллионы лет — это наука, а библейский рассказ о происхождении мира — это религия. Но это не так», — говорит он [Ham 2012: 35]. Эволюция же, по мнению Хэма, подлинно научной не является, поскольку выдвигает утверждения о явлениях и процессах, которые невозможно наблюдать, так как они относятся к прошлому, при этом выводы об этих явлениях и процессах делаются, исходя из заданного набора предпосылок. Следовательно, теория эволюции необъективна. Эволюция — это историческая наука. Аналогичным образом и Сотворение мира — то есть, собственно, библейский рассказ о происхождении жизни на Земле — также представляет собой науку историческую[23]. Проводя данное разграничение, Хэм исключает теорию эволюции из разряда настоящей науки[24].

---

torical and Observational Science», answersingenesis, June 10, 2011, https://answersingenesis.org/what-is-science [дата обращения: 11.06.2025]. Также все эти положения упоминаются и в неподписанных публикациях на сайте организации, что означает, что они отражают официальную позицию. См., например, «Two Kinds of Science», answersingenesis, accessed July 6, 2014, https://answersingenesis.org/what-is-science/two-kinds-of-science/ [дата обращения: 11.06.2025].

[23] [Ham 2013: 59]. Пожалуй, точнее будет сказать, что Хэм возражает не против самой «эволюции», но скорее против того, что Томас Лессл, заимствуя термин Майкла Рьюза, называет «эволюционизмом». Эволюционизм, по Лесслу, — это мировоззрение, тогда как эволюция — научная дисциплина. Подробный риторический анализ различий между этими понятиями и их влияния на противостояние креационизма и эволюции см. в [Lessl 2012].

[24] Хэм, конечно, отнюдь не первый младоземельный креационист, предпринимающий попытку видоизменить границы того, что следует считать наукой. По крайней мере с середины XIX столетия ведутся ученые споры о допустимых границах научного знания. Результаты подобной дискуссии отчетливо сказываются, среди прочего, и на том, чьи изыскания надлежит признавать и поощрять, то есть кто считается настоящим ученым, а кто — поборником лженауки и псевдоученым, а также на том, какие обязанности сама наука и ученые, ее развивающие, должны нести в силу своей деятельности. Подробнее об истории дискуссии вокруг границ научного знания и использовавшихся риторических стратегиях см. [Gieryn 1983: 781–795]. Элла Батлер предлагает интересную мысль о том, что подобная линия аргументации (что эволюция — не наука и прочее), в том виде, как она представлена в Музее Сотворения мира, в значительной степени опирается на дискурс теории

Пусть и выдвинутые на новом языке (с определением «обсервационной» и «исторической» науки), сами аргументы Хэма были отнюдь не новы[25]. О том, что эволюция не настоящая наука, поскольку делает выводы на основании того, что невозможно наблюдать и всецело зависит от изначальных установок, каковые вполне могут оказаться и ложными, младоземельные креационисты говорили уже в начале XX века. Аналогичным образом, особенно с появлением в начале 70-х «креационной науки», креационисты утверждали, что в силу вышеизложенного эволюцию и Акт Творения надлежит рассматривать как обладателей одинакового эпистемологического статуса[26]. Ведь коль скоро и эволюция, и Творение являются моделями, эволюция не может претендовать на особый научный статус «факта»[27].

Хотя Музей Сотворения мира крайне редко «вслух» касается противопоставления наблюдательной и исторической наук, само

заговора, поскольку позиционирует креационистов в качестве субъектов, обладающих уникальной возможностью разоблачить фальшь академической науки [Butler 2010: 237].

[25] Автор «Новой геологии» (1923) адвентист Джордж Прайс, утверждавший, что научные данные, якобы указывающие на древность Земли, объясняются катастрофическими масштабами Потопа, и который «как никто другой из тогдашних креационистов уделял внимание вопросам научного метода», настаивал, что факты «сами за себя» ничего сказать не могут и нуждаются в интерпретации. Также, «исходя из описанных положений, он пытался уравнять научную обоснованность креационизма и эволюции» [Numbers 2006: 107–108].

[26] О становлении креационной науки см. [Numbers 2006: 268–285]. Он отмечает: «Сужая границы науки и подчеркивая ее эмпирическую природу, креационисты могли одновременно представить эволюцию как ложную науку, заявить о своем равенстве с научными авторитетами в понимании фактов и отвергнуть обвинения в антинаучности» [Numbers 2006: 65].

[27] Аргумент восходит к периоду зарождения научного креационизма в середине 70-х годов, когда «креационисты настаивали на равных научных позициях эволюции и Творения. Вместо попыток запретить преподавание эволюции в школах — как поступали их предшественники в 20-е годы — они теперь боролись за включение креационизма в кольную программу, отказываясь от эпитета "антиэволюционисты" применительно к себе» [Numbers 2006: 269].

Полноразмерная диорама «Раскоп» — первое, что встречает посетитель на Библейском Пути. Два палеонтолога, один — убежденный в древнем возрасте Земли, а другой — в юном, олицетворяют исходный тезис Музея о том, что «официальная» наука предоставляет сведения не более достоверные, чем наука креационная, поскольку обе отталкиваются от собственного ряда непроверяемых предпосылок. Снимок Сюзан Троллингер. Дополнительные фотографии и подробную информацию о Музее можно найти на сайте creationmuseum.org

разграничение всплывает здесь раз за разом. Например, в зале с археологическим раскопом, находящемся в самом начале Библейского пути, посетители видят витрины с экспонатами, похожими на «настоящие» научные образцы: искусственный сапфир, слепок окаменелости и художественную реконструкцию отпечатков трилобитов. Справа от каждой витрины находится соответствующая табличка, все они составлены в единой манере. Сверху большими буквами написано: «*Настоящее* доказательство» (то есть — «нашего времени»; выделено в оригинале). Ниже приведена идентификация «доказательства», к примеру *«Окаменелости археоптерикса»* (курсив в оригинале). Еще чуть ниже и более мелким шрифтом набрано описание экспоната: «Это слепок *Archaeopteryx lithographica*, обнаруженного в Зольнхофенских известняках в Германии (Юрский период)» (курсив в оригинале). Еще ниже расположен новый заголовок, вопрошающий: «Но что же было ***в прошлом?***» (выделено в оригинале). Далее следует целый ряд вопросов: «Когда жило это животное? Как оно выглядело? *(Скажем, было ли оно птицей?)* С какими видами в родстве состояло? *(С теми же динозаврами, например?)* (Весь курсив в оригинале.) Прямо напротив витрин находится центральный элемент экспозиции — диорама, обозначенная на табличке как «художественная реконструкция палеонтологического раскопа». В центре композиции — два палеонтолога, усердно извлекающие из толщи породы обнаруженный скелет ютараптора. Пояснительная табличка оформлена в том же ключе, что и предыдущие: сперва идентификация скелета, а затем те же вопросы — когда жил, как умер, где обитал и каким образом до наших дней сохранились останки[28].

Не упоминая его напрямую, подобные экспозиции и пояснительные таблички объясняют посетителю ключевое различие между наблюдательной наукой, изучающей вещи, существующие в настоящем, и наукой исторической, строящей предположения о вещах прошлого. Учитывая, что магистральная линия Музея Сотворения мира гласит, что подлинное понимание (то есть буквальная интерпретация) книги Бытия открывает истину о том, что Вселенная была создана менее десяти тысяч лет назад; учитывая, что Музей стилизован под естественно-научный, данную точку зрения аргументирующий; учитывая, что сам Кен Хэм и его коллеги по «Ответам» «любят науку»; наконец, учиты-

---

[28] Анализируя подбор и интерпретацию подобных экспонатов в Музее Сотворения мира, Элла Батлер указывает, что научные данные здесь одновременно лишены права что-либо доказать и призваны показать буквальную истинность Библии [Butler 2010: 241].

вая, что единственно подлинной наукой считается наука наблюдательная (противопоставляемая исторической), стоило бы ожидать, что в Музее Сотворения мира будут широко представлены данные как раз этой, наблюдательной, науки, в подтверждение продвигаемых тезисов об Акте Творения и юном возрасте планеты. Так ли это на самом деле?

Вот, к примеру, отзыв о посещении Музея с сайта «Ответов». Посетитель сетует:

> Недавно мы с родителями побывали в Музее Сотворения мира... и остались крайне разочарованы. Сложилось впечатление, что научных свидетельств в пользу креационизма представлено очень немного. Мы же считаем, что музей должен строиться на фактах, а не на утверждениях веры. Кажется, подобных данных можно было бы привести довольно много, но здесь они попросту не представлены[29].

Джейсон Лайл (астрофизик, директор планетария в Музее Сотворения мира и автор демонстрируемого в планетарии фильма «Сотворенная вселенная») отвечает так:

> «Разумеется, существует множество научных данных, подтверждающих библейский рассказ о Сотворении мира. ...В Музее представлена значительная часть научных доказательств. Некоторые из них очевидны (вроде экспозиции в планетарии или зале о геологии Потопа). Но многое остается как бы «за кулисами», и что-то из этого многого вы, видимо, просто не заметили [Ibid.].

Коль скоро посещение Музея не включает доступ к научным данным, находящимся «за кулисами», а сам Лайл при этом сообщает о наличии таких данных («подтверждающих» Акт Творения) в Планетарии и зале о геологии Потопа, пожалуй, имеет смысл

---

[29] Цит. по: Jason Lisle, «Just Show the 'Evidence'», answersingenesis, May 16, 2008, https://answersingenesis.org/presuppositions/just-show-the-evidence/?srsltid=AfmBOor-_5jMQ1emQ4NTnk4GTj4HclUzwPzwNqkPmRb_wE8AeFJah_PP [дата обращения: 11.06.2025].

внимательнее изучить и тот и другой. Кроме того, сами «Ответы» указывают, что «множество научных данных представлены в видеосюжетах, показываемых в зале с "Чудесами Сотворения"», так что будет неплохо рассмотреть и их [McKeever, Vaterlaus, King 2008: 72].

Нижеследующий анализ представляет детальное рассмотрение того, как именно преподносится наука в упомянутых залах Музея. Наша цель состоит не столько в том, чтобы оценить качество или точность представленных данных. Как и в предыдущей главе, где мы рассматривали Музей в русле его собственного позиционирования в качестве естественно-научного, в настоящей главе будет представлен анализ характерной манеры использования Музеем научных данных. Таким образом, в центре нашего внимания оказывается вопрос, отвечает ли Музей подразумеваемым в ответе Лайла критериям, а именно — представлять «множество научных данных, подтверждающих библейский рассказ о Сотворении мира».

Разложив означенный вопрос на смысловые части, можно выделить три подвопроса. Во-первых, представлена ли в Музее Сотворения мира та, настоящая, наука, согласная с собственной его дефиницией наблюдательной науки? Иными словами, является ли представленный научный материал наблюдаемым в настоящем и поддающимся воспроизведению? Во-вторых, действительно ли, как утверждает Лайл, такой научный материал присутствует в Музее во «множестве»? Поскольку нет четкой границы того, что именно стоит считать «множеством», мы просто постараемся дать четкое представление об объеме представленных в перечисленных залах обсервационных данных, оставив решение за читателем. Наконец, действительно ли представленные данные «подтверждают», что Акт Творения мира имел место?

Примечательно, что сам Хэм предостерегает от использования понятия «доказательство» в вопросах, касающихся происхождения жизни. Так, в дебатах с Наем он заявил: «Я раз за разом повторяю: пользуясь научным методом в настоящем, просто невозможно доказать, что Земле столько-то лет. То есть невозможно научно доказать, что Земля стара»³⁰. Хэм настаивает на том, что процессы, происходившие в прошлом, не могут быть наблюдаемы в настоящем, а следовательно, любые утверждения о них недоказуемы. В лучшем случае такие утверждения можно «подтвердить». Учитывая данный момент, последующий анализ сконцентрирован не на том, *доказывает* ли Музей Сотворения мира Сотворение мира с опорой на научные данные, но приводит ли *убедительную* аргументацию, основанную на подлинной (то есть — наблюдательной) науке, в пользу того, что менее десяти тысяч лет назад Вселенная была создана библейским Богом за шесть 24-часовых суток.

В последующем анализе представленные в Музее материалы оцениваются с точки зрения критериев, связанных с «наблюдательной» и «исторической наукой». Обусловлено это вовсе не тем, что данное разграничение само по себе обязательно логично; может, оно и таково, а может и нет. Однако в нашем случае мы будем опираться на проведенную границу, поскольку она играет ключевую роль в аргументации Музея Сотворения мира (и «Ответов Бытия»). Ведь именно такая дихотомия между наукой обсервационной (то есть подлинной), результаты которой можно наблюдать и повторить, и наукой исторической, которую наблюдать и повторить нельзя, поскольку она касается событий прошлого, позволяет Хэму и сотоварищам исключить эволюцию из сферы подлинной науки и отрядить ее в категорию, напоминающую скорее религию. Учитывая данный аргумент, вполне справедливо задать наш первый вопрос: является ли представленная в Музее Сотворения мира наука действительно подлинной, «настоящей наукой» по критериям самого Хэма и «Ответов»?³¹

---

[30] Uncensored Science DVD. То, что Кен Хэм называет здесь «научным методом», далеко не так однозначно, как может показаться, ведь таким образом обозначалось множество подходов к науке, даже если рассматривать только XX век. Подробную историю развития понятия с XIX по XXI век см. в [Thurs 2011: 307–335].

[31] Поэтому, когда мы заключаем в кавычки «настоящую науку», речь идет о том, что под этим определением понимают «Ответы Бытия».

Планетарий Звездочета

Фильм «Сотворенная Вселенная» — 23-минутное путешествие в глубины космоса и обратно — один из двух постоянных видеосюжетов, демонстрируемых посетителям Планетария Звездочета на десятиметровом куполе[32]. В фильме рассказывается о Земле, Млечном Пути и далеких звездах. К примеру, зрители узнают следующее: что наша планета около 13 тысяч километров в диаметре; что экипаж «Аполлона-11» преодолел почти 400 тысяч километров, чтобы достичь Луны; что расстояние от Солнца до ближайшей звездной системы (Альфа Центавра) эквивалентно четырем с чем-то тысячам Солнечных систем, составленным в ряд; что Сириус (ярчайшая звезда ночного неба) находится в 80 триллионах километров от нас; что звезда Бетельгейзе (красный сверхгигант) в 600 раз превосходит в диаметре наше Солнце; что с ближайших звезд Пояса Ориона нашу Солнечную систему невозможно разглядеть невооруженным взглядом; что туманности — это очень пестрые и порой весьма горячие газовые облака, состоящие из водорода и гелия; и что шаровое скопление M4 находится почти в 60 миллиардах километров от Земли и состоит из более чем 100 тысяч тесно расположенных звезд[33].

Итак, представляет ли планетарий «множество» данных, соответствующих критерию наблюдательной науки? Похоже, что так. Размеры планет, расстояние до них от Солнечной системы, характеристики туманностей и тому подобные сведения — все это соответствует музейному определению наблюдательной науки. Подобные факты (будем считать, что все приведенные здесь

---

[32] Второй фильм, появившийся в 2013 году, называется «Огни в небе: комета, пасущая Солнце» (Fires in the Sky: The Sun-Grazing Comet). Мы сосредоточимся на «Сотворенной Вселенной», поскольку этот фильм показывали в Планетарии с момента открытия Музея. «Stargazer's Planetarium», Creation Museum, http://creationmuseum.org/whats-here/exhibits/planetarium/ [дата обращения: 11.06.2025].

[33] Created Cosmos, special edition (Hebron, KY: Answers in Genesis-USA, 2011), DVD. Все приведенные цитаты из фильма взяты непосредственно с DVD-диска.

данные точны) поддаются наблюдению, и их вполне можно перепроверить. Более того, уже сам факт того, что целых 17 минут (или 77 % общего хронометража) фильма отведены представлению как раз таких — наблюдаемых — научных данных, говорит о том, что такой науки здесь действительно много.

Но приводит ли «Сотворенная Вселенная» убедительные доводы в пользу того, что данные обсервационной науки подтверждают библейское Сотворение мира? В этом отношении фильм выдвигает три основных аргумента. Первый заключается в том, что необъятность, красота и/или разнообразие Вселенной, раскрывающиеся благодаря научным наблюдениям, свидетельствуют о существовании беспредельного Бога, ее Творца. К примеру, подробно рассказав о туманностях и их свойствах, авторы фильма делают вывод: «Столь удивительные творения по праву можно назвать божественными произведениями искусства». Более пространная версия этого тезиса звучит уже в самом начале фильма:

> Все больше узнавая о Вселенной, мы не перестаем удивляться ее поразительному разнообразию и красоте. Пусть и ее запятнала проказа греха, Вселенная все же демонстрирует чудесное мастерство Господа. Изучая тонкости устройства небесных сфер, мы получаем хоть бесконечно малое, но — представление о беспредельном Божественном Разуме. Одним из удивительных аспектов Его Творения является поразительный размах наблюдаемых нами размеров и расстояний[34].

Сразу после этого в течение 5 минут 35 секунд фильм непрерывно рассказывает о размерах планет, их расстоянии от Солнца и тому подобном.

Разумеется, подобный аргумент представляет собой вариацию старого доброго тезиса о том, что некоторые вещи в природе — особенно ее красота и сложность устроения — просто невозможно объяснить случайным совпадением факторов и, следователь-

---

[34] [Ibid.].

но, они должны свидетельствовать о наличии Разумного Творца[35]. Безусловно, кто-то считает подобный довод убедительным. Однако же его формулировка в данном контексте вызывает ряд вопросов. Почему именно необъятность, разнообразие и красота считаются признаками творческой работы Бога? Отражают ли они Его сущность? Являются ли они тем, что угодно Богу? И далее, раз необъятные размеры, разнообразие и красота указывают на наличие Бога, стало быть, малость, однородность или уродство должны указывать на обратное? Если во Вселенной есть малое, однородное или уродливое, — а в каких-то ее частях оно, несомненно, есть — свидетельствует ли это против существования Бога? Но даже если подобные атрибуты Вселенной действительно говорят в пользу Разумного Творца, разве следует отсюда, что оный — именно библейский Бог? Наконец, даже если Он — именно тот Бог, о котором рассказано в Библии, какие научные данные свидетельствуют о том, что туманности, планеты и все прочее было сотворено за шесть 24-часовых дней менее десяти тысяч лет назад?

При этом в фильме присутствует и аргументация совершенно иного рода. Говоря о мирах, находящихся в глубинах космоса, фильм сообщает: «Поскольку современные технологии не позволяют наблюдать эти миры напрямую, мы можем лишь предполагать, как они выглядят. Но можно не сомневаться, что их богатство

---

[35] Подробнее о развитии аргументации в пользу разумного замысла см. [Numbers 2006: 373–398]. Примечательно, что «Ответы» время от времени употребляют это понятие. К примеру, в описании зала с «Чудесами Сотворения» говорится, что «за [кулисами] Вселенной должен стоять невероятно могущественный Разум». См. [Answers in Genesis 2008: 39]. Тем не менее в основном «Ответы» скорее склонны не принимать концепцию разумного замысла на том основании, что она «не затрагивает ни библейского Бога, ни пагубное влияние грехопадения на прежде столь совершенный мир». См. «ID'ed for a [sic] Imperfect Argument», answersingenesis, October 1, 2010, https://answersingenesis.org/intelligent-design/ided-for-a-imperfect-argument/ [дата обращения: 11.06.2025]. Поэтому, исходя из подобного неудовлетворения концепцией разумного замысла, мы будем говорить о замысле «божественном», дабы подчеркнуть, что для «Ответов» принципиально важно, что автором «замысла» являлся именно Бог Библии.

свидетельствует о величии Сотворившего их». В отличие от вышеописанных утверждений, где ряд наблюдаемых черт Вселенной подаются в качестве указания на то, что ее сотворил библейский Бог, здесь никаких наблюдаемых феноменов не представлено вовсе — лишь само положение о том, что именно Бог Библии является Творцом и выступает изначальной посылкой. Принципиально важно, что подобный аргумент не может рассматриваться в качестве подтверждения библейского Сотворения мира в контексте наблюдательной науки, поскольку наблюдаемые данные здесь попросту отсутствуют.

Есть и третий тип аргументации, гласящий, что обсервационная наука предоставляет доказательства, опровергающие почтенный возраст Вселенной. Так, в рассказе о голубых сверхгигантах отмечается, что

> такие звезды, как Альнилам, чрезвычайно ярки. Они быстро расходуют энергию и не могут прожить миллиарды лет. Таким образом, голубые звезды напоминают нам, что возраст Вселенной гораздо меньше, чем принято считать. ...[Более того,] звездообразования порождают немало теоретических трудностей и никогда прямо не наблюдались[36].

Во-первых, следует отметить, что даже если какие-либо обсервационные данные действительно ставят под сомнение идею древней Вселенной, сами по себе они еще не доказывают библейское Сотворение мира. Во-вторых, допустим, что голубые сверхгиганты действительно «не могут прожить миллиарды лет» — тогда надо ли считать, что Альнилам возник одновременно с зарождением Вселенной? Если считать так необязательно, то и факт краткого существования голубых сверхгигантов не представляет особой угрозы для концепции древней Вселенной. Наконец, и в общем утверждении о том, что «звездообразования порождают немало теоретических трудностей и никогда прямо не наблюдались», авторы фильма никак не уточняют, в чем

---

[36] *Created Cosmos.*

именно означенные «теоретические трудности» заключаются и каким образом опровергают представление о многомиллиардном возрасте Вселенной.

Несомненно, в планетарии представлено изрядное количество наблюдаемых научных данных, однако не совсем понятно, как вся эта «настоящая наука» должна подтвердить, что именно библейский Бог менее десяти тысяч лет тому назад сотворил Вселенную за шесть 24-часовых дней. Да, фильм использует наблюдательную науку в подкрепление идеи сверхъестественного Творца; но даны ли здесь какие-либо веские основания полагать, что этот Творец — именно Бог Библии? Да, фильм предлагает некоторые обсервационные данные, якобы ставящие под сомнение древность Вселенной; но опровергают ли озвученные факты данную гипотезу в действительности? Да, фильм высказывает ряд утверждений, отталкиваясь от предпосылки библейского творения; но где же та наблюдательная наука, которая эти утверждения должна подкрепить?

Зал с Чудесами Сотворения

В зале, посвященном «Чудесам Сотворения», непрерывно крутятся 15 коротких видеосюжетов — каждый на отдельном небольшом экране, закрепленном высоко на стенах по периметру зала. В среднем каждый ролик длится около 2 минут 20 секунд и сочетает фотографии, видео, компьютерную графику (как статичную, так и анимированную), диаграммы и библейские тексты. За исключением одного, все ролики сопровождает закадровый голос, дающий соответствующие пояснения[37]. К примеру, в ролике о «Солнечной системе» рассказывается о размерах планет, их расположении, химическом составе, температуре поверхности, количестве спутников и т. д. Из общего хронометража в 2 минуты 32 секунды подобная информация занимает 1 минуту и 51 секун-

---

[37] Единственный ролик без закадрового текста называется «Творец ясно видимый» / Creator Clearly Seen, Life (Petersburg, KY: Answers in Genesis, 2007), DVD.

ду — то есть 73 % экранного времени[38]. Аналогичным образом, в сюжете о «Звездах» (самом коротком из представленных в зале) из 1 минуты и 15 секунд 52 секунды (или 68 %) уделено фактической информации: из чего состоят звезды, сколько энергии излучает Солнце, сколько звезд в галактике Млечного Пути и т. д.[39]

Словом, как и в случае с «Сотворенной Вселенной», в показанных в этом зале роликах также содержится довольно много наблюдаемых научных данных. Что касается аргументации, здесь (как и в «Сотворенной Вселенной») звучит, конечно, мысль о том, что Вселенная не может быть настолько древней, как утверждает официальная наука, хотя куда чаще в центре повествования находится божественный замысел. Так, в 13 из 15 роликов утверждается, что научные наблюдения за природой указывают на наличие божественного Творца. В пример приводятся явления, вполне наблюдаемые в настоящем — расположение Земли по отношению к Солнцу, сложнейшее устройство птичьего крыла или сходство «букв» ДНК с человеческим языком — и трактуемые в качестве явных признаков божественного замысла. Например, в ролике «Созданные для полета» рассказ о перьях и работе грудных мышц заключается следующим выводом: «Птица, вся до мельчайших деталей, — от грудных мышц до оперенья крыльев —

---

[38] Чтобы вычислить конкретный процент, мы разделили время, посвященное изложению информации, связанной с наблюдательной наукой (111 секунд), на общее время звучания закадрового голоса (с момента его начала до конца — 152 секунды). Хронометраж мы отмеряли по показаниям таймера, встроенного в DVD-проигрыватель. Отметим, что продолжительность сюжетов согласно таймеру проигрывателя отличалась от заявленной на обложке диска, выпущенного «Ответами Бытия»; мы проверили точность встроенного таймера с помощью секундомера и убедились, что показания верны. Согласно встроенному таймеру, сюжет о «Солнечной системе» — один из наиболее продолжительных в зале (самый длинный — примерно 4 минуты 35 секунд — сюжет «Творец ясно видимый» без закадрового текста). «Solar System», Heaven and Earth (Petersburg, KY: Answers in Genesis, 2007), DVD.

[39] Мы отсчитывали время с начала закадровой озвучки и до заключительной цитаты: из 75 секунд хронометража фактическая информация занимает 52–68 %. «Stars», Heaven and Earth (Petersburg, KY: Answers in Genesis, 2007), DVD.

Фото- и видеоматериалы на многочисленных экранах в зале «Чудес Сотворения» призваны убедить посетителя в том, что красота, стройность и сложность устроения Вселенной свидетельствуют о том, что все это сотворено библейским Богом. Снимок Сюзан Троллингер. Дополнительные фотографии и подробную информацию о Музее можно найти на сайте creationmuseum.org

идеально *создана* для полета» (курсив наш)[40]. Аналогичным образом в видео о молекуле ДНК утверждается, что, поскольку ДНК состоит из четырех нуклеотидов, выстраивающихся в разные последовательности, сообщающие различную генетическую информацию, «ДНК представляет своего рода язык — язык жизни. Незримый автор, Творец неба и земли, оставил свидетельство Своего существования в ДНК всякого живого существа»[41]. В других сюжетах акцент делается на том, что наблюдае-

---

[40] «Designed for Flight», Life (Petersburg, KY: Answers in Genesis, 2007), DVD.
[41] «DNA», Heaven & Earth (Petersburg, KY: Answers in Genesis, 2007), DVD.

мая сложность устройства, сходные химические соединения, внутреннее устройство и ДНК у живых организмов, родственные черты между видами в рамках биологических семейств, а также общеприродная необходимость симбиотических отношений между организмами для выживания указывают на наличие божественного Творца[42].

Практически все ролики в зале «Чудес Сотворения» прямо утверждают, что мир был сотворен божественным промыслом; все — кроме одного. Сюжет «Творец ясно видимый» длится 4 минуты и 31 секунду — почти вдвое дольше среднего хронометража — и отличается от остальных отсутствием закадрового текста. В ролике не озвучиваются научные данные, не приводятся аргументы в пользу существования Творца, нет диаграмм или компьютерной визуализации научных моделей. Вместо этого зритель наблюдает поток статичных и движущихся изображений, быстро сменяющих друг друга в такт классическим музыкальным произведениям.

Все, мелькающее на экране, — каждый водоем, цветок, насекомое, птица, собака или человек и прочее — являет зрителю красоту мироздания. Вода чиста и прозрачна, травка зеленеет, улыбки ослепительно блестят, снег безукоризненно бел, кожа гладкая и нежная. Нет изъяна и упадка, нет жестокости и грязи, нет разрушений и страданий. Видеоряд как бы подсказывает зрителю: мир, исполненный подобной красоты, попросту не мог бы явиться к жизни случайно, а значит — является произведением премудрого божественного Творца.

Вновь повторяется тот же аргумент: красота, сложность, явная целесообразность в природе — все указывает на наличие Творца. Многих это вполне убеждает. Но все же остаются вопросы. Отчего именно все эти качества — красота, сложность, многочисленные сходства, целесообразность, социальный характер отношений в живом мире — свидетельствуют о божественном замыс-

---

[42] Упомянутые аргументы приведены в следующих сюжетах: «Eyes», «Common Designer», «Kinds», «Communities». Все четыре сюжета доступны на DVD: Life (Petersburg, KY: Answers in Genesis, 2007), DVD.

ле? Что в них такого, что указывает на Творца? И является ли обратное им — безобразие, простота, различие, соперничество — опровержением божественного промышления? Ведь и эти черты мы с очевидностью наблюдаем в окружающем мире. Так противоречат ли эти, столь же наблюдаемые, качества Творцу? Пожалуй, нам здесь возразили бы, что все эти неприятные вещи — лишь симптоматика изначальной болезни, то есть вошедшего в мир греха. Стало быть, вследствие Грехопадения мы имеем безобразие, простоту, различие и соперничество — такова линия аргументации? Но если так, то отнюдь не прямая. Как так получилось, что результатом греха стало различие? Почему именно простота сообщает о греховности мира? И вообще — кто тот судья, что может с полным правом выносить вердикты по части красоты и уродства, сложности и простоты, схожести и различия, товарищества и соперничества? Быть может, предполагается, что все эти вещи универсальны для всех людей? А что, если не для всех? Каким образом это скажется на подобной аргументации? Все эти немаловажные вопросы в показанных в зале сюжетах не затрагиваются вовсе.

В отличие от «Сотворенной Вселенной», ролики о «Чудесах Сотворения» не ограничиваются лишь предположением о существовании *некоего* сверхъестественного промыслителя. Авторы делают следующий шаг: постулируют, что таким Творцом является именно Бог Библии. В большинстве случаев аргумент проводится через библейскую цитацию в конце ролика, которой вторит закадровый голос, параллельно резюмирующий сюжет аналогичным утверждением. Таким образом, создается впечатление, будто обсервационная наука подтверждает слова Библии.

В некоторых сюжетах между наукой и библейским текстом проводится совершенно прямая связь (другой вопрос — насколько убедительно это делается). Так, ролик о «Глазах» завершается компьютерной анимацией человеческого глаза, на фоне которого значится: «...глаз видящий — ...создал Господь» *Притч 20:12* (пропуски в оригинале)[43]. Также и в упомянутом выше ролике

---

[43] «Eyes», Life (Petersburg, KY: Answers in Genesis, 2007), DVD.

о птицах — в конце на фоне древнееврейского манускрипта (странным образом сфотографированного «вверх ногами») следует «птичья» цитата: «И сотворил Бог... всякую птицу пернатую по роду ее. И увидел Бог, что это хорошо» *Быт. 1:21* (пропуски в оригинале)[44].

Учитывая, что библейские пассажи приводятся вне контекста, посетителю трудно определить, действительно ли текст подтверждает представленные научные данные. Однако же в ряде случаев связь между выводом и библейским стихом оказывается еще менее прозрачной. Так, рассказывая о том, что социальные отношения в природе свидетельствуют о сотворенности всего сущего библейским Богом, сюжет о «Сообществах» заключается следующей цитатой: «...один дух... один Господь... один Бог» *Ефес. 4:4–6* (пропуски в оригинале). Зритель остается в недоумении, пытаясь уловить связь. И неудивительно, ведь из 35 исходных слов на экране сохранилось лишь шесть, превратив цитату едва ли не в шифрованное послание. Закадровый голос, пытаясь несколько прояснить ситуацию, сообщает:

> Социальные отношения, обеспечение взаимных потребностей, сообщества живых организмов — такова сложносплетенная паутина жизни, в которой каждому организму в общей системе отведено свое место и своя функция. Ценность личного и потребность в общем — вот прекрасные проявления триединого, сочетающего в едином лице три ипостаси, Бога-Творца[45].

Предположим даже, что зритель как-то понял, что процитированный отрывок говорит о «триедином Боге», но и тогда каким образом социальные отношения в природе могут послужить

---

[44] «Designed for Flight». Текст на иврите в Музее Сотворения также отображается перевернутым.

[45] «Communities». Вот полный текст цитаты из Послания к Ефесянам: «Одно тело и один дух, как вы и призваны к одной надежде вашего звания; один Господь, одна вера, одно крещение, один Бог и Отец всех, Который над всеми, и через всех, и во всех нас», Ефес. 4:4–6. Синодальный перевод. https://azbyka.ru/biblia/?Eph.4 [дата обращения: 11.06.2025].

подтверждением существования такого Бога? И опять же, будут ли обсервационные данные о соперничестве среди живых организмов весомым опровержением наличия триединого Бога?

Еще менее очевидна связь между заключительной цитатой и выводом в сюжете о «Солнечной системе». Вывод гласит, что «красота» планет и «филигранная точность» орбит подтверждают, что библейский Бог действительно сотворил Солнечную систему. Параллельно на экране выводится цитата: «Небеса проповедуют славу Божию» *Псалом 18:2*[46]. Учитывая, что это стих из Псалтири, — сборника поэтических текстов — естественно читать его в переносном смысле. Вряд ли кто-то станет искать здесь буквальное историческое описание происхождения Солнечной системы. Тогда *буквально ли* должен зритель воспринять идею о «небесах, проповедующих славу Божию»? Если так, то каким образом столь пространное утверждение может подкрепить основной тезис? Наконец, как именно все это подтверждает то, что менее десяти тысяч лет назад за шесть 24-часовых суток библейский Бог сотворил Солнечную систему вместе с остальной Вселенной?

Так или иначе, «Ответы» не врут: видеосюжеты о «Чудесах Сотворения» действительно содержат изрядное количество «настоящей науки», вполне отвечающей критериям Хэма. Но с какой целью? Значительная часть представленных научных данных используются в угоду лейтмотиву о божественном замысле: вся красота, сложность, схожесть и целесообразность устройства мира якобы не могут быть плодом случая — а значит, должен существовать некий божественный Творец. В порядке эксперимента допустим, что подобная логика выдерживает критику; но выдерживает ли ее тогда вывод, — сделанный на основании разрозненных строк из Библии, зачастую довольно слабо связанных с приведенными фактами, — что таким Творцом является именно Бог Библии? Как и в случае с «Сотворенной Вселенной» из Планетария, подобные утверждения, как представляется,

---

[46] «Solar System».

имеют весьма мало общего с наблюдательной наукой[47]. Но, возможно, залы, посвященные геологии Потопа, — науке, на которой уже более столетия строится все здание младоземельного креационизма — предоставят более убедительную научную аргументацию в пользу библейского Сотворения?

Геология Потопа

Четыре зала на нижнем ярусе Музея — посвященные геологии Потопа, естественному отбору и миру после Потопа, а также экспозиция с аллозавром — подробно рассказывают о том, как Потоп повлиял на геологию нашей планеты. В трех из перечисленных четырех залов находится множество больших и малых плакатов, плоских экранов, мини-диорам и застекленных витрин с подсветкой. В обновленном в 2014 году (как раз для того, чтобы разместись подаренный Музею экспонат) зале с аллозавром посетитель встречается с полноразмерным скелетом динозавра, установленным в застекленной витрине, дно которой устлано белой галькой. Скелет собран из настоящих костей и слепков и достигает примерно девяти метров в длину и около трех — в высоту. По обе стороны от скелета за стеклом расположены на стойках два экрана, показывающих сюжеты о динозавре; тут же рядом установлены несколько небольших информационных табличек. Напротив установлена еще одна стеклянная витрина, в которой, согласно табличке, хранится «настоящий окаменевший череп аллозавра по имени Эбенизер».

---

[47] В мае 2013 года в Музее открылся также «Инсектарий доктора Кроули» с множеством видов насекомых в подсвеченных витринах, пояснительных плакатов, роботом-ученым, фильмом про метаморфозы у насекомых и прочим. Как и следовало ожидать, аргументация на плакатах выстроена по тем же лекалам, что и в зале с «Чудесами Сотворения»: наблюдаемые у насекомых красота, сложность и целесообразность также якобы подтверждают Акт божественного Творения, отражая божественный замысел. Ряд плакатов представляют (также в русле «Чудес Сотворения») и развитие данной линии, приводя цитаты из Библии в подтверждение того, что божественный замысел принадлежит именно Богу Библии.

Если считать по всем четырем залам (назовем их музейной секцией геологии Потопа), получится 38 различных плакатов и стендов. Учитывая, что они визуально доминируют в зале, благодаря количеству и, как правило, довольно крупному размеру, а также принимая во внимание, что на них изложена обширная информация в поддержку библейского Сотворения мира, последующий анализ будет сосредоточен именно на них. Помимо плакатов в залах установлены плоские экраны, на которых постоянно демонстрируется семь видеосюжетов[48]. Хронометраж примерно тот же, что и у роликов о «Чудесах Сотворения» — средняя продолжительность составляет 2 минуты и 51 секунду. Ролики призваны проиллюстрировать события, о которых рассказывается на плакатах. Кроме того, в секции присутствуют три компьютерные анимации. Первая (без текста) представляет модель воздействия Потопа на тектонические плиты; две другие размещены внутри витрины с аллозавром — на одной рассказывается о том, где и как был найден скелет, на другой дается подробное описание самого скелета.

Геология Потопа служит научно-краеугольным камнем младоземельного креационизма уже с начала XX века, когда адвентист Джордж Маккриди Прайс опубликовал свою «Новую геологию». В 1961 году работа завоевала широкую популярность среди евангеликов и фундаменталистов благодаря «Потопу Бытия» Генри Морриса и Джона Уиткомба, в сущности, повторявших доводы Прайса. Центральное место и значимость геологии Потопа объясняются тем, что дисциплина сулит возможность научно переосмыслить с младоземельных позиций палеонтологические находки и прочие данные, интерпретируемые в качестве

---

[48] Если в зале с «Чудесами Сотворения» на экранах транслировались все 15 роликов в одном и том же непрерывном цикле (так что на всех экранах одновременно показывался один и тот же сюжет), в зале о геологии Потопа каждый экран воспроизводит только «свой», связанный с ближайшим плакатом, видеосюжет. По-видимому, с появлением экспозиции с аллозавром количество демонстрируемых в этом зале роликов сократилось с десяти до семи.

свидетельств древности планеты[49]. Учитывая вышесказанное, можно, пожалуй, ожидать, что бо́льшая часть табличек и плакатов в зале о «Геологии Потопа» будут содержать описания наблюдаемых фактов и явлений — ведь, по мнению Кена Хэма и его коллег по «Ответам Бытия», лишь наблюдательная наука является настоящей. Удивительным образом, однако, 15 из 38 плакатов в зале «Геологии Потопа» (40 %) имеют в правом верхнем углу белую пометку «модель». Так, здесь есть «модель осадочных отложений после глобального катаклизма», «модель масштабного паводка на реке Колумбия Джона Бретца», «модель движения тектонических плит при катаклизме», «модель гипергана Ларри Вардимана», «модель биогеографического дрейфа» и многие другие.

По мнению «Ответов», все эти модели (включая крупноформатные, вроде посвященных креационизму и эволюции) относятся не к «настоящей науке», но к исторической. Член образовательной команды «Ответов» и автор заметок по самым разным вопросам, включая эволюцию, полигамию и Пасху, Роджер Паттерсон объясняет:

> Операциональная [наблюдательная] наука занимается проверкой и подтверждением идей в настоящем и приводит к созданию полезных вещей вроде компьютеров, автомобилей, спутников. Историческая наука (наука о происхождении) обращается к интерпретации свидетельств в прошлом и пользуется такими *моделями*, как эволюция и Акт Творения. Признание того, что у всех есть свои установки (то есть

---

[49] Вот что по этому поводу говорит Рональд Намберс: «в самый разгар своего "Потопа Бытия" Генри Моррис с жаром говорит о центральном месте геологических штудий Потопа в разрешении спора между креационизмом и эволюционизмом. Если удастся доказать, утверждал он, что слои с окаменелостями отложились в течение краткого периода Ноева Потопа, тогда "последнее прибежище сторонников эволюции немедленно падет, и геологическая летопись станет грандиозным свидетельством... святости, справедливости и могущества живого Бога-Творца!" Очевидно, обойти подобный вопрос стороной христиане не могли бы и под страхом смерти» (пропуск в оригинале) [Numbers 2006: 229]. Подробнее о Прайсе и его «Новой геологии» см. в [Numbers 2006: 88–119].

предпосылки), влияющие на интерпретацию данных, — важный шаг к осознанию того, что выводы исторической науки не равноценны операциональным выводам (курсив в оригинале)[50].

Таким образом, если модель является интерпретацией прошлого, нежели проверяемым и повторяемым наблюдением в настоящем, ни один из 15 плакатов не предоставляет данных «настоящей науки».

Вместе с тем пометка «модель» сама по себе еще не означает отсутствия обсервационных научных данных. Принимая это во внимание, мы тщательно проанализировали сведения, представленные на всех 38 плакатах в секции геологии Потопа, с целью выяснить, действительно ли экспозиции выполняют обещание Музея предоставить «настоящие» научные данные, подтверждающие библейское Сотворение мира.

Логично начать с такого вопроса: сколько из 38 плакатов с виду представляют научную информацию в обиходном смысле — то есть сведения, полученные в результате тщательного наблюдения, экспериментов или каких-либо измерений. Как оказалось, 26 из 38 (68 %) подобный ценз преодолели: плакаты сообщают такую информацию, как длина скелета динозавра, возраст слоев породы, объем пепла, выброшенного при извержении вулкана, глубина ледяного покрова в центре Гренландии и тому подобное.

---

[50] Roger Patterson, «Chapter 1: What Is Science?», answersingenesis, February 22, 2007, https://answersingenesis.org/what-is-science/what-is-science/ [дата обращения: 11.06.2025]. Примечательно, что в приведенном отрывке Паттерсон указывает, что историческая наука «обращается к интерпретации свидетельств *в прошлом* и пользуется такими моделями, как эволюция и Акт Творения» (курсив наш). Следуя этой логике, даже сделанные в настоящем наблюдения за объектами *в прошлом* и те не будут считаться «настоящей наукой». Если строго придерживаться такого подхода, то вообще все подобные наблюдения за камнями, осадочными породами, окаменелостями и прочих вещей, бывших «в прошлом», окажутся «ненаучными». Таким образом, вообще вся геологическая дисциплина (вместе со всеми прочими, относящимися к изучению объектов прошлого) объявляется «ненастоящей наукой».

Отсюда же следует и что 32 % (практически треть) от общего числа плакатов в секции геологии Потопа даже на первый взгляд не производят «научного» впечатления, не говоря уже о соответствии куда более строгим критериям наблюдательной науки самих «Ответов». Так, эти 12 плакатов составляют отдельную группу, сообщая сугубо вводные или обзорные сведения, наподобие предположений о процессах, которые могли происходить во время или после Потопа, моральной аргументации в пользу уничтожения всего живого, не попавшего на Ковчег, изображений и карт, а также определений таких понятий, как «естественный отбор» и «эволюция».

Теперь обратимся к тем 26 «научным» плакатам; как обстоит дело с ними? На поверку оказывается, что десять из них (39 %) не «отвечают» дефиниции «настоящей науки». В ряде случаев это объясняется тем, что представленная информация основана на наблюдениях, сделанных в прошлом и не поддающихся экспериментальной проверке. Скажем, два плаката в зале геологии Потопа постулируют ключевой младоземельный тезис: геологические изменения, которые эволюционисты считают результатом миллиардов прошедших лет, на самом деле могут произойти за очень короткое время. В качестве аргумента приводятся данные по извержению вулкана Сент-Хеленс, произошедшему 18 мая 1980 года. Далее следует описание вызванных катаклизмом процессов с упоминаем «грязевых потоков», «лавового купола», «облака пепла», «пирокластических отложений» и «коры, отслоившейся с дрейфующих стволов». Все это — процессы, произошедшие десятилетия назад, не наблюдаемые и не воспроизводимые в настоящем[51]. Стало быть, утверждения об этих процессах, — скажем, «грязевые потоки всего за несколько лет испещрили монолитную породу каньонами» — согласно заветам самого Хэма, следует рассматривать как высказывания о прошлом

---

[51] Среди прочих плакатов, рассказывающих об извержении Сент-Хеленс (сведения о котором нельзя считать «обсервационными»), можно отметить также «Масштабы окрестных бедствий» (зал геологии Потопа) и «Земля восстанавливается» (мир после Потопа).

и, следовательно, как данные исторической, а не наблюдательной науки[52].

Другой плакат (из той же десятки), расположенный в зале, посвященном миру после Потопа, представляет «модель осадочных отложений после глобального катаклизма», согласно которой земная «кора постепенно успокаивалась после Потопа», по мере того как стихали «супервулканы» и «суперземлетрясения». Плакат перечисляет пять катастрофических извержений с указанием объема выброшенного пепла и картой предполагаемой площади распространения. Список следующий: извержение супервулкана Йеллоустоун, образовавшее туфовые отложения Хаклберри-Ридж (2500 км³ пепла); второе извержение в Йеллоустоунской кальдере, приведшее к образованию туфовых отложений Лава-Крик (1000 км³); извержение в кальдере Лонг-Валли, образовавшее отложения Бишоп (625 км³); извержение Кратер-Лейк (70 км³); и, наконец, извержение Сент-Хеленс (чуть больше 1 км³).

На плакате нет дат — ни когда перечисленные извержения произошли, ни когда проводились наблюдения. Из информации на других плакатах можно узнать, что извержение вулкана Сент-Хеленс произошло в 1980 году, но как насчет остальных четырех? По данным Геологической службы США, самое недавнее из них (Кратер-Лейк) произошло около 8 тысяч лет назад, а самое раннее — первое извержение в Йеллоустоуне — более 2 миллионов лет назад[53]. Однако, в соответствии с нарративом Музея, ни одно из этих извержений не могло произойти более четырех с чем-то

---

[52] Тут можно было бы возразить, что видеозаписи извержения доступны для наблюдения и в настоящем. Однако такие записи отражают лишь определенную перспективу, поскольку были сделаны в конкретном месте и в конкретное время. Никакая запись не может считаться полноценным воспроизведением события, которое позволило бы ученому провести все необходимые измерения и прочие изыскания.

[53] «Volcano Hazards Program: Crater Lake», USGS, last updated December 5, 2013, http://volcanoes.usgs.gov/volcanoes/crater_lake/ [дата обращения: 11.06.2025]; «Volcano Hazards Program: Yellowstone Volcano Observatory», USGS, last updated May 2, 2012, http://volcanoes.usgs.gov/volcanoes/yellowstone/yellowstone_geo_hist_88.html [дата обращения: 11.06.2025].

тысяч лет назад, поскольку на представленной модели все они произошли вследствие Потопа. Конечно, было бы сподручно, если бы на плакатах обозначались датировки, признанные «Ответами», однако важно здесь другое: ни один современный ученый не мог наблюдать четыре из пяти перечисленных извержений или измерить объем выброшенного пепла. И даже несмотря на то, что живущий ныне ученый и мог наблюдать извержение Сент-Хеленс в живую, любые проведенные им тогда наблюдения не могут быть экспериментально воспроизведены.

Третий пример наглядно иллюстрирует то, как данные, сперва представляющиеся вполне научными, на самом деле не соответствуют критериям «настоящей науки» по версии «Ответов». Плакат «Эрозия и каньоны» находится в зале о мире после Потопа и представляет «модель прорыва дамбы», согласно которой «после Потопа за Кайбабским взгорьем образовались крупные озера», которые затем «прорвали естественную плотину и прорезали в толще породы Большой каньон», после чего постепенно «иссохли, стекая по обнаженным склонам», оставив свыше «4000 км³ осадочных отложений... в котловине Солтон-Си». Это весьма важный для нас плакат, поскольку — вопреки официальной науке, говорящей о миллионах лет, — здесь утверждается, что «каньоны сформировались уже вскоре после Потопа».

В качестве ключевого аргумента в поддержку данного утверждения на плакате значится «небольшая разница в датировках озерных отложений выше по течению [реки Колорадо] и потоковых ниже по течению». Это важная информация, поскольку столь небольшая разница может свидетельствовать о том, что процессы происходили почти одновременно, что, в свою очередь, позволяет сократить необходимое время для образования каньонов. Хотя конкретное значение упомянутой «разницы» и не указано (а ведь это критически значимо в свете приведенного аргумента), все же нетрудно представить, как геолог проводит воспроизводимые эксперименты для датировки двух типов отложений. Таким образом, несмотря на расплывчатость, это ключевое доказательство, кажется, соответствует критерию «настоящей науки».

Или все же только кажется? Ведь, как утверждает Кен Хэм, методы датировки не относятся к «настоящей науке». Вот его слова из дебатов с Биллом Наем:

> Дело в том, что все эти методы датировки на самом деле дают самые разные результаты. В этом легко убедиться: разные методы датировки одного и того же камня дадут совершенно разные даты. Видите ли, метод радиометрической датировки содержит массу допущений. Начать уже с того, хотя бы, что необходимо знать количество материнского и дочернего изотопов в момент образования породы — но ведь вас тогда там не было!
> Как видите, это уже историческая наука[54].

Поскольку ни один ученый физически не может наблюдать образование как «озерных отложений выше по течению», так и «потоковых ниже по течению», — то есть не может сегодня воочию наблюдать их образование, — а любая попытка определить их возраст с помощью принятых методов датирования будет отнесена к исторической науке, такие данные должны рассматриваться как не относящиеся к «настоящей науке».

Дело отнюдь не в том, что сведения на плакатах якобы недостоверны или ненадежны. Быть может, так оно и есть, а может, и нет. И речь не о том, что делать выводы на основании тех или иных свидетельств прошлого не имеет смысла. Суть в другом: информация на плакатах звучит и выглядит «научно», создавая тем самым у посетителя впечатление, будто секция геологии Потопа изобилует научными данными, при этом изложенное не соответствует критериям «настоящей науки», посредством которых сами «Ответы» низвергают теорию эволюции как лженауку.

Если исключить 10 «не наблюдательных» (а исторических) плакатов из тех 26, представляющихся научными в общем смысле, у нас останется всего 16 (то есть 42 % от общего количества), чтобы получить «настоящие научные» данные по версии «Ответов». Какую цель они преследуют?

---

[54] Uncensored Science.

Одной из целей «наблюдательных» плакатов оказывается банальное сообщение фактических сведений. Так, 3 из 16 плакатов, соответствующих критериям наблюдательной науки, выполняют именно эту функцию. Все три находятся в зале с аллозавром. Первый, озаглавленный «Зачем такая вытянутая морда?», дает описание черепа Эбенизера, сообщая, среди прочего, что его «длина составляет 86 см, высота — 22 см, а кости сохранились на 97 %»; также отмечается, что челюсти снабжены «53 изогнутыми, саблевидными зубами с пилообразным краем длиной до 11,5 см с учетом корня». Второй плакат — «Что было найдено?» — дает некоторые «подробности о ходе раскопок», включая сведения о том, что «скелет животного залегал в породе на левом боку […] голова была направлена на запад, хвост — на юго-восток […] а позвоночник находился в изогнутом положении». Также указывается, что «вследствие эрозии склона холма, где был обнаружен скелет Эбенизера, большинство костей конечностей и грудного отдела не сохранилось».

Ни тот ни другой плакат никоим образом не связывают приведенные обсервационные данные с библейским Сотворением мира. Теперь обратимся к третьему плакату — «Кто я такой?». Здесь рассказывается, что «аллозавр» означает по-гречески «иной ящер», что относится он к кладе теропод, что Эбенизер, по всей вероятности, был «грозным плотоядным хищником», а также дается определение хищника как «животного, питающегося преимущественно мясом». Также на плакате говорится, что скелету было дано имя Эбенизер, потому что «некоторые участники раскопок увидели в находке напоминание о Божьем суде над миром и о том, как Он сохранил человечество и виды животных в Ноевом Ковчеге». Несмотря на это и еще одно упоминание Библии, этот плакат также не настаивает на том, что представленная информация о динозавре подтверждает библейскую версию Сотворения мира и событие Всемирного потопа. Фактические сведения о динозавре просто соседствует с библейским сюжетом, в честь которого скелет получил имя «Эбенизер»[55].

---

[55] «Эвен ха-Эзер», дословно с др. евр. — «камень помощи». Так в Книге Царств именовалось место сражения израильтян с филистимлянами. — *Прим. пер.*

Исключая же три эти вполне «наблюдательных» плаката, подающих научные данные сугубо в информативном ключе, у нас остается всего 13 (то есть около трети от общего количества) плакатов, на которые, надо полагать, и возложена миссия связать обсервационные научные материалы с библейским Сотворением мира. Что довольно неожиданно, учитывая, что геология Потопа является краеугольным камнем научной аргументации младоземельных креационистов, а также памятуя о заявлениях «Ответов» о том, что именно в этой секции Музея представлено «множество» научных данных, подтверждающих библейскую версию Сотворения мира.

Специфика Музейной науки

Важно отметить, что различие между наблюдательной и исторической наукой, на котором основывается стремление «Ответов» низвергнуть эволюцию из разряда «настоящей» науки, укоренено в давней традиции, хорошо знакомой евангельским и фундаменталистским кругам. Согласно этой традиции, подлинная наука — занятие сугубо эмпирическое, основанное на тщательных и точных наблюдениях. Любые предпосылки и установки надлежит вовсе отбросить, дабы наблюдения верно держались самого предмета изучения. В рамках такого научного подхода неуместными считаются даже гипотезы: ведь какое бы то ни было заведомое представление, внесенное в процесс наблюдения, неизбежно исказит его и, следовательно, сделает результаты ненадежными. Когда наукой занимаются «правильно», она начинается с множества строго дисциплинированных эмпирических наблюдений, и лишь на основании таковых можно пытаться делать обобщающие умозаключения.

Такое понимание науки уходит корнями в XIX столетие, когда, как отмечает Марк Нолл, евангелисты считали, что «строгая индукция — от проверенных единичных фактов к более общим законам — представляет собой наилучший способ постижения в любой области знания». Подобным же образом, указывает Нолл, креационисты постулировали принцип: «никаких спекуляций без прямого эмпирического подтверждения, никаких выводов из умозрительных положений, никакой науки без обширных эмпирических данных»[56]. Рональд Намберс говорит, что столь строгие взгляды на науку были обусловлены стремлением «делигитимизировать» эволюцию, сбросив ее с научного пьедестала:

> Даже продвигая собственные убеждения под видом науки, креационисты нередко отказывали в аналогичной легитимности теории эволюции. Они либо сводили науку к Бэконову принципу собирания фактов, либо же просто апеллировали к словарным определениям науки как совокупности фактических знаний[57].

Согласно данной точке зрения, «настоящая наука» определяется не только тем, воспроизводимы ли наблюдения в настоящем, но и прежде всего тем, служат ли они основанием для дальнейших выводов. В рамках этой традиции в евангелизме и фундаментализме единственным допустимым основанием для умозаключения является наблюдение — причем не единичное, а многократное. Учитывая же приверженность этой позиции Музея Сотворения мира, — очевидной из настойчивого противопоставления наблюдательной и исторической науки — логично было бы ожидать соответствующего акцента на таком научном методе, где наблюдения, свободные от предвзятых установок, служат основанием для тщательно выверенных выводов. Так спросим: такова ли научная методология в секции геологии Потопа?

При внимательном рассмотрении оставшихся 13 плакатов выясняется, что лишь 7 из них (18 % от изначальных 38) одно-

---

[56] [Noll 1994: 178, 197]. Джордж Марсден говорит, что подобный взгляд на науку обрел популярность еще раньше — в XVIII веке. См. [Marsden 1991: 162]. См. также иную точку зрения на евангелический подход к науке — [Rios 2014: 20–21]. Подробнее о развитии пресвитерианского взгляда на науку и попытках обезопасить свои позиции от нападок науки секулярной см. [Bozeman 1977: NB 101–131].

[57] [Numbers 2006: 274]. Элла Батлер полагает, что Музей Сотворения мира использует научный дискурс, одновременно «дестабилизируя научные претензии на объективность», утверждая, что «научная практика всегда зависит от исходных предпосылок ее носителей»; см. [Butler 2010: 231].

временно представляют научные данные, которые бы соответствовали критериям наблюдательной науки и использовали бы эти данные в качестве основания для утверждений, подкрепляющих общую аргументацию в пользу библейского Сотворения мира[58]. Из этих семи четыре плаката направлены не столько в подкрепление версии о Сотворении мира, сколько против теории эволюции. Все они расположены в зале Естественного отбора и все согласно утверждают, что таковой не является процессом, влекущим за собой эволюцию видов.

Три из этих четырех плакатов посвящены конкретным примерам естественного отбора: пещерным рыбам-слепоглазкам, слепым мышам и бактериям, устойчивым к антибиотикам. В каждом случае наблюдательная наука представлена в форме наглядных примеров: слепые рыбы-альбиносы, обитающие в непроглядной тьме; мутировавшие мыши, чья ДНК производит дефектный белок, в результате чего наблюдаются такие нарушения, как слепота; бактерии, вырабатывающие мутантные формы белков, на которые не действуют антибиотики. На основании приведенных примеров в каждом случае делается вывод, что спровоцировавшие изменения мутации заключались в утрате некоторой части генетической информации (окраса чешуи и глаз, зрения, белка), нежели в приобретении новой. Таким образом, заключают авторы плакатов, коль скоро для появления новых видов эволюция требует произведения новой генетической информации, представленные примеры наглядно свидетельствуют в пользу именно естественного отбора, но не эволюции.

Четвертый плакат также содержит критику эволюции с опорой на обсервационные данные и также подчеркивает различие между естественным отбором и эволюцией. Здесь, однако же, вместо примеров частных генетических мутаций в рамках конкретного

---

[58] Как мы уже сказали, 7 из оставшихся 13 плакатов представляют данные наблюдательной науки, при помощи которых поддерживают библейскую версию Сотворения мира. Остальные 6 (из этих 13) также представляют обсервационные данные, но не строят на их основании аргументов в поддержку креационизма. Логика, лежащая в основе этих плакатов, будет проанализирована ниже, когда мы обратимся к научной методологии Кена Хэма.

вида внимание сосредоточено на изменениях, которые могут иметь место в пределах целого «рода». Категория «рода» для младоземельных креационистов имеет ключевое значение: данное понятие много шире, чем «вид», и — в трактовке «Ответов» и прочих младоземельных спикеров — примерно соответствует общепринятой научной категории «семейства». Так, в силу того что род включает множество видов и, благодаря естественному отбору и богатому генофонду, может порождать еще большее их количество, данная концепция помогает одновременно сократить количество животных, которых требовалось разместить на Ковчеге, и объяснить, каким образом из относительно малого числа родов, переживших Потоп, могло произойти столь великое разнообразие видов[59].

На плакате, озаглавленном «А как насчет видообразования внутри родов?», идет речь о двух «родах»: вьюрках[60] и собаках. «Хотя Дарвиновы вьюрки, — сообщает плакат, — часто рассматриваются как своеобразный символ эволюции, они служат превосходным примером видовой вариаций внутри сотворенного рода». Далее объясняется, что «бараминологи (ученые, изучающие сотворенные роды) установили, что библейский "род" приблизительно соответствует "семейству" (в привычной научной классификации)». Отсюда, раз «все Дарвиновы вьюрки относятся к одному семейству — *Emberizidae* (овсянковых), то с большой долей вероятности они принадлежат и к одному сотворенному

---

[59] Подробнее об «ответной» трактовке библейского понятия «род» см. Bodie Hodge and Georgia Purdom, «What Are 'Kinds' in Genesis», answersingenesis, April 16, 2013, https://answersingenesis.org/creation-science/baraminology/what-are-kinds-in-genesis/ [дата обращения: 11.06.2025]. Об истории понятия «род» и возникновении «бараминологии» — дисциплины, изучающей библейские (то есть «сотворенные») роды, — в контексте младоземельного креационизма см. [Numbers 2006: 100, 150]; также см. [Numbers 2004: 84–100].

[60] Следуя повествованию, мы будем именовать упомянутых пернатых «вьюрками», поскольку речь идет о знаменитых исследованиях Дарвина на Галапагосских островах. По-хорошему, конечно, вьюрки — как Дарвиновы, так и прочие — таксономически *относятся* к роду зябликов. Таким образом, Музей уже изначально, говоря о «родах», указывает для примера на отдельный «вид». — *Прим. пер.*

роду..." Вооружившись данным различием между «родом» и «видом», плакат далее утверждает, что «естественный отбор... вызвал определенные колебания в популяциях вьюрков и, вероятно, привел к видообразованию новых вьюрковых, однако же ни один вьюрок не эволюционировал в какой-либо иной живой род».

Схожий аргумент приводится и в отношении собак. Исходной посылкой здесь служит утверждение, что «генетически установлено: все собаки (волки, койоты, лисицы, шакалы, динго и домашние собаки) находятся в родстве друг с другом», а также то, что «сказал Бог: "Да произведет земля душу живую по роду ее" — все собаки, будь то дикие или одомашненные, принадлежат к одному семейству — *Canidae* (псовых), а значит, все собаки, вероятнее всего, относятся и к одному сотворенному роду». Как и в случае с вьюрками, на собак повлиял «естественный, а также искусственный отборы, вызвавшие видовые и породные вариации псовых, которые мы и наблюдаем сегодня». Далее следует: «Собаки никогда не эволюционировали в какой-либо другой род. Наблюдаем же мы именно видовой отбор в рамках уже существующей... но не прибавление новой генетической информации, как того требует эволюции "от молекулы до человека"».

Но верно ли, что все эти примеры связаны исключительно с утратой генетической информации? И даже если так, можно ли считать приведенные примеры репрезентативными для всех случаев генетических мутаций и изменений? Проще говоря, приводят ли генетические изменения в иных случаях к появлению новой генетической информации? Верно ли, что всякий эволюционный процесс обязательно включает в себя возникновение новой информации? Может ли мутация, связанная с утратой некоторой генетической информации, участвовать в более масштабных эволюционных процессах? Ведь если такая возможность имеет место, то все три примера вполне можно рассматривать как подтверждение эволюции.

Более того, одного опровержения эволюции не может быть достаточно, чтобы обосновать библейское Сотворение мира. Поэтому важно отметить, что лишь три плаката в секции геологии Потопа выдвигают аргументы в пользу Сотворения, опираясь на данные наблюдательной науки. Пусть ни один из трех и не приводит доказательств в пользу Творения за шесть 24-часовых суток, все три — по крайней мере на первый взгляд — действительно пытаются при помощи обсервационных данных обосновать всемирную значимость библейского Потопа.

Один из плакатов в зале Всемирного Потопа, озаглавленный «Земля погребена Потопом», представляет вниманию посетителей «модель потопа на рубеже палеозоя и мезозоя». Плакат приводит массу научных сведений[61] о Большом Каньоне, подкрепляя тем самым аргументацию в пользу Всемирного Потопа. Сообщаются следующие факты: «в тысячах метров над уровнем моря в известняке Рэдуолл в изобилии встречаются окаменелости, включая миллиарды наутилоидных»; «песчаник Коконино покрывает территорию около 777 000 квадратных километров на западе Северо-Американского континента»; «известняк Рэдуолл составляет единый пласт с известняками по всей территории Америки, включая породу, в которых находится Мамонтова пещера в Кентукки»; также и «песчаник Тапитс является частью сплошных пластов песчаника, покрывающих бо́льшую часть Северной Америки». Приведенные факты не сопровождаются каким-либо конкретным выводом, однако посетители и сами без труда могут связать их с подзаголовком плаката, гласящим: «Потоп покрыл все континенты слоями осадочных пород».

Также на плакате приводятся наблюдения в поддержку утверждений о процессах, которые могли (обратите внимание на повторяющийся «предполагаемый» характер этих процессов) происходить во время Потопа. К примеру, сообщается, что «толщина слоя песчаника Коконино составляет несколько сот метров... что позволяет предположить, что отложения весьма скоро образовали пласт». То же «позволяют предположить» и «двухметровый слой, содержащий миллиарды наутилоидов», и «обилие хорошо сохранившихся окаменелостей», и «тонкие

---

[61] Заметим, что по крайней мере одно из приведенных «наблюдений», а именно «песок в песчанике Коконино из Аппалачских гор», не является наблюдаемым, поскольку «происхождение» этого песчаника относится к прошлому и, следовательно, не может быть засвидетельствовано в настоящем.

слои породы», и уж тем более «резкий изгиб песчаника Тапитс через известняковую формацию Кайбаб позволяет сделать предположение, что данный километр осадочной породы отложился весьма быстро, оставаясь податливым во время изгиба». Каким именно образом толстые пласты песчаника быстро отложились при Потопе, как миллиарды наутилоидов оказались в толще породы в ходе того же Потопа, какие именно «тонкие слои» имелись в виду (об этом не сказано вовсе) и каким образом они столь же «быстро» отложились, а равно и то, каким образом Потопу удалось изогнуть песчаник Тапитс, — все это оставлено целиком и полностью на откуп воображению посетителя.

Рядом с плакатом на экране демонстрируется видеосюжет «Слои породы», в котором Эндрю Снеллинг (доктор геологических наук Сиднейского университета и руководитель исследовательского отдела «Ответов») на пару с закадровым диктором помогают посетителю составить изложенное на плакате в единую картину. Как ни странно, в ролике прямо не утверждается, что озвученные сведения о Большом Каньоне свидетельствуют о факте Всемирного Потопа. Вместо этого сообщается, что процессы, которые мы можем наблюдать сегодня, не способны породить подобного рода свидетельства — все эти окаменелости, слои отложений и песчаников, протянувшихся через целые континенты. Снеллинг задает вопрос: «Какая река или иной процесс сегодня переносит горную породу с Аппалачей на юго-запад континента?», оставляя его без ответа, приглашая зрителя самостоятельно заключить, что подобной реки или процесса попросту не существует. На выручку тут же приходит закадровый голос, предлагая логичную альтернативу: «вследствие Всемирного Потопа песок и ил вполне могли преодолеть огромные расстояния». Снеллинг замечает: «в Большом Каньоне есть крупные залежи известняка — Рэдуолл; и ту же породу мы обнаружим и здесь — на восточном побережье». Диктор услужливо добавляет: «Всемирный Потоп вполне мог бы сформировать массивные слои породы, протянувшиеся через целые континенты»[62].

---

[62] «Rock Layers», Flood Geology (Hebron, KY: Answers in Genesis, 2007) DVD.

Таким образом, Всемирный Потоп предлагается в качестве потенциального «ключа» к «тайнам», которые, как утверждается в видео, не поддаются объяснению через наблюдение за процессами в настоящем[63]. Разумеется, столь многочисленные «предположения» выдают спекулятивный характер высказываемых утверждений — как в самом видео, так и на окрестных плакатах. Однако если подобные допущения — пусть и сделанные на основе недоступного для наблюдения события Потопа — все же «допустимы», то отчего тогда не рассмотреть и другие варианты? Разве в некотором прошлом не могли происходить и иные геологические процессы, также способные пролить свет на наблюдаемые данные? И если так, разве не подобает «настоящему» ученому-геологу тщательно изучить возможные объяснения, дабы выбрать из них наилучшее?

Следующий плакат (второй из трех плакатов, обосновывающих фактичность и важность Всемирного Потопа, исходя из данных наблюдательной науки) носит заголовок «Потоп имел колоссальные масштабы» и, как и предыдущий, находится в зале геологии Потопа. Плакат представляет обсервационные данные о речных паводках, наподобие того, что «в среднем при паводке в считаные часы (или даже минуты) размывается и оседает свыше четырех

---

[63] Элла Батлер описывает риторическую стратегию подобных плакатов следующим образом: «В тексте задействован типичный риторический стиль, используемый по всему Музею: все начинается с научно-нейтрального описательного тезиса о данном объекте, затем формулируется проблема, которая якобы ставит науку в тупик, подразумевая, что природа ее "не до конца понятна", и, наконец, текст "разрешает" проблему через ключевое объяснение, предоставленное Библией. Таким образом, посетитель вполне может воспринимать окаменелость как материальное подтверждение книги Бытия; ведь она — явное следствие Потопа, и описанные прежде условия ее появления свидетельствуют о непогрешимости Библии» [Butler 2010: 239]. Несмотря на то что подобная аргументация действительно нередко встречается в Музее, ее все же нельзя назвать «типичным риторическим стилем, используемым по всему Музею», поскольку здесь представлены и другие аргументационные стратегии: скажем, переход от наблюдаемого в настоящем феномена к его характеристике как прекрасного, сложноустроенного или целесообразного, а от этого — к утверждению о наличии Божественного Творца; переход от исторического утверждения к модели и затем к некоторым наблюдаемым данным, подтверждающим предложенную модель; переход от библейских пассажей к интерпретации обсервационных данных; или проведение аналогии между явлением настоящего (или прошлого) и библейским событием (вроде того же Потопа).

миллионов кубометров песка и ила». Прямого вывода отсюда не делается, но плакат составляет общую серию с пятью другими, и совокупно они формируют общий тезис. Так, первый из них утверждает: «Хоть даже и у себя *на заднем дворе* мы можем наблюдать в миниатюре за образованием слоев во время сильного дождя. (выделено в оригинале). Следующие изображения описывают масштабы по возрастанию: от «Масштабов заднего двора» и «Масштабов города» к «Масштабам области», «Масштабам региона» и, наконец, «Всемирному масштабу». В совокупности серия выстраивает следующий аргумент: наблюдаемые слои (от малых до огромных по масштабам) свидетельствуют о катаклизмах (от локальных до всемирных). В подобном контексте «Масштабы заднего двора» свидетельствуют о том, что даже небольшой катаклизм в настоящем может рассматриваться в качестве мини-аналога катастрофы всемирного масштаба в далеком прошлом.

Но может ли? Представленные на плакате данные сообщают лишь об уровне эрозии, вызываемом паводком в короткий период времени. Однако утверждение, которое эти данные призваны подтвердить, гласит, что и «у себя *на заднем дворе* мы можем наблюдать в миниатюре за образованием слоев во время сильного дождя (выделено в оригинале)[64]. Возникает вопрос: стоит ли рассматривать речной паводок «в масштабах заднего двора»? Представленное на плакате изображение наводнения (никак,

---

[64] Стоит отметить, что определение «наблюдательной науки», поначалу кажущееся вполне ясным, начинает рассыпаться при более внимательном рассмотрении. Сведения, представленные на данном плакате, мы отнесли к обсервационным, поскольку речные паводки происходят с определенной периодичностью и, следовательно, могут наблюдаться в настоящем, не являясь единичным событием прошлого. Вместе с тем каждый конкретный паводок происходит в конкретный момент и никогда не повторится именно таким образом, как в предыдущий раз. Аналогично примеру с извержением Сент-Хеленс, каждый конкретный паводок остается в моменте события в прошлом и не может быть наблюдаем или измерен в настоящем. Итак, соответствуют ли тогда представленные на этом плакате данные критериям наблюдательной науки? Для целей нашего анализа мы считаем, что да. Впрочем, вполне может статься, что в итоге сама концепция «наблюдательной науки», с помощью которой предпринимается попытка низвержения эволюции из разряда «настоящей науки», просто не выдерживает критики.

к слову, не идентифицированное) выглядит скорее так, будто оно попросту сметет задний двор со всем содержимым, нежели будет как-то «рассмотрено» в его масштабах. В сухом остатке плакат не предлагает никаких аргументов (ни наблюдаемых, ни каких-либо иных) в поддержку заявленного утверждения.

Несмотря на то что представленные на плакате обсервационные данные кажутся — в лучшем случае — не слишком удачно подобранными, аргумент, который они были призваны подкрепить, в несколько иной форме повторяется и в видеосюжете, демонстрируемом в зале, посвященном миру после Потопа. Ролик называется «Каньоны» и в той же последовательности рассказывает об уже знакомых по плакатам «масштабах» катаклизмов. Диктор сообщает: «Грязь или песок на заднем дворе позволяют воочию оценить силу ливня в малом масштабе. Проливной дождь способен создавать мини-каньоны всего за несколько минут. Пусть они очень малы и прорезаны в слое грязи, но обладают немалым сходством и с самыми большими каньонами мира»[65]. В подтверждение в ролике демонстрируются ручейки, своим течением выделывающие крошечные «каньоны» во влажной почве. Таким образом, в отличие от плаката о «Масштабах заднего двора», видео действительно предоставляет наблюдаемые свидетельства, подходящие для аргумента о том, что малые «катаклизмы» могут помочь в понимании неизмеримо бо́льших.

Но если масштаб доказательств умещается на заднем дворе, насколько тогда логичен сам ход рассуждений? В каком именно смысле дождевой ручеек, вырезающий миниатюрный «каньон» на заднем дворе, может пролить свет на Всемирный Потоп, якобы сформировавший Большой Каньон? Есть ли хоть какое-то сходство между гидродинамикой ручейка и наводнением, поглотившим весь мир? Уместна ли вообще подобная аналогия?

Пожалуй, самое удивительное в подобных «доказательствах» Потопа по аналогии заключается в том, что сам Музей Сотворения мира считает подобные аналогии неуместными. Первый же плакат, открывающий секцию геологии Потопа, озаглавленный

---

[65] «Canyons», Flood Geology (Hebron, KY: Answers in Genesis, 2007) DVD.

«Ключ: Божье Слово», гласит: «Настоящее не есть ключ к прошлому», тем самым отвергая один из краеугольных принципов геологии, восходящий еще к сэру Чарльзу Лайелю (1797–1875). На плакате утверждается, что прошлое нельзя понять на основании данных настоящего, особенно в случае со Всемирным Потопом, поскольку «Ноев Потоп и последовавшие за тем процессы были катаклизмами столь разрушительной мощи, что их попросту не с чем сопоставить в настоящем».

Так значит, если аргумент заключается в том, что Потоп был столь грандиозен и ужасен, что ничего и близко схожего в настоящем невозможно поставить с ним в один ряд, то ни плакат о «Масштабах заднего двора», ни сюжет о «Каньонах» не в состоянии ничем подкрепить утверждения о Всемирном Потопе и в целом библейском Сотворении мира. Сверх того: ведь если ни один актуальный процесс не может послужить даже мини-аналогией Потопу, то вообще не имеет значения, с какой скоростью дождевая вода прорезает в грязи очередной мини-каньон, равно как не имеет значения, с какой скоростью развивается вообще какой бы то ни было наблюдаемый сейчас процесс. По этой логике, пусть даже извержение Сент-Хеленс разразилось в данную минуту и спустя час уже пробило совершенно новый каньон, то и это никоим образом не подкрепило бы тезис о том, что Всемирный Потоп столь стремительно и радикально преобразил земной ландшафт. А раз так, то и ключевое положение Музея, а именно — что «настоящая наука» (экспериментальные наблюдения коей совершаются здесь и сейчас) способна подтвердить, что Всемирный Потоп явился причиной появления в считанные годы многочисленных окаменелостей, каньонов и слоев породы — мягко говоря, весьма уязвимо для критики[66].

---

[66] Очевидно, в стремлении хоть как-то сохранить возможность рассуждения по аналогии, внизу плаката есть приписка: «В лучшем случае нынешние катаклизмы могут слегка пролить свет на страшные события тех времен». Но опять же, если тот Потоп был столь масштабным, что качественно отличался от всего, что мы можем наблюдать сегодня, то в каком смысле какой-либо наблюдаемый сейчас феномен может хоть как-то «пролить свет» на подобное событие? И в чем именно заключается разница между аналогией и тем, что может «слегка пролить свет»?

Последний из трех плакатов, посвященных обоснованию библейского Сотворения при посредстве наблюдательной науки, приглашает узнать «Что случилось с Эбенизером?» и находится в зале со скелетом аллозавра. Это весьма важный для нас плакат: он — единственный из всех в этом зале, чье содержание выходит за рамки фактических сведений о скелете, выстраивая какую-то аргументацию о его связи со Всемирным Потопом. Плакат состоит из трех секций: «Мир до-Потопный», «Мир при Потопе» и «Мир, погребенный Потопом». Обсервационные данные представлены в первой части, где сообщается, что «среди ископаемых окаменелостей мы видим гораздо больше разновидностей окаменелых растений и животных, нежели существует ныне». Независимо от того, подтверждают ли данное утверждение данные палеонтологии, оно, пожалуй, вполне может считаться относящимся к наблюдательной науке.

Означенные наблюдаемые данные призваны поддержать тезис, гласящий, что «до-Потопный мир мало походил на современный Колорадо, где был найден Эбенизер», а также что «Эбенизер, по всей вероятности, жил на огромном суперконтиненте, в растительном и животном мире которого царило великое разнообразие». На плакате не указано, что именно связывает окаменелые ископаемые, до-Потопную среду обитания Эбенизера и, собственно, Всемирный Потоп. Подобные «недостающие звенья» посетителю предстоит додумать самостоятельно. Однако же, если он внимательно следил за повествованием в прочих залах секции геологии Потопа, то вполне может заключить, что подразумевается следующее: ископаемые свидетельствуют о том, что некогда существовало богатое разнообразие флоры и фауны, что, в свою очередь, предполагает, что катастрофические последствия Всемирного Потопа это разнообразие сократили. При этом, как именно ископаемые указывают на существование некоего «суперконтинента», совершенно не объясняется[67].

---

[67] Единственный намек плакат дает в сноске к «суперконтиненту», гласящей: «Интерпретируя сказанное в Бытии 1:9». Пусть сама сноска особо не проясняет суть дела, она все же делает нечто необычное и, пожалуй, весьма примечательное, а именно — признает, что Музей Сотворения мира Библию не просто читает буквально, но и *интерпретирует*.

Еще менее ясно прослеживается связь между ископаемыми — о которых и представлены единственные обсервационные данные — и основным тезисом, который начинает формулироваться во втором разделе плаката. Раздел заслуживает того, чтобы процитировать его полностью:

> Так какими же были последние мгновения жизни этого динозавра?
> Когда начался Потоп, «разверзлись все источники великой бездны». Не переставая лил дождь, уровень воды поднимался, и даже возвышенные части суши постепенно уходили под воду. Неистовые волны все больше захлестывали места на континентах, где обитали динозавры и прочие допотопные земные твари. Бегство мало спасало от надвигающейся угрозы, лишь ненадолго отодвигая ее, ибо бушующие волны неумолимо вздымались все выше. Взвихренный стихией осадок стремительно укрывал сушу, обращая в окаменелости многочисленные следы жизни динозавров — возможно, и самого Эбенизера.

Третий раздел продолжает в том же ключе, драматически описывая кончину Эбенизера: «Подхваченный бурными водами Потопа, Эбенизер в конце концов утонул, и тело было снесено песчано-каменистым потоком отложений и мусора. Вскоре тело было уже надежно погребено, так и окаменев, лежа на левом боку».

Как видим, в двух этих разделах не представлено никакой наблюдаемой информации. Даже то, что динозавр остался погребенным в толще породы, «лежа на левом боку», не может считаться наблюдаемым научным фактом, поскольку теперь, когда скелет уже давно извлечен, за ним невозможно провести никаких экспериментальных наблюдений.

Учитывая, что этот плакат находится по соседству с действительно впечатляющим скелетом настоящего динозавра, а также с учетом попытки связать историю скелета со Всемирным Потопом довольно удивительно, что сам скелет на плакате даже не упоминается. На плакате не упоминается никаких физиологических особенностей строения, не делается никаких выводов об образе жизни Эбенизера на основании его останков — ничего. Будто сам Эбенизер вовсе не имеет никакого значения в истории, которую о нем рассказывают. Таким образом, посетителю вновь остается лишь гадать, имеет ли Эбенизер вообще какую-либо ценность в качестве подтверждения Всемирного Потопа и библейского Сотворения мира.

Как ни странно, на самом плакате как раз утверждается, что Эбенизер представляет очень даже большую ценность, поскольку его гибель была типичной для того периода: «Эбенизер — лишь один из примеров того, что произошло в глобальном масштабе с миллиардами живых существ. За исключением тех, кто находился в Ноевом Ковчеге, все динозавры и прочие животные, птицы и люди погибли в глобальном катаклизме». Но каким же образом Эбенизер-скелет (а не тот Эбенизер-аллозавр, некогда живший, а ныне недоступный для наблюдения) может служить «примером», если сам скелет, как видно, особой роли не играет? И главное: каким же образом Эбенизер-скелет может свидетельствовать о том, что произошло с другими живыми существами во время Всемирного Потопа, если он, как видно, не может поведать даже о том, что произошло с ним самим?

Итак, Эбенизер-скелет мало проливает свет как на собственную участь, так и на участь, постигшую прочих живых существ. Собственно, все, что призвано подтвердить выдвигаемый на плакате тезис, вообще к Эбенизеру не относится. Как выясняется, аргументы, подтверждающие тезис плаката о том, что все живое, не попавшее на Ковчег, погибло мучительной смертью, восходят к описанию Потопа в седьмой главе книги Бытия[68], пересказанной в духе реальных физических событий, в ходе которых «разверзлись все источники великой бездны», «бушующие волны неумолимо вздымались», а «взвихренный осадок стремительно укрывал сушу». Отталкиваясь от подобной экстраполяции библейского рассказа, а вовсе не благодаря Эбенизеру-скелету, и разворачива-

---

[68] Стихи 21–23: «И лишилась жизни всякая плоть, движущаяся по земле, и птицы, и скоты, и звери, и все гады, ползающие по земле, и все люди; все, что имело дыхание духа жизни в ноздрях своих на суше, умерло. Истребилось всякое существо, которое было на поверхности земли; от человека до скота, и гадов, и птиц небесных, — все истребилось с земли, остался только Ной и что было с ним в ковчеге». — *Прим. пер.*

ется повествование о его гибели. По логике авторов плаката, Эбенизер-скелет действительно мало значим для выяснения обстоятельств его смерти — и уж тем более для понимания того, как погибли все живые существа. Ведь если в качестве подтверждения здесь выступает экстраполяция библейского сюжета, в котором уже рассказано, что и как произошло со всем живым, не попавшим на Ковчег, то и никакой пример — в виде хоть скелета, хоть вообще чего бы то ни было — уже попросту не требуется.

Музей Сотворения мира настойчиво подчеркивает, что «настоящая наука» требует воспроизводимых наблюдений здесь и сейчас. Однако, когда дело доходит до аргументов в пользу того, что Всемирный Потоп в крайне сжатые сроки сформировал геологические образования, которые мы видим сегодня, наблюдательная наука не играет хоть сколько-нибудь значительной роли. Скорее, и вовсе никакой роли не играет, никак не участвуя в обосновании тезисов о Всемирном Потопе или библейском Сотворении мира[69].

Так если наблюдательная наука не служит обоснованием для выведения аргументов в пользу Потопа или Сотворения, какова же тогда ее функция? До сих пор мы видели, что она употребляется в качестве критерия, посредством которого «Ответы» приравнивают эволюцию к религии, лишая статуса «настоящей науки». Мы также видели, что с ее помощью доказывается, что в экспозиции Музея представлено «множество» научных данных. Но как насчет ее непосредственного вклада в обоснование библейского Сотворения мира?

Возможный ответ подсказывает сам Кен Хэм, когда под конец своего вступительного слова на дебатах с Биллом Наем заявля-

---

[69] В 1970 году Генри Моррис и Тим ЛаХей основали Центр креационных исследований, где предполагалось заниматься подлинной наукой, доказывая факт Сотворения мира. Однако уже в 1972 году произошел раскол, в результате которого Моррис основал отдельный Институт креационных исследований (ИКИ). Однако же обещанной настоящей науки так и не получилось, и к концу 80-х годов ИКИ сосредоточил усилия на «старом добром библейском креационизме». Так что, как видно, производство настоящей науки в поддержку библейского Сотворения мира по-прежнему остается задачей нерешенной. Подробнее об истории ИКИ см. [Numbers 2006: 315–319].

ет, что «Сотворение — это единственная продуктивная модель исторической науки, *подтвержденная данными современной наблюдательной науки*» (курсив наш)[70]. Далее, по ходу получасового выступления, слово «подтверждает» прозвучит еще 15 раз, собственно, «подтверждая», что наблюдательная наука «подтверждает» тот или иной аспект библейского Сотворения мира. То есть, по Хэму, функция наблюдательной науки заключается в том, чтобы «подтверждать» Сотворение. Но что конкретно это означает?

В своей книге «Ложь» Хэм описывает примечательную научную методологию, задействующую обсервационные данные в поддержку младоземельной концепции:

> Мы ведь можем просто взять сказанное в Библии об истории и посмотреть, соответствуют ли этому нынешние данные. Если взять ту же книгу Бытия, где подробно рассказывается о происхождении жизни, мы узнаем, как был сотворен мир и что происходило впоследствии. Мы тогда можем определиться с ожидаемыми результатами наблюдений, если в Библии говорится правда (что и составляет наше мировоззрение, или, если угодно, модель, в основании которой лежит Сотворение мира). А затем мы можем взглянуть на окружающий нас мир и установить, подтверждают ли наблюдения Божье Слово (а они — снова и снова — вполне подтверждают Его) [Ham 2012: 58].

Итак, по мнению Хэма, наблюдательная наука «подтверждает» факт Сотворения, когда ее данные совпадают с моделью, выдвинутой младоземельным креационизмом с целью обоснования библейского рассказа о происхождении жизни. Возвращаясь к приведенному Хэмом примеру, можно прояснить научную методологию, за которую он ратует:

> Книга Бытия говорит нам, что из-за греховности человека Бог покарал мир Всемирным Потопом. Если это так, — тогда каких свидетельств тому мы могли бы ожидать? Пожалуй,

---

[70] Uncensored Science.

можно ожидать, что мы обнаружим миллиарды мертвых существ (ископаемых), погребенных в толще породы и осадочных слоях в результате масштабного катаклизма, охватившего бо́льшую часть планеты. И именно это мы и наблюдаем. А значит, наблюдательная наука вполне *подтверждает* библейскую историческую науку» (курсив наш)[71].

Отталкиваясь от данного описания, мы можем выделить четыре этапа Хэмовой научной методологии: 1) принять за должное, что все, сказанное в Библии о Сотворении мира и Потопе, — историческая истина; 2) на основании библейского рассказа выстроить модель, объясняющую данное явление, процесс или событие; 3) найти актуальные наблюдаемые данные, которые бы подтверждали модель и, следовательно, сам библейский рассказ; 4) сделать вывод, что раз наблюдения подтверждают модель, то и библейское Сотворение мира можно считать научно подтвержденным.

Примечательно, что в обоих описаниях такого научного метода в ключевой логический момент Хэм употребляет условные утверждения. В первом случае он говорит: «Мы тогда можем определиться с ожидаемыми результатами наблюдений, *если в Библии говорится правда*», а во втором: «*Если это* [библейский рассказ о Потопе] *так*, — тогда каких свидетельств тому мы могли бы ожидать?» (курсив наш). В обоих случаях посредством условной конструкции Хэм как бы допускает возможность того, что библейское повествование может быть — *но может и не быть* — истинным. Исходя из подобной риторики, можно было бы подумать, что Хэмова научная методология рассматривает возможность как подтверждения, *так и опровержения* библейского повествования. То есть можно было бы представить, что

---

[71] [Ibid.: 59]. Переводя подобный способ аргументации на язык эпистемологии, Элла Батлер отмечает, что «Музей Сотворения мира сливает воедино аксиоматику и объективные данные, одновременно задействуя и противодействуя эффекту истинности материальных объектов. Материальный мир представляется в качестве основания выдвигаемых доказательств — но лишь в том случае, если таковой согласуется с "фактическими данными" Библии» [Butler 2010: 243].

данный метод аналогичен подходу «официальной» науки, когда все начинается с гипотезы, после следуют наблюдения или эксперименты, результаты которых позволяют затем либо подтвердить, *либо опровергнуть* изначальную гипотезу.

Но все не так просто. Как сообщает сам Хэм на дебатах, «мы выстраиваем модели, основываясь на Библии, и они вполне могут быть пересмотрены и перестроены. Сам факт Ноева Потопа пересмотрен быть не может, однако же модель того, как он происходил — вполне»[72]. Еще отчетливее это следует из своеобразного «символа веры», сформулированного «Ответами»: «По определению, никакое доказательство — сколь угодно достоверное, доподлинно известное и доказанное в какой бы то ни было научной области, включая историю и хронологию — не может считаться релевантным, если оно противоречит библейскому повествованию»[73]. Таким образом, наблюдательная наука, несомненно, может подтверждать модель и, через нее, библейское Сотворение мира, но усомниться в библейском рассказе об этих событиях она никоим образом не может. Тогда нам, пожалуй, стоит переформулировать описание заключительного этапа хэмовой научной методы. Скажем так, если обсервационные данные согласуются с моделью, то можно считать, что она подтверждает библейское Сотворение мира; если же наблюдения вступают в противоречие с моделью, то либо сами научные данные, либо модель надлежит пересмотреть, пока обе не подтвердят библейский рассказ. Ни при каких обстоятельствах наблюдательная наука не может побудить младоземельного ученого поставить под сомнение истинность Творения за шесть 24-часовых дней

---

[72] Uncensored Science. Данную логику красноречиво поддерживал плакат, висевший в зале геологии Потопа до того, как открылась экспозиция с Эбенизером. Плакат гласил: «Божье Слово — вот ключ к пониманию Божьего мира», прибавляя ниже — «Опираясь на факты, изложенные в Божьем Слове и явленные в Божьем мире мы выстраиваем модели, помогающие познать Бога и узнать Его истину».

[73] «Statement of Faith», answersingensis, https://answersingenesis.org/about/faith, n.d. [дата обращения: 11.06.2025].

или Всемирного Потопа[74]. Учитывая столь абсолютную убежденность Хэма в несомненности библейского рассказа, перевешивающую любые научные наблюдения, остается лишь гадать, зачем ему вообще понадобились те «если» в описании своего подхода.

Разобравшись со своеобразным научным методом Хэма, — который начинается с неоспоримой аксиомы, затем подстраивает модель и лишь после этого обращается к наблюдениям — стоит еще раз внимательно присмотреться ко всем 38 рассмотренным выше плакатам[75]. Мы увидим тогда, что 14 — то есть чуть больше трети от общего количества плакатов в секции Геологии Потопа — устроены по логике этого странно-научного метода. Все 14 исходят из предпосылки, что Потоп был именно «всемирным» и произошел примерно 4300 лет назад. За исключением трех, на них представлена модель, объясняющая то или иное последствие этого глобального катаклизма[76]. И все они утвержда-

---

[74] Такую манеру «научного» рассуждения отмечает и Элла Батлер: «Факты не в состоянии изменить интерпретацию, поскольку на уровне Библии факты и интерпретация — суть одно». По ее мнению, Музей выстраивает двоякое отношение к фактам: с одной стороны, такие материальные объекты, как окаменелости, подаются как подтверждение заявленных утверждений, с другой же — как неспособные сами по себе что-либо подтвердить. Библия же, утверждает Батлер, функционирует иначе: Музей представляет ее как факт, например помещая в витрину под стекло, который при этом способен «говорить сам за себя», поскольку является текстом. Таким образом, Библия становится одновременно и фактом, и его интерпретацией, поверх любых прочих фактов приобретая статус единственного источника не подлежащей сомнению истины. Весьма любопытный анализ, в котором, впрочем, упускается из виду, что главный «факт», утверждаемый Музеем, не просто Библия как предмет или текст, но как безошибочное и непогрешимое Божье Слово. И потому дальнейший тезис Батлер, что Библия — «факт, только лучше, ибо он еще и интерпретация» [Ibid.: 247], также не схватывает сути. Как будет показано в следующей главе, Библия-как-текст является не решением, но как раз источником проблемы.

[75] Если с научным методом Хэма еще можно худо-бедно «разобраться», то подступиться к общему определению научного метода как такового — задача куда более трудоемкая. Подробный исторический анализ развития понятия см. в [Thurs 2011].

[76] Два из этих трех расположены в зале с аллозавром. Не указывая конкретной модели, оба они описывают последствия Потопа, а затем утверждают, что Эбенизер-скелет эти последствия наглядно подтверждает. Аналогичным

ют, что приведенные данные (будь то «настоящая» — наблюдательная — наука или же нечто иное) согласуются с представленной моделью последствий Потопа, а значит, и подтверждают библейское Сотворение мира.

Удивительно, но из 14 плакатов, устроенных по методу Хэма, лишь 8 представляют обсервационные данные. Типичный пример — плакат в зале о мире после Потопа. Посетитель, конечно, приступает к изучению плаката с самого верха, где крупным шрифтом выделено заглавие и, по мере чтения спускаясь ниже, по сути, проходит этапы Хэмовой методы. Итак, заголовок в левом верхнем углу сразу же постулирует факт Потопа, сообщая, что «Воды Потопа отступают». Ниже и более убористым шрифтом следует подзаголовок, в котором выстраивается подходящая модель: «Схлынувшие воды омыли все континенты». Далее представленная «модель регрессионной эрозии» получает и более подробное объяснение: «Потоп нанес многосотметровые слои песка и ила на всех континентах. Схлынувшие воды частично смыли залежи осадочных отложений». Под описанием модели размещены три фотографии: «Кайбабское взгорье», «Великая лестница» и «Красный холм и Кедровая гора». Изображения представляют обсервационные данные плаката, поскольку все эти геологические формации доступны для прямого наблюдения сегодня. Наконец, каждая фотография снабжена подписью, в которой утверждается, что данное геологическое образование «подтверждает» вышеописанную модель, а значит, и сам факт Потопа.

Под фотографией Кайбабского взгорья сказано: «деформированная водами Потопа, земная кора местами начала вздыматься. Так образовалась складка породы, получившая название Кайбабское взгорье. В то время здесь, вероятно, оставался еще не один километр осадочных отложений». Как именно стало возможно узнать, что «деформированная водами Потопа, земная кора местами начала вздыматься», что вообще означает, что участок коры

образом и третий плакат, исходя из того, что Всемирный Потоп — непреложный факт, сообщает о некотором событии постпотопного периода — миграции млекопитающих, а затем утверждает, что наблюдаемые данные об этих млекопитающих согласуются с предположительной миграцией.

вдруг начал «вздыматься», почему данный процесс должен был образовать некую «складку» и в каком смысле Кайбабское взгорье таковой «складкой» является — все это посетителю не объясняется. Более того, несмотря на то что сказанное под этой фотографией, а также под «Великой лестницей» относительно количества осадочной породы, нанесенной водами Потопа, похоже на обсервационные данные, подтверждающие предложенную модель, согласно принципу самого Музея, все эти процессы должны были проходить более 400 тысяч лет назад, а потому наблюдать и экспериментально измерить их сегодня невозможно. Следовательно, посетителю остается лишь гадать, каким образом ученые «Ответов» высчитали упомянутые объемы.

Посетитель, подошедший изучить плакат, — будь он даже вполне лоялен к причудливой научной методе Хэма — вынужден будет самостоятельно заполнить множество лакун, поскольку причинно-следственные связи едва обозначены, а обсервационные данные представлены весьма скупо (если не считать трех фотографий). Но если вдумчивый посетитель все же сумеет как-то расшифровать плакат об отступающих водах Потопа, то и самый усердный, вероятно, окажется в тупике, перейдя далее к плакату, рассказывающему о «Дрейфе». Этот плакат также находится в зале о мире после Потопа и призван объяснить распространение растений и животных по континентам после глобального катаклизма. Поскольку, согласно магистральному нарративу Музея, вся уцелевшая флора и фауна находилась на Ковчеге, возникает необходимость показать, как в относительно краткий период времени все живое вновь расселилось по Земле, когда воды отступили. Ведь сроки и впрямь сжатые: Потоп, как утверждается, произошел лишь немногим более 4 тысяч лет назад, и с тех пор 938 «видов» путем естественного отбора должны были мутировать, породив примерно 8 миллионов современных видов, населяющих планету[77].

---

[77] Конкретные данные по количеству «видов» на Ковчеге взяты из «ответной» статьи Маркуса Росса — Marcus Ross, «No Kind Left Behind: Recounting the Animals on the Ark», Answers Magazine, December 11, 2012, https://answersingenesis.org/noahs-ark/no-kind-left-behind/ [дата обращения: 11.06.2025].

Как и в предыдущем случае, этот плакат без малейших колебаний утверждает, что Всемирный Потоп имел место, после чего описывает некую «модель биогеографического дрейфа», при помощи которой рассказывает о последствиях глобального катаклизма. «После того как Потоп уничтожил леса, миллионы поваленных стволов еще несколько веков дрейфовали в водах мирового океана. Огромные бревна послужили практически готовыми к употреблению плотами, на которых животные преодолевали океаны». Далее следуют «наблюдаемые» научные данные, якобы подтверждающие эту модель и, следовательно, библейский рассказ о Потопе. На сей раз наука представлена тремя картами земных континентов. На первой отмечены прибрежные области, выделенные желтым, оранжевым, сиреневым и мятным цветами. Области с одинаковым цветом обозначают зоны, населенные определенными видами. Так, вдоль юго-восточного побережья Африки и в южной Азии мы видим оранжевые зоны: согласно карте, наблюдательная наука говорит, что обе зоны населены млекопитающими семейства *Rhinocerotidae*, носорогообразными. Здесь же отмечены стрелки того же цвета, формирующие овал вдоль Индийского океана, указывая на траекторию миграции. То есть подразумевается, что по крайней мере четыре взрослых носорога (пара самцов и пара самок) сели на древесные «плоты», оставшиеся дрейфовать после Всемирного Потопа и, повинуясь «направлению океанических течений», прибыли к означенным на карте берегам, где затем успешно размножились. Как именно древним носорогам удалось устроиться на «плотах», да затем еще и пережить нелегкий путь через весь Индийский океан, конечно, не объясняется. Равно как

По данным ScienceDaily, ныне на Земле существует около 8,7 миллиона видов животных и растений. Если согласиться с Россом, считающим, что царство грибов на Ковчеге представлено не было, можно примерно оценить количество видов в восемь миллионов. Из них 1 116 078 видов (опять же, не считая грибы) были научно описаны и категоризированы. См. Census of Marine Life, «How Many Species on Earth? About 8.7 Million, New Estimate Says», Science-Daily, Science Daily, August 24, 2011, http://www.sciencedaily.com/releases/2011/08/110823180459.htm [дата обращения: 11.06.2025].

остается без внимания и то, по какой странной логике носорогу вообще могло прийти на ум взобраться на плавающий в открытом море древесный плот.

Вторая карта дублирует первую, но теперь на ней появился светло-желтый силуэт Ковчега, пришвартовавшегося где-то между Черным и Каспийским морем, где, по всей видимости, и встретил окончание Потопа. Во все стороны от Ковчега тянутся стрелки, указывающие в Центральную и Южную Азию, Северную Африку и Европу. Никаких более пояснений к стрелкам не предлагается. Однако же, раз речь идет о маршрутах миграции, логично предположить, что стрелками и обозначены пути, которыми животные (а также — каким-то неясным образом — растения), покинув Ковчег, распространились по континентам. Также красным цветом на карте отмечено несколько точек: современные территории Ирана и Мозамбика в Южной Азии, Африка к югу от Сахары и Мексика в Южной Америке. Единственная подпись к карте сообщает, что это — «зоны высокого биоразнообразия (вероятные места высадки)»[78]. Синие стрелки, пересекающие мировой океан, по-видимому, указывают сами маршруты миграции, которыми следовали животные (и растения?) к предполагаемым местам высадки и от них. В очередной раз плакат предлагает массу намеков и допущений, весьма слабо подкрепляя их обсервационными данными. Так что если посетитель и сделает вывод, будто бы наука подтверждает «модель биогеографического дрейфа», то сделает он это отнюдь не по причине предложенных ему веских эмпирических данных, но вследствие доверчивости и доверия — к тому, что за всеми красными точками и стрелками, конечно же, стоит «настоящая», подлинная наука.

На третьей карте изображены все те же континенты, и, как и две предыдущие, она также представляет миграционную модель. Впрочем, эта модель сильно отличается от предшествующих,

---

[78] Стоит уточнить, что под «местом высадки» на плакате подразумевается место, куда, отправившись на импровизированных плотах в непростое путешествие, волею «направления океанических течений» прибыли сошедшие с Ковчега животные (и, надо полагать, растения).

поскольку иллюстрирует распространение конкретного вида, а именно — *Geochelone*, (гигантских) сухопутных черепах, о чем и сообщается в подписи. На карте выделены три небольшие области: бассейн Амазонки в западной Бразилии, Галапагосские острова у западного побережья Южной Америки и Сейшельские острова у восточного побережья Африки[79].

К каждой из трех выделенных областей отнесена фотография черепахи. Пять синих стрелок, протянувшихся над водными просторами между Южной Америкой и Сейшелами, обозначают маршрут миграции. Все стрелки направлены в одну сторону: от Южной Америки к Сейшельским островам. Следуя, надо полагать, океаническому течению, первая стрелка отмечает направление от западного побережья Южной Америки к югу Галапагосских островов; вторая стрелка указывает строго на запад от Галапагосов через Тихий океан; третья петляет между Новой Гвинеей и Индонезией на севере и северным побережьем Австралии на юге; четвертая следует по течению через Индийский океан; и последняя, пятая резко заворачивает к северу между восточным побережьем Африки и Сейшельскими островами.

Таким образом, тезис карты сводится к тому, что обитание нынешних *Geochelone* в бассейне реки Амазонки и на Галапагосских и Сейшельских островах подтверждает «модель биогеографического дрейфа», согласно которой покинувшие Ковчег сухопутные животные мигрировали с континента на континент на увлекаемых океаническими потоками «плотах». Таким образом, продолжается рассуждение, наблюдательная наука подтверждает библейский рассказ о Всемирном Потопе и Сотворении мира.

Однако при внимательном изучении представленной модели возникает ряд вопросов. К примеру, согласно карте, сухопутные черепахи обитают в бассейне Амазонки, на Галапагосах и Сейшелах. Специалист по черепаховым, видный зоолог и старший профессор Робинсон-колледжа Кембриджского университета,

---

[79] Зоны не снабжены конкретными подписями, но их с уверенностью можно идентифицировать, опираясь на расположение на карте и тот факт, что каждая является местом обитания крупных черепах.

а также научный координатор Фонда охраны природного наследия Сейшельских островов, Джастин Герлах с полной уверенностью говорит, что если на Галапагосских и Сейшельских островах гигантские черепахи действительно обитают, то в бассейне реки Амазонки они не встречаются вовсе[80]. Если это так, то представленные данные не могут рассматриваться в качестве наблюдательной науки и, следовательно, не могут подтверждать предложенную модель. Более того, представленные на карте якобы обсервационные данные подразумевают, что все три популяции сухопутных черепах имеют общих предков — тех двух черепах, спасшихся от Потопа на Ковчеге. Однако тот факт, что среди профильных зоологов нет консенсуса относительно общего происхождения этих черепах, ставит под сомнение это допущение[81]. Если же черепахи не имели общих предков, то с их помощью невозможно подтвердить ни саму модель, ни факт Потопа по версии книги Бытия.

На время вынесем за скобки проблему достоверности данных и правдоподобности выводов, сделанных на их основании, и обратим внимание на представленную модель миграции. Согласно последней, на первом этапе две гигантские черепахи (самец и самка) преодолели по суше путь от бассейна Амазонки до западных берегов Южно-Американского континента; даже если предположить, что они избрали кратчайший маршрут, таковой бы составил свыше 1100 километров. Учитывая, что рекорд скорости среди *Geochelone* составляет около 0,3 км/ч[82], и предполагая, что чета черепах двигалась, не снижая набранных «оборотов» и не останавливаясь вовсе на отдых и прием пищи, лишь этот первый этап занял бы не менее 145 дней (почти пять месяцев). И это было бы только начало черепашьей «одиссеи».

---

[80] Ученый уточняет: «на Амазонке водятся *Geochelone carbonaria* — они довольно крупные, но все же не гигантские». Из личной переписки с авторами от 28 августа 2014 года.

[81] Подробный разбор мнений по теме см. в [Gerlach et al. 2013: 70–83].

[82] «Galapagos Tortoise: Geochelone nigra», Speed of Animals, n.d., http://speedofanimals.com/animals/galapagos_tortoise [дата обращения: 11.06.2025].

Второй этап, несмотря на все трудности, черепахи, пожалуй, все же могли бы осилить, заручившись мощными океаническими течениями, идущими от западной оконечности Южной Америки к Галапагосским островам[83]. Чтобы преодолеть представленный на модели отрезок маршрута, черепахам нужно было как-то погрузиться на все тот же древесный «плот» и проплыть на нем более тысячи километров. При оптимальной скорости течения подобный вояж занял бы около недели, хотя и был бы, конечно, не из легких. Далее, добравшись до Галапагосов, черепахи должны были либо дождаться еще одну пару с южноамериканского континента, либо произвести на свет потомство. В любом случае, по меньшей мере две черепахи должны были остаться на Галапагосах, чтобы основать местную популяцию, существующую там и поныне, а другие две — вновь пуститься в путь, начав следующий, гораздо более затяжной этап путешествия.

Итак, следуя все той же модели, чтобы осуществить третий этап, черепахам вновь требовалось взгромоздиться на «плот». Однако теперь вместо того, чтобы с помощью мощного течения плыть по прямой «всего» тысячу километров, им предстояло пересечь весь Тихий океан от Галапагосских островов до южных берегов Новой Гвинеи. Даже если взять наикратчайший прямой маршрут, им пришлось бы преодолеть свыше 13 500 километров. Там они должны были как-то сориентироваться, пролавировать между Новой Гвинеей, северным побережьем Австралии и южным — Индонезии, чтобы наконец выйти в Индийский океан, который затем также предстояло пересечь вдоль. Четвертый этап — от Новой Гвинеи до Сейшел — прибавляет к тысячам километров через Тихий океан еще десять. То есть в общей сложности круиз с Галапагос на Сейшелы — по самым оптимистичным оценкам — вышел бы примерно в 23 500 километров морского пути, львиная доля которого «протекала» бы посреди Тихого океана.

По мнению профессора Герлаха, представить, что две черепахи смогли бы преодолеть последние два этапа путешествия — от

---

[83] По словам Герлаха, «попасть из Южной Америки на Галапагосы они, пожалуй, могли: в этих местах очень сильное течение, следующее как раз в нужном направлении. Так что путь мог занять всего каких-то пару недель».

Галапагосских островов до Новой Гвинеи и от Новой Гвинеи до Сейшел — попросту невозможно. Хотя черепахи и славятся умением преодолевать немалые водные расстояния, они не смогли бы пережить трехмесячное (в лучшем случае) плаванье по Тихому океану и еще двухмесячное (в лучше случае) — по Индийскому. Разумеется, все расчеты исходят из идеальных погодных условий на протяжении всех месяцев пути и способности черепах безостановочно двигаться по прямой тысячи километров через Тихий океан, вопреки течению, удерживаясь на бревенчатом «плоту» — что уже само по себе нереалистично. Как отмечает Герлах, черепахам пришлось бы искать «выход» из одного океанического течения в другое и дожидаться затем соответствующей смены сезона. Проще говоря, они бы застряли посреди Индийского океана на месяцы или даже годы[84].

Безусловно, можно найти больших черепах, внешне весьма похожих друг на друга, обитающих в бассейне Амазонки, на Галапагосах и на Сейшельских островах. Можно даже нарисовать на карте стрелки от точки А к точке В, а оттуда — к точке С. Но имеет ли смысл всерьез полагать, что пара черепах проделала весь этот путь — от бассейна Амазонки до западного побережья Южной Америки, затем до Галапагосских островов, после чего пересекла Тихий и Индийский океаны? В каком же тогда смысле так называемая наблюдательная наука, сопровождающая «модель биогеографического дрейфа», хоть что-то — не говоря уж о Всемирном Потопе — здесь подтверждает?

Музей Сотворения мира настаивает, что в его экспозициях присутствует «множество» данных «настоящей науки», подтверждающих библейское Сотворение мира. В ходе нашего анализа мы тщательно рассмотрели все эпизоды, подразумеваемые «Ответами» в качестве подлинно-научного обоснования младоземельного креационизма. Что же мы выяснили?

«Планетарий» и зал с «Чудесами Сотворения» действительно представляют изрядное количество наблюдаемых данных, которые, впрочем, весьма слабо помогают «подтвердить» библейскую

---

[84] Из личной переписки с авторами от 28 августа 2014 года.

версию происхождения жизни или Всемирного Потопа. Вместо этого наука здесь подкрепляет куда более скромный тезис, гласящий, что красота, сложность и явная целесообразность, наблюдаемые в природе, свидетельствуют о божественном промыслителе, которым и является Бог Библии.

Вполне ожидаемо главной «научной ареной» Музея служит секция геологии Потопа, где «настоящая наука» во всей красе выступает в поддержку библейского Сотворения мира. Но так ли много научных данных здесь представлено в связи с этим? Подробный анализ 38 плакатов, находящихся в различных залах секции, показывает, что если на первый взгляд хоть какое-то «научное» впечатление производят 26 из них, то на поверку лишь 16 соответствуют «ответным» критериям «настоящей науки». Из этих 16 плакатов 3 сообщают лишь справочную информацию и вообще никак не связаны с Сотворением мира. Таким образом, у нас остается всего 13 плакатов, — примерно треть от всех представленных в секции — которые одновременно представляют обсервационные данные и формулируют хоть какие-то аргументы в пользу библейского Сотворения мира.

Из оставшихся 13 плакатов лишь 7 строят рассуждение, согласно индуктивной традиции, от наблюдения к выводу, а больше половины из этих 7 (4) сосредоточены скорее на критике эволюции, нежели на подкреплении креационистской аргументации. Из оставшихся трех первый лишь предполагает, что Всемирный Потоп способен объяснить некие «тайны», наблюдаемые в настоящем, второй проводит аналогию между актуальными наблюдениями и предполагаемым фактом Потопа, что, впрочем, тут же обесценивается соседним плакатом, утверждающим, что подобные аналогии невозможны; третий же, при внимательном рассмотрении, просто исходит (на основании библейского повествования) из того, что Потоп действительно был, и уже отсюда реконструирует предполагаемую гибель конкретного динозавра. В итоге остаются лишь два плаката из секции геологии Потопа, на которых предлагаются аргументы в поддержку библейского Сотворения мира, выстроенные по канонам традиционной науки — то есть переходя от наблюдений к выводам — и привлекаются научные данные, соответствующие научным критериям самих «Ответов». Иными словами, лишь 5 % от общего числа плакатов в секции геологии Потопа пытаются выдвигать «настоящую» научную аргументацию о Всемирном Потопе. Можно, конечно, по-разному представлять себе «множество», — памятуя о словах Джейсона Лайла о «множестве научных данных», представленных в Музее, — однако вряд ли скромные 5 % будут этому представлению соответствовать.

Если принять за данность своеобразный научный метод Кена Хэма, оказывается, что 14 плакатов (чуть больше трети) следуют его логике, переходя от неопровержимой аксиомы к модели, а от нее — к наблюдению. Однако если применить сюда же и критерии «настоящей науки», то проверку «Ответами» пройдут лишь 8 из 14. Иначе говоря, даже по «научным» меркам самого Хэма, только один из пяти плакатов может считаться хоть как-то что-то «подтверждающим» в связи с библейским Сотворением мира. Назвать это «множеством» как-то язык не поворачивается.

Впрочем, сказанное выше еще не касается убедительности (или ее отсутствия) выдвинутых на плакатах аргументов. Насколько же убедительны доводы, приведенные в секции геологии Потопа? Проделанный нами тщательный анализ содержания плакатов позволяет заключить: в большинстве случаев — ни насколько. Аргументы нередко опираются на ничем не подкрепленные допущения (вроде того, что *Geochelone* якобы обитают в бассейне Амазонки или способны переплыть от Галапагосских островов до Сейшел на бревне), порой оставляют ключевые вопросы попросту без ответа (ну каким образом ручеек дождевой воды может выступать аналогией катастрофического Всемирного Потопа?), а то и вовсе прямо противоречат друг другу (так, один плакат строго-настрого запрещает аналогии с Потопом, прямо опровергая рассуждения на соседних, построенные именно на подобных аналогиях). Говоря без обиняков, посетитель, критически относящийся к подобного рода аргументам, скорее всего, окажется не убежден, но весьма озадачен той наукой, что встретится ему в Музее Сотворения мира.

Впрочем, озадачен он будет или нет, но ведь ключевой предпосылкой всей экспозиции Музея является то, что звучащие в каждом его зале научные утверждения соответствуют библейской истине о мире и Том, что над ним. Если совсем коротко, подразумевается, что представленная в Музее наука — это и есть наука по Библии. Так ли это?

Наука по Библии

В конце февраля[85] 1616 года кардинал Роберто Беллармино в частном порядке, но от лица Святой инквизиции предостерег Галилея от отстаивания гелиоцентрической идеи. В марте того же года католическая церковь издала специальный декрет, запрещавший и работу Коперника «Об обращении небесных сфер», и книги по гелиоцентризму в целом. В июне 1633 года все же нарушивший запрет Галилео Галилей был признан еретиком и приговорен инквизиционным судом к бессрочному домашнему аресту[86]. Отчего же католическая церковь со всесильной Инквизицией вынуждены были обратиться к столь суровым мерам? По весьма простой причине: оттого, что научные изыскания Коперника и Галилея — из которых следовало, что Земля обращается вокруг недвижимого Солнца, — противоречили очевидной истине Священного Писания и, следовательно, нуждались в порицании и забвении, дабы не вводить в соблазн лжеучения верующих[87].

Какова же была библейская космология, которой столь опасно противоречили Коперник с Галилеем? Если вкратце, то было известное еще в Древнем Востоке устройство космоса — вполне понятное и проверенное веками. Космос представлял собой трехъярусную систему, в центре которой располагалась Земля,

---

[85] Еще в середине февраля был созван импровизированный «научный консилиум», посвященный коперниканству, и к 24-му числу комиссия постановила, что рассмотренные идеи — еретические. Тогда, имея на руках столь весомое заключение, папа Павел V (довольно тепло относившийся к Галилею) поручил кардиналу уведомить видного ученого о том, что разделяемые им идеи разделять более не стоит. — *Прим. пер.*

[86] Подробнее о процессе над Галилеем см. [Finocchiaro 2009: 68–71].

[87] О непростой истории отношений Галилея с Римской церковью см. [Lindberg 2003: 33–60].

над нею — всесильные небеса, а под — соответственно, подземный, или «загробный», мир. Земля в сердце мироздания являла собой недвижную дископодобную твердь, объятую со всех сторон мировым океаном. Земная твердь была удобно снабжена высокими горными кряжами, несущими бремя небес, устройство которых также представлялось монолитным, наподобие шатра или купола, в свою очередь, удерживающего космические воды. Время от времени сквозь прорехи в тверди небесной эти космические воды орошали твердь земную дождями. За небесными водами простирались небеса, населенные божествами или божеством (соответственно религии). Солнце каждодневно пересекало небосвод и под вечер ниспадало в подземелье. Аналогичным образом вела себя и Луна. Вообще, Солнце, Луна и звезды были как бы «вмонтированы», встроены в небеса, перемещаясь, как по рельсам, по строго заданным маршрутам[88].

Учитывая, что авторы библейских текстов были весьма сведущи в актуальной для своего времени космологии, ничуть не удивительно, что она нашла отражение как в Ветхом, так и в Новом Заветах. Так, уже в стихах 6–7 первой же главы книги Бытия говорится, что Бог сотворил «свод» [Нов. рус. пер.][89] или «твердь посреди воды», дабы тот «отделя[л] воду от воды» [Синод.][90]. Далее в сюжете о Потопе (Быт. 7:11) сказано, что «окна небесные отворились», более не сдерживая неистовые воды. Книга Бытия также перекликается с древним представлением о том, что Солнце, Луна и звезды закреплены на поверхности небесного свода: «И создал Бог два светила великие: светило большее — для управления днем, и светило меньшее — для управления ночью; и звезды; и поставил их Бог на тверди небесной, чтобы светить на землю» (Быт. 1:16–17). Псалом 18:6 подтверждает каждоднев-

---

[88] Подробнее о библейской космологии см. [Walton 2006; 2009].

[89] Для простоты восприятия мы будем пользоваться в основном привычным Синодальным переводом. Если же авторский текст потребует иной трактовки, это будет отдельно обозначено в тексте или соответствующем примечании. — *Прим. пер.*

[90] В этой главе мы будем во многом опираться на работы [Bailey 1993] и [Lamoureux 2009].

но доступную наблюдению картину пересечения Солнцем небосвода: «От края небес исход его, и шествие его до края их»[91]. В книге пророка Исаии мы вновь встречаем древнее представление о Земле как о плоском диске, над которым находится обитель божества: «Он есть Тот, Который восседает над кругом земли». Стоит отметить, что и стоящее в оригинале древнееврейское חוג *(хуг)* — также обозначает не сферу, а именно плоскую, двухмерную фигуру[92]. Наконец, все то же представление о плоской Земле, окруженной водной гладью, присутствует и в книге Притч Соломоновых; так, Бог, создавая Землю, «проводил круговую черту по лицу бездны» (Притчи 8:27). Уже в Новом Завете апостол Павел прямо ссылается на трехъярусное устройство космоса, говоря, что «пред именем Иисуса преклони[тся] всякое колено небесных, земных и преисподних» (Флп. 2:10). Заметим, что Павел подчеркивает, что перечисление исчерпывающее — преклонятся *все* три уровня мироздания, согласно древневосточным представлениям составлявшие космос.

Словом, если читатель XXI столетия на время отложит свою современную космологию и обратится к библейскому тексту так, как он действительно написан, то он без труда заметит, что Писание опирается на известные с глубокой древности представления о космосе. Согласно той картине мира, в центре располагалась Земля — плоская, круглая, неподвижная, окруженная морем; все это сверху укрывал небесный свод или твердь, в которую накрепко впечатаны звезды; Солнце каждый день пересекало эту твердь, над которой находились небесные воды, а еще выше — надмирная, божественная обитель[93].

---

[91] Ср. Новый русский перевод: «Встает оно на одном краю небес и совершает свой путь к другому краю».

[92] [Lamoureux 2009: 53]. Для пущей наглядности Ламуро приводит следующую выкладку: древнееврейский термин для Земли (ארץ / *эрец*) употребляется в Ветхом Завете 2500 раз, древнегреческое γῆ / *ге* — 250 раз в Новом, но «ни единого раза» во всех 2750 случаях «о Земле не говорится как о сфере ни прямо, ни даже косвенно подразумевая какое-либо подобие шара» [Ibid.: 46].

[93] Подробнее о том, почему стоит всерьез относится к тому, что Библия перекликается с древней космологией см. [Walton 2006; Lamoureux 2009].

Наука по Музею Сотворения мира

На дебатах с Биллом Наем Кен Хэм заявил следующее:

> под Сотворением мы — «Ответы Бытия» и Музей Сотворения мира — понимаем ровно то, что сказано об этом в Библии. Да, я воспринимаю Бытие — как буквальное изложение исторических событий — подобно тому, как воспринимал Писание и Иисус. И ровно то же мы рассказываем и посетителям в Музее[94].

То есть для самого Хэма, для Музея и вообще для всего младоземельного креационизма в целом отстаивать точку зрения, согласно которой Вселенная была сотворена в шесть 24-часовых дней менее десяти тысяч лет назад является несущей составляющей их буквального прочтения Библии. С учетом вышеизложенного, вкупе с изложенной еще чуть выше трехъярусной космологической системой в Библии вполне можно было бы ожидать аналогичной трехъярусной модели и в Музее Сотворения мира.

В зале, посвященном разбору «Исходных точек», планета Земля по меньшей мере десять раз фигурирует в связи с Божьим Словом (противопоставленным человеческому разуму). Всякий раз Земля изображается как двухмерная проекция трехмерной фигуры, сферы, парящей в космосе. В фильме «За шесть дней», демонстрируемом в Шестидневном театре, Земля появляется пять раз — и опять в виде вращающейся в космическом пространстве сферы. В одном кадре можно увидеть два материка — один крупный, другой поменьше; ни один не выглядит, будто располагается на плоской поверхности, но, напротив, оба имеют вполне натуральные неровные очертания. В зале с «Чудесами Сотворения» представлены двухмерные изображения Млечного Пути с его спиральными рукавами-ветвями, Земли в виде парящей в космосе сферы, а также Солнечной системы, в центре ко-

---
[94] Uncensored Science.

торой находится Солнце, окруженное орбитальными кольцами, соответствующими обращению планет. Еще больше различных кадров сферической Земли, обращающейся вместе с прочими планетами вокруг Солнца, присутствует в сюжете о «Солнечной системе». Даже в анимационной версии сотворения Адама — и там Земля предстает парящим в космосе шаром, рядом с которым находится Луна, а вдали сияет Солнце. В зале о «Путешествии Ковчега» на четырех огромных панелях также показывается видеосюжет с трехмерной сферической Землей, стремительно затопляемой водами Потопа. Три плаката в секции геологии Потопа семь раз изображают нашу планету шарообразной, причем как в двух-, так и в трехмерном варианте. Кроме того, пять карт, представленных в зале о мире после Потопа, изображают континенты в их нынешних очертаниях, с омывающими их морями и океанами, вместо того чтобы поместить их в единый плоский круг. Наконец и в «Планетарии» — в фильме «Сотворенная Вселенная» — Земля бесчисленное количество раз показана в виде обретающейся в космосе сферы, с материками в современных очертаниях и простирающимися между ними океанами и морями. Как минимум трижды показана и вся Солнечная система — и всякий раз Солнце оказывается сферой в центре, вокруг которой обращаются столь же сферические планеты. Далекие звезды изображаются свободно парящими космическими телами, а вовсе не утвержденными раз и навсегда на своем небесном месте светилами. Есть и кадры с далекими галактиками, в центре которых также находятся звезды, вокруг которых по орбитам вращаются планеты. Как и они, наш Млечный путь представлен в виде вполне трехмерной модели.

Один из первых плакатов, встречающих посетителя в зале с «Исходными точками», называется «Одна и та же Вселенная». В центральной части плаката изображен Млечный Путь. Слева на него наслаивается ряд идущих сверху вниз изображений: «Большой Взрыв» в виде расширяющейся материи; зарождение Солнечной системы с Солнцем и двумя планетами; Земля, Солнце и Луна; и, наконец, Земля с водой, континентами и облаками.

Изображения сопровождают подписи — «Эволюция галактик», «Эволюция Солнечной системы», «Эволюция Земли и Луны» и «Эволюция континентов» соответственно; все они помещены под общий заголовок — «Человеческий разум». Подпись внизу гласит: «Миллиарды лет назад». По правой стороне от Млечного Пути, параллельно описанным выше, также следуют четыре изображения: некой голубой сферы; Земли с водой и облаками; Земли с сушей, водой и облаками; и, наконец, Земли с сушей, водой, облаками, Солнцем и Луной. Каждый кадр вновь сопровождается подписями, в духе «День первый. Да будет свет», «День второй. Да будет твердь» и т. д. Заголовок сверху гласит — «Божье Слово», а подпись внизу — «Тысячелетия назад».

Идея вполне очевидная и повторяется в Музее многократно: эволюционисты и младоземельные креационисты отталкиваются от одних и тех же фактов, — в данном случае от одной и той же Вселенной — но приходят к совершенно разным выводам вследствие различия «Исходных точек». И ведь в самом деле, и те и другие рассматривают одну и ту же современную картину космоса: с шарообразной Землёй, вращающейся вокруг своей оси и вокруг Солнца вместе с прочими планетами Солнечной системы, расположенной на окраине гигантского Млечного Пути — лишь одной из множества галактик в необъятной Вселенной.

Но как такое возможно? Если Музей, как утверждает Хэм, действительно придерживается буквального прочтения Библии, то почему посетителям не рассказывают о трёхъярусной вселенной и плоской, неподвижной Земле? Ответ на поверхности: когда речь заходит о визуализации устройства мироздания, образу древнего космоса, вытекающему из буквального прочтения библейского текста, Музей Сотворения мира предпочитает современную модель Вселенной.

Но почему? Почему «Ответы» и Музей навязывают Библии современную картину Вселенной, хотя язык и образы Писания явно отражают древнюю космологию? Трудно с уверенностью судить о мотивах, но очевидно одно: если бы Музей рассказывал о древней космологии, это вызвало бы у большинства посетителей диссонанс, поскольку противоречило бы общепринятым — современно-научным — представлениям об устройстве Вселенной. К тому же древняя космология в Музее лишь укрепила бы впечатление, сложившееся после процесса над Скоупсом и от которого десятилетиями пытались избавиться многие фундаменталисты — что младоземельные убеждения требуют принять ту самую систему, которую научное сообщество опровергло столетия тому назад.

Кроме того, наложение современной модели Вселенной на библейский текст несет и определенные риторические преимущества: тем самым у посетителя складывается впечатление, что современная наука подтверждает Библию. Ведь если библейская космология совпадает с современными научными представлениями об устройстве космоса, то можно считать, что процесс научного «подтверждения» успешно начался. В самом же деле, представляется, что лишь при условии, что библейская космология будет приведена в соответствие с актуальной наукой, эта последняя сможет хоть как-то «подтверждать» Писание. Законы, управлявшие древней космологией, радикально отличаются от космических процессов, известных современной науке. Тогда, с учетом всех предпосылок и строгих физических законов, отражающихся в представлениях об устройстве Вселенной, каким образом современная наука могла бы выступать в поддержку древней космологии с совершенно иным пониманием устройства и отношений между небесными телами? Ответ прост: чтобы современная наука могла подтверждать младоземельную концепцию, требовалось осовременить саму библейскую космологию.

Нередко звучат мнения, что Музей Сотворения мира стремится низложить науку как дискурс истины, возведя в этот ранг младоземельный креационизм с буквальным прочтением Библии [Butler 2010]. В этом, безусловно, есть доля истины. Подобная дискредитация научного знания особенно ярко проявляется в зале с «Исходными точками» и секции геологии Потопа, но в принципе составляет самую основу всей музейной экспозиции. Однако, когда речь заходит об устройстве космоса, мы явно наблюдаем нечто совершенно иное. Низвержение науки откладывается — напротив, она возвышена вплоть до того, что сама накладывает привычную картину мира на библейский текст. По меткому замечанию Джона Уолтона, мы видим, как Музей пытается «заставить текст говорить то, чего он никогда не говорил»[95]. В самом деле, когда Музей рассказывает посетителям об устройстве Вселенной, бал правит отнюдь не «буквальное прочтение Библии», а привычно-научная картина мира.

---

[95] Уолтон далее рассуждает о том, что навязывание Библии научного представления об устройстве Вселенной — «это не просто прибавление смыслов (ведь с древних времен люди успели многое узнать), но именно смена таковых. Коль скоро данный текст воспринимается в порядке авторитета, весьма опасно навязывать ему смыслы, которые в нем никогда не подразумевались» [Walton 2009: 15].

Глава третья[1]
Библия

В первой половине IV столетия до н. э. — спустя каких-то полвека после того, как папирус добрался до берегов Греции, — Платон приводит в «Федре» рассуждения Сократа об опасностях, которые таят в себе технологические новшества в области письменности, обращающие привычный устный мир — в мир письменной культуры. Вот что говорит по сему поводу Сократ:

> думаешь, будто [сочинения] говорят, как разумные существа, но если кто спросит о чем-нибудь из того, что они говорят, желая это усвоить, они всегда отвечают одно и то же. Всякое сочинение, однажды записанное, находится в обращении везде — и у людей понимающих, и, равным образом, у тех, кому вовсе не подобает его читать, и оно не знает, с кем оно должно говорить, а с кем нет. Если им пренебрегают или несправедливо его ругают, оно нуждается в помощи своего отца, само же не способно ни защититься, ни себе помочь[2].

Для Сократа (в понимании Платона, разумеется) письмо — это своего рода «мнимая речь». Оно схоже с устной речью, — будто бы обладает пониманием, способно к общению и может себя защитить — но из-за отсутствия автора ничего из этого не делает. Хуже того — в отличие от слова, обращенного конкретному слушателю, слово написанное может угодить куда угодно, обратиться к кому угодно, вне зависимости от того, поймет ли читатель

---

[1] Некоторые разделы настоящей главы заимствованы из работы [Trollinger 2011: 29–49].
[2] [Платон 2007: 223].

его смысл или совершенно исказит³. Иными словами, главная проблема письма как технического средства распространения смыслов заключается в том, что оно приглашает незапланированных читателей, а значит, открывает путь превратному истолкованию. Короче говоря, проблема письма — в чтении.

Ситуация лишь ухудшилась с появлением новой, более продвинутой технологии коммуникации — книги. А уж когда слова стали разделять пробелами, выработали порядок слов, пунктуационные и всевозможные грамматические условности, то и письмо, и чтение стали еще проще и доступнее. Появлялось все больше книг, и все больше людей хотели прочесть их. По мнению Николаса Карра, этот технологический рывок радикально преобразил человеческую культуру:

> Веками технология письма отражала и подкрепляла интеллектуальную этику устной культуры, в которой зародилась. Написание и чтение глиняных табличек, свитков и древних кодексов подчеркивало коллективное формирование и распространение знаний. Индивидуальное творчество оставалось подчиненным нуждам группы. ...Теперь же письмо начало обретать и распространять новую интеллектуальную этику — этику книги. Знание становилось все более приватным, и каждый читатель в собственном сознании производил персональный синтез идей и сведений, передававшихся через тексты мыслителей [Carr 2010: 67].

В присутствии книги, в окружении исключительно собственных измышлений, читатель получал право выносить окончательный вердикт относительно заложенного в текст смысла. Отсутствие регулятора, уверенно цензурирующего чтение читателя, делало возможным множество самых различных интерпретаций.

Распространение письменных текстов (а вместе с ним и потенциальное размножение смыслов) резко ускорилось в 1440 году

---

³ Весьма проницательный разбор Платонова «Федра», в котором противопоставляется платоническая «идеальная коммуникация» (где слово всегда попадает лишь в «подобающий» для его восприятия «сосуд») и «распахнутое настежь» слово Иисуса (где к слышанию призваны все), см. в [Peters 1999].

с изобретением печатного станка. Когда же в 1455 году Иоганн Гутенберг счел уместным отпечатать — и тем самым распространить шире, чем когда-либо, — само Слово Божие, ставки в интерпретационной игре натурально взлетели до небес. Затем в начале XVI столетия на сцену вышел Мартин Лютер, и началось сущее светопреставление, известное нам под названием «Реформация».

Для Лютера (и протестантов в целом) религиозный авторитет в конечном счете зиждется на Библии — идея, традиционно выражаемая латинской формулой *sola scriptura* (только Писанием). Подобный взгляд становился все «опаснее», — по выражению Алистера Макграфа, автора работы об «Опасной идее христианства», — особенно учитывая, что вкупе с ним шло и другое Лютерово положение — о «всеобщем священстве верующих»[4], заключавшее в себе мысль о том, что «все христиане вправе толковать Библию самостоятельно», тем самым «обходясь без централизованной власти, обладавшей исключительным правом интерпретировать Писание». Если прежде средневековая Церковь, «опираясь на Библию, объявляла себя превыше всякой критики», то осуществленный Лютером перевод Библии на немецкий язык дал верующим возможность вырабатывать собственное понимание текста и, будь на то их воля, оспаривать церковные догматы и практики, опираясь на собственноручно выработанные альтернативные толкования [McGrath 2007: 2–3, 53].

Хотя поначалу Лютер «был твердо убежден в том, что Библия достаточно ясна, чтобы обычные христиане могли читать и понимать ее», довольно быстро он осознал, что уже не может контролировать, как прочие христиане истолковывают прочитанное. Поэтому он занялся изданием различных катехизационных материалов, призванных облегчить работу читателя по пониманию текста, а после Крестьянской войны 1525 года стал особенно подчеркивать «значимость авторитетных религиозных лидеров — вроде самого Лютера — и институций в вопросе толкования Библии» [Ibid.: 3, 53]. Но, невзирая на все приложенные им усилия,

---

[4] В качестве основания Лютер приводил слова из 1 Пет. 2:9: «вы — род избранный, царственное священство». — *Прим. пер.*

текст, пользуясь метафорой Платона, «обращался везде» и мог прочитываться самыми разнообразными способами. Как в ходе Реформации, так и в последующие века ревностные христиане предлагали множество толкований библейского текста. Среди них — список, разумеется, далеко не исчерпывающий — были: радикальная идея о том, что Крестная жертва Иисуса уже примирила человека с Богом, с ближним и даже с врагом, так что насилие должно быть попросту отброшено как деяние совершенно неуместное; апокалиптическая идея о том, что в Конце Времен 144 000 «духовно помазанных» верующих будут вознесены на небеса, дабы царствовать со Христом; и, наконец, даже причудливая идея о том, что в Евангелии сокрыта программа похудения, и сбрасывание лишних килограммов с поддержанием достигнутого результата — это вопросы веры[5].

Учитывая всю сложность священного текста и весь пыл, с которым протестанты взялись за извлечение из него истины, неудивительно, что Лютерова «опасная идея» породила несметное разнообразие всевозможных теологий и практик, вылившихся в бесчисленные расколы, размежевания и секты, конца которым не видно. И пусть каждая новая группа вновь утверждает (прямо или косвенно), что именно ее учение раскрывает подлинное Слово Божье, ни одной так и не удалось остановить дальнейшее разрастание смыслов. Впрочем, не остановились и попытки обуздать поток интерпретаций, навеки зафиксировав Единственно Истинное Толкование. На этой-то сцене и появляется младоземельный креационизм со своим Музеем Сотворения мира.

Непогрешимое слово младоземельного креационизма

На первый взгляд, *raison d'être*, главная цель Музея заключается в мобилизации научных данных для дискредитации эволюции и идеи древности Земли — в поддержку утверждения о том, что христианский Бог сотворил всю Вселенную примерно 6 тысяч

---

[5] Речь идет соответственно об анабаптистах, иеговистах и различных программах «христианской диетологии», наподобие *Weigh-Down movement*.

лет назад за шесть 24-часовых дней. Как отмечалось в предыдущей главе, Музей предлагает собственную версию «наблюдательной и исторической науки» в качестве альтернативы методам, к которым обращается официальная наука для объяснения формирования Солнечной системы, а также возникновение и развитие жизни на Земле. Однако, несмотря на порой довольно замысловатые модели и целую лавину «подтверждений» младоземельной позиции, все это вторично по отношению к ключевому музейному тезису, а именно — «мы знаем, что Земле всего каких-то 6 тысяч лет, потому что именно так гласит Слово Божье». Точнее говоря, все усилия по дискредитации эволюционной науки и доводов о «миллиардах лет» предпринимаются во имя основополагающего утверждения о непогрешимости Библии, ее фактической точности и абсолютной безошибочности во всем, о чем бы она ни утверждала.

В сжатом виде все это изложено в «символе веры», представленном на сайте «Ответов»:

> Библия — боговдохновенна и непогрешима целиком и полностью. Все утверждения оригинального текста являются фактически точными. Библия обладает наивысшим авторитетом во всем, чему научает. Авторитет ее не ограничивается духовными, религиозными или душеспасительными вопросами, но охватывает также утверждения в таких областях, как история и наука.

Свое понимание Библии «Ответы Бытия» не устают разъяснять вновь и вновь. К примеру, авторы одноименного дочернего издания «Ответов» постоянно напоминают читателям, что Библия не просто содержит истину: Библия *и есть* истина, «каждое *слово* [которой] богодухновенно (исполнено Духом Божьим), а не только стоящие за словами идеи ("вербальная" вдохновенность). Причем вдохновенны все слова без исключения, а не только те, что нам нравятся (*"абсолютная"* вдохновенность)» (курсив в оригинале). Поскольку каждое слово Писания исходит от Бога, в нем нет ни ошибок, ни противоречий; если же нам ошибочно кажется, что мы видим ошибку или противоречие, то нужно просто внимательнее вчитаться и «развеять собственное невежество». Поскольку каждое слово Писания исходит от Бога, нам не нужны ученые, чтобы подтвердить его истинность: «Если в Библии сказано, что что-то произошло, мы призваны верить Слову тут же, не мешкая и не сомневаясь. …Истина Слова в нашем подтверждении не нуждается»[6].

Согласно «Ответам», Библия не только непогрешимый, внутренне непротиворечивый и окончательный авторитет по всем упомянутым в ней вопросам, но и обладает такой проницательностью, то есть изложена столь кристально ясно, что каждый, когда и где бы ни жил, всегда поймет, что сказано в тексте и что сказанное означает. По словам Тима Чаффи, все, что требуется от читателя, — это историко-грамматический подход к Библии: учитывать «исторический и культурный контекст, в котором была написана книга», следовать «установленным грамматическим нормам» и стремиться уяснить, «что автор имел в виду». Как говорит еще один спикер «Ответов» Брайан Эдвардс, все эти здравые принципы «легки в применении и доступны каждому, кто обращается к ним с молитвой и вниманием». Словом, следуйте этим принципам и обрящете прямой (то есть буквальный) смысл Библии. Соавтор «Потопа Бытия» Генри Моррис в собственном «толковом» издании Библии говорит в этой связи следующее:

> Буквальное толкование — это и не толкование вовсе, ибо оно принимает слова в их прямом значении, исходя из того, что Святой Дух сумел с их помощью сказать именно то, что имел в виду, используя мышление и способности человече-

---

[6] «Statement of Faith», https://answersingenesis.org/about/faith [дата обращения: 11.06.2025]; Don Landis, «Not Just a Container of Truth: The Bible and Existentialism», Biblical Authority, Answers 5 (January–March 2010), http://www.answersingenesis.org/articles/am/v5/n1/container-truth [дата обращения: 11.06.2025]; Paul Taylor, «Isn't the Bible Full of Errors?», Answers 2 (October–December 2007), https://answersingenesis.org/is-the-bible-true/isnt-the-bible-full-of-errors [дата обращения: 11.06.2025]; Don Landis, «Science in the Balance», Biblical Authority, Answers 5 (July–September 2010), http://www.answersingenesis.org/articles/am/v5/n3/science-balance [дата обращения: 11.06.2025].

ского автора, чьи слова Он вдохновил. Любая аллегорическая или образная интерпретация вдохновенных слов (если только контекст явно того не требует) предполагает, что интерпретатор знает лучше Святого Духа, что Тот собирался сказать; подобное отношение — неимоверная гордыня, если не откровенное кощунство[7].

Кристальная ясность Библии, о которой говорят «Ответы», в полной мере распространяется и на первые 11 глав книги Бытия. В то время как некоторые ученые пытаются истолковать эти главы как «миф», — слово в лексиконе «Ответов» ругательное — Кен Хэм и его единомышленники настаивают на том, что здравый смысл подсказывает единственно верный способ их чтения: как буквальной истории мира. Хэм говорит, что «существует лишь одно понимание книги Бытия — сказанное означает ровно то, что сказано. Книга написана именно как история и предназначена для того, чтобы ее воспринимали именно как историю». По словам автора «Ответов» Терри Мортенсона,

> Иисус понимал 11 первых глав Бытия совершенно прямо, как достоверное изложение исторических событий: ряд Его высказываний показывает, что Он верил в буквальное Творение за шесть дней, произошедшее всего несколько тысяч лет назад, а равно и во Всемирный Потоп, случившийся во времена Ноя.

Усомниться в том, что первые главы Бытия являются дословно точным и безошибочным историческим повествованием, — зна-

---

[7] Tim Chaffey, «How Should We Interpret the Bible, Part 1: Principles for Understanding God's Word», answersingenesis, February 22, 2011, https://answersingenesis.org/hermeneutics/how-we-interpret-the-bible-principles-for-understanding [дата обращения: 11.06.2025]; Brian H. Edwards, «Unlocking the Truth of Scripture», answersingenesis, September 18, 2007, https://answersingenesis.org/hermeneutics/unlocking-the-truth-of-scripture [дата обращения: 11.06.2025]. Приведенные слова Морриса взяты из его комментария к Откровению 22:18: «И я также свидетельствую всякому слышащему слова пророчества книги сей: если кто приложит что к ним, на того наложит Бог язвы, о которых написано в книге сей» [Morris 1995 (2012): 2045–2046].

чит подрывать авторитет самой Библии и ставить под вопрос надежность такого источника, как сам Бог. Как ответили редакторы журнала «Ответов» читателю, поинтересовавшемуся, почему они придают столь большое значение шестидневному Творению, «ведь если мы подвергаем сомнению первые же Его слова, как же далее нам сохранить доверие к Автору и ко всему остальному, что Он говорит о Своем плане спасения?» Сам Кен Хэм многократно повторяет, что «история, изложенная в первых 11 главах Бытия, является краеугольным камнем всего христианского вероучения, включая само Евангелие». Как заявил один из авторов журнала «Ответов» в своей гневной отповеди теистическим эволюционистам, чтобы «жертва Христова на кресте» имела хоть какой-то смысл, необходимо верить в буквальный Эдем, буквальных Адама и Еву и буквальное грехопадение, потребовавшее искупительной смерти Иисуса Христа. Короче говоря, христиане не могут допустить сомнения в исторической достоверности книги Бытия ровно в той же степени, в какой они не могут сомневаться в буквальности Рождества от Пречистой Девы и Воскресения Христова[8].

Памятуя о «кристальной ясности» Божьего Слова, учитывая «очевидность» того, что Бытие представляет буквальное и истинное историческое повествование, вполне разумно задать вопрос: откуда же тогда появились ошибочные прочтения книги Бытия?

---

[8] Ken Ham, «Christian Leader Agrees There Isn't 'One True Christian View on Evolution'», Ken Ham (blog), answersingenesis, July 19, 2011, http://blogs.answersingenesis.org/blogs/ken-ham/2011/07/19/christian-leader-agrees-there-isnt-one-true-christian-view-on-evolution [дата обращения: 11.06.2025]; Terry Mortenson, «Embracing Christ's View of Scripture», Answers 8 (July–September 2013), https://answersingenesis.org/is-the-bible-true/embracing-christs-view-of-scripture [дата обращения: 11.06.2025], «Is Six Literal Days Really So Important?», Readers Respond, Answers 5 (January–March 2010), http://www.answersingenesis.org/articles/am/v5/n1/readers-respond [дата обращения: 11.06.2025]; Ken Ham, «Maturing the Message», Answers 5 (January–March 2010), https://answersingenesis.org/apologetics/maturing-the-message/ [дата обращения: 11.06.2025]; John UpChurch, «The Danger of BioLogos», Answers 6 (October–December 2011), https://answersingenesis.org/theistic-evolution/the-danger-of-biologos [дата обращения: 11.06.2025].

Простой ответ — грех: люди сознательно отвергают то, что — как они знают в глубине души — является истиной, а именно — буквальные рассказы о Сотворении мира и Потопе. Если конкретнее, грех проявляется в стремлении изменить понимание Божьего Слова ради приспособления его к человеческому разуму и господствующим научным представлениям. Процесс компромисса между разумом и Библией начался в XVII столетии с Галилео Галилея. Отвечая критикам, утверждавшим, что гелиоцентрическая модель противоречит библейскому учению о том, что «Земля — центр вселенной, а Солнце вращается вокруг нее», он «предположил, что Библия может выражаться иносказательно, языком образов, а потому библейские истолкования надлежит "примирить" с новыми научными открытиями». Идея о том, что «науке по силам изменить понимание Библии, но Библия изменить научное понимание мира не в силах» становилась все более популярной, однако «потребовались столетия, чтобы стали очевидны ее разрушительные последствия»[9].

К XIX столетию видные ученые и церковные лидеры мнений принялись подлаживать свое понимание Библии под представления о древнем возрасте планеты и дарвиновскую эволюцию. Такая готовность преклониться перед господствующей научной точкой зрения просочилась даже в среду ранних фундаменталистов, многие из которых пересмотрели свое восприятие Божьего Слова, чтобы согласовать его с эволюцией и «научным» возрастом Земли. Однако, как подчеркивает один из авторов «Ответов», подобные уступки противоречат принципу *sola scriptura*: «Не миллионы лет плюс Библия; не 66 книг Библии плюс "книга природы"... Вообще не может быть никакой "Библии плюс" — но только одна Библия». Хотя сам Кен Хэм признает, что можно, конечно, верить в древнюю Землю, оставаясь при этом христиа-

---

[9] Mike Matthews, «Part One: The Ultimate Proof», Answers 6 (April–June 2011), https://answersingenesis.org/is-the-bible-true/part-one-the-ultimate-proof [дата обращения: 11.06.2025]; Todd Charles Wood and Andrew A. Snelling, «Looking Back and Moving Forward», Answers 3 (October–December 2008), https://answersingenesis.org/hermeneutics/looking-back-and-moving-forward [дата обращения: 11.06.2025].

нином, он говорит, что как только «некий концепт (вроде миллионов лет), взятый извне Писания, добавляется в Божье Слово», тем самым распахивается «дверь компромиссов». Так что это «практически вопрос спасения», поскольку «христиане, идущие на компромисс по поводу миллионов лет, могут подталкивать других к неверию в Божье Слово и Евангелие». Последствием подобных уступок стало не только распространение неверия, но также секуляризация и общий упадок западной культуры, некогда столь прочно укорененной в библейских принципах[10].

Именно это непогрешимо-авторитетное и младоземельно-креационистское Божье Слово и составляет смысловой центр посыла Музея Сотворения мира. Что это именно так, можно с уверенностью заключить уже в самом начале «Библейского пути», в зале с «Исходными точками». Вся экспозиция выстроена вокруг идеи о том, что перспектива, в которой мы взираем на мир, определяется той «исходной точкой», из которой производится наблюдение. Причем иных вариантов, кроме двух, не существует: либо человеческий разум, либо Божье Слово. Разум — разумеется — допустим, ведь он — дар Божий, но лишь постольку, поскольку знает свое место и не оспаривает Слово Божье. Увы, история свидетельствует: тысячелетиями грешный человек употреблял свой разум против Библии, предприняв множество попыток (которым посвящена масштабная инсталляция в зале об «Авторитете Писания») «Усомниться», «Уничтожить», «Дискредитировать», «Критиковать», «Осквернить», «Заменить» и «Атаковать» Божье Слово — под «атаками» здесь понимается

---

[10] Terry Mortenson, «Exposing a Fundamental Compromise», Answers 5 (July–September 2010), https://answersingenesis.org/theistic-evolution/exposing-a-fundamental-compromise [дата обращения: 11.06.2025]; Don Landis, «Jesus... Plus», Answers 5 (April–June 2010), http://www.answersingenesis.org/articles/am/v5/n2/jesus-plus [дата обращения: 11.06.2025]; Ken Ham, «Does the Gospel Depend on a Young Earth?», Answers 6 (January–March 2011), https://answersingenesis.org/creationism/young-earth/does-the-gospel-depend-on-a-young-earth [дата обращения: 11.06.2025]; Ken Ham, «Millions of Years—Are Souls at Stake?», Answers 9 (January–March 2014), https://answersingenesis.org/theory-of-evolution/millions-of-years/are-souls-at-stake [дата обращения: 11.06.2025].

стремление заменить шестидневное творение на «миллионы лет». Однако же те, кто отводит разуму подобающее место и чьей исходной точкой служит сама Библия, не сомневаются попусту, не ударяются в критиканство и не подменяют смыслы Слова. Они чают уподобиться изображенным на противоположной стороне зала пророкам и апостолам — мужам, возвещавшии и покорным Божьему Слову. Едва зайдя в Музей, сразу же понимаешь: покорность и послушание — вот единственный уместный ответ на непогрешимый авторитет Божьего Слова.

Не-чтение Слова в Музее

Учитывая постоянный акцент на том, что Библия — окончательный и непререкаемый авторитет — поразительно, что в самом Музее практически нет Библий, которые мог бы полистать заинтересовавшийся посетитель[11]. Всего же мы насчитали четыре экземпляра, и все они находятся вне досягаемости публики. Одна выставлена в самом начале Библейского пути: она служит частью декорации при археологическом Раскопе и открыта на первой главе книги Бытия (стихи 24–31 выделены желтым цветом), подчеркивая, что один из археологов — младоземельный креационист. Остальные три Библии находятся либо за стеклом, либо под замком. Одна — в зале, посвященном Лютеру и появлению печатного станка; она раскрыта, но текст на греческом. Вторая находится под стеклом в самом конце Библейского пути — это личный экземпляр Библии отца Кена Хэма, представленный здесь в память о его горячей любви к Слову Божьему. Наконец третья, самая поразительная экспозиция: в большой, почти до потолка, застекленной витрине, рядом с ископаемыми и черепа-

---

[11] Библии (также недоступные посетителям) находятся также в экспозиции *Verbum Domini,* постоянно меняющей свой состав благодаря сотрудничеству с Музеем Библии (открытом в Вашингтоне семейством Грин, владельцами сети *Hobby Lobby* и огромной частной коллекции библейских артефактов). Кроме того, Библию, конечно, можно приобрести и в «Драконовой книжной лавке»: здесь можно найти и «стандартную» современную версию (ESV), и подарочные издания, и комментированное издание Генри Морриса.

Скелет человека рядом со скелетом шимпанзе в стеклянной витрине рядом с Главным залом. Скелет «читает» одну из немногих Библий, представленных в экспозиции Музея. Снимок Сюзан Троллингер. Дополнительные фотографии и подробную информацию о Музее можно найти на сайте creationmuseum.org ми бок о бок расположены два скелета в натуральную величину — человеческий и обезьяний, и первый, очевидно, подчеркивая свой особый статус существа, способного к общению с Богом, держит в руке Библию.

Справедливости ради стоит отметить, что Музей и не претендует на всю Библию или даже на значительную часть оной; его интересуют преимущественно первые 11 глав книги Бытия. Впрочем, и тогда вызывает некоторое недоумение, что в Музее нет ни одной экспозиции, стенда или видеопрезентации, предоставлявших бы посетителю доступ к тем самым 11 главам. Учитывая постоянные заверения в ясности Божьего Слова — столь очевидной, что любой читающий без труда поймет, что книга Бытия — это буквально достоверное историческое повествование, — было бы вполне логично, чтобы в Музее где-то была хотя бы одна крупная инсталляция с полным текстом 11 глав. Там можно было бы даже установить и скамейки, — как это сделано в зале с «Чудесами Сотворения», — чтобы посетители могли в спокойной обстановке посидеть и почитать Божье Слово.

Но вместо полного текста посетители встречают лишь разрозненные фрагменты книги Бытия: по всему Музею можно найти табличку, мурал, колонну или огромный экран с тем или иным библейским стихом. Впрочем, прежде чем подробнее рассмотреть то, как Музей знакомит посетителя с библейским текстом, необходимо установить визуальный и аудиальный контекст знакомства. Начнем с зала, посвященного «Авторитету Писания», где по одну сторону находятся пророки и апостолы, возвещавшие Слово, которому повиновались, а по другую — отдельная экспозиция о неразумных поползновениях грешного человека бросить Слову вызов. В центре зала установлен плоский экран, на котором циклично воспроизводится видеосюжет, наставляющий посетителя в том, каким надлежит быть правильному христианину. В ролике поочередно появляются мужчины и женщины разных возрастов и национальностей. Все — в одиночестве, на темном фоне, из которого их выхватывает яркий, почти слепящий свет. С расстановкой, подчеркнуто четко и спокойно, все произносят тот или иной стих или фрагмент. Пристальный взгляд направлен прямо в объектив. После того как текст произнесен героем, на экране появляется соответствующая цитата, а затем и человек, и слова исчезают в темноте.

Никакого контекста, за исключением главы и стиха, к цитатам не предоставляется, так что зритель остается в неведении относительно происходящего до и после озвученного пассажа. При этом стихи сгруппированы по девяти рубрикам: единство, совершенство, праведность, вечность, неизменность, истинность, благодать, красота и сила. На экране обозначается рубрика, после чего один за другим в кадре появляются люди, декламирующие тот или иной стих. Так, под рубрикой «Сила» маленький мальчик возвещает: «Велик Господь наш и велика крепость Его» [Псалом 146:5]. Под «Истиной» взрослый европеец произносит: «Слово Твое есть истина» [Ин. 17:17]. А под «Неизменностью» юная белая девушка утверждает: «Я Господь, Я не изменяюсь» [Мал. 3:6]. Вырванные из библейского контекста, стихи лишь повторяют девять абстрактных характеристик, приписываемых библейскому Богу.

Видеоряд недвусмысленно приглашает зрителя подражать услышанному, как надлежащему для христианина отношению к Слову; задача зрителя — принять Слово, подобно героям на экране. От зрителя не требуется размышлять о том, что могло означать сказанное в библейском контексте, не говоря уж об историческом или культурном. Равно как нет необходимости услышанное обсуждать, хотя бы ради того, чтобы узнать, все ли поняли услышанное одинаково. Напротив, когда речь заходит о Слове, в ролике прямо утверждается, что для должного понимания зрителю не требуется ни контекста, ни собеседников — вообще ничего, ибо Слово являет кристальную ясность. Не вчитываться — и уж тем более не анализировать Слово призван зритель, но чтить, благоговея пред Его непостижимой силой и простотой.

Из зала об «Авторитете Писания» посетители попадают в зал, посвященный его же, Писания, «Актуальности». Среди прочего, здесь представлена сценка, как Лютер прибивает свои «Тезисы» к церковным дверям, на большом плакате подробно расписывается процесс упадка церкви и западной цивилизации, а на экране демонстрируется очередной видеосюжет — на сей раз это хроника процесса над Скоупсом, сопровождаемая закадровым комментарием. Отсюда посетители выходят на «Аллею граффити», окунаясь в океан городского шума и коллажей газетных вырезок о всевозможных ужасах современного мира. Далее следует еще одна шумная улица, но звук исходит из трех окон-экранов, где можно наблюдать, как самая обычная американская семья увязает в болоте типичных для среднего класса проблем: всевозможных сплетен, жестоких видеоигр, наркотиков, порнографии, абортов. Через дорогу из окна обычной протестантской церкви доносятся урывки проповеди, в которой пастор учит паству подчинить Евангелие требованиям современной науки, в особенности официальной геологии.

Словом, все здесь сообщает посетителю ощущение подавленности — резкие звуки, жуткие кадры и заголовки наглядно иллюстрируют культуру, позабывшую о Библии и оттого загнивающую. Впрочем, решение близко — всего-то и надо, что пройти по «Тоннелю времени» (темному коридору, усеянному белыми огоньками), оказавшись в преддверии «Шестидневного театра». Посетитель оказывается против вогнутой стены, по всей длине которой проецируется короткометражная анимация, представляющая поэтапное Сотворение мира в музейном прочтении первой главы книги Бытия. Каждую сцену сопровождает зычный дикторский голос, объявляющий события «Дня первого», «Дня второго» и т. д. Диктор зачитывает стих за стихом, а на заднем плане периодически появляется манускрипт на древнееврейском. Разумеется, здесь работает та же логика, что и в зале об «Авторитете Писания»; Слово и его значение обсуждению и анализу не подлежат. Если прежде библейский стих был призван прямо проиллюстрировать тот или иной атрибут Бога, то здесь — отразить то или иное физическое явление, «воссозданное» на экране средствами современной компьютерной графики.

Когда экран гаснет, зрители в темноте покидают кинозал и оказываются в просторном ярко освещенном помещении с устланным коричневой плиткой полом. Это зал «Чудес Сотворения». По периметру тянутся белые стены и колонны, на уровне глаз развешены крупноформатные, подсвеченные фотографии и изображения растений, животных, Земли и прочих планет, Солнечной системы и молекулы ДНК. Над изображениями установлены небольшие экраны, на которых циклично показываются видеосюжеты. Как уже отмечалось в главе второй, — и согласно официальному путеводителю по Музею — ролики представляют «научные подтверждения первым стихам Библии, начиная с того, что "В начале сотворил Бог"» [Answers in Genesis 2008: 39]. Сюжеты самые разные: рыбы и птицы, вилочковые кости, растения и самолеты. В каждом ролике звучит мужской голос (текст дублируется под изображением), который читает библейские стихи и рассуждает о том, что Библия говорит — и чего не говорит — о природных явлениях. В зале на манер художественной галереи расставлены лавки без спинок, чтобы посетители могли присесть и спокойно насладиться представленным великолепием.

В центре зала, в обрамлении массивных колонн, установлены огромные, почти до самого потолка, стенды со встроенными мониторами. Стенды и колонны испещрены текстом на английском и древнееврейском. Также и стены, включая пространство вокруг экранов, усыпаны цитатами из первой главы Бытия, стилизованными под рукописный текст на клочках ветхого пергамента. Надо полагать, идея в том, что это — обрывки древнего (хотя не слишком и древнего — ведь текст на английском), едва ли не только что найденного удачливым археологом, свитка. Выглядит, впрочем, скорее как фотообои. Аналогичное впечатление производят и древнееврейские страницы в видеосюжетах (в одном ролике страница и вовсе показана вверх ногами). Особенно странно древнееврейский текст выглядит, сопровождая пассажи из Нового Завета (вроде послания Колоссянам 1:16), который, как известно, был написан на древнегреческом. Так или иначе, смысловое ядро зала находится как раз в центре, где на трех упирающихся в потолок полуколоннах (закругленных с одной стороны и плоских с обратной) со встроенными экранами представлен слегка видоизмененный стих из послания к Римлянам 1:20: «Ибо невидимое Бога, от создания мира видимо [первая колонна] как вечная сила Его и Божество [вторая] Так что нет у людей оправдания. [третья]»[12]. Словом, под цикличный аккомпанемент «Пятнадцати удивительных научных сюжетов, подтверждающих шестидневное Сотворение мира» посетителя очевидно подталкивают к мысли, что «нет у него оправдания», если он вдруг решит поспорить с тем, что Бог создал Вселенную в шесть 24-часовых суток.

Пройдя через зал и свернув за угол, посетители обнаруживают огромный экран с анимационной версией сотворения Адама. Новый человек, разрастаясь, будто нависает над зрителями; у Адама спортивное телосложение, модная стрижка и аккуратная бородка. Отсюда через портал, образуемый двумя белыми колоннами, путь ведет в пышную реконструкцию Эдемского сада. Как уже говорилось в главе первой, пространство Сада насыщено визуальными и аудиальными впечатлениями: помимо полноразмерных диорам, посетителя все время сопровождает мужской голос, зачитывающий отрывки из первых глав книги Бытия (разумеется, без вступления, без контекста и без какого-либо пояснения). Кроме того, перед каждой сценой из Писания размещено не менее трех табличек: центральная дублирует фрагмент, звучащий из динамиков, а боковые содержат музейные инструкции по его пониманию.

Каждый наш визит в Музей Сотворения мира заканчивался ощущением своеобразного сенсорного истощения. Идущий по Библейскому пути подвергается настоящей ковровой бомбардировке текстуальной, визуальной и аудиальной информацией. Текст настигает посетителя повсюду — на табличках, плакатах,

---

[12] В оригинале цитируется по Библии Короля Якова (KJV) с изменениями. В переводе представлен «склеенный» текст из Синодального издания и перевода Библии А. Десницкого. Синодальный перевод: «Ибо невидимое Его, вечная сила Его и Божество, от создания мира через рассматривание творений видимы, так что они безответны». Перевод Десницкого: «А что невидимо, — как Его вечная сила и божественность — то от создания мира открывается человеку в размышлении о сотворенном Богом мире. Так что нет у людей оправдания». — *Прим. пер.*

стенах, колоннах, экранах; он фрагментирован и лишен контекста. Внимание посетителя всегда рассредоточено: он пытается вчитаться в одно, как тут же вынужден отвлечься на другое. Все время где-то что-то движется, что-то мигает. Видеоряд скачет в бесконечном цикле. Какой-то голос что-то вещает откуда-то над головой, которую уже норовит оттяпать выпрыгнувший из темноты роботозавр.

В своей работе «Посредственность: что творит интернет с нашими мозгами» Николас Карр приводит исследовательские данные, свидетельствующие о том, что современные интернет-технологии способны «перекраивать» человеческий мозг. Столетиями, говорит он, человек обучался технологией печатного слова вычитать строку за строкой, страницу за страницей. Человек приучался читать в тиши собственных мыслей, размышлять над прочитанным, порой даже теряясь в тексте. Он воображал героев, слышал их голоса, представлял сцены действия; он предугадывал ход рассуждений, разворачивающихся на десятках страниц. Словом, человек обитал в этих строках и страницах, в описываемых пространствах и мыслях. Подобного рода чтение Карр называет «глубоким»[13]. По его мнению, глубокое чтение явилось важнейшим стимулом для развития человеческого общества, поскольку формировало логическое, критическое и творческое мышление. Интернет же, драматически заключает он, в том глубоком чтении ставит жирную точку.

Дело в том, что сама структура интернета в целом и любой веб-страницы — нелинейна. Интернет — по определению сеть (web), главной задачей которой является создание как можно большего числа узлов-связей. В пространстве интернета можно и нужно перелистывать, переходить и в целом перескакивать с одного на другое. Даже оставаясь на одной странице, читатель будет пробираться через встроенные видео, мигающие баннеры, всплывающие окна и иже с ними, требующие внимания, прерывая или по меньшей мере отрывая оное от интересующего читателя

---

[13] В своей работе Карр ссылается на множество интереснейших тематических исследований. См. [Carr 2010]. Также см. [Wolf 2010: 7–8].

текста. Увы, сетует Карр, человеческий мозг отлично приспосабливается к логике сети — со всей ее фрагментированностью и постоянной сменой фокуса. В результате читатель превращается в, так сказать, «обывателя», в среднем «бывающего» на веб-странице не более 20 секунд: взгляд пробегает первые строки и моментально соскальзывает в самый низ страницы. Увлекаемый потоком бесчисленных гиперссылок, он вскоре уносится недостижимо далеко от того, что читал изначально, и неудивительно, что потом уже с трудом вспомнит, что именно вообще читал.

Из технологических новшеств нашего времени, пожалуй, именно интернет наилучшим образом воплощает в себе логику фрагментарности и рассредоточенности внимания; впрочем, и другие технологии стремительно идут по его следам. Смартфоны, «умные» телевизоры, электронные «читалки», а порой даже и печатные страницы (газет и журналов) все больше адаптируются под «сетевую» логику. Повсюду нас приглашают взглянуть сюда, заметить вот это, перескочить туда, а оттуда — тут же снова куда-то туда; и лишь совсем редко — приостановиться, присмотреться или, наконец, призадуматься.

Скорость доступа и объем информации представляют весьма серьезное испытание. Человеческий мозг обладает поразительной способностью к формированию долговременной памяти и выстраиванию связей между сохраненными в ней данными, однако сам процесс переноса новой информации в долговременное хранилище требует времени. Как пишет Карр, скорость, с которой человек способен прочесть печатный текст, как раз и соответствует протеканию этой довольно неспешной когнитивной процедуры. Именно поэтому мы, как правило, хорошо помним прочитанное в книге. Иначе обстоит дело, когда мозг атакуют со всех сторон обрывками информации, поступающими слишком быстро и в слишком большом количестве: в условиях подобного штурма мы попросту не успеваем ни осмыслить материал, ни тем более сохранить его в памяти.

Даже если согласиться, что Карр чересчур сгущает краски в своих мрачных, почти апокалиптических прогнозах о том, что интернет разрушает человеческий мозг, его доводы оказываются весьма проницательными в контексте Музея Сотворения мира. Разумеется, Музей не интернет, но в нем задействованы коммуникативные технологии, подчиненные той же самой логике. Музей, так сказать, «избыточно текстуален». Текст повсюду — на всевозможных плакатах, муралах, колоннах, экранах, представленный с невероятным разнообразием всевозможных шрифтов и размеров. Текст появляется то на фоне, то на переднем плане, какие-то слова выделены, будто их выкликают, другие — едва различимы. Все это подталкивает посетителя читать исключительно бегло, по верхам, полностью игнорируя контекст. Причем текст в Музее не только перед глазами, он еще и в ушах — благодаря неустанному вербальному сопровождению. В один момент звучит стих из Библии, сразу за ним — сведения о лягушках, птицах и растениях, на смену которым поднимаются воды Потопа, за которыми следуют геологические пертурбации, а потом еще что-то и еще что-то, и так без конца. А пока посетитель силится как-то усвоить все это, его внимание дополнительно отрывается на экраны, где бесконечно крутятся видеосюжеты. Подобно всплывающим окнам в браузере, экраны в Музее повсюду — в иных залах их может быть до двух десятков.

Словом, не будет преувеличением сказать, что подача информации на музейном Библейском Пути перекликается с манерой веб-страницы: подобно ей, музейное пространство требует от посетителя заведомо обреченной попытки усвоить избыточный объем разрозненных фрагментов информации. В этом отношении весьма показателен тезис, выдвигаемый в зале, посвященном «Исходным точкам». Как уже упоминалось выше, посетителю здесь объявляют, что он обязаны сделать выбор в пользу Божьего Слова, навсегда подчинив ему разум. Примечательно, что используемые в Музее технологии вполне способствуют именно этому. Перемещаясь по музейным залам (будто переходя по гиперссылкам на сайте), посетитель сталкивается с подавляющим обилием мультимедийных решений, его мозг перегружен, внимание все более рассеяно, взгляд лишь скользит по поверхности, и разум действительно оказывается подчинен обступающему его «слову». Божьему или еще какому — вопрос открытый. Но в любом случае, подхваченный этим какофоническим потоком текстов, звуков и изображений, посетитель едва ли способен вдумчиво с ним взаимодействовать.

Слово-представление в Музее

При этом библейского текста в Музее представлено очень много. Наилучшим образом понять манеру музейной презентации библейского текста поможет внимательное рассмотрение трех сюжетов, которым здесь уделено более всего внимания, а именно — Вавилонской башни, Ноева Ковчега с Потопом и Эдемского сада. И начнем мы с Вавилонского зала, где на самом видном месте находится плакат, сообщающий:

> И случилось, что люди нашли в земле Сеннаар равнину и поселились там.
> Они сказали друг другу: построим себе город и башню, высотою до небес, и сделаем себе имя, прежде нежели рассеемся по лицу всей земли.
> И сказал Господь: вот, один народ, и один у всех язык; и вот что начали они делать, и не отстанут они от того, что задумали делать;
> Сойдем же и смешаем им язык, чтобы они перестали понимать друг друга.
> И Господь рассеял их оттуда по всему свету, и они перестали строить тот город.
>
> (Бытие 11:1–9)

Большинство посетителей, очевидно, заключат, что перед ними первые 9 стихов 11-й главы Бытия. Однако, если сравнить представленный текст с библейским, выяснится, что в музейном варианте отсутствуют стих 1-й, часть 2, 3, 5-го, часть 6-го и 9-го[14].

---

[14] Вообще же музейная цитата представляет настоящий «коктейль» из переводов: стих 2 взят из Библии Короля Якова [KJV: *It came to pass...* — «и случилось, что...» в русском переводе Макария Глухарева; в прочих переводах зачастую отсутствует. — *Прим. пер.*] с пропуском в середине [*as they journeyed*

Более того, здесь и в прочих цитатах Музей заменяет «Господом» — ГОСПОДА, употребляемого для передачи древнееврейского YHWH[15] (сокровенное имя, сообщенное Богом Израилевым Моисею на горе Синай). Не менее вольный подход в передаче того, что сам Музей считает непогрешимым Писанием, проявляется и в центральном видеосюжете экспозиции под названием «Вавилон». Компьютерную графику в ролике сопровождает закадровый голос. Конкретный источник текста не указан, но диктор вещает мерно и торжественно. Некоторые пассажи прямо повторяют «музейную версию» Бытия 11:1–9, другие, на плакате не упомянутые, также приведены в отредактированном виде. К примеру, часть второго стиха, опущенная на плакате, — «двинувшись с востока» — становится в ролике «спустившись с гор Араратских», отсылая к Бытию 8:4, где указывается, что «остановился Ковчег... на горах Араратских». Подобной редактурой Музей стремится подчеркнуть, что именно потомки Ноя основали Вавилон. Или стих пятый — если в обычном[16] варианте сказано: «сошел Господь посмотреть город и башню, которые строили сыны человеческие», — то дикторская версия гласит, что «Бог, Создатель неба и земли, обратил взор свой к ним и узрел

---

from the east — «Двинувшись с востока» в Синодальном переводе / СП]. Стих 4 склеен и отредактирован из стихов KJV и Новой версии Библии Короля Якова [*And they said...* — «Они сказали друг другу...» в Новом русском переводе, далее текст следует в СП]. Первая половина стиха 6 также взята из KJV [*And the Lord said...* — «И сказал Господь...», СП]. Стих 7 — из NKJV [*Let us go down...* — «Сойдем же...», НРП]. Стих 8 и вовсе наиболее близок к варианту *New Revised Standard Version* [в переводе — НРП].

[15] Принятый вариант в KJV, NRSV и других англоязычных переводах. Аналогичный прием используется в переводе под редакцией Кулаковых. Ср. Быт.11:5 в СП: «И сошел Господь посмотреть город и башню...» — и переводе под ред. Кулаковых: «Тогда сошел ГОСПОДЬ на землю — посмотреть на город и башню...». יהוה — «тетраграмматон», или четырехбуквенное (поскольку в древнееврейском языке — как и в современном иврите — писали согласными) имя Бога. Сегодня ученые сходятся в прочтении «Яхве». Буквальное чтение «Иегова» считается устаревшим и неверным. — *Прим. пер.*

[16] Опять же, здесь и далее — если не указано иного — в Синодальном переводе. В переводе под ред. Кулаковых, аналогично KJV, — «сошел ГОСПОДЬ». — *Прим. пер.*

город их». Надо полагать, все эти вмешательства в оригинальный текст потребовались, дабы не оставалось никаких сомнений во всеведении и всемогуществе Бога, которому не пристало вообще-то «сходить» куда-то, чтобы «посмотреть» что там у них в Вавилоне происходит[17].

В последней части видеосюжета библейский текст и вовсе не приводится, но сразу утверждается связь между боготворными «языковыми барьерами» и развитием разнообразия среди людей: «Каждая община стала жить обособленно, со временем выработав характерные физиологические и культурные особенности». Впрочем, Вавилон здесь нужен не только для пояснения расселения по планете и расового разнообразия. На стене рядом с экраном размещено массивное панно с изображением Башни, напоминающей зиккурат с огромной лестницей, уходящей в поднебесье. По обеим сторонам лестницы возвышаются две колонны с пылающими факелами. На вершине конструкции находится персонаж в балахоне (вероятно, языческий жрец), в одной руке держащий жезл, а другую простирающий в небеса. Заголовок гласит: «Появление человеческих религий». Несмотря на то что в библейском тексте прямо не указывается, что именно Вавилон стал родоначальником «всех человеческих религий», панно этот пробел уверенно компенсирует, сообщая посетителю, что в Вавилоне «люди отвергли Божий план, поклонившись созданию, нежели Создателю, и предпочтя следовать собственным путем, нежели тем, что указует им Бог». Все последующие религии скроены «по-вавилонски», просто каждая «по-своему переизобретает мифы, заменяющие истинную историю о Сотворении и Потопе».

Потопу посвящены целых шесть музейных залов, в которых рассказывается о «Строительстве», а затем — «Путешествии Ковчега», «Геологии Потопа», «Естественном отборе», «Мире после Потопа», а также аллозавре Эбенизере. Мы говорили

---

[17] Правка к 11:5 представляется совершенно необязательной: мало того что «сошествие» Бога как раз скорее подтверждает, что он был «в курсе» вавилонских дел, так оно еще и может быть истолковано в порядке своеобразной насмешки — «такая крошечная башенка, что Богу даже пришлось сойти с небес, чтобы разглядеть ее». См. [Waltke, Fredricks 2001: 180].

в главе первой, что в первом зале посетители видят процесс работы над Ковчегом, а также встречаются с робо-Ноем, раздающим указания рабочим. Сопроводительная табличка любезно подсказывает: «Спустя столетия праведной жизни Ной, надо полагать, был достаточно состоятелен, чтобы нанять кораблестроителей» (не поясняя, впрочем, откуда он взял профильных специалистов вдали от морских берегов). Более того, «нанятые рабочие могли быть и его аудиторией», ведь Ной был «проповедник правды и предостерегал людей о грядущем Суде». В зале робо-Ной убеждает стоящего рядом работника присоединиться к нему в предстоящем плавании: «Грядет Суд, друг мой! Но если отправишься со мной на Ковчеге — спасешься». Но работники, держащиеся поодаль от начальства, ворчат под нос о работодателе-фанатике: «Ну и глупец! И что ему верить словам его Бога?» Впрочем, о близящейся катастрофе были предупреждены не только сотрудники Ноя. Другое панно сообщает, что ведь

> и сам по себе Ковчег был сродни огромному рекламному билборду, громогласно возвещавшему Ноево исповедание, отчаянно смелое, взывающее к спасению пред лицом надвигающегося Суда. Исполинский корабль, выстроенный вдали от морских берегов, должно быть, отлично был известен всему тогдашнему миру. Ведь и Библия говорит, что Ной, готовя Ковчег на виду у всего мира, «осудил весь мир» — и в конце концов Бог «не пощадил первого мира, но сохранил Ноя».

Просто поразительно, сколь о многом из этого умалчивает библейский рассказ о Ковчеге и Потопе. В книги Бытия нет ни слова о том, что Ной проповедовал о грядущем Суде, что кто-то насмехался над ним, что он вообще пытался убедить кого-то присоединиться к его родным на Ковчеге[18] — и уж тем более

---

[18] Как отмечает Наум Сарна, «некоторые талмудисты» не слишком жаловали Ноя в сравнении с Авраамом, поскольку «в отличие от реакции Авраама в случае с Содомом и Гоморрой (Быт. 18:23–52), Ной не молил Бога проявить милосердие к современникам. Поэтому чуткое к этическим вопросам рав-

о чем-либо наподобие Ковчега в качестве «билборда» Божьего Суда над миром. Откуда же тогда все это? В значительной степени — из Нового Завета, в частности из одного места в Послании к Евреям апостола Павла и пяти стихов из Второго послания Петра. Ниже приведены соответствующие цитаты, в которых выделены использованные в экспозиции фрагменты. Из Послания к Евреям 11:7: «Верою Ной, получив откровение о том, что еще не было видимо, благоговея, приготовил ковчег для спасения дома своего; ею **осудил он весь мир** и сделался наследником праведности по вере». Из Второго послания Петра 2:5: «и если **не пощадил [Бог] первого мира, но** в восьми душах **сохранил семейство Ноя, проповедника правды,** когда навел потоп на мир нечестивых». И оттуда же, 3:3–6[19]:

> Прежде всего знайте, что **в последние дни появятся глумливые насмешники**, которые будут поступать по собственным прихотям **и [будут] говорить**: «Так что насчет обещанного пришествия Христа? Вот и бывшие до нас отцы уже умерли, а **все остается, как было от сотворения мира». Но они намеренно забывают, что небеса**, как и земля, **некогда были созданы Божьим Словом** из воды и при помощи воды, — **потому-то прежний мир и погиб в водах потопа**[20].

Музей весьма активно пользуется этими новозаветными цитатами, хотя даже они не дают полной уверенности в том, что, согласно Библии, Ной действительно пытался зазвать кого-то, кроме своей семьи, на борт Ковчега, или что люди по всему миру «конечно» знали о строительстве и понимали, что это — якобы предвестие грядущего Суда. Более того, на музейных плакатах и табличках вовсе не поясняется, какое место цитируемые стихи занимают в послании Павла к Евреям и во Втором послании

винистическое предание дополняет библейский текст, вводя образ Ноя, предостерегающего окружающих о грядущей катастрофе, призывая их к покаянию». См. [Sarna 1989: 50].

[19] Стихи 3–6 даны в переводе Десницкого, поскольку Синодальный вариант слишком бы удалялся от *музейного* варианта KJV. — *Прим. пер.*

[20] Как водится, никаких купюр, указывающих на пропуск, в цитатах нет.

Петра. Эта характерная привычка Музея — приводить библейские цитаты без какого-либо контекста — еще более наглядно проявляется в зале о геологии Потопа. Так, целую стену у входа в зал занимает надпись: «Спроси у животных и птиц небесных — они тебе расскажут. Побеседуй с землей — и она наставит тебя. Кто же не знает, что рука Господа сотворила все это?» (Иов 12:7–9)[21]. Очевидно, Музей подталкивает посетителя сделать вывод, что данные стихи — и особенно «все это» в самом конце — говорят о Всемирном Потопе. Такое прочтение представляется, мягко говоря, весьма вольным, если обратиться к самой книге Иова. К тому моменту Иова уже постигла целая череда ужасных бедствий; своей вины в них он не видит и отчаянно ищет объяснения — за что же Бог так поступает с ним? И вот один приятель поучает его, что Премудрость Божья непостижима для человека и критике его не подлежит, а значит, Иов, конечно же, грешен и сам повинен в несчастьях, его постигших. Иов же в ответ чуть не саркастически парирует этот трюизм — даже звери в курсе, что все вершится по воле Божьей. Далее (12:13–25) Иов и вовсе язвительно пародирует такое понимание «божественной премудрости», приводя массу примеров, когда Бог по собственному произволению и без видимого смысла вносил хаос в природную и общественную жизнь. Особенно интересен пример в стихе 15, где Иов говорит, что Бог властен «Остановит[ь] воды, и все высохнет», а после может и «пустит[ь] их, и превратят землю» в плодородную почву. В своем комментарии на книгу Иова Кэрол Ньюсом отмечает, что мы имеем здесь «ничем не мотивированную и крайне разрушительную манипуляцию водной стихией»,

---

[21] В какой-то момент, то ли в 2013, то ли в 2014 году цитату убирали со стены — по крайней мере, нам не удалось ее отыскать, хотя по состоянию на 3 июля 2014 года ее по-прежнему можно было наблюдать в «виртуальном туре» по залу геологии Потопа. Полностью цитата [в переводе под ред. Кулаковых. — *Прим. пер.*] звучит следующим образом: «Спроси у животных — они научат тебя, птицы небесные тебе поведают! Побеседуй с землей — и она наставит тебя, рыбы морские тебе расскажут! Кто же не знает, что рука ГОСПОДА сотворила все это?» Нетрудно заметить, что текст претерпел значительные изменения и изъятия, никоим образом не отмеченные, равно как и употребление четырехбуквенного Имени (выделенного в переводах).

резко контрастирующую с прочими библейскими пассажам, где «воды иссушаются и вновь проливаются подчеркнуто в качестве кары или благодати» [Newsom 1996: 429].

Ни о горестной иронии, сквозящей в словах Иова, ни о пародийном упоминании засухи и прочих «боготворенных» катаклизмов, ни даже о следующих лишь через шесть стихов после процитированного — о том, что ниспосланные Божьей волей воды могут вновь сделать землю плодородной — Музей не упоминает вовсе. Таким образом, столкнувшись с вырванным из контекста отрывком из книги Иова 12:7–9, посетитель вполне может заключить, что речь действительно о праведном Божьем Суде, коим тот осудил весь прежний грешный мир погибнуть в водах Потопа.

Разумеется, немалое внимание уделено и собственно рассказу о Потопе. В шести тематических залах присутствует бесчисленное количество отрывков из трех «потопных глав книги Бытия (6–9). То и дело посетитель встречает плакат или табличку, сообщающую о «Суде над миром», что «Ной с семейством погружаются на Ковчег», что «Господь затворяет дверь», что «воды поднимаются», что их рассекает «одинокий Ковчег» и что наконец «Бог возобновляет Завет». В иных случаях на пояснительных табличках можно также встретить указания о том, как именно следует понимать тот или иной библейский фрагмент. К примеру, пояснение к цитате из Бытия 7:19–23 гласит: «Приведенные стихи из Библии описывают не какое-то локальное событие, но Всемирный Потоп». Как и в других случаях, посетителя не считают нужным уведомить о том, что именно и каким образом в приведенных цитатах было опущено или подверглось редактуре (что, как мы видели, имеет место довольно часто)[22].

Сам факт наличия изъятий выглядит довольно странным. Учитывая, сколько пространства и текстового материала Музей посвящает Ковчегу и Потопу, вполне логично было бы ожидать,

---

[22] Особенно наглядный пример представляет плакат под названием «Воды поднимаются», указывающий источниками цитат Быт. 7:11, 17 и 22. В тексте присутствуют многоточия, однако лишь для того, чтобы отделить друг от друга стихи, а не указать на пропуски. Более того, третий отрывок и вовсе ошибочно подписан 7:22, хотя цитируется 21-й стих.

что где-то в экспозиции будет представлен и полный текст Бытия 6–9:17. Однако тогда пришлось бы рассказывать посетителю одну из самых странных библейских историй:

> Когда люди начали умножаться на земле и родились у них дочери, тогда сыны Божии увидели дочерей человеческих, что они красивы, и брали их себе в жены, какую кто избрал. И сказал Господь: не вечно Духу Моему быть пренебрегаемым человеками, потому что они плоть; пусть будут дни их сто двадцать лет. В то время были на земле исполины, особенно же с того времени, как сыны Божии стали входить к дочерям человеческим, и они стали рождать им: это сильные, издревле славные люди. И увидел Господь, что велико развращение человеков на земле, и что все мысли и помышления сердца их были зло во всякое время; и раскаялся Господь, что создал человека на земле, и восскорбел в сердце Своем. И сказал Господь: истреблю с лица земли человеков, которых Я сотворил, от человека до скотов, и гадов и птиц небесных истреблю, ибо Я раскаялся, что создал их (Быт. 6:1–7).

В одной статье, опубликованной в 2013 году в издании «Ответов», утверждалось, что, в отличие от «Эпоса о Гильгамеше», библейский рассказ о Потопе представляется вполне «логичным», «правдоподобным» и «дословно описывающим исторические события». Оставим за скобками, насколько «разверзание всех источников великой бездны» с целью затопить целую планету, позволив пережить сей катаклизм лишь восьмерым людям с несколькими тысячами животных на борту огромной лодки, подпадает под определение «логичного» решения; во всяком случае, «правдоподобным» историческим повествованием сказанное в Бытии 6:1–7 назвать довольно трудно. В немалой степени трудность связана с тем, как именно следует понимать упомянутых здесь «сынов Божиих». Предлагались различные толкования — от тогдашних князей до набожных людей. При этом исследователь-евангелист Гордон Уэнэм отмечает, что «древне-иудейская экзегеза... и раннехристианские авторы», как и «многие современные комментаторы», согласны, что под «сынами Божьими» подразумеваются «существа не-человеческого рода, но божественные сущности, вроде ангелов, демонов и духов»[23]. И сущности эти были весьма увлечены красотой «дочерей человеческих» и стремились вступить с ними в интимные отношения. Пусть, по мнению Уэнэма, «верующим в то, что Творец мог соединиться с человеческой природой в утробе Девы, вряд ли этот рассказ покажется особенно невероятным», — отчасти именно такая эксцентричность (даже для искренне верующих в непорочное зачатие) эпизода и объясняет, почему в Музее о нем не упоминается вовсе. Впрочем, еще важнее то, что данный сюжет непосредственно предшествует Потопу. С точки зрения Музея нетрудно увидеть весомые причины избегать ситуации, в которой посетитель станет размышлять о том, что, возможно, причиной Божьего гнева, обрушившегося на Землю несметными водами Потопа, стала неприятная история о богочеловеках, совокуплявшихся с дочерьми человеческими, — особенно учитывая, что подобные рассуждения ставят под сомнение ключевой тезис Музея о всецелой виновности человечества в собственной гибели[24].

К тому же полный библейский рассказ о Потопе мог бы возбудить в посетителе и другие вопросы. Внимательный посетитель без труда заметит не только крайне неровный характер повествования, — достаточно хотя бы того, что Ной с домочадцами

---

[23] Troy Lacey and Lee Anderson, «The Genesis Flood—Not Just Another Legend», Answers 8 (October–December 2013), https://answersingenesis.org/the-flood/flood-legends/the-genesis-floodnot-just-another-legend [дата обращения: 11.06.2025]. См. [Wenham 1987: 139]. См. также [Fretheim 1994: 382–383]. Учитывая, что «Ответы» постоянно подчеркивают ясность и доступность Писания, занятно, что по поводу этого места они четкого мнения не высказывают. Так, по словам автора «Ответов» Тима Чаффи, несмотря на то что «размышления о природе "сынов Божьих" составляют занятие небезынтересное, а порой и весьма полезное», оно «безусловно, не столь важно, как ясное и недвусмысленное откровение о шести днях творения». «Battle over the Nephilim», Answers 7 (January–March 2012), https://answersingenesis.org/bible-characters/battle-over-the-nephilim.

[24] [Wenham 1987: 140; Enns 2012: 48–49; Akenson 1998: 258]. Акенсон далее утверждает (цитируя Ульриха Лутца), что истребление человечества в Потопе подтверждает, что, согласно Торе, «сама идея бого-человеческих сексуальных реляций является высшей степенью кощунства».

заходят в Ковчег дважды (7:7 и 7:13) — но и целый ряд любопытных несостыковок. Так, в 6:19 Бог повелевает Ною: «Введи также в Ковчег из всех животных, и от всякой плоти по паре», но уже в 7:2 Он же требует: «всякого скота чистого возьми по семи [парам], мужеского пола и женского, а из скота нечистого по два, мужеского пола и женского». Или в 7:17 говорится, что «продолжалось на земле наводнение сорок дней», однако, если принять во внимание дату начала Потопа, указанную в 7:11 («в шестисотый год жизни Ноевой, во второй месяц, в семнадцатый день месяца») и дату его завершения, согласно 8:13 («Шестьсот перв[ый] год жизни Ноевой к первому дню первого месяца иссякла вода на земле»), получается, что воды покрывали землю около года. Наконец, Ной сперва выпускает ворона, чтобы тот разведал, сошла ли вода, и сразу же вслед за ним выпускает ровно с той же задачей голубя (8:7–8).

Исследователи прилагают немалые усилия в попытках как-то примирить эти расхождения. Так, указание в 7:2 взять на ковчег по семь пар каждого вида «чистых животных» предлагается понимать сугубо в порядке уточнения к 6:19, где предписывается взять «по паре от каждого вида»[25]. Согласно другой интерпретации, рассказ о Потопе в книге Бытия представляет собой прекрасный пример в поддержку документальной гипотезы, рассматривающей первые пять библейских книг — Тору — как результат слияния целого ряда независимых источников, объединенных позднейшими редакторами в единый свод, ныне известный как Пятикнижие. В классическом варианте документальной гипотезы эти источники обозначаются как J (источник, последовательно именующий Бога — Яхве), E (где используется собственно обозначение «Бог», по-еврейски — Элохим), P (источник, связанный с жреческой традицией) и D (свод установлений, содержащийся исключительно во Второзаконии)[26]. В своей блестящей апологии

---

[25] См., например, [Hamilton 1990: 287].

[26] Емкий исторический очерк и анализ основных положений гипотезы, зародившейся в XIX столетии (главным образом усилиями немецкого библеиста Юлиуса Велльгаузена), см. в [Friedman 1987: 15–32]. Полемику Фридмана

документальной гипотезы, озаглавленной «Кто написал Библию?», Ричард Фридман говорит, что библейский рассказ о Потопе представляет собой комбинацию двух источников — J и P, причем каждая версия стилистически и теологически согласуется с этими источниками и в других местах Торы. Стоит разделить рассказ на два самостоятельных повествования, и прежние противоречия тут же обретают смысл: у источника P — по паре каждого вида животных, у J — по семь пар чистых и по одной паре нечистых; у P потоп длится чуть более года, у J — 40 дней и 40 ночей; у P Ной выпускает ворона, у J — голубя; Бог источника P (Элохим) — «трансцендентный властелин вселенной», тогда как Бог источника J — антропоморфный Яхве, исполненный скорби, лично затворяющий двери Ковчега, а после Потопа обоняющий «приятное благоухание» принесенной Ноем жертвы[27].

В своем комментарии к книге Бытия протестантский теолог Уолтер Бруггеманн решительно заявляет, что «вне всякого сомнения, здесь [в рассказе о Ное и Потопе] объединяются два пласта традиции, которые принято обозначать литерами J и P». С не меньшей решительностью Дональд Акенсон говорит, что «противоречия» между «двумя версиями потопа» являются «чисто поверхностными». Однако в Музее Сотворения мира сам факт наличия противоположных повествовательных линий попросту недопустим, поскольку рассказ о Потопе — и, шире, все первые 11 глав Бытия — принимается за безошибочный и, следовательно, безупречно целостный исторический нарратив. Кен Хэм и сотоварищи утверждают, что документальная гипотеза является «полностью опровергнутой концепцией, которую продви-

---

с критиками документальной гипотезы см. в [Friedman 1998: 350–378]. Составленный им же перечень свидетельств в пользу гипотезы см. в [Friedman 2003: 7–31]. Эта работа примечательна еще тем, что содержит все Пятикнижие с цветовым обозначением гипотетических источников [Ibid.: 32–368].

[27] См. [Friedman 1987: 53–60]. Источники библейского рассказа о Потопе Фридман предлагает выделять следующим образом:
J: 6:1–8; 7:1–5, 7, 10, 12, 16b–20, 22–23; 8:2b–3a, 6, 8–12, 13b, 20–22.
P: 6:9–22; 7:6, 8–9, 11, 13–16a, 21, 24; 8:1–2a, 3b–5, 7, 13a. 14–19; 9:1–17.
Относительно 6:1–4 и 9:1–17 см. [Friedman 2003: 42, 46–47].

гают антидуховные либеральные критики»²⁸. Поскольку «невозможно», чтобы Бытие было компиляцией различных источников, собранных воедино редактором или редакторами спустя столетия после описываемых в тексте событий, «Ответы» подчеркивают роль Моисея, который с помощью божественного вдохновения — и заручившись, «по всей вероятности, письменными источниками» о тех временах — собственноручно написал и Бытие, и все остальное Пятикнижие. Ведь и сам Иисус говорил: «Ибо если бы вы верили Моисею, то поверили бы и Мне, потому что он писал о Мне» (Ин. 5:46). Так, если Иисус не прав — то он либо лжет, либо ошибается; «в таком случае он либо грешник, либо лжеучитель, но уж точно не Бог и никак не мог принять смерть на Кресте за грехи наши»²⁹.

Необходимость «причесать» библейский текст до состояния гладкого исторического повествования особенно остро ощущается в Музее, когда речь заходит о двух версиях Сотворения мира, изложенных, соответственно, в Бытии 1:1–2:4a и Бытии 2:4b–25. Внимательное прочтение обнаруживает значительные расхождения между ними: в первой действует трансцендентный Бог (Элохим), творящий мир за шесть дней, тогда как во второй — имманентный Господь (Яхве), и все происходит будто

---

[28] См. [Akenson 1998: 53; Brueggemann 1982: 75], Ken Ham, «The Enns Justifies the Means? A Review of the New Book by Peter Enns, The Evolution of Adam», answersingenesis, January 19, 2012, https://www.answersingenesis.org/articles/2012/01/19/evolution-of-adam-review [дата обращения: 11.06.2025]. По мнению Хэма, гипотеза была «полностью опровергнута» в статье штатных авторов «Ответов»: Bodie Hodge and Terry Mortenson, «Did Moses Write Genesis?», answersingenesis, June 28, 2011, https://answersingenesis.org/bible-characters/moses/did-moses-write-genesis [дата обращения: 11.06.2025].

[29] Ham, «Wolves in Sheep's Clothing?»; Hodge and Mortenson, «Did Moses Write Genesis?»; Tim Chaffey, «Does It Really Matter If Moses Wrote Genesis?», Get Answers, Answers 7 (April–June 2012) (только веб-версия), www.answersingenesis.org/articles/am/v7/n2/get-answers (цит.) [дата обращения: 11.06.2025]. Генри Моррис также пишет, что «Моисей собрал и отредактировал многие древние документы, поскольку представляется очевидным, что Адам и его потомки умели писать и оставили после себя описание современных исторических событий» [Morris 2012: 6].

бы в течение одного дня. Существенно отличается и порядок творения: в первом случае сперва был свет, затем твердь небесная, земная суша, растения, светила, морские и небесные существа, животные и, наконец, человек; во втором же сперва появляется человек, насаждается Сад с деревьями и рекой, затем животные и птицы, и, наконец, женщина. Как отмечает Питер Эннс, попытка «сшить» эти два рассказа «в единое целое обесценивает уникальные и намеренно отраженные в них точки зрения их авторов» [Enns 2012: 50–52, цит. 52].

Впрочем, в Музее попросту подразумевается, что два библейских рассказа о творении — это один и тот же текст. Поэтому, когда посетитель вступает на тропинку, ведущую через Эдемский сад, Музей предлагает ему считать происходящее вокруг не иллюстрацией ко второму нарративу, но естественным продолжением единого и непрерывного повествования о Сотворении мира. Повсюду вдоль маршрута размещено множество табличек со стихами и фрагментами из Бытия 2–3; как и в других залах, изъятия и иные правки в тексте практически не помечены[30]. Большинство табличек снабжены заголовками, резюмирующими суть цитаты: «Адам дает имена животным», «Бог создает Еву из ребра Адама», «Дерево жизни». Нередко там же присутствуют и комментарии. Так, на большом плакате, озаглавленном «Проклятие»[31] (в ролях: «Змей», «Ева» и «Адам»), посетителю напоминают о центральном тезисе Музея:

> Согласно Слову Божьему, тернистые растения появились после грехопадения Адама около шести тысяч — а отнюдь не миллионов — лет назад. Поскольку же мы находим ископаемые терновники вместе с останками динозавров, животных и прочих растений, следует заключить, что все они жили в одно время с людьми.

---

[30] В одном месте цитата ошибочно атрибутирована: под заголовком «Слово Божье поставлено под сомнение» находится текст, подписанный «Бытие 3:4», в то время как это стих 3:1.

[31] См. в Быт. 3:17–18: «...проклята земля за тебя... терние и волчцы произрастит она тебе». — *Прим. пер.*

Полноразмерная диорама представляет Адама и Еву как образец правильных взаимоотношений с Богом: они живут в блаженном согласии с окружающим их великолепием Эдемского сада и в послушании простым Божьим заповедям, некоторые из которых изложены на расположенной перед посетителем табличке. Снимок Сюзан Троллингер. Дополнительные фотографии и подробную информацию о Музее можно найти на сайте creationmuseum.org

Иногда комментарии предлагают богословское толкование стиха, смысл которого может быть неочевиден для посетителя. Так, Бытие 3:14–15 — «И сказал Господь Бог змею: "За то, что ты сделал это, вражду положу между семенем твоим и между семенем жены твоей; оно будет поражать тебя в голову, а ты будешь жалить его в пяту"» — сопровождает следующее разъяснение: «Бог пообещал потомка, — семя Евы — который полностью оплатит наш долг за грех и навсегда истребит последствия проклятия».

Как и в секции геологии Потопа, тропы Эдемского сада пестрят «творчески» переработанными библейскими цитатами, не ограничиваясь лишь книгой Бытия. К примеру, тут и там встречаются слова Иисуса, но, кроме подписи «Иисус Христос», никакой идентификации к ним не дается. Аналогично огромным билбордам «Бог говорит», которые во множестве встречаются вдоль автомагистралей, подобные «цитаты» Иисуса стремятся создать впечатление, что раз уж Сам Всевышний прямо так говорил, то и пояснять тут особо нечего.

Особого внимания заслуживает серия плакатов, описывающих жизнь в Эдемском саду до грехопадения, приводя отрывки из книги пророка Исаии и Откровения: «Нет конфликтов» («Волк будет жить вместе с ягненком, и барс будет лежать вместе с козленком; и теленок, и молодой лев, и вол будут вместе, и малое дитя будет водить их», Ис. 11:6); «Нет яда» («И младенец будет играть над норою аспида, и дитя протянет руку свою на гнездо змеи», Ис. 11:8); «Нет борьбы за выживание» («Не будут делать зла и вреда на всей святой горе Моей, ибо земля будет наполнена ведением Господа, как воды наполняют море», Ис. 11:9); «Нет работы в поте лица» («Никто не будет трудиться напрасно», Ис. 65:23); «Нет вреда» («Они не будут причинять зла и вреда на всей святой горе Моей, говорит Господь», Ис. 65:25); «Нет страданий» («И отрет Бог всякую слезу с очей их, и не будет уже ни плача, ни вопля», Откр. 21:4); «Нет болезней» («ни болезни уже не будет», Откр. 21:4)[32].

Разумеется, будущее время в цитатах относится к грядущему Тысячелетнему царству, поэтому за цитатами на плакатах в скобках следует напоминание, что сказанное — «обетованное будущее, сродни Эдему». Столь прямая аналогия между библейским

---

[32] В ряде цитат есть пропуски, никак на плакатах не отмеченные. Кроме того, тут же находятся плакаты без библейских цитат, на которых Эдем описывается как место, где нет старения, падальщиков и сорняков. Пусть и без библейских цитат, на плакатах весьма подробно раскрывается заявленная тема. Например: «Когда животные начали чрезмерно плодиться, стремясь компенсировать потери от болезней и смерти, они стали поедать слишком много растений. Поэтому Бог увеличил воспроизводство растений, чтобы заменить съеденные. В результате растения борются друг с другом за выживание [и] растения растут там, где они не нужны (сорняки)».

прошлым и библейским же будущим здесь принимается за данность, хотя текст оснований для подобной уверенности не дает. Больше того, стихам 65:23 у Исаии и 21:4 в Откровении предшествует указание, что описываемое будущее есть нечто совершенно новое[33]: «Ибо вот, Я творю новое небо и новую землю, и прежние уже не будут воспоминаемы и не придут на сердце» (Ис. 65:17) и «И увидел я новое небо и новую землю, ибо прежнее небо и прежняя земля миновали, и моря уже нет» (Откр. 21:1). Сколь бы богословски заманчивой ни выглядела подобная симметрия между Эдемским прошлым и Тысячелетним будущим, она не находит подтверждений в библейском тексте.

Наш анализ музейного Слово-представления и Слово-употребления мы завершаем, вновь обращаясь к первой главе Бытия, чтобы поговорить о самых главных для Музея словах в этой книге. Во-первых, это, конечно, слово «день». Для Кена Хэма, для Музея Сотворения мира, как и для всех младоземельных креационистов в мире вообще слово «день» в первой главе книги Бытия строго обязательно означает 24-часовые сутки, из которых в результате и получается шестидневное Сотворение. Эту мысль Музей повторяет настойчиво и многократно, включая видеосюжет, который постоянно крутится на экране в «Драконовой книжной лавке». В ролике Кен Хэм долго и подробно разъясняет, что еврейское слово יוֹם (йом), переведенное как «день», не может означать ничего, кроме суток продолжительностью в 24 часа. Мол, если мы относимся к оригинальному тексту всерьез; если хотим читать Библию буквально, то «день» мы обязаны понимать именно как «день». Вот что говорит по этому поводу в своей «Толковой Библии» Генри Моррис:

> Не подлежит сомнению, что Бог хочет, чтобы под днями творения мы понимали наши обычные календарные сутки. Слово *йом* в Ветхом Завете практически всегда используется в этом, самом обиходном, значении и никогда не обозначает иного строго определенного временного промежутка, кроме буквального дня [Morris 1995 (2012): 8–9].

---

[33] См. также пропущенные на плакате слова из Откр. 21:4: «ибо прежнее прошло».

В своей книге «Потерянный мир первой главы Бытия» специалист по Ветхому Завету и профессор Уитонского колледжа Джон Уолтон признает, что «наиболее верным пониманием еврейского текста» первой главы книги Бытия, очевидно, является «неделя из семи дней по 24 часа в каждом». Далее он говорит (опять же, соглашаясь с Хэмом и Моррисом), что староземельные креационисты допустили ошибку, «растянув значение *йом*» до «размаха эры», не видя никакого иного «способа примирить библейские семь дней по 24 часа, в которые происходило творение материального мира, с данными современной науки, подтверждавшими, что Земля и Вселенная невероятно древние». Однако, продолжает он, подобная гимнастика с дефинициями не очень-то и нужна, учитывая, что — *contra* младоземельной риторике — «ни неделя творения, ни вообще вся первая глава книги Бытия никакого отношения к возрасту Земли не имеют и иметь не могут». По Уолтону, лучший способ понять первую главу Бытия — это рассматривать семь 24-часовых дней как процесс наделения космоса функциями Божьего храма, в котором Он поселился и из которого управляет Вселенной. В этом отношении израильтяне были весьма схожи с другими народами древнего мира, которых в первую очередь интересовали функции мира и Тот, кто эти функции определил. Главный довод Уолтона заключается в слове ברא (*бара*), переведенном в Бытии 1:1 как «сотворил»; лучше, указывает он, понимать это место в духе «назначил функции», чем принимать в качестве прямого описания сугубо материального творения[34].

Как утверждает Уолтон, такое прочтение первой главы Бытия и является буквальным, подчеркивая, что такое — подлинно-

---

[34] См. [Walton 2009: 90–91, 94, 161–162]. Уолтон всеми силами подчеркивает, что его аргументация вовсе не направлена против Бога как Творца всего сущего: «*Рассматривать первую главу книги Бытия в порядке повествования о функциональном происхождении космоса как храма вовсе не означает и не подразумевает, будто Бог не имел отношения к материальному происхождению сущего. Отсюда следует лишь то, что первая глава книги Бытия повествует не об этом*» [Ibid.: 95, курсив Уолтона]. См. также [Brown 2010; Pahl 2011: 11–12, 19].

буквальное — прочтение требует познаний в древнееврейском и истории древнееврейской культуры в целом.

> Тот, кто заявляет о «буквальном» прочтении, опираясь сугубо на собственное понимание английского *create*, пожалуй, и вовсе не читает текст буквально, поскольку английский глагол для понимания обсуждаемого предмета не представляет существенного значения.

Аргумент Уолтона о том, что «сотворил» в Бытии 1:1 и далее следует понимать как «придание функциональности нефункциональному состоянию, скорее чем образование материальной субстанции там, где материя прежде отсутствовала», подкрепляется и вторым стихом главы: «Земля же была безвидна и пуста, и тьма над бездною, и Дух Божий носился над водою». Но подобное предположение — что уже «в начале» процесса творения имела место некоторая материя — в Музее Сотворения мира не рассматривается вовсе, уделяя крайне мало внимания пониманию стоящего в оригинале *бара* (что резко контрастирует с неустанным фокусом на слове *йом*). Напротив, повсюду в Музее категорически утверждается, что в книге Бытия описывается именно творение из ничего — *creatio ex nihilo*. Как указано на информационном плакате под заголовком «Только Писание» (с цитатой из Вестминстерского исповедания)[35], «Богу Отцу, Сыну и Святому Духу… было угодно вначале сотворить (или соделать) из ничего мир и все находящееся в нем, видимое и невидимое; сие было сотворено за шесть дней; и все весьма хорошо»[36]. Генри Моррис с восторгом подхватывает эту мысль в своей «Толковой Библии»: «Идея особого творения Вселенной, включая и сами пространство со временем, не встречается ни в одной религии или философии, древней или современной, кроме как здесь, в Бытии 1:1»[37].

---

[35] Свод кальвинистской догматики, с XVII столетия принятый в качестве официальной доктрины сперва в пресвитерианских, а чуть позже — и во всех реформатских церквях. — *Прим. пер.*

[36] Документ доступен по адресу: https://www.presbiteryen.org/rus/3/Вестминстерское_Исповедание_Веры_1647–1648_гг.pdf [дата обращения: 11.06.2025].

[37] См. [Walton 2006: 52, 169; Enns 2012: 45; Morris 1995 (2012): 7].

Однако, как отмечает Питер Эннс, большинство библеистов склонны держаться варианта перевода Бытия 1:1, близкого к «В начале, **когда** Бог сотворил небо и землю»[38] (выделено нами); именно так, «с выраженным придаточным оборотом, который подводит к стиху 2-му, описывающему изначальный хаос». Не только в Бытии 1:1 не утверждается творения из ничего, — *creatio ex nihilo* — но вообще ни один отрывок Библии не может быть всерьез истолкован как прямое изложение этой идеи. Более того, как показывает теолог Герхард Май, сама концепция *creatio ex nihilo* возникает не ранее середины II столетия н. э. — как результат богословских размышлений, выходящих за пределы строго библейского текста. Все это, впрочем, не имеет в стенах Музея Сотворения мира ровно никакого значения: тот факт, что *creatio ex nihilo*, весьма вероятно, не отражает «буквального прочтения» стихов книги Бытия здесь попросту не обсуждается[39].

Остановись, толкованье...

В статье 2011 года, вышедшей на сайте «Ответов», штатный лектор и автор организации Терри Мортенсон с тревогой констатирует «опасную тенденцию» в современной евангелической среде: по его мнению, «все больше евангельских ученых и лидеров начинают «функционировать на манер "папы"». Конечно, напрямую они не заявляют о своей непогрешимости или наивысшем духовном авторитете, но «их труды и лекции» многие миряне-

---

[38] Цит. по Русскому современному переводу (РСП). Ср. варианты в НРП: «Когда Бог начал творить небо и землю, земля была» / «В начале, когда Бог сотворил небо и землю». В оригинале цитируется NSRV. — *Прим. пер.*

[39] [Enns 2012: xiii; Smith 2011: 84]. В опубликованной «Ответами» статье «Мы понимали Бытие 1:1 неверно?» Джош Уилсон отвергает, как он выражается, «придаточное понимание Бытия 1:1», утверждая, что оно грамматически «тяжеловесно и нелепо», в то время как «традиционное понимание вполне ясно и точно» сообщает идею о том, что «в абсолютном начале всего Бог действительно сотворил небо и землю из ничего», см. Answers in Depth 8 (2013), https://answersingenesis.org/hermeneutics/have-we-misunderstood-genesis-11 [дата обращения: 11.06.2025].

евангелисты воспринимают именно так. В качестве «показательного примера» Мортенсон указывает на Джона Уолтона с его «Потерянным миром первой главы Бытия». Уолтонов аргумент — что «в первой главе Бытия Бог ничего не создавал», но лишь «наделил новым функционалом уже существовавшие вещи» — зиждется на эзотерических знаниях древнееврейского языка и ближневосточной литературы — областях, недоступных для большинства мирян. Тем самым, продолжает Мортенсон, фактически дается понять: «вы не можете понять Библию самостоятельно, так что просто доверьтесь экспертам». В результате, по мнению Мортенсона, Уолтон и прочие «так называемые эксперты» натурально «воруют Библию у прихожан». Именно против подобного «непогрешимого господства религиозной экспертизы» и выступал, по его словам, Мартин Лютер. В заключение Мортенсон призывает добрых христиан последовать примеру Лютера и апостола Павла, твердо придерживаясь «писаного Слова Божьего вместо слов какого-либо человека или группы людей», именно первое принимая за «окончательный авторитет в вопросе истины»[40].

Сетования Мортенсона на Уолтона и его коллег по «евангелическому понтификату», что те якобы подменяют идеи и авторитет Библии собственными, перекликается с обличениями Кена Хэма в адрес того же Уолтона и его работы о Бытии.

> — Невзирая на все заверения Джона Уолтона, — категорично утверждает Хэм в своем блоге на сайте «Ответов», — у меня нет ни малейших сомнений в том, что свои идеи о Бытии он выстроил лишь для того, чтобы вписать их в рамки так называемой многомиллионолетней истории Земли.

Пусть такие «эксцентричные и элитарные воззрения» приходятся по душе академической публике Уолтона, но здравый смысл подсказывает, что в Библии яснее ясного сказано, что Бог сотворил Вселенную за шесть 24-часовых дней. В другой заметке под заголовком «Библейский Потоп — битва продолжается!» Хэм

---

[40] Terry Mortenson, «Evangelical Popes», Answers 7 (April–June 2012), https://answersingenesis.org/christianity/evangelical-popes [дата обращения: 11.06.2025].

пылко заявляет, что нам вовсе не нужны Уолтон и прочие «"протестантские папы", множащиеся по всему христианскому миру», чтобы объяснять, что говорит нам Библия. Она говорит сама за себя, и любой человек может понять смысл сказанного, ведь «если беспредельный Бог, создавший язык, не может сподобить людей на написание Своего "Богодухновенного" Слова так, чтобы оно (независимо от языков и культур) было понятно всем и каждому, то с этим Богом явно что-то не так»[41].

Примечательно, что, раз за разом подчеркивая кристальную ясность Библии, ее «понятность всем и каждому», Хэм будто забывает, что понадобилось порядка 27 миллионов долларов, чтобы Музей Сотворения мира со столь грандиозным размахом мог разъяснять посетителям «правильное» понимание первых 11 глав книги Бытия. Как мы видели, посетителя в Музее отовсюду — с плакатов, экранов, в неусыпных голосах из динамиков — настигает настоящий шквал всевозможных пояснительных материалов, призванных наставить его, как именно следует понимать тот или иной стих, ту или иную фразу, а то и одно-единственное слово (скажем, тот же «день»). Словом, в Музее Сотворения мира не принято полагаться на волю случая, и потому каждый, покидающий его стены, должен быть тщательно проинструктирован по части должного понимания библейского текста.

В этой связи представляется, что, несмотря на все декларации о ясности Писания, Музей Сотворения мира, как видно, страдает от нехватки веры — веры в людей, в его стенах оказывающихся. Музей совершенно не уверен в том, что они сами в состоянии прочесть Бытие 1–11 и прийти к «верному» пониманию текста. Впрочем, стоит признать: подобное недоверие имеет основания. Как уже упоминалось ранее, Реформация — с ее акцентом на *sola scriptura* и «всеобщее священство верующих» — породила

---

[41] Ham, «Compromise with Millions of Years»; Ken Ham, «Wheaton College and False Teaching in Tennessee», Ken Ham (blog), answersingenesis, February 18, 2011, http://blog.answersingenesis.org/blogs/ken-ham/2011/02/18/wheaton-college-and-false-teaching-in-Tennessee [дата обращения: 11.06.2025]; Ken Ham, «The Genesis Flood—The Battle Still Rages!», Ken Ham (blog), answersingenesis, February 20, 2011, http://blogs.answersingenesis.org/blogs/ken-ham/2011/02/20/the-genesis-flood-the-battle-still-rages [дата обращения: 11.06.2025].

поистине головокружительное и постоянно разрастающееся многообразие библейских интерпретаций. Причем идея библейской безошибочности, на протяжении последних полутора столетий служившая краеугольным камнем консервативного протестантского понимания Библии, эту проблему вовсе не решила. Можно с жаром постулировать, что Библия «богодухновенна», свободна от ошибок и истинна во всем, о чем говорит; можно с неколебимой убежденностью провозглашать ее внутреннюю непротиворечивость и кристальную ясность; можно божиться, что данное ее прочтение — есть именно «буквальное». Однако же все это никак не снимает вопроса о смысле сказанного в тексте, равно как не снимает и разногласий относительно понимания этих смыслов. В своей «Библии, лишенной понимания» — блестящем исследовании вышеозначенных процессов в свете американского евангелизма — Кристиан Смит замечает:

> Одна и та же Библия — та самая, о которой сторонники библицизма настойчиво утверждают, что она совершенно ясна и внутренне последовательна, — пробуждает среди умных, искренних и глубоко верующих читателей множество противоречивых толкований практически по каждому важному вопросу. Если вкратце, знание «библейского учения» можно охарактеризовать как *всепроникающий интерпретационный плюрализм*... И здесь принципиальный момент: совершенно не важно, соответствует ли Библия всем тем теоретическим атрибутам, которые ей приписывают библицисты, — авторитетность, безошибочность, внутренняя непротиворечивость, кристальная ясность и прочим — поскольку она, Библия, в любом случае, «работает» так, что порождает многообразие различных толкований [Smith 2011: 17; курсив Смита].

Налицо серьезная дилемма. Ведь доктрина библейской безошибочности никоим образом не отменяет «суровой» реальности: письменные тексты нестабильны и, по выражению Платона, «везде обращаются», попадая в руки самых разных читателей, производящих неисчислимое множество самых разнообразных интерпретаций прочитанного. Кристиан Смит прямо указывает, что постулат о безошибочности Писания не устраняет фундаментальное напряжение, заложенное в принципе *sola scriptura*. Как справедливо отмечает Кэтлин Бун в своей работе «Библия им так сказала», посвященной фундаменталистскому дискурсу, «единоличие авторитета текста подрывается самой его текстуальной природой». Иными словами, как можно «пытаться регулировать понимание текста, одновременно настаивая на том, что сам этот текст и представляет наиболее авторитетное свое понимание?» Единственный выход, по мнению Бун, — положиться на внешнюю инстанцию с какого-либо рода магистериумом[42], где бы четко объявлялось — «вот что этот текст означает на самом деле». Но поскольку для консервативных протестантов, стоящих на позициях безошибочности Слова Божьего в качестве единственного авторитета, подобный магистериум не может быть обозначен явно, он должен проявляться, так сказать, незримо. Таким образом, заключает Бун, «различие между текстом и его толкованием» должно быть стерто, «что особенно ярко выражается в буквальном прочтении, когда утверждается, будто толкователь всего лишь излагает "буквальный смысл" толкуемого текста» [Boone 1989: 73, 79].

Собственно, именно это мы и наблюдаем в Музее Сотворения мира. У посетителя не возникнет и мысли о том, что «всепроникающий интерпретационный плюрализм», касающийся как первых 11 глав Бытия, так и всей остальной Библии, является системной чертой евангелизма и фундаментализма. Напротив, все, что Музей сообщает о первых главах Библии, — о Сотворении, Грехопадении, Ное, Потопе, Вавилонской башне и всем прочем — преподносится именно в качестве «буквального смысла текста». То есть, по утверждению Музея, посетителя всего лишь знакомят с тем, что непогрешимое и безошибочное Слово Божие ясно и недвусмысленно говорит о Сотворении Земли и ранней ее истории. Сам Музей выступает в роли магистериума, но эту роль исполняет как бы за кулисами, чтобы никакого зримого толкователя поблизости не находилось. Подобно

---

[42] Также «учительство церкви» в католицизме. На учительство возложена задача аутентичного истолкования Библии и Предания. — *Прим. пер.*

вездесущему голосу из музейных динамиков, этот учительствующий толкователь требует безоговорочного признания себя истинным, при этом не признаваясь в собственной роли. Акт интерпретации начисто стерт, а значит, и младоземельный креационизм — это не очередная интерпретация. Это — Истина.

Наглядный тому пример — ожесточенная критика, с которой Кен Хэм обрушился на библеиста Питера Эннса, в 2012 году опубликовавшего книгу «Эволюция Адама: что говорит и чего не говорит Библия о происхождении человека», в которой выдвинул ряд аргументов против буквально-исторического понимания сюжетов об Адаме, Еве и их Падении. Следом за разгромной рецензией на сайте «Ответов» Хэм выступил и с критическим словом на конференции, на которую был приглашен и сам ученый. Эннс в ответ указал, что было бы куда продуктивнее, если бы «в полемике с *христианскими* оппонентами [Хэм] исходил из их общей *принадлежности* к христианству» (выделено в оригинале). Хэм раскритиковал подобный призыв к «согласию в несогласии», заявив:

> то, что делает Эннс, разрушительно для христианства, поскольку он сознательно подрывает ясное учение Слова Божьего... [и хотя] Эннс хочет, чтобы я относился к его взглядам на Бытие как к потенциально возможным... я никогда не скажу ничего подобного, ибо никогда сознательно не поступлюсь Словом Божьим!

Хэм далее обвинил Эннса в том, что тот «переосмысляет Слово Божье, желая подогнать его под ненадежные слова человеческие, вместо того чтобы сами слова человеческие судить по безошибочному Слову Божьему». Подобное переосмысление, по мнению Хэма, продиктовано не чем иным, как «явной академической гордыней», так что автору «Эволюции Адама» следовало бы «умалится, как дитя[43], и покаяться... перед святым Богом»[44].

---

[43] Мф. 18:4. — *Прим. пер.*

[44] Ham, «The Enns Justifies the Means?» https://answersingenesis.org/reviews/books/the-enns-justifies-the-means/?srsltid=AfmBOopNVjv0QEGwoyzUnl-3SvmfMpBjVUgCLF6rUuqOVEaIlqKdoetU [дата обращения: 11.06.2025]; Peter Enns, «'Ken Ham Clubs Baby Seals' (or it may be time for him to rethink his ministry

Строго держась принципа о «ясном учении Слова Божьего», Кен Хэм и Музей Сотворения мира просто не могут признать, что и они предлагают именно интерпретацию, — равно как не могут допустить, что и иные интерпретации книги Бытия, в том числе в рамках консервативного протестантизма, также могут оказаться верными. Они не могут всерьез рассматривать, к примеру, возможность того, что первые 11 глав Бытия — это не буквальное историческое повествование; или что в Бытии имеют место два параллельных рассказа о Сотворении мира, как и два рассказа о Потопе; что их понимание глагола «сотворил» вовсе не является буквальным переводом древнееврейского *бара*; наконец, что идея *creatio ex nihilo* — творения из ничего — не находит подтверждения в рамках исключительно библейского текста. Ведь если хоть что-то из этого истинно, то их истина перестает быть Истиной, ибо сами они оказываются тогда носителями «ненадежных слов человеческих», и вся стройная система их «Ответов», включая Музей Сотворения мира, начнет оседать, словно дом, построенный на песке.

Непоколебимая приверженность младоземельной интерпретации первых 11 глав Бытия помогает объяснить на первый взгляд парадоксальное обращение Музея с библейским текстом — весь лавинообразный поток аудиовизуальных «всплывающих окон», практически не оставляющих посетителю шанса просто спокойно прочесть сказанное в Писании; отсутствие полноценной экспо-

---

strategy)», Rethinking Biblical Christianity (blog), patheos, September 21, 2012, http://www.patheos.com/blogs/peterenns/2012/09/ken-ham-clubs-baby-seals-or-it-may-be-time-for-him-to-rethink-his-ministry-strategy [дата обращения: 11.06.2025]; Ken Ham, «Peter Enns Responds with 'Ken Ham Clubs Baby Seals», Ken Ham (blog), answersingenesis, September 24, 2012, http://blogs.answersingenesis.org/blogs/ken-ham/2012/09/24/peter-enns-responds-with-ken-ham-clubs-baby-seals [дата обращения: 11.06.2025]. См. также Ken Ham, «Peter Enns Wants Children to Reject Genesis», Ken Ham (blog), answers ingenesis, September 20, 2012, http://blogs.answersingenesis.org/blogs/ken-ham/2012/09/20/peter-enns-wants-children-to-reject-genesis [дата обращения: 11.06.2025]; Ken Ham, «Peter Enns—Mutilating God's Word», Ken Ham (blog), answersingenesis, December 14, 2012, http://blogs.answersingenesis.org/blogs/ken-ham/2012/12/14/peter-enns-mutilating-gods-word [дата обращения: 11.06.2025].

зиции, посвященной собственно 11 «главным» главам; произвольное тасование различных переводов и весьма «творческий» подход к тексту, в котором почти никогда не отмечены сделанные купюры; полное игнорирование контекста цитируемых стихов и т. д. Подобное отношение может показаться удивительно небрежным, особенно учитывая подчеркнутую приверженность доктрине библейской безошибочности и настойчивые напоминания о том, что каждое слово Библии буквально «вдохновлено Богом». Однако видеть здесь парадокс — означает упустить самую суть Музея. По меткому наблюдению библеиста Джеймса Барра, несмотря на декларируемую защиту авторитета Писания, фундаменталисты в действительности куда более заинтересованы в навязывании одной-единственной консервативной интерпретации. В полной мере сказанное справедливо и для Музея Сотворения мира: его главная цель — вовсе не аккуратное представление библейского текста посетителю, а утверждение истинности конкретного его прочтения, а именно — младоземельной интерпретации «безошибочного текста» Писания как Истины[45].

Такое стремление раз и навсегда обуздать «всепроникающий интерпретативный плюрализм», остановить его маховик, навеки законсервировав верное понимание Библии, не ново. В качестве прецедента можно привести хотя бы комментированное издание Библии Сайруса Скоуфилда. Он был теологом-самоучкой, служил пастором в конгрегационалистской (впоследствии пресвитерианской) церкви в Далласе. К концу XIX века Скоуфилд стал одним из лидеров движения «Библии и пророчества», целью которого являлось продвижение идей библейской безошибочности и диспенсационного премилленаризма среди американских протестантов. В 1888 году Скоуфилд выпускает работу «Верно разделяя Слово Истины», которая почти сразу становится настольной книгой в доме каждого премилленариста. Впрочем, уже вскоре он приходит к выводу, что для «верного» понимания Божьего Слова сама Библия нуждается в подспорье в виде обстоятельного комментария. В 1903 году он оставляет пасторское служение,

---

[45] См. [Barr 1984: 149; Harris 1998: 183–185].

чтобы полностью сосредоточиться на работе над собственным толковым изданием Библии Короля Якова, и в 1909 году в Издательстве Оксфордского университета выходит первое издание (второе увидит свет в 1917 году), тут же ставшее настоящим религиозным бестселлером. К 1930 году было распродано около миллиона копий, а к 1945-му этот показатель увеличился вдвое.

Гордон Кэмпбелл, автор «Истории Библии Короля Якова с 1611 по 2011 год», пишет, что «скоуфилдовское издание явилось настоящей вехой в истории королевской версии Библии». При посредстве обширного комментария и сложной системы перекрестных ссылок на другие места Писания «скоуфилдовская Библия, по сути, выступает эдаким незримым руководителем, на каждом шагу заботливо подсказывая читателю, как ему лучше следует понимать то или иное место Писания». В этом отношении труд Скоуфилда наиболее всего прославился агрессивной пропагандой диспенсационного премилленаризма: объем толкований и комментариев, которыми снабжены, к примеру, книга пророка Даниила и Откровение, поистине поражает (иные примечания занимают более половины страницы). Не жалея сил, Скоуфилд раз за разом наставляет читателя, как надлежит понимать (точнее сказать — «дешифровать» в соответствии с замысловатой диспенсационалистской системой) эти, мягко говоря, своеобразные библейские тексты[46].

Немало внимания уделяет Скоуфилд и первым 11 главам книги Бытия. Взять хотя бы стихи 1:1–2, в комментарии к которым он развивает так называемую теорию разрыва касательно Сотворении мира. Лишь к этим двум стихам он добавил четыре аннотации и девять перекрестных ссылок на другие места Писания. Каждый из стихов предваряет отдельный заголовок: для первого — «Первозданное творение» и «Земле присуждено быть пустой и опустошенной»[47] с отсылкой к пророку Иеремии 4:23–26.

---

[46] См. [Campbell 2010: 243–244; Trollinger, Jr. 2009: 367–368].

[47] Спустя почти столетие к подобному варианту обратились и вполне ученые гебраисты. Ср. «Земля была пуста и пустынна» / «Земля была пустым пуста» в Современном русском переводе РБО. — *Прим. пер.*

На той же странице присутствуют и толкования в сносках. Так, «Бога» (древнееврейского *Элохим*) в Бытии 1:1 Скоуфилд снабжает комментарием, в котором утверждает, что «в самом имени "Элохим"[48] подразумевается Троица». Также сопровождается пояснением и слово «сотворил»: здесь отмечается, что в первой главе Бытия фигурируют три «творческих акта», из которых первый (Быт. 1:1) — сотворение неба и земли — имел место во «вневременном прошлом и потому допускает существование всех геологических эпох». К стиху 1:2 Скоуфилд дает весьма пространное объяснение: «"земля была безвидна и пуста" вследствие некоего катастрофического "божественного суда", возможно, связанного с предшествующим испытанием и падением ангелов небесных» — о чем, по его мнению, свидетельствую пророчества Иезекииля и Исаии [Scofield 1909: 3].

Как и в случае с Музеем Сотворения мира, трудно примирить комментаторский напор Скоуфилда с традиционной протестантской идеей о том, что каждому верующему доступно ясное Слово Божье. Но, опять-таки, как в случае с Музеем, скоуфилдовский комментарий подается вовсе не как интерпретация, но как самый «прямой смысл», заложенный в самом Писании (о чем свидетельствует практически полное отсутствие ссылок на других толкователей в сносках). Именно так работу Скоуфилда и воспринимали американские фундаменталисты, с самого своего появления в 1919 году отдавая исключительное предпочтение его комментированной Библии. Как отмечает в своей работе 1973 года «Писание, традиция и безошибочность» Дьюи Бигль,

> влияние примечаний Скоуфилда в евангельских кругах достигало такой степени, что многие верующие принимали его комментарий за *истинное истолкование* Библии, фактически надсяля его равным с библейским текстом авторитетом ([Beegle 1973: 110]; курсив Бигля. Цит. по: [Boone 1989: 79]).

---

[48] Имеется в виду форма множественного числа (о чем свидетельствует окончание *-им*) от «Эль» — имени многих верховных божеств в древнесемитских культурах. — *Прим. пер.*

Достижение и правда выдающееся. Без всякого преувеличения можно сказать, что С. И. Скофилд добился ошеломительного успеха в своем дерзновенном устремлении нанести чуть не на скрижали истинный смысл Библии — по крайней мере, среди консервативных протестантов Америки. Что же касается скоуфилдовских примечаний в русле «теории разрыва», то здесь надо сказать, что, поскольку он работал на заре XX столетия, когда практически весь консервативный протестантизм придерживался староземельных взглядов, его интерпретация Бытия 1:1–2 не вызвала особых разногласий. Однако времена переменились, и младоземельный креационизм затмил «старого» визави на консервативной сцене, так что ныне утверждение Скоуфилда о том, что «первый акт божественного творения относится ко вневременному прошлому и потому допускает существование всех геологических эпох», обрекает создателя «Библии фундаментализма» на незавидную участь в Музее Сотворения мира.

Наилучшим образом музейное отношение к Скоуфилду иллюстрирует зал «Актуальности Писания», через который посетители из зала «Авторитета Писания» попадают на «Аллею граффити». На первый взгляд зал выглядит как дань уважения Реформации: здесь есть модель книгопечатного станка Гутенберга (благодаря которому Библия стала «самым продаваемым текстом всех времен»), большой информационный стенд в честь Реформаторов, «возвысивших голос, призвав церковь обратиться к авторитету одного лишь Писания», а также сакраментальная сцена с Лютером, прибивающим свои «Тезисы» к дверям Виттенбергской Замковой церкви в 1517 году. Но тут посетитель может заметить, что все цитаты, посвященные *sola scriptura*, включая слова Жана Кальвина о том, что пребывающему в «упадке тварному миру... лишь неполных шесть тысяч лет»[49], нацелены на то, чтобы привлечь лидеров Реформации под знамена младоземельного креационизма. Еще более въедливый посетитель заметит также, что музейный Лютер вообще-то прибивает к церковным дверям не свои размашистые «Девяносто пять тезисов», но краткое воззвание следующего содержания:

---

[49] [Кальвин 1997: 153].

> Если я громогласно и внятно исповедую каждую толику
> Слова Божьего — за исключением именно сей малой точки,
> на которую ныне направлены стрелы мира и дьявола, — я не
> исповедую Христа, сколь бы смело я ни проповедовал о Нем.
> Именно там, где бушует сражение, наипаче проявляется
> верность солдата; а стоять неколебимо по всей линии
> фронта, но дрогнуть в одной-единственной точке — значит
> с позором бежать с поля боя.

Несмотря на заверения музейной таблички, сообщающей, что данный призыв к культурной войне взят из «Переписки Мартина Лютера», как выясняется, взят он все же не оттуда, а из реплики персонажа по имени Фриц, фигурирующего в исторической новелле, написанной Элизабет Рандл Чарльз в середине XIX века[50].

Но наибольший интерес для нашего рассмотрения представляет странный мурал, находящийся на стене рядом с печатным станком. Заглавие гласит: «Сомнения в Писании: Церковь поступается Словом Божьим». Ниже изображена хронологическая шкала, обнимающая пять последних столетий западной истории: кривая идет поначалу плавно, а затем все стремительнее уходит вниз. Под нисходящей линией красуется подпись «Человеческий разум», а еще ниже перечисляются такие фигуры, как Рене Декарт (который «произвел революцию в философии, сделав мерой всех вещей человека, а не Библию»), Чарльз Лайель, Чарльз Дарвин и другие. Однако куда более заметно — и, судя по заголовку, несомненно более значимо — то, что расположено над кривой. На самом ее пике гордо стоит Мартин Лютер, провозглашающий «Только Писание». Любопытно (или, скорее, закономерно), что нисходящую траекторию кривая берет буквально у его ног[51]. Закат от «Только Писания» к «Сомнениям в Писании» отмечен

---

[50] [Charles 1864: 321; Caldwell 2009: 356–359]. Также Музей внес ряд коррективов в оригинальный текст реплики: к примеру, «Божья правда» была заменена «Словом Божьим», а «проповедовал христианство» стало «проповедовал о Нем».

[51] Резонно спросить: а понимают ли организаторы Музея, что именно *sola scriptura* и порождает нескончаемый поток конкурирующих интерпретаций Библии?

фигурами Фрэнсиса Бэкона, утверждавшего, что «для понимания устройства мира Библия не требуется» и Галилео Галилея (к нему мы еще вернемся чуть позже). Когда же закат «Сомнений в Писании» впадает в «Отвержение Писания», на кривой появляются евангелические деятели XIX столетия — Томас Чальмерс и Хью Миллер, авторы соответственно теории разрыва (согласно которой между первым и вторым днем творения прошли миллионы лет) и теории дневного века (согласно которой каждый Бытийный день отражает огромный временной отрезок)[52]. На исходе XIX и к началу XX века кривая принимает уже совсем отчаянный уклон, знаменуя, надо полагать, полное отречение. Прямо под «Отвержением Писания» теологически подкованный посетитель — быть может, несколько удивившись, — обнаружит пресвитерианских богословов-консерваторов Чарльза Ходжа и Бенджамена Уорфилда. Несмотря на то что именно Ходж и Уорфилд предлагали, пожалуй, наиболее аргументированную и влиятельную апологетику доктрины библейской безошибочности, на музейной кривой они представлены как потворники духовно-исторического падения: Ходж — за то, что «допустил, что "день" в Бытии 1 может означать миллионы лет», а Уорфилд — потому что «признавал возможность того, что Бог направлял эволюцию (теистическая эволюция)».

Вот тут, под еще бо́льшим креном после отметки «1900», и находится скоуфилдовская комментированная Библия — как раз из-за того, что «популяризировала мысль о длительных промежутках времени между Быт. 1:1 и 1:2 (теория разрыва)». Над этим вердиктом расположено изображение страницы из Библии, на которой особенно «возмутительные» места в комментариях отчеркнуты суровым красным. Впрочем, это не фотография, а именно «изображение», и, несмотря на попытки создать впечатление подлинности, нетрудно догадаться, что перед нами *не* аутентичная страница скоуфилдовской Библии — без примеча-

---

[52] [Roberts 2007: 45–47; Numbers 1998: 2]. Стоит заметить, что «Потоп Бытия» Уиткомб и Моррис писали как раз для опровержения теорий разрыва и дневного века. См. [Numbers 2006: 230].

тельных заголовков и перекрестных ссылок. Более того, было удалено и первое же примечание Скоуфилда к первому стиху, второе (ставшее теперь первым) подверглось жестокому сокращению, а примечание ко второму стиху было не только убрано, но и заменено на авторский заголовок — «Земле присуждено быть пустой и опустошенной».

Пожалуй, наиболее дипломатичным объяснением такому редакторскому вмешательству будет желание кураторов экспозиции известным образом упростить посыл для лучшего понимания посетителей. Впрочем, в чем бы ни заключалась мотивация, факт изъятия из текста перекрестных ссылок эффективно скрывает то обстоятельство, что у сторонников «теории разрыва» находились именно библейские, текстуальные основания для аргументации. Можно по-разному трактовать выдаваемое за оригинальную страницу скоуфилдовской Библии изображение с отредактированным текстом, но очевидно, что нахождение Скоуфилда на излете кривой отражает подчеркнуто негативное отношение к нему в Музее. Весь XX век его комментированная Библия безраздельно правила бал в американских консервативных кругах, и фундаменталисты с евангелистами принимали Скоуфилдовы примечания за ясное выражение «буквального смысла» текста, получая то самое Истинное Прочтение Писания. И вот, в XXI веке, Музей Сотворения мира недвусмысленно и прямо ниспровергает Скоуфилда с его Библией, поместив в разряд главных «отказников» современности и — как посетитель увидит далее на «Аллее граффити» и в зале о «Кризисе культуры», — одного из главных пособников упадка церкви и всей человеческой цивилизации. Сайрус Скоуфилд, наряду с архитекторами доктрины о безошибочности Писания Чарльзом Ходжем и Бенджаменом Уорфилдом, был сброшен с фундаментального пьедестала, попав под тяжкую младоземельную поступь, чающую начисто вытоптать поле консервативной интерпретации, не оставив и намека на «примирение» Библии с геологическими эпохами.

Прямо под мнимой страницей из Библии Скоуфилда на мурале располагается процесс над Джоном Скоупсом, вызвавший, как сообщает подпись, «всемирное осмеяние библейской истории —

и не в последнюю очередь по причине церковного взгляда на Сотворение в духе дневного века». Даже по, мягко говоря, экстравагантным меркам мурала подобное утверждение выглядит весьма странным. Во-первых, заметим, что речь идет не обо всей «церкви», а о «фундаменталистских приходах староземельных креационистов». Во-вторых, разве «всемирное осмеяние» всерьез уменьшилось бы, если бы Брайан на процессе настаивал, что Библия учит о Сотворении Вселенной за шесть буквальных 24-часовых дней, вместо того чтобы утверждать, будто «день» в Бытии необязательно означает именно календарные сутки? Откуда столь оглушительное ощущение поражения, если учесть, что большинство фундаменталистов в 1925 году воспринимали процесс над Скоупсом скорее как победу — что выразилось в волне антиэволюционистской активности, не спадавшей и в последующие три года?[53]

В своей блестящей работе «Книга о Джерри Фолуэлле: фундаменталистская риторика и политика» Сьюзан Гардинг показывает, что столь странные подписи на самом деле вполне соответствуют тому, как многие фундаменталисты, включая Фолуэлла, оценивали последствия «Обезьяньего процесса». Кульминацию процесса и фундаменталисты, и их светские визави видели в согласии Уильяма Брайана выступить в качестве свидетеля обвинения. Защитник Скоупса Кларенс Дарроу приложил массу усилий, чтобы выставить убеждения Брайана на посмешище, дотошно допрашивая того на предмет трехдневного проживания Ионы в китовом брюхе, как Иисусу Навину удалось остановить Солнце, откуда единственный оставшийся у Адама с Евой ребенок — изгнанник Каин — взял себе жену и т. д. Впрочем, тем он не ограничился, задавшись целью доказать, что Брайан, вопреки его утверждениям, отнюдь не принимает текст Писания буквально. Разумеется, наиболее ярким образом это можно было продемонстрировать именно на примере понимания дней творения:

---

[53] Подробнее о том, как процесс над Скоупсом видели фундаменталисты-современники, а также об антиэволюционистских выступлениях см. [Numbers 1998: 76–91].

Дарроу (Д.): Господин Брайан, не могли бы вы назвать возраст нашей планеты?
Брайан (Б.): Нет, сэр.
Д.: Хотя бы примерно?
Б.: Мне бы не хотелось гадать.

[...]

Д.: Как по-вашему, Земле может быть всего около четырех тысяч лет?[54]
Б.: Не думаю. Кажется, она должна быть гораздо старше.
Д.: Насколько?
Б.: Затрудняюсь сказать.

[...]

Д.: Считаете ли вы, что Земля была создана за шесть дней?
Б.: Да, но то были не наши 24-часовые сутки.

[...]

Д.: Полагаете, эти «дни» стоит понимать не в буквальном смысле?
Б.: Я полагаю, что это были не наши 24-часовые сутки.

[...]

Д.: Вы так полагаете?
Б. Да. Но я убежден, что для Всемогущего Бога, в которого верят христиане, было бы равно легко сотворить Землю и за шесть дней, и за шесть лет, и за шесть миллионов или миллиардов лет. Не думаю, что вообще имеет значение, что здесь принимать за «день».
Д.: Так как, по-вашему, «дни» были буквально днями?
Б.: По моему мнению, это были скорее продолжительные периоды времени, но, конечно, я бы не стал оспаривать [sic] кого-либо, желающего верить в дни в буквальном смысле слова[55].

---

[54] Дарроу, очевидно, оговорился, имея в виду, что планета была сотворена в 4004 году до н. э., давая в сумме возраст в шесть тысяч лет.
[55] См. [Harding 2000: 70–71; The World's Most Famous Court Trial... 1990: 296, 298–299, 302].

Воззрения Брайана на «дневные века» творения не только полностью соответствовали тогдашнему фундаменталистскому мейнстриму — сами фундаменталисты воспринимали подобный взгляд как отражение библицистской точки зрения. Однако, как отмечает Гардинг,

> вся проблема для верующих буквалистов заключалась в том, что Дарроу вел допрос в той же риторической форме, к которой прибегали и сами проповедники буквализма для взаимного теологического надзора: победу в споре одерживал тот, кто доказывал, что его понимание Библии «буквальнее».

Принимая «правила фундаменталистского риторического поединка», Дарроу сумел «поставить под сомнение статус Брайана в качестве подлинно верующего в букву Слова». Более того, тот факт, что словесная дуэль «прошла по всем фундаментальным правилам», лишал самих фундаменталистов (особенно после спада антиэволюционистского ажиотажа к концу 20-х годов) возможности как-то сгладить впечатление, что процесс над Скоупсом был сокрушительным поражением[56].

Именно так все и преподносится в Музее: Уильям Дженнингс Брайан «продул» процесс ровно потому, что читал Библию недостаточно буквально. Но вот, спустя 36 лет позора и насмешек, на выручку явился «Потоп Бытия». Как пишет Гардинг,

> настойчиво проводя в своей работе младоземельную линию в русле строго буквального (день = календарные сутки) прочтения текста, Моррису и Уиткомбу удалось вновь завоевать авторитет для дословного понимания рассказа книги Бытия о Сотворении мира — авторитета, утраченного в деле Скоупса, в финале которого Дарроу уличил Брайана в непоследовательности его «дневно-вековой» позиции [Harding 2000: 214].

В этом и заключается центральный аргумент Музея: лишь понимая первые 11 глав книги Бытия как буквальное, историче-

---

[56] [Harding 2000: 73]. О том что процесс над Скоупсом, возможно, способствовал росту популярности младоземельных воззрений, см. [Shapiro 2013: 106–107].

ски аккуратное повествование, не поступаясь и буквой ради компромисса с современной геологией, биологией и прочими, — лишь тогда Истинное Прочтение Слова Божьего (принятое в его прямом, буквальном смысле) будет надежно и прочно укреплено и недвижимо, а Библия вновь обретет свой подлинный и заслуженный авторитет.

Но, несмотря на столь ожесточенные усилия Музея, история на месте не стоит. *Sola scriptura* и сегодня остается не менее опасной идеей, чем в прежние времена. Смысл Библии все так же не поддается консервации. Читатели продолжают читать и производить все новые и новые толкования. Протестантизм по-прежнему не выработал собственного магистериума, указывавшего бы, какое из прочтений надлежит считать Истинным. Младоземельному креационизму так и осталось не по силам заявить веское и самое окончательное слово по вопросу прочтения Слова.

Когда же (или *если*) младоземельный креационизм утратит позиции в консервативных протестантистских кругах, то, весьма вероятно, — учитывая правила фундаменталистского дискурса, — произойдет это ровно по той же причине, по которой в опале оказалась скоуфилдовская Библия: его попросту заклеймят недостаточно «буквальным». Удивительным образом намек на то, каким образом это произойдет, мы обнаружим на том же мурале — прямо под Лютером, рядом с пиком кривой. Здесь расположен портрет Галилео Галилея, который, как гласит подпись, «утверждал, что Писание можно толковать с опорой на науку». Точнее, конечно, было бы сказать, что он утверждал, что саму природу можно «толковать», опираясь на доводы разума, пусть даже таковые и входили бы в противоречие с поверхностным пониманием библейского текста. Вот что по этому поводу в 1615 году писал сам Галилей великой герцогине Тосканской Кристине:

> ...Священное Писание и Природа равно порождены Богом: Первое — как продиктованное Духом Святым, вторая — как послушная исполнительница Господних повелений. Более того, Писание, дабы соответствовать пониманию

> простого люда, вынуждено описывать многие вещи так, что если следовать буквальному значению слов, то сказанное окажется далеким от абсолютной истины. С другой стороны, Природа неколебима и неизменна [...и потому] природные явления, как те, что наш чувственный опыт представляет перед нашими очами, так те, что необходимым образом доказаны, не нужно подвергать сомнению (а тем более осуждать) на основании библейских текстов, смысл коих может оказаться гораздо глубже буквального. [...] Я не думаю, что обязан верить, будто Бог, наделивший нас чувствами, языком и разумом, определил нас отказаться от использования этих средств (Цит. по: [Дмитриев 2006: 301–302]).

Своим письмом Галилей отвечал на нападки противников из клерикально-консервативных кругов, видевших в его телескопических наблюдениях поддержку коперниканской идеи о том, что Земля вращается вокруг неподвижного Солнца. Нападки эти, как отмечает сам Галилей, опирались на многочисленные места в Писании, где сказано о том, что Солнце обращается вокруг неподвижной Земли. Спустя всего несколько месяцев, в феврале 1616 года, Галилей был уведомлен от лица Церкви, что более поддерживать идею о вращении Земли нельзя, на что ученый ответил согласием. Но все же в 1632 году он издал «Диалог о двух главнейших системах мира», в котором между тремя персонажами разворачивается «критическая дискуссия о космологических, астрономических, физических и философских аспектах коперниканства», из которой с полной очевидностью следовало, что «аргументы в пользу движения Земли перевешивали доводы в защиту геоцентрической модели». В результате вопиющего нарушения запрета в апреле 1633 года Галилея вызвали в Рим на суд, а в июне Инквизиция вынесла приговор, признав его «сильно подозреваемым в ереси» за то, что он

> придерживался и верил в доктрину, ложную и противоречащую Божественному и Святому Писанию: что Солнце находится в центре мира и не движется с востока на запад, а Земля движется и не является центром мира.

Галилею предоставили возможность отречься от этих кощунственных взглядов, чем он и воспользовался, попав не на костер, а под пожизненный домашний арест[57].

Итак, Галилей был осужден за приверженность идеям, «ложным и противоречащим Божественному и Святому Писанию». «Ответы» подчеркивают необходимость послушания непогрешимому Слову Божьему, невзирая на доводы человеческого разума. Музей упрекает Галилея в том, что тот допустил, чтобы «наука толковала Библию», а авторы «Ответов» клеймят за популяризацию в западном мире идеи о том, что Библия может использовать «образный язык и что ее толкование должно "приспосабливаться" к новейшим научным открытиям». Сам Мартин Лютер выступал против Коперника и твердо придерживался геоцентрической картины мира[58]. Учитывая все это, а также то, с каким пылом младоземельные авторы настаивают на шеститысячелетнем возрасте Вселенной, — вопреки подавляющему научному консенсусу — вполне можно было бы ожидать, что Музей Сотворения мира будет столь же охотно провозглашать и отстаивать идею о том, что Солнце вращается вокруг неподвижной Земли.

Но такие ожидания были бы ошибочны. Если в самом Музее геоцентрическая идея вовсе никак не упоминается, то на сайте «Ответов» можно найти изрядное количество критических материалов по теме, включая весьма жесткую рецензию на фильм 2014 года «Принцип», выпущенный католическим апологетом Робертом Санджемсом (чей сайт galileowaswrong.blogspot.com[59] недвусмысленно сообщает о его позиции)[60]. На сайте «Ответов» также можно встретить главу из книги 2008 года под заголовком

---

[57] [Дмитриев 2006: 300–301; Finocchiaro 2009: 70; Finocchiaro 1989: 291].
[58] Wood and Snelling, «Looking Back and Moving Forward» https://answersingenesis.org/hermeneutics/looking-back-and-moving-forward. [дата обращения: 11.06.2025]. [Luther 1967: 358–359; Luther 1958: 44].
[59] Галилей был неправ. — *Прим. пер.*
[60] Danny Faulkner, «Should You Follow The (Copernican) Principle?», answersingenesis, April 23, 2015, https://answersingenesis.org/astronomy/should-you-follow-the-copernican-principle [дата обращения: 11.06.2025].

«Дело староземельного креационизма: вердикт вынесен» за авторством «ответных» апологетов Тима Чаффи и Джейсона Лайла. Парируя староземельные выпады о том, что библейские основания младоземельного креационизма столь же шатки, как и стародавние церковные доводы в пользу геоцентризма, Чаффи и Лайл говорят, что это весьма слабая аргументация. По их мнению, пусть «многие в средневековой Церкви придерживались геоцентрической модели», происходило это оттого, что они подгоняли библейский текст под «научные воззрения своего времени», включая идею о Земле как центре Вселенной. На деле же, утверждают авторы, «Библия вовсе не учит геоцентризму». Большинство стихов, которые обычно приводят в поддержку обратного, являются «поэтическими» и, совершенно очевидно, должны пониматься образно.

Впрочем, даже более «исторические» стихи, из которых действительно можно вывести геоцентрическую модель Вселенной, не составляют для Чаффи и Лайла особой проблемы. Вот, к примеру, из книги Иисуса Навина 10:12–13:

> Иисус воззвал к Господу в тот день, в который предал Господь Аморрея в руки Израилю, когда побил их в Гаваоне, и они побиты были пред лицом сынов Израилевых, и сказал пред Израильтянами: стой, солнце, над Гаваоном, и луна, над долиною Аиалонскою! И остановилось солнце, и луна стояла, доколе народ мстил врагам своим. Не это ли написано в книге Праведного: «стояло солнце среди неба и не спешило к западу почти целый день»?

Чаффи и Лайл шутя отмахиваются от «гипербуквалистского» прочтения подобных стихов. Вместо этого они настаивают, что «совершенно очевидно: Иисус Навин просто выражался языком повседневных наблюдений», подобно тому, как «и сегодня квалифицированные ученые-метеорологи говорят о "восходе" и "закате" солнца. Уж их-то наверняка никто не заподозрит в вере в то, что Земля неподвижна, а Солнце вращается вокруг нее!»

Резюмируя в дух словах, авторы «Дела староземельного креационизма» доказывают, что «Библия ясно сообщает младоземную идею», но вовсе не «учит геоцентризму»[61]. Если Лайл с Чаффи сосредоточились главным образом на критике староземельных позиций, то рецензия Дэнни Фолкнера — изначально вышедшая в 2001 году в *TJ* (ныне *Journal of Creation*), а ныне размещенная на сайте «Ответов», — на книгу Герардуса Боу «Геоцентричность»[62] была прямо направлена против младоземельцев, убежденных, что мы живем в землецентричном мире. Недовольство Фолкнера было явно продиктовано опасениями, что «присутствие [геоцентристов] в младоземельных рядах сделает нас легкой мишенью для насмешек и критики». Как отмечает Фолкнер, Боу (почетный профессор в Колледже Болдуина — Уоллеса) является «главным поборником геоцентрической идеи»[63].

Весьма показателен в связи с этим ответ Фолкнеру, который Боу озаглавил «Геоцентричность: сказка для образованного ума?». Боу начинает с укора в сторону Фолкнера и согласных с ним «не-геоцентрических креационистов» за пренебрежение своими «более радикальными братьями во Христе — геоцентристами». Немало сил потратив на отстаивание от нападок Фолкнера геоцентриских «научных» оснований, Боу переходит к основаниям библейским. Он обрушивается на Фолкнера за то, что тот почему-то решил, что библейские «восход» и «закат» не нужно понимать буквально, яростно критикуя далее и общий подход оппонента к библейской поэзии, указывая, что «ему кажется, будто бы Бог, вдохновляя поэзию, менее склонен изрекать в Слове истину —

---

[61] Jason Lisle and Tim Chaffey, «Defense—Poor Reasoning», answersingenesis, January 12, 2012, https://answersingenesis.org/creationism/old-earth/defense-poor-reasoning [дата обращения: 11.06.2025]. Статья на сайте изначально является четвертой главой упомянутой книги авторов см. [Chaffey, Lisle 2008].

[62] [Bouw 1992]. Подробнее о деятельности Боу можно узнать на сайте www.geocentricity.com [дата обращения: 11.06.2025].

[63] Danny Faulkner, «Geocentrism and Creation», TJ 15 (August 2001): 110–121; posted on AiG website: https://answersingenesis.org/creationism/arguments-to-avoid/geocentrism-and-creation [дата обращения: 11.06.2025]. В типичной «ответной» манере (о чем мы подробно говорили в главе второй) автор утверждает, не предоставляя тому никаких подтверждений, что древние евреи придерживались гелиоцентрической космологии.

или, по крайней мере, то будет уже истина не абсолютная». Затем Боу обращается к «наивесомейшим геоцентрическим местам» в Библии, проигнорированным Фолкнером лишь оттого, что у него «не нашлось что ответить на их геоцентрическую правду». Главная роль здесь отведена уже упомянутому выше отрывку из книги Иисуса Навина 10:13. Боу отмечает, что «Бог ведь вполне мог сказать что-то вроде "и Земля перестала обращаться вокруг оси своей, так что казалось, что остановилось солнце, и луна стояла"; мог — но не сказал». Так если не Бог остановил Солнце в его вращении вокруг Земли, а в данном конкретном случае Бог самим Словом Своим изрек ложь, то как же тогда такой Бог может быть «Богом Истины и Духом Истины»[64]?

Заключает этот экскурс в библейский геоцентризм непосредственный выпад в сторону младоземельных креационистов:

> Так если «В начале сотворил Бог небо и землю» в Бытии 1:1 — это кристально ясное утверждение о том, что Бог — это Творец, тогда «Восходит солнце, и заходит солнце, и спешит к месту своему, где оно восходит» у Екклесиаста 1:5 — ровно такое же кристально ясное утверждение геоцентричности. И вот тут мы подходим к *самой сути* дела: действительно ли Писание является главнейшим, непререкаемым авторитетом во всех затронутых в нем вопросах — или же таковую роль стоит уступить ученым? Центральный вопрос не в движении Земли и не в ее Сотворении. Вопрос именно в непререкаемости авторитета: принадлежит ли таковой Слову Божьему — или же слову человеческому.

Риторика должна показаться читателю весьма знакомой. Все это — акцент на авторитете Библии и Истинности Бога, кристальной ясности его Слова, выборе между Словом и словом с коленопреклонением перед современной наукой — ровно те же самые аргументы, направляемые младоземельными креационистами против староземельных или христиан, верящих в теистическую эволюцию. Как всегда в фундаменталистском дискурсе, козырь

---

[64] Напр. в Ис. 65:16 и Ин. 16:13 соответственно. — *Прим. пер.*

геоцентристов в том, что именно они исповедуют буквальное прочтение Библии. Боу предельно ясно выражает эту мысль, пользуясь при этом формулировками, как под копирку снятыми с того, что говорят младоземельные креационисты о процессе над Скоупсом:

> Эволюционисты, атеисты, подкованные в вопросе агностики — каждый без труда пристыдит креациониста в дискуссии о геоцентризме, просто указав на лицемерность их утверждений: ведь если дни в первой главе Бытия — буквальны, то отчего же восход и закат солнца — нет? …Мы приходим к следующему выводу: стремление креационистов отвергнуть геоцентризм может быть продиктовано лишь одной целью — казаться интеллектуально респектабельными, быть приемлемыми для окружающего мира[65].

Так, может статься, что и Герардус Боу (как прежде Джордж Маккриди Прайс) дождется-таки своих «Морриса и Уиткомба», которые напишут изящную «Иисуснавинову космологию», несущую геоцентрическую весть в консервативно-протестантские массы? А потом, если — подобно «Потопу Бытия» — «Иисуснавинова космология», опираясь на уже имеющиеся 18 % американцев, убежденных, что Солнце вращается вокруг Земли[66], быстрее лесного пожара завоюет сердца фундаменталистов и евангелистов, то, вполне возможно, появятся и «Ответы Навина» со своим Музеем Геоцентрического мира с планетарием, диорамами и плакатами с библейскими цитатами. И в том музее также вполне мог бы найтись мурал, иллюстрирующий зарождение «Сомнений в Писании», переходящих затем в «Отвержение»

---

[65] Gerardus D. Bouw, «Geocentricity: A Fable for Educated Man?», http://www.geocentricity.com/ba1/fresp [дата обращения: 11.06.2025]. Как Боу поведал журналисту Дэниелу Радошу, его научные труды следует отличать *от тех, реально свихнувшихся геоцентристов* (курсив в оригинале) [Radosh 2010: 294].

[66] Данные согласно опросу Gallup, проведенному в 1999 году. См. www.gallup.com/poll/3742/new-poll-gauges-americans-general-knowledge-levels.aspx [дата обращения: 11.06.2025].

оного; и представлен на нем был бы, в сущности, все тот же набор религиозных и интеллектуальных негодяев: Галилей, Декарт, Дарвин, Лайель, Ходж, Скоуфилд и иже с ними, — утянувших церковь и западную цивилизацию в пучину разврата и порока. Впрочем, будут и новые лица: следом за процессом над Скоупсом там будут портреты Генри Морриса и Джона Уиткомба со страницей из «Потопа Бытия», а еще дальше, почти в самой нижней точке кривой, будет и сам Кен Хэм с подписью: «поступился Словом Божьим в угоду научным воззрениям своего времени».

Глава четвертая
Политика

В самом начале Библейского пути, сразу за археологическим раскопом, где двое ученых — эволюционист и креационист — бок о бок трудятся над извлечением из породы окаменелых останков динозавра, посетители попадают в зал, посвященный «Исходным точкам». Их сразу встречает вопрос, выведенный на стене у входа: «Те же факты, но разные взгляды... Почему?». Ответ дается буквально за углом, на плакате, озаглавленном «Взгляды разные, ибо разнятся исходные точки». Плакат разделяет надвое жирная черная линия: по левую сторону находится стопка книг — среди них «Новый органон» Фрэнсиса Бэкона, «Краткая история времени» Стивена Хокинга, «Небесная механика» Пьер-Симона Лапласа, «Основы геологии» Чарльза Лайеля, «ДНК» Джеймса Уотсона и — в самом основании — «Происхождение видов» Чарльза Дарвина; по правую — один-единственный свиток. Надпись над книгами гласит: «Философ Рене Декарт сказал: "Я мыслю, следовательно, я существую"»; над свитком: «Бог сказал: "Я ЕСМЬ СУЩИЙ"». Между двумя секциями помещен пояснительный текст, в котором посетителю сообщается, что «в широком смысле человеческий разум» — это «автономное мышление», то есть идея о том, что ум человека может сам по себе определять истину, независимо от Божьего откровения — Библии. Хотя «разум — дар Божий человечеству», сам Бог «велел нам использовать Библию как наивысшую исходную точку (Притчи 1:7) и отвергать домыслы, восстающие против Божьего знанию (2 Коринфянам 10:5)»[1]. Резюмируют сказанное две последние фразы:

> Философии и мировые религии, пользующиеся в качестве исходной точки человеческими догадками вместо Божьего Слова, склонны к превратному истолкованию окружающих фактов, поскольку их исходная точка произвольна. Каждому надлежит совершить выбор: либо человек обращается к Божьему Слову, беря его за исходную точку всех своих суждений, либо же отталкивается от собственной произвольной философии в качестве основания для оценки всего вокруг, включая отношение к Библии.

Божье Слово или человеческий разум — вот две единственно возможные исходные точки. Начнешь с непогрешимой Библии младоземельных креационистов — получишь истинное понимание происхождения мира и человека, упорядоченную жизнь, согласную Божьему закону, и вечное спасение. Начнешь с человеческого разума — как водится, фундаменталистский дискурс гораздо больше внимания уделяет именно этой части уравнения — и получишь исковерканное Божье Слово с «миллионами лет» и эволюцией, до основания развращенную церковь, крах западной цивилизации и вечную погибель.

В самом ядре Музея Сотворения мира заложена эта радикальная бинарная оппозиция, внутри которой посетитель сталкивается с двумя наборами понятий, накрепко связанных, но безоговорочно противопоставленных друг другу: «Библия — молодая Земля — Эдем — Истина — Рай» против «человеческий разум — эволюция и древняя Земли — грех — загнивание — ад». Заимствуя

---

[1] Музейная интерпретация Притч 1:7 в качестве призыва принимать Библию за «исходную точку» совершенно неочевидна, если взглянуть на сам текст, гласящий (НРП): «Страх перед Господом — начало познания, только глупцы презирают мудрость и наставление». Также ср. 2 Коринф. 10:4–5 в НРП: «...мы опровергаем **доводы** [NRSV — *arguments* vs музейные домыслы / *speculations*] и опрокидываем все надменно воздвигаемые препятствия против познания Бога. Мы берем в плен каждую мысль, чтобы сделать ее послушной Христу».

терминологию, предложенную социальными теоретиками Эрнесто Лакло и Шанталь Муфф, такие понятийные ряды можно рассматривать как риторические «цепочки эквиваленций», образующие дискурс антагонизма, в рамках которого самоидентификация с одним набором понятий автоматически означает отвержение противного ему. Еще более подстегивает антагонизм то, что фундаментом («узловой точкой» по Лакло — Муфф) музейной цепочки выступает само Божье Слово — непогрешимое младоземельное Божье Слово [Laclau, Mouffe 2001: 93–148].

Эта оппозиция носит космический, универсально-вселенский характер. Ставки подняты натурально до небес — выше уже некуда. Результат — будь то в Музее, в блоге Кена Хэма, в журнале или на сайте «Ответов» — предельно политизированная, тотализирующая риторика. Она заведомо наделяет себя правом высказываться по любому злободневному вопросу: статусу США как христианской нации, однополым бракам, роли женщин, расизму, изменениям климата, образовательным учреждениям и жизни на Марсе. Более того, поскольку эта дихотомия пронизывает весь универсум, места для инакомыслия — пусть даже со стороны других христиан — попросту нет. Да, это культурная война, но отголоски этого сражения будут раздаваться вечно. Все несогласные рассматриваются как примкнувшие к противоположной «цепи эквиваленций» или, также следуя терминологии Лакло — Муфф, становятся «внесоциальными». Ведь они — противники Истины. Они — Враг.

Общественные школы как аппарат эволюционной промывки мозгов

В контексте нашего анализа будет весьма продуктивно подойти к Музею с его же собственной, многократно подчеркиваемой меркой — идеей о том, что «все зависит от исходных точек». Ведь исходной точкой самого Музея является тщательная «настройка» посетителя на нужную культурно-политическую волну, требующуюся для правильного восприятия последующих посылов. Так, едва получив билеты на кассе и сфотографировавшись с тираннозавром на входе, посетитель тут же оказывается в очереди на просмотр 23-минутного фильма «Люди в белом». Как и весь Музей, фильм сделан очень профессионально, а роли исполняют маститые голливудские актеры[2]. Фильм представляет пародию на «Людей в черном», но в музейной версии вместо двух вооруженных до зубов секретных агентов (одного темнокожего, другого белого), спасающих человечество от инопланетной угрозы, главными персонажами являются двое симпатичных белокрылых юношей — Гейб и Майк (архангелы Гавриил и Михаил), в белоснежных комбинезонах и лонгсливах. Они спускаются на Землю, чтобы спасти юную Венди, которая хочет верить, что Бог создал вселенную, хочет верить, что ее жизнь имеет смысл, но не хочет выглядеть глупо, отвергая эволюционную науку, согласно которой «жизнь — по всей видимости, лишь большая случайность, предсказуемый результат бесконечного количества асимметричных столкновений материи и антиматерии». Гейб и Майк стараются утешить Венди, рассказывая ей, что Бог действительно существует, что он «изобрел... все, заварил всю мировую кашу», и что этот «Бог любит науку» и «хочет, чтобы мы знали, как Он все устроил — от нейтрино и орлов до Млечного Пути». Ребята даже показывают ей «фильм в фильме», и героиня видит на «экране в экране» то, что посетители увидят, когда покинут кинозал и начнут свой Библейский путь по Музею: шесть дней творения, «бунт» Адама и Евы, приведший к миру, «наполненному пороком, насилием и гордыней», и Потоп (во время которого кресла в зрительном зале начинают трястись от «грома», а сами зрителей слегка обдает «дождем»).

Но, несмотря на все их старания и доказательства существования Бога — Творца Вселенной, Венди, по словам Гейба, «никак не может перестать слушаться голосов своей культуры». Именно культурные голоса — те самые инопланетные существа, с кото-

---

[2] Men in White, реж. Джон Грутерс (Hebron, KY: Answers in Genesis in association with Grooters Productions, 2007), DVD. В ролях: Джон Олсопп, Джефф Чарлтон, Джим Кастер, Мишель Дункер, Сюзанн Фридлайн, Келли Китон, Скотт Уорд и другие.

рыми, по логике фильма, необходимо сражаться — и ввергли Венди в отчаяние. И, как нетрудно догадаться, исходят эти голоса из государственной системы образования. Высшее образование в «Людях в белом» олицетворяют профессор биологии Р. Азумеев и доктор У. Ченых (научная специализация которого не уточняется). Первый, в бадлоне и пиджаке, попыхивая трубкой, надменно изрекает, что «природные процессы просто когда-то запустились сами по себе» и «не было никакого Бога, что-то там творившего». Доктору У. Ченых отведена в фильме более заметная роль. Он дает телеинтервью репортерше по имени Сьюзи Тиви. С придыханием, но без лишних мыслей, блондинка бездумно-восторженно кивает всему, что говорит ученый. В частности, он сообщает, что «возраст частиц циркона, найденных в австралийском песчанике, составляет от 4,1 до 4,2 миллиарда лет» (на что Гейб уверенно возражает, что «новейшие исследования показали радикально меньший возраст обнаруженных пород») и что известный биофизик «Дин Кеньон показал, как при определенных обстоятельствах в первичном бульоне может зародиться жизнь» (на что Гейб смеется и отвечает, что позднее Кеньон «полностью изменил свое мнение и признал, что подобного просто не могло произойти»). Доктор У. Ченых далее утверждает, что «каждый здравомыслящий человек на планете безоговорочно согласен со всем, что [Чарльз Дарвин] когда-либо говорил». Свой спич он завершает пафосным заявлением о том, что «само человеческое знание оказывается под угрозой, когда креационисты пытаются проникать в школы и ставить под сомнение выводы Дарвина».

Фильм возвращается к Венди, которая горестно сокрушается, что «если сомневаешься в эволюции, значит ты — дурак». Гейб в ответ фыркает: «Дурак тот, кто вообще ни в чем не сомневается». Затем он вновь рассказывает про «данные, указывающие на неточность» радиоизотопного датирования, на что Майк (который все это время играет с йо-йо, очевидно показывая, что вопрос настолько прост, что не требует особого внимания) спрашивает: «А может, все дело в допущениях эволюционистов о прошлом, из-за которых все эти методы датировки, дающие миллионы-миллиарды лет, ну, скажем... ошибочны?» Гейб согласно кивает, замечая, что «есть такое место, где никогда, ни в коем случае нельзя упоминать о подобных наблюдениях, об этой науке, вообще ни о чем таком». Майк спрашивает: «Что же это за место, Гейб?», и Гейб, выдержав драматическую паузу, отвечает: «Школа».

За американское общее образование в фильме отвечают два преподавателя «Просвещенческой старшей школы». Первая — мисс П. О. Кивальна: полная визгливая особа, взволнованно (если не сказать, вздорно) выкрикивающая, что тот, кто не верит в эволюцию, «нарушает статью конституции Соединенных Штатов об отделении церкви от государства!» Но главный «злодей» — мистер Г. Ладко-Стелофф: худощавый сноб в лабораторном халате, нудным лекторским тоном вещающий сонному классу что-то о возрасте Земли под слайды с Йеллоустоуном. Тут начинается кульминация фильма: двое «стиляг в белом» — Гейб и Майк — оказываются за партой в классе у вялого и субтильного Г. Ладко-Стелоффа (контраст разительный и нарочито подчеркнутый). На доске выведено «ЭВОЛЮЦИЯ» и «естественный отбор», а рядом висит портрет Чарльза Дарвина. Парни ведут себя довольно дерзко, а потом и вовсе тайком подменяют слайды в проекторе на собственные. Первый кадр — заставка, гласящая: «Gabe & Mike Productions представляет: Аргументы в пользу креационизма». Переключая слайд за слайдом, они забрасывают учителя вопросами, призванными разоблачить миф о древности Земли:

— Если бы Земле действительно было столько лет, как утверждает ваша «наука», то Атлантику можно было бы легко перейти пешком — ведь за миллиарды лет соли в океане накопилось бы столько, что он стал бы сплошной соляной пустыней — как вы это объясните?
— А вы в курсе, что многие именитые геологи пересматривают свои взгляды на возраст Земли, потому что есть масса наблюдаемых фактов, свидетельствующих о том, что Земля может быть гораздо моложе?
— Как насчет того, что магнитное поле Земли слабеет столь стремительно, что жизнь на планете была бы невозможна и миллион лет назад?

— А вы знали, что в галактике нет ни одной расширяющейся сверхновой — чего и следует ожидать, если исходить из того, что Вселенной всего каких-то несколько тысяч лет?

Бедняга учитель, совсем потерявшийся на фоне дерзких умников, тщетно пытается найти мужество и вернуть авторитет в классе: он что-то мямлит в ответ про «учёных», что «Дарвин был великий человек», что «ведь это общеизвестный факт, что человек эволюционировал от человекообразных приматов — вот перед вами известная иллюстрация!» Гейб парирует: «Это всего лишь чей-то рисунок». Наконец, Г. Ладко-Стелофф окончательно срывается и в отчаянии вопит: «Нет никакого Бога, который влияет на процессы нашего мира!»

Было бы серьёзным комплиментом «Людям в белом» сказать, что фильм просто «не соответствует» заявленному (в том числе и на обложке DVD-бокса) описанию, а именно — обещанию дать «превосходное изложение всех так называемых "свидетельств" об эволюции и миллионах лет, к которым обращаются светские учителя, дабы привить школьникам веру в подобные идеи». Мало того, фильм не справляется и с предоставлением зрителю контраргументации, также обещанной на обложке в виде «христианско-креационистских ответов, с ясностью показывающих, что библейская история, изложенная в книге Бытия, подтверждается научными данными». На самом базовом, сюжетном уровне «Люди в белом» представляют собой типичную «голубую мечту» ярого фундаменталиста: двое простых парней, вооружившись лишь здравым смыслом да Божьим Словом, срывают лицемерные маски с претенциозных безбожников — всех этих грамотеев-учёных и школьных геологов-биологов. И всякий раз, бывая в Музее, мы буквально спиной ощущали, как наслаждается аудитория этим процессом срывания масок: зал в голос хохочет над мямлей-учителем, когда дерзкие парни выводят его на чистую воду, а финальные титры многие встречают, аплодируя стоя.

Вряд ли школьных учителей утешит пояснение (звучащее с экрана в Музее и на DVD), что «Людей в белом» следует понимать как сатиру. Впрочем, несмотря на попытки высмеять школьную систему, сама тональность фильма довольно умеренная — особенно в сравнении с «не-сатирическими» материалами, посвященными школьному образованию на сайте и в журнале «Ответов», а также в личном блоге Кена Хэма. Он и прочие авторы «Ответов» не устают повторят, что школы — это настоящий рассадник эволюционной заразы, распространяющейся через обязательные школьные учебники «заряженные преподносить эволюцию и миллионы лет как доказанный факт», так что «государственная машина», которой нынче правят секуляристы, «успешно вдалбливает эволюцию в неокрепшие пятилетние умы». Более того, говорят «Ответы», секуляристы намеренно не допускают, чтобы учащиеся узнавали о трудностях с теорией эволюции, что наводит Терри Мортенсона, одного из штатных авторов проекта, на мысль, что им есть что скрывать:

> Тот факт, что эволюционисты не отвечают на вызовы, но скорее даже напротив, склонны их избегать или пресекать, — это веское указание на то, что неодарвинизм — в духе эволюции от микроба до микробиолога — это грандиозный обман, выдаваемый за научно доказанный факт.

Поскольку «эволюция от молекулы до человека столь слаба с научной точки зрения, что единственный способ ее защитить — это подавлять любое инакомыслие», эволюционисты яростно сопротивляются законам об «академической свободе», которые позволили бы рассказывать в школах о предполагаемой научной спорности теории эволюции: «НЦНО [Национальный центр научного образования] стремиться заткнуть рты будущим ученым уже в колыбели», ведь они «боятся, что студенты сами научатся отделять научные зерна от плевел»[3].

---

[3] Ken Ham, «So Obvious, Even a Child Gets It!», answersingenesis, April 29, 2008, http://www.answersingenesis.org/articles/au/so-obvious-child-gets-it [дата обращения: 11.06.2025]; «Evolution in Kindergarten», Answers 2 (January–March 2007), http://www.answersingenesis.org/articles/am/v2/n1/evolution-in-kindergarten [дата обращения: 11.06.2025]; Terry Mortenson, «Slam Dunk for Science and the Constitution?», answersingenesis, February 23, 2009, http://www.answersingenesis.org/articles/2009/02/23/slam-dunk-science-constitution [дата обраще-

Более того, «оболванивать» детей эволюцией — как наглядно показывает грустящая Венди в «Людях в белом» — означает внушать им, что Бога нет. Кен Хэм утверждает, что именно в этом вся суть и заключается: «Светские эволюционисты и атеисты знают: если приступить к индоктринации с раннего возраста, это открывает путь к полной промывке мозгов натуралистическим (то есть атеистическим) мировоззрениям». В 60-х годах Американский союз защиты гражданских свобод и прочие секулярные силы действовали именно по этому сценарию: они убрали «Библию, Бога, Сотворение мира и молитву... из государственных школ» и заменили христианство «атеистической религией», которая «объясняет устройство Вселенной и жизнь без Бога». С драматическим пафосом Хэм пишет в своем блоге в январе 2012 года:

> Христиане должны наконец осознать: по сути, государственные школы — это храмы светского гуманизма, а большинство учителей (пусть в системе есть и некоторые примеры христианского миссионерства) — верховные жрецы новой религии, насаждающие юным поколениям учеников безбожное мировоззрение[4].

Пожалуй, довольно трудно вообразить кого-то из своих школьных учителей в роли зловещих «верховных жрецов» светского гуманизма. Однако «Ответы» не останавливаются и на этом,

---

ния: 11.06.2025]; Ken Ham and Mark Looy, «Petitioning President Obama to Ban Creation», answersingenesis, June 25, 2013, http://www.answersingenesis.org/articles/2013/06/25/petitioning-president-obama-to-ban-creation [дата обращения: 11.06.2025]; Elizabeth Mitchell, «Mother Jones: 'Insist That People Coexisted with Dinosaurs... and Get an A in Science Class!'», News to Note, answersingenesis, March 2, 2013, http://www.answersingenesis.org/articles/2013/03/02/news-to-note-03022013 [дата обращения: 11.06.2025].

4   Ham, «So Obvious»; Ken Ham, «Australian Students to Be Taught There Is No God», Ken Ham (blog), answersingenesis, December 18, 2008, http://blogs.answersingenesis.org/blogs/ken-ham/2008/12/18/australian-students-to-be-taught-there-is-no-god [дата обращения: 11.06.2025]; Ken Ham, «Public Schools Promoting a Religion», Ken Ham (blog), answersingenesis, January 21, 2012, http://blogs.answersingenesis.org/blogs/ken-ham/2012/01/21/public-schools-promoting-a-religion [дата обращения: 11.06.2025].

настаивая, что участвующие в атеистически-эволюционной индоктринации фактически прививают детям совершенно аморальное мировоззрение. В ответ на принятый в Калифорнии закон, запрещающий дискриминацию в школах по признаку пола и сексуальной ориентации, Джорджия Пурдом из «Ответов» с возмущением заявила: «Если в государственных школах наших детей учат, что они не более чем высокоразвитые животные, то неудивительно, что эти дети считают, будто сами могут выбирать себе пол, вести гомосексуальную и беспорядочную половую жизнь». Не менее категоричен был и сам Кен Хэм, написав у себя в блоге: «Поколения детей (среди которых 90 % детей из христианских семей) обучаются атеистической эволюции и миллионам лет как научно доказанным фактам», а потом «мы еще удивляемся, откуда же берется все нарастающее ощущение безысходности, утрата смысла жизни, насилие, сексуальные извращения, наркотики, аборты и гомосексуализм»[5].

Для Кена Хэма и его единомышленников наглядейшим доказательством разрушительного влияния преподавания «атеистической эволюции» являются школьные расстрелы. Особое внимание они уделяют трагедии в школе Колумбайн (штат Колорадо) в апреле 1999 года, когда Эрик Харрис и Дилан Клиболд застрелили 12 учеников и 1 учителя (а затем и себя), а также стрельбе в финской школе Йокела в 2007 году, где Пекка-Эрик Аувинен застрелил директора, школьную медсестру и шестерых учеников (после чего также покончил с собой). Нетрудно понять, почему именно эти случаи занимают столь прочное место в «ответной» риторике. В случае со школой Йокела авторы ссылаются на видео, опубликованное Аувиненом на YouTube за две недели до убийств, где он называл себя «социальным дарвинистом» и заявлял, что намерен «вернуть ЕСТЕСТВЕННЫЙ ОТБОР и ВЫЖИВАНИЕ

---

[5] Georgia Purdom, «Public Schools and Parenting», answersingenesis, November 6, 2007, http://www.answersingenesis.org/articles/2007/11/06/public-schools-and-parenting [дата обращения: 11.06.2025]; Ken Ham, «Is Our Moral Code Out of Date?», Ken Ham (blog), answersingenesis, September 21, 2010, http://blogs.answersingenesis.org/blogs/ken-ham/2010/09/21/is-our-moral-code-out-of-date [дата обращения: 11.06.2025].

СИЛЬНЕЙШИХ на рельсы истории!» Что касается Колумбайна (которому Аувинен, судя по всему, стремился подражать), то здесь особенно подчеркивается тот факт, что в день нападения на Эрике Харрисе была футболка с принтом «ЕСТЕСТВЕННЫЙ ОТБОР». Но и это еще не все: авторы «Ответов» активно способствуют приданию Колумбайну символического, почти апокалиптического статуса в глазах американских фундаменталистов и евангелистов. Как отмечает в своей работе «Понять Колумбайн» Ральф Ларкин, «уже с самого начала евангелические общины видели в школьных шутингах образ борьбы Добра со Злом, причем верующие христиане выступали на стороне света, а Клиболд с Харрисом олицетворяли богопротивную тьму». Несмотря на массу указаний на обратное, многие консервативные протестанты и по сей день убеждены, что Харрис и Клиболд целенаправленно охотились на христиан, а ученица Кэсси Берналл была убита за то[6], что сказала своим убийцам, что она верует в Бога[7].

---

[6] Что примечательно: легенда пошла со слов брата убитой, также находившегося в момент нападения в библиотеке и рассказавшего затем, что слышал такой диалог между убийцей и жертвой; кто отвечал, он не видел, поскольку девушка пряталась под столом, но был уверен, что это была его сестра. На суде же свидетельница, прятавшаяся вместе с убитой под столом, показала, что Харрис ту ни о чем не спрашивал. Однако подобный диалог все же имел место, но «собеседница» Клиболда (а не Харриса, убившего Берналл), Валин Шнур, ответившая что-то вроде «Да, верю» — как раз осталась в живых. Так что неудивительно, что образ мученицы-Берналл показался куда привлекательнее, ведь иначе бы получалось, что «сатанисты-эволюционисты» не убили, но даже помиловали христианку за исповедание веры. — *Прим. пер.*

[7] Ken Ham, «Evolution Connection to School Violence», Ken Ham (blog), answersingenesis, November 8, 2007, http://blogs.answersingenesis.org/blogs/kenham/2007/11/08/evolution-connection-to-school-violence [дата обращения: 11.06.2025]; Bodie Hodge, «Finland School Shootings: The Sad Evolution Connection», answersingenesis, November 8, 2007, http://www.answersingenesis.org/articles/2007/11/08/finland-fruits-of-humanism [дата обращения: 11.06.2025]; «BBC News: 'Finnish College Gunman Kills 10'», News to Note, answersingenesis, September 27, 2008, http://www.answersingenesis.org/articles/2008/09/27/news-to-note-09272008 [дата обращения: 11.06.2025]; Ken Ham, «If You Don't Matter to God, You Don't Matter to Anyone», answersingenesis, April 20, 2009, http://www.answersingenesis.org/articles/2009/04/20/if-you-dont-matter-to-god-you-dont-matter-to-anyone [дата обращения: 11.06.2025]. См. [Larkin 2007: 200; Cullen 2009: NB 222–233].

Порой авторы «Ответов» оговариваются: мол, дело не в эволюционных убеждениях, но самой человеческой греховности, подталкивающей юную душу убийцы нажать на спусковой крючок. К примеру, в статье на сайте «Ответов» 2008 года, посвященной шутингу в школе города Йокела, анонимный автор писал, что «не эволюция сделала подростка убийцей — то была овладевшая им греховность его человеческой природы». Впрочем, подобные рассуждения смахивают скорее на дипломатические реверансы, ведь за ними непременно и практически моментально следует прямое указание на взаимосвязь между преподаванием эволюции и школьными расстрелами: «но если само общество учит молодых людей, что они — просто животные, борющиеся за выживание и что жизнь возникла в результате естественных, насильственных процессов, стоит ли потом удивляться массовым бойням?» Особенно прямолинейна в этом отношении была ноябрьская статья 2007 года постоянного спикера и автора «Ответов» Боди Ходжа, озаглавленная «Школьный шутинг в Финляндии: печальный результат эволюции». Подробно расписав, что «и Адольф Гитлер, и Карл Маркс, и Пол Пот, и Лев Троцкий, и Иосиф Сталин... — все были горячими поклонниками Дарвиновой теории эволюции, оправдывая ею собственные деяния», автор переходит к финским и американским школьным убийцам, которые

> жили в полном соответствии с сущностью учения атеистического эволюционизма. Дети быстро схватывают суть и в какой-то момент начинают складывать два и два. Когда им постоянно вдалбливают, что Бога нет, нет добра и зла, а люди — всего лишь животные, они приходят к вполне логичному выводу: «А почему бы тогда не убить» или «Отчего бы и не украсть?» и т. д. Это очень простая логическая цепочка. Пока детям навязывают эволюционизм (без Бога, без морали, с людьми-животными и всем прочим), и пока они верят в это, отвергая ответственность перед своим Творцом, можно ожидать лишь новых и новых ужасающих и аморальных поступков[8].

---

[8] «Unnaturally Selected», Culture News, Answers 3(April–June 2008), https://answersingenesis.org/sanctity-of-life/mass-shootings/unnaturally-selected [дата обращения: 11.06.2025]; Hodge, «Finland School Shootings».

Разумеется, не все школьные расстрелы подпадают под такой фундаменталистский нарратив. Так, 2 октября 2006 года в пенсильванской деревушке Найкл Майнс местный молочник Чарльз Робертс устроил стрельбу в школе амишей, убив пять девочек и еще пятерых ранив, а затем покончив с собой. Общественность была шокирована уже тем, что местом подобного преступления стала школа амишей, однако события последующих дней оказались еще более удивительными. На страшную бойню община ответила прощением: почти половина собравшихся на похоронах убийцы были местными амишами, почтившими вдову и родных визитами и траурными подарками. Как пишут авторы вышедшей впоследствии книги «Благодать амишей: прощение, преодолевшее трагедию», «проявленное амишами милосердие поразило мир практически так же, как и само убийство. И правда, во многом история о прощении и стала *подлинной историей* тех событий, заслонив рассказ о бессмысленной смерти несчастных» [Kraybill, Nolt, Weaver-Zercher 2007: 52].

Спустя пять дней после трагедии, 7 октября того же года, на сайте «Ответов» появилось их ви́дение случившегося в Найкл Майнс. Статья начинается с краткого абзаца, в котором излагаются известные факты о трагедии, после чего безымянный автор переходит к пространным размышлениям в духе того, что «корень бессмысленного насилия, а в конечном счете — страданий и смерти, лежит в грехопадении праотца нашего Адама». В результате даже «амиши, отвергающие современные технологии, живущие простой и, как правило, глубоко религиозной жизнью, не могут вырваться из оков этого падшего мира». В статье мимоходом упоминается и «Благодать амишей» в контексте того, что их община, «открыто простившая убийцу, призвала учредить фонд в пользу его вдовы и детей». Но вдруг уже в предпоследнем абзаце повествование резко — впрочем, вполне знакомым читателям «Ответов» образом — меняет тон: пусть, говорит автор, «убийство уходит корнями в первые дни человечества после изгнания из Эдема», в нашем современном мире «размывание веры в Божье Слово — и не в последнюю очередь вследствие принятия дарвинизма — чревато нарастающим ощущением бессмысленности и сведением морали к ряду субъективных мнений». А потому «ничуть неудивительно, что убийца девочек-амишей, как сообщают, был зол на Бога». В конце статьи автор и вовсе забывает о бойне в Найкл Майнс, цитируя вместо этого «отца одного из учеников, убитых в Колумбайне», который, «очевидно, разделяет нашу ["ответную"] точку зрения»:

> Эта страна находится в моральном крутом пике. Уже почти три поколения государственная система образования существует в нравственном вакууме: Бога изгнали из школ, из правительства, заменив Его эволюцией, где сильный убивает слабого без каких-либо моральных последствий, а жизнь не имеет внутренней самоценности[9].

Ужасающая бойня в Найкл Майнс и поразительная, исполненная милосердия реакция амишей спровоцировали неожиданно глубокую общенациональную дискуссию о том, что это значит — вновь обращаясь к «Благодати амишей» — «жить истинно христианской жизнью» [Kraybill, Nolt, Weaver-Zercher 2007: 63]. Но «Ответам» и их сторонникам было не с руки участвовать в подобном обсуждении жизни «по-христиански» и прощения, пусть даже тех, кто совершает насилие. Для сотоварищей Кена Хэма убийство девочек стало лишь очередным поводом направить софиты на «связь», существующую между преподаванием эволюции и школьными расстрелами.

Упадок и разрушение христианской Америки

В Музее Сотворения мира безбожная аморальность, насаждаемая государственными школами, — лишь один из симптомов культурного разложения, пронизывающего современный западный мир. Более объемное представление о масштабах понимае-

---

[9] «Reuters: Gunman Kills 3 girls at Pennsylvania Amish School», News to Note, answersingenesis, October 7, 2006, http://www.answersingenesis.org/articles/2006/10/07/news-to-note-1072006 [дата обращения: 11.06.2025].

мого в Музее упадка дает «Аллея граффити»[10], на которую посетитель попадает сразу из зала об «Актуальности Писания» с тем самым муралом про «Сомнения», иллюстрирующим стремительное падение церкви и цивилизации. Как мы уже описывали ранее, «Аллея граффити» — это узкий темный переулок, вдоль которого тянутся три стены из кирпича, стилизованные под фасады зданий. В полумраке слышны городские шумы, а над головой мерцает неоновая вывеска *XXX*. На исписанных граффити стенах наклеены вырезки из газет и журналов, главным образом из *Time* и *Newsweek*. Фотографии, обложки и заметки размещены беспорядочно, внахлест, некоторые повторяются по несколько раз. Над импровизированной стенгазетой реет заголовок: «Когда культура отвергает Писание, это чревато... утратой морали, надежды и смысла» (многоточие в оригинале). Надпись ниже, стилизованная под граффити, сообщает, что «современный мир отвергает Библию».

«Аллея граффити» намеренно дезориентирует посетителя. Приглушенное освещение, граффити, мерцающий неон, грохочущие звуки — все это служит визуальным и звуковым воплощением главной мысли музея: культура, отвергшая Библию, обречена на безнадежную путаницу и отчаяние. Газетные и журнальные вырезки выступают в роли вещественного доказательства того, что общество захлестнула волна «утраты морали, надежды и смысла». Вырезки, раскленные на стенах вразнобой, без видимой системы, одна поверх другой, вовсе не предполагают вдумчивого чтения. Обрывки заметок служат здесь скорее маркерами, указывающими и напоминающими о бесчисленных проявлениях насилия и культурного разложения в нашем хао-

---

[10] Дальнейшее описание основано на авторских фотографиях «Аллеи граффити», сделанных 18 мая 2013 года. Снимки 2010 года показывают, что в более ранней версии инсталляции вырезок было меньше. Однако внимательный просмотр новых фотографий показывает, что многие — если не бо́льшая часть — прежние материалы по-прежнему остаются на стенах, хотя некоторые частично или почти полностью перекрыты новыми. Что касается основных тематических блоков (вроде гомосексуальности и школьных расстрелов), представленных в газетных и журнальных фрагментах, то между версиями 2010 и 2013 годов различий почти нет.

тичном, исполненном отчаяния и печали мире. На стене можно найти множество фотографий трагедий и сцен насилия, а также кричащие заголовки журналов, сулящие глобальные катаклизмы или просто вопиющие: «Безопасных мест больше не осталось?»; «Бойтесь. По-настоящему бойтесь»; «Апокалипсис сегодня. Цунами. Землетрясения. Атомные катастрофы. Революции. Экономики на грани. Что, #@%!, дальше?».

Однако при ближайшем рассмотрении становится ясно: «Аллея граффити» — отнюдь не хаос и какофония. Музей Сотворения мира придерживается вполне определенного представления о том, что именно служит доказательством отступничества американской культуры от Библии, а что — нет. Так, на «Аллее» вы не найдете ни журнальных обложек, ни газетных статей, посвященных корпоративным злоупотреблениям, махинациям в финансовом секторе, неравенству доходов или все возрастающему уровню бедности. Подобные «тактичные» умолчания особенно бросаются в глаза, если вспомнить, — как пишет Ричард Хьюз в своей «Христианской Америке и Царстве Божием» — что забота о бедных всегда выступала краеугольным камнем «видения Царства Божьего» — как в еврейской Библии, так и в Новом Завете. Древнееврейские пророки возвещали, что наступление «Царства, в котором будет править Господь» требует от народа Израилева следовать «путем экономической справедливости — особенно в отношении бедных, которых столь часто притесняли и эксплуатировали». Аналогичным образом, подчеркивает Хьюз,

> практически в каждом случае, где в Новом Завете упоминается выражение «Царство Божие», оно оказывается в тесной связи с заботой о нищих, обездоленных, заключенных, увечных, хромых, слепых — словом, обо всех, кто страдает от деяний сильных мира сего [Hughes 2009: 35, 51].

Но на «Аллее граффити» привилегированное положение богатых и пренебрежение страданиями бедных вовсе не считаются признаком того, что Америка отвернулась от Писания. А что же тогда считается? Все те же заклятые, трижды неладные, враги —

государственные школы. На стенах «Аллеи» можно заметить обрывки газетных статей 60-х годов о решении Верховного суда отменить обязательные чтения Библии и «Отче наш» в школах. Есть и более свежие материалы: о предложениях отменить молебны перед школьными футбольными матчами и убрать слова «под Богом» из клятвы верности флагу[11]. Однако наибольшее внимание, как и следовало ожидать, — памятуя о многочисленных тематических статьях на сайте «Ответов» — уделено заголовкам и фотографиям, связанным со школьными шутингами. Повсюду царит призрак «Колумбайна»: вырезки с первой полосой *New York Times* и неустановленной газеты с заголовком «Цена бойни: 15 погибших и утраченная невинность»; фотография выжившей ученицы, держащейся за голову и вопиющей к небу; вырезки статьи из *Time* о «Феномене Колумбайна» и обложка с «Записями Колумбайна». Тут же рядом — заголовок статьи *Time* «Дьявол в Ред-Лейк» о стрельбе, устроенной Джеффри Вайсом в школе на территории резервации оджибве в Миннесоте, где он убил девять человек, а после и себя. Есть на «Аллее граффити» материалы и по массовым расстрелам в высших образовательных учреждениях. Особенно подробно представлена бойня в Виргинском «политехе» в апреле 2005 года, где Чо Сын Хи убил 32 человека, а затем застрелился сам: множество фотографий, в том числе две, где Чо целится в зрителя из пистолета; обложка *Newsweek* с заголовком «Разум убийцы»; заголовок *Time* — «Сошествие Тьмы. Проблемный студент приносит смерть в мирную жизнь кампуса», и — из того же номера — цитата выжившего: «После каждого выстрела я думал: "Ладно, значит следующий — я". В комнате стояла мертвая тишина, нарушаемая лишь зловещими стонами...»

Школьные шутинги на «Аллее граффити» — лишь одна из граней насилия, пронизывающего культуру, отвергшую Библию. Ведь насилие узаконено и в начале, и в конце жизни. Еще даже

---

[11] «Я клянусь в верности флагу Соединенных Штатов Америки и республике, которую он символизирует, одной нации под Богом, неделимой, со свободой и справедливостью для всех». — *Прим. пер.*

до рождения ребенка он может стать потенциальной жертвой кровавого абортивного вмешательства. На стенах — газетные статьи, среди которых можно прочесть: «Решение властей Нью-Йорка обучать врачей делать аборты вызывает споры». Рядом — семь фотографий женщины с закрытыми глазами и ртом, заклеенным оранжевым скотчем с надписью «Жизнь»[12]. Дополняют картину обложки *Time*: «Аборт: Битва "Жизни" против "Выбора"»; «Таблетка для аборта»; и «Кампания за аборты, о которой вы и не слышали». На последней обложке изображены крошечные модели эмбрионов, а под заголовком сказано: «Центры помощи при нежелательной беременности пытаются помочь женщинам (хотя бы одной за раз). Но так ли честно они играют?». Слова «честно они играют» в версии на «Аллеи граффити» были вычеркнуты.

Отвергшая Библию культура не только обрывает жизнь, еще даже не начавшуюся, но и стремится ускорить ее конец — через эвтаназию и «ассистированное самоубийство». На «Аллее граффити» можно увидеть газетные вырезки, касающиеся закона об ассистированном самоубийстве в штате Орегон, а также две журнальные обложки (каждая встречается в коллаже дважды): прямолинейное *Time* с заголовком «Как умереть» и *Newsweek* с вызывающим заголовком «Дело об убийстве бабушки». Особое внимание уделено Терри Шайво — женщине из Флориды, которая в 1990 году вследствие остановки сердца впала в кому, продлившуюся 15 лет. Все это время ее родители, Роберт и Мэри Шиндлер, вели юридическую и публичную битву с супругом Терри, Майклом, пытавшимся добиться ее отключения от системы жизнеобеспечения. Христианские правые включились в процесс на стороне Шиндлеров: они организовывали протесты у хосписа, утверждая, что Терри вовсе не находится в вегетативном состоянии, а потому речь идет именно о защите «права на жизнь». Вторил этому хору и конгрессмен Том Де Лэй, заявивший, что «у Терри Шайво не умер мозг. Она разговаривает, смеется, выражает радость и страдание». Наконец, в марте 2005 года федераль-

---

[12] Хотя это может быть и женщина, протестующая у хосписа, где содержалась Терри Шайво.

ные судьи позволили отключить Терри от искусственного жизнеобеспечения. Майкл Голдберг в своем «Царствии наступающем» пишет, что взрыв возмущения правых можно было наблюдать чуть ли не из космоса: «раздавались призывы к импичменту судей, затем требовали упразднить суды вообще, после молились о том, чтобы судей прибрал к себе Сатана и, наконец, и вовсе непрозрачно намекали на их убийство». Несмотря на то что вскрытие впоследствии показало, что мозг Терри уже давно был атрофирован, — в полном соответствии с клинической картиной устойчивого вегетативного состояния[13] — подобные контрдоказательства (как и в случае с «мученичеством за веру» в Колумбайне) мало поколебали уже забронзовевший культовый статус дела в глазах американских фундаменталистов. Тут же на «Аллее» можно увидеть обложку *Time* с заголовком «Конец жизни — кто решает?» со статьей из того же номера под названием «Уроки битвы за Шайво», где приводятся цитаты Пэта Робертсона, назвавшего смерть Шайво «убийством», и Тома Де Лэя, сказавшего, что это — «акт медицинского террора». Рядом находится еще один журнальный заголовок — «Кто имеет право на смерть?» с четырьмя фотографиями Терри Шайво, три из которых сделаны после повреждения мозга, причем две сделаны так, что создают впечатление, будто она находится в сознании.

«Аллея граффити» представляет современную Америку как культуру смерти — извращенное творение либералов и светских гуманистов, отрицающих авторитет Библии, желающих насадить преподавание эволюции в государственных школах, поддерживающих право женщин на аборт и выступающих за эвтаназию и ассистированное самоубийство. В этой культуре, как ярко демонстрируют обложки журналов и фотографии, детям внушают, что вселенная возникла в результате «Большого взрыва», что

---

[13] [Pierce 2009: 189 — цитата Де Лэя; Goldberg 2006: 158–159]; Timothy Williams, «Schiavo's Brain Was Severely Deteriorated, Autopsy Says», New York Times, June 15, 2005, http://www.nytimes.com/2005/06/15/national/15cnd-schiavo.html [дата обращения: 11.06.2025]. Глава «Смерть на Бич-стрит» в работе Пирса представляет красочное описание использования правыми дела Терри Шайво.

«Происхождение жизни» — лишь химическая реакция, которую можно воспроизвести (как предполагает сопровождающая фотография) в наборе пробирок, что «человек эволюционировал» «от обезьян» и что «начала человечества» следует искать в «ископаемых возрастом в два миллиона лет». При этом не только (безбожные эволюционисты утверждают, что речь идет об оппозиции «Бог против науки») стало уместным сомневаться, была ли «жизнь неизбежна или это просто случайность?» (а НАСА занимается «поисками внеземной жизни»[14]), но и подвергаются сомнению и отбрасываются самые основы христианской доктрины, наподобие «а вдруг Бог мертв?» и «А что, если ада нет?». Более того, идет самая настоящая «Война против христиан» (здесь же изображение окровавленного Иисуса) с участием и не-американских сил. В духе демонизации мусульман христианскими правыми, рисующими тех сплошь террористами, а также в соответствии с современными фундаменталистскими представлениями о «Конце времен» и роли в нем ислама[15], «Аллея граффити» ясно показывает: мусульмане нацелены на разрушение Америки и всего Запада. Здесь представлено множество фотографий с атаками 11 сентября 2001 года на башни Всемирного торгового центра и Пентагон; четыре экземпляра обложки *Newsweek* с заголовком «Новые джихадисты» над фотографией смуглого мальчика с автоматом, и даже фотографии иранского президен-

---

[14] Кен Хэм однажды ярко сформулировал богословскую проблему, связанную с инопланетной жизнью: «Если на других планетах есть разумные существа, то они тоже оказались бы подвержены последствиям грехопадения Адама, поскольку оно затронуло все творение. А значит, им бы пришлось умирать, ведь смерть — это наказание за грех... [Но ведь] Иисус не стал ни "Богом-клингоном", ни "Богом-вулканцем", ни "Богом-кардассианцем" — Он стал Богочеловеком. С богословской точки зрения было бы нелепо предполагать наличие других разумных физических существ, которые страдают из-за греха Адама, но при этом не могут быть спасены». Ken Ham, «Do I Believe in UFOs? Absolutely!», Answers 3 (January–March 2008), http://www.answersingenesis.org/articles/am/v3/n1/believe-in-ufos [дата обращения: 11.06.2025].

[15] [Hedges 2006: 146–149, 192–194]. Существует обширная литература о связи ислама с наступлением Конца времен. Подробнее см. [Lindsey 2002; Richardson 2009; Skolfield 2007].

та Махмуда Ахмадинежада с подписью: «Отрицая холокост, жаждет нового».

История, рассказанная на этих тускло освещенных кирпичных стенах, — это история «упадка и разрушения христианской Америки»[16]. Видное место на «Аллее» отведено обложке *Newsweek* от 13 апреля 2009 года с черным текстом на красном фоне в форме креста. Чему «видного места» не досталось, так это самой статье, к которой эта обложка приурочена: «Конец христианской Америки» Джона Мичэма. В ней автор пытается осмыслить данные опроса о религиозной принадлежности, проведенного в 2008 году, показавшего, что доля американцев, отождествляющих себя с христианством, снизилась с 86 до 76 % по сравнению с 1990 годом. На фоне победы Барака Обамы на президентских выборах 2008 года Мичэм пишет:

> Хотя мы по-прежнему остаемся нацией, положение которой решающим образом определяется религиозной верой, наша политика и культура в целом все меньше зависят от движений и аргументов явно христианского характера — даже в сравнении с ситуацией пятилетней давности.

При этом сам Мичэм таким поворотом не слишком удручен: по его словам, «упадок и разрушение современного религиозного правого представления о христианской Америке создают более спокойную политическую атмосферу»[17].

Но Кен Хэм и его коллеги по «Ответам» вовсе не считают «христианскую Америку» какой-то «концепцией». Они (как и христианские правые в целом) принимают свое понимание

---

[16] С очевидной параллелью к «Истории упадка и разрушения Римской империи» Эдуарда Гиббона. — *Прим. пер.*

[17] Barry A. Kosmin and Ariela Keysar, American Religious Identification Survey 2008: Summary Report (Hartford, CT: Trinity College Program of Public Values, 2009), http://www.americanreligionsurvey-aris.org [дата обращения: 11.06.2025]; Jon Meacham, «The End of Christian America», Newsweek, April 13, 2009, http://www.thedailybeast.com/newsweek/2009/04/03/the-end-of-christian-america.html [дата обращения: 11.06.2025]. Мичэм был не единственным, поспешившим возвестить закат христианских правых. См. [Dionne, Jr. 2009].

американской истории не как один из возможных, идеологически окрашенных взглядов, но как непреложную истину. Именно поэтому в «Ответах» и где бы то ни было еще они утверждают, что «большинство отцов-основателей Америки» верили, что «Библия истинна от первой до последней страницы» и является «единственным основанием, на котором можно построить новое, независимое государство»; наша «культура развивалась благодаря тому, что обычные христиане верой и правдой следовали Божьим установлениям и Его Слову»; американское «мировоззрение в целом (в том числе в вопросах морали) было основано на авторитете Божьего Слова»; на протяжении большей части своей истории Америка была «великим свидетельством христианства» для всего мира[18]. Но где-то начиная с 60-х антихристианским силам удалось крепко взяться за подрывание библейских оснований Америки. И если Джон Мичэм всячески приветствует «отделение церкви от государства», Хэм видит в этом выражении эдакую «дубину, которой загоняют в угол, а потом и вовсе изгоняют христианство из публичного пространства». В результате сегодня «Библия, молитва, творение и Бог-Творец практически полностью устранены из системы государственного образования». Но агрессивная и агрессивно разрастающаяся орда секулярных захватчиков не удовлетворилась лишь государственными школами; их цель — начисто вымести из общественного пространства Бога, Христа и христианство, «заменив их религией гуманизма-атеизма». Так что культурная кампания только набирает обороты: с ожесточенными попытками убрать рождественский вертеп с муниципальной земли, с «удалением десяти заповедей из мест общественного пользования» и лишением

---

[18] David Barton, «A Foundation of Scripturecans [?]», Answers 1 (July–September 2006), www.answersingenesis.org/articles/am/v1/n1/foundation-of-scripture [дата обращения: 11.06.2025]; Mike Belknap, «Graffiti Alley and the Decay of the West», answersingenesis, July 1, 2013, http://www.answersingenesis.org/articles/2013/07/01/graffiti-alley-decay-of-the-west [дата обращения: 11.06.2025]; Ken Ham, «The State of the Nation: Addressing America's Real Foundational Problem», answersingenesis, March 8, 2010, http://www.answersingenesis.org/articles/2010/03/08/state-of-the-nation [дата обращения: 11.06.2025].

«наших военных права произнести: "Да благословит тебя Бог" на похоронах сослуживца»[19].

Налицо форменный «упадок и разрушение» христианской Америки. Разумеется, можно возразить, что устранение христианского привилегированного положения в общественном пространстве вполне логично, учитывая, что (как ясно показал упомянутый выше опрос 2008 года) Америка нового, XXI столетия — это религиозно неоднородное общество, состоящее как из людей, исповедующих различную веру, так и из вовсе не исповедующих никакой. Собственно, именно эту мысль в разных формах высказывал новоизбранный президент Барак Обама. В статьях на сайте «Ответов» и личном блоге Кен Хэм не раз обращался к этой теме, вновь и вновь цитируя «Дерзость надежды: Мысли о возрождении американской мечты» Обамы: «Кем бы мы ни были раньше, сейчас мы уже не просто христианская нация; мы также и иудейская нация, исламская нация, буддийская нация, индуистская нация и нация неверующих». Хотя слова Обамы выглядят как вполне безобидное описание религиозного плюрализма в Соединенных Штатах, глава «Ответов» с печалью констатирует, что подобные утверждения президента с очевидностью свидетельствуют о том, что «у нас серьезные проблемы — серьезные духовные проблемы». В своей открытой лекции «Открывая неведомого Бога» Хэм отмечал: «Наш президент сказал, что мы больше не строим наши рассу-

---

[19] Ken Ham, «Separation of Christianity and State», answersingenesis, May 3, 2010, http://www.answersingenesis.org/articles/au/separation-of-christianity-and-state [дата обращения: 11.06.2025]; Ken Ham, «As in the Days of Noah», Answers 8 (October–December 2013), http://answersingenesis.org/culture/as-in-the-days-of-noah [дата обращения: 11.06.2025]; Ken Ham, «'Wise Men' Remove Nativities», Ken Ham (blog), answersingenesis, December 22, 2014, https://answersingenesis.org/blogs/ken-ham/2014/12/22/wise-men-remove-nativities [дата обращения: 11.06.2025]; Ken Ham, «Getting Rid of Christ?», answersingenesis, December 11, 2007, http://www.answersingenesis.org/articles/2007/12/11/christ-out-of-christmas [дата обращения: 11.06.2025]; Mike Riddle, «The Stealing of America», answersingenesis, September 23, 2008, http://www.answersingenesis.org/articles/2008/09/23/stealing-of-america [дата обращения: 11.06.2025].

ждения на Библии. У нас с ним разные исходные точки. В действительности же его слова означают смену единого Бога на многобожие»[20].

В своей статье 2010 года в журнале «Ответов» под названием «Одна нация под...?»[21] Хэм идет еще дальше, отвергая саму предпосылку мысли Обамы — сосуществование многих религий: «В конечном счете существуют лишь две религии — одна начинается с Божьего Слова, а другая — со слова человеческого». Подобные высказывания еще более подчеркивают глубокое неприятие Хэмом нарастающего религиозного плюрализма в Америке — неприятие, широко распространенное и в американском евангелизме[22]. Более того, в полном соответствии с риторикой христианских правых, Кен Хэм и его «Ответы» в целом воспринимают демографическую реальность плюрализма и правовые механизмы, обеспечивающие его защиту, как свидетельство того, что страна оказалась перевернута с ног на голову. В Америке, некогда бывшей (и, по их мнению, вновь обязанной быть) христианской, истинные христиане оказались в меньшинстве, стали угнетенными и гонимыми; христиан рисуют врагами, отчего они воспринимаются в обществе «законной мишенью» для «бесстыжих» атак, исполненных «злобы, клеветы и даже откровенной лжи и ненависти», которые со временем, несомненно, лишь усугубятся. Как пишет об этом в своей книге «Ложь: Эволюция и миллионы лет» сам Кен Хэм, близится день, когда быть христианином и вовсе окажется незаконно:

---

[20] [Обама 2008: 245]. Ken Ham, «The End of Christian America», Ken Ham (blog), answersingenesis, April 13, 2009, http://blogs.answersingenesis.org/blogs/kenham/2009/04/13/the-end-of-christian-america [дата обращения: 11.06.2025]; Ken Ham, «Revealing the Unknown God» цит.: «Foundations», Resource Preview, Answers 6 (July–September 2011), http://www.answersingenesis.org/articles/am/v6/n3/foundations [дата обращения: 11.06.2025].

[21] Подразумевая уже упоминавшуюся клятву на верность флагу со словами «одна нация под Богом». — *Прим. пер.*

[22] Ken Ham, «One Nation Under...?», Answers 5 (October–December 2010), http://www.answersingenesis.org/articles/am/v5/n4/nation [дата обращения: 11.06.2025]; [Trollinger, Jr. 2013: 105–124; Maltby 2013: NB 94–99].

Самые основания христианской веры — те истины и нормы Писания, которые не подлежат изменению, — становятся все менее и менее приемлемы в обществе, потому что Слово Божье все реже служит основанием для формирования мировоззрения. В итоге это неизбежно приведет к запрету христианства — что представляется все более реальным на фоне законодательных инициатив, не только ограничивающих христианскую деятельность даже в самой Америке, но и закладывающих фундамент для того, чтобы христиан начали воспринимать как преступников, вследствие специфики применения законов о преступлениях на почве ненависти и прочих нормативных актов[23].

На «Аллее граффити» до посетителя предельно ясно доносят мысль: Америка находится в состоянии войны с христианами. Более того, утверждает Кен Хэм, «все нарастающие антихристианские нападки в Америке должны послужить предупреждением... о том, что пропасть между тем, что является христианским, и тем, что таковым не является в этой стране, стремительно расширяется». Те, кто пытался «усидеть на двух стульях», устоять и на том, и на другом краю этой пропасти, должны будут «наконец определиться, на чьей они стороне!» Ведь речь не просто о культурной войне, а «о великом духовном сражении — Слова Божье против частного человеческого разума, христианских ценностей (основанных на Библии) против морального релятивизма (самоустановленных человеком правил)». И в этой космической схватке антихристианские враги прибегают к лжеидеям наподобие «терпимости», которая «на самом деле подразумевает *нетерпимость — по отношению к христианским ценностям*» (курсив в оригинале), дабы, окрутив христиан, легче было нацепить на них намордник. И в этой космической схватке нет и не

---

[23] Ken Ham, «The Chasm Is Widening: Are You on God's Side?», Letter from Ken, answersingenesis, April 29, 2013, http://www.answersingenesis.org/articles/2013/04/29/chasm-is-widening-are-you-on-gods-side [дата обращения: 11.06.2025]; Don Landis, «Response to Persecution», answersingenesis, August 2, 2013, http://www.answersingenesis.org/christianity/christian-life/response-to-persecution [дата обращения: 11.06.2025]. [Ham 2012: 33].

может быть нейтральных позиций, нейтральных сторон, нейтрального общественного пространства и, конечно, нейтральной системы образования. Как неоднократно подчеркивает Кен Хэм, «не существует нейтралитета, когда речь идет об Иисусе Христе — ты либо за Него, либо против Него… Устранение христианства [из культуры] не дает нейтрального исхода, но приводит лишь к антибожественному!»[24]

Такова космическая дихотомия, та цепь эквиваленций, в которой истина, мораль и безошибочное младоземельно-креационистское Слово единым фронтом выступают в битве против великой «лжи» (эволюции и миллионов лет), аморального релятивизма и атеизма. И разумеется, если видеть современную Америку именно в подобных тонах, если считать себя на стороне Бога в войне против антибожественных сил, то вполне логично заключить вместе с Кеном Хэмом, что христиане должны отвергнуть ложь о том, что они «не имеют права навязывать свои взгляды обществу». Напротив, это американская культура должна «вернуться к авторитетному Слову Божьему в качестве основания любой идеи»[25]. Либо то будет христианская Америка, — где у руля снова встанут истинные христиане, а иноверцы или вовсе неверующие знают свое место, — либо Америка безбожная. Третьего не дано. Выбор очевиден. Ставки подняты натурально до небес.

Эдем как гетеросексуальный парадиз

В своей книге «Отмолить гомосексуальность: жизнь замечательных геев из Библейского пояса»[26] социолог Бернадетт Бартон из Морхедского университета в штате Кентукки рассказывает о том,

---

[24] Ham, «Chasm Is Widening»; Ham, The Lie, 29–30, 34; Ken Ham, «The Atheists' Real Motive», Ken Ham (blog), answersingenesis, June 6, 2013, http://blogs.answersingenesis.org/blogs/ken-ham/2013/06/06/the-atheists-real-motive [дата обращения: 11.06.2025].

[25] [Ham 2012: 30]. Ham, «State of the Nation».

[26] Область на юге и среднем западе США с подавляющим преобладанием консервативно-евангельских культурных аспектов. Политически штаты «Пояса», очевидно, тяготеют к республиканскому курсу. — *Прим. пер.*

как она водила группу студентов-старшекурсников на экскурсию в Музей Сотворения мира. Всего в группе, включая саму Бартон, было 15 человек: десять женщин (пять из которых были открытыми лесбиянками, включая две пары) и пятеро мужчин. Большинство студентов были с курса Бартон по религии и неравенству, где они «бо́льшую часть семестра анализировали манифестации христианского фундаментализма и консервативной христианской мысли». По дороге в Музей студенты были в приподнятом настроении, но сам визит — особенно «Аллея граффити» и зал «Кризиса культуры» — оставил у большинства крайне тягостные впечатления. Как пишет Бартон, «студентов не покидало ощущение паранойи, озлобленности, пристальных взглядов, неприветливости и общей напряженности». Одна из девушек была в длинной рубашке и леггинсах; на подходе к экспозиции о Ноевом ковчеге, рассказывает она, охранник с собакой дважды обошел ее кругом, «давая ясно понять: я здесь чужая». Когда охранник удалился, к ней подошел мужчина с двумя детьми и сказал: «Это из-за того, как вы одеты. По вам видно, что вы не религиозны — вот вы здесь и не вписываетесь». Но наибольший дискомфорт испытали, конечно, две лесбийские пары: они физически, кожей, ощущали за собой «прилипчивый, неприязненный гомофобный надзор». Несмотря на то что они тщательно следили за тем, чтобы даже за руки не браться, по словам второй девушки, ощущения тревоги это не снимало: «Я понимаю, что, наверное, просто накрутила себя, но никак не могла избавиться от мысли, что все нас разглядывают и уже сразу знают, что мы не просто подруги»[27].

Живой пересказ своей работы Бартон представила на конференции Американской социологической ассоциации в 2010 году, и вскоре ее доклад был включен в подборку материалов на сайте LiveScience.com под заголовком «Музей Сотворения мира вызы-

---

[27] [Barton 2012: 157–169]. Вместе с тем единственный чернокожий студент в группе описывал свои ощущения не столь мрачно: «Внимательно выслушав однокашников, делившихся своими эмоциями о поездке в Музей, он с удивлением заметил: "Вот вы все это так рассказываете — а ведь я с подобным сталкиваюсь каждый день в местном супермаркете. А то и с чем похуже"» [Ibid.: 164–165].

вает у некоторых посетителей тревогу и дискомфорт». «Ответы» отреагировали практически незамедлительно: на сайте появилось развернутое опровержение, в котором отмечалось, что «если Музей кого-то оскорбляет — это говорит об отношениях оскорбленного с Богом в гораздо большей степени, нежели о Музее». Тут же подчеркивалось, что Музей «представляет истинную историю Вселенной, как оная изложена в Божьем Слове», и что «истина порой тревожит и вызывает у людей известный дискомфорт — особенно у тех, кто живет в постоянном бунте против Бога»; сверх того, продолжали авторы статьи, столь взволнованные посещением Музея студенты Морхедского университета теперь могут на себе прочувствовать хотя бы малую толику того, что регулярно приходится переживать самим христианам в университетах и прочих секулярных учреждениях. Что же до вышеупомянутой истории с охранником и собакой, авторы вообще выразили недоумение, не понимая, «из-за чего такой сыр-бор», отметив, что «специально обученная собака с кинологом регулярно инспектирует территорию на предмет всевозможных опасностей... и, в случае необходимости, может даже отыскать потерявшегося ребенка». Вместе с тем, продолжали авторы, учитывая, что «группа *целенаправленно искала* повод для критики» стоит с известной долей сомнения «отнестись к достоверности изложенной истории». Вообще же, заключали они, Бартон и ее студенты были настолько заряжены против Музея, что даже выдумали «какие-то гомофобные посылы, которых нет и в помине; никаких музейных материалов, относящихся к теме однополых браков и гомосексуальности вы в экспозиции не найдете»[28].

Обратите внимание на лексику: материалы — именно «музейные». Тем самым удобно обходится стороной «Аллея граффити», что «Ответы» объясняют тем, что «представленная декорация

---

[28] Stephanie Pappas, «Creation Museum Creates Discomfort for Some Visitors», http://www.livescience.com/8501-creation-museum-creates-discomfort-visitors.html [дата обращения: 11.06.2025]; Answers in Genesis-U.S. editors, «Feedback: Please Stop the Hate», answersingenesis, August 20, 2010, www.answersingenesis.org/articles/2010/08/20/feedback-please-stop-the-hate [дата обращения: 11.06.2025].

содержит материалы из сугубо *светских* источников»²⁹. Оставляя за скобками эту лукавую казуистику, — будто бы кураторы музея не сами выбирали, какие вырезки выставлять, а какие нет, — вовсе неудивительно, что студентам Бернадетт Бартон было особенно не по себе именно на «Аллее граффити». Все эти заголовки на закопченных стенах, кричащие: «Битва за гомосексуальных подростков», «Война за однополые браки», «Религиозные аргументы в защиту гей-браков» и даже «Консервативные аргументы в пользу однополых союзов». Здесь же — фотография лесбийской пары с детьми и заголовок *Syracuse Post-Standard*, объявляющий, что «Массачусетс открывает двери для гей-браков». Рядом заголовок о том, что «Ford сделал крупное пожертвование в пользу организации, продвигающей однополые браки», а также несколько вырезок, посвященных «епископу-гомосексуалисту» Джину Робинсону.

Еще более подкрепляет подобные посылы экспозиция Эдемского сада. Почти сразу же посетитель знакомится с музейной версией Адама и Евы, обнаженные фигуры которых выполнены в натуральную величину согласно западным канонам красоты. Они держатся за руки и с вожделением смотрят друг другу в глаза. Перед сценой размещена табличка, озаглавленная: «Бог создает Еву из ребра Адама», а ниже следующий текст: «И сказал Господь Бог: не хорошо быть человеку одному; сотворим ему помощника, соответственного ему. ...И создал Господь Бог из ребра, взятого у человека, жену, и привел ее к человеку. (Бытие 2:18, 22)». По обе стороны от цитаты размещены пояснительные таблички. Левая, под заголовком «Мужчина и женщина», гласит: «Не читали ли вы, что Сотворивший в начале мужчину и женщину сотворил и их? — Иисус Христос». Правая, под заголовком «Одною плотью»: «Посему оставит человек отца своего и мать и прилепится к жене своей, и будут два одною плотью; так что они уже не двое, но одна плоть. Итак, что Бог сочетал, того человек да не разлучает. — Иисус Христос»³⁰. Под стихом на правой табличке значится

---

²⁹ «Please Stop the Hate».
³⁰ Цитата слева — Мф. 19:4; справа — Мк. 10:7–9.

подпись — «Учение о браке» со следующим комментарием: «Особый акт творения Адама и Евы заложил основание брака: один мужчина и одна женщина. Тот факт, что они были одной плотью, лежит в основе единства брачного союза».

В самом деле, музейные таблички прямо не упоминают гомосексуальность или однополые браки, но подтекст совершенно очевиден — очевиден настолько, что авторы «Ответов» с кокетливой уклончивостью отмечают: «Вид сцены божественного основания брака как союза одного мужчины и одной женщины в [музейном] Эдемском саду, конечно, может вызвать дискомфорт у того, кто восстает против Божьих порядков и установленных им законов о браке». Стараясь обойти тот «неудобный факт», на который указывает Рэндалл Балмер, — а именно, что «в Новом Завете сам Иисус, собственно, ничего не говорил... о гомосексуальности», — «Ответы» вновь и вновь приводят цитированные выше стихи, доказывая с их помощью, что Сын Божий решительно и однозначно выступал против однополых браков. Вообще же, читая «Ответы», можно легко прийти к выводу, что противостояние геям и их союзам являлось главной целью земной миссии Иисуса. Взять, к примеру, те же «Семь Столпов истории» за авторством Кена Хэма и Стейши МакКивер. В разделе о пятом Столпе — «Христе» — авторы, вовсе проходя мимо Нагорной проповеди и десятка рассказанных Иисусом притч, упоминают лишь одно конкретное «учение» Спасителя: «И ссылаясь на книгу Бытия, он учил, что брак — это союз одного мужчины и одной женщины (от Матфея 19:3–6, с цитатами из Бытия 1:27 и 2:24)»[31].

И вновь Музей Сотворения мира (и «Ответы» в целом) настаивает на абсолютной, непримиримой бинарности — на сей раз гендерной. Джеффри Вентрелла, юрист, аффилированный с Альянсом защиты гражданских свобод (юридическое крыло христианских правых; *Alliance Defending Freedom*, ранее — *Alliance Defense Fund*), сетует на страницах «Ответов» на то, что публичное

---

[31] «Please Stop the Hate»; [Balmer 2006: 5]. Ken Ham and Stacia McKeever, «Seven C's of History», answersingenesis, May 20, 2004, www.answersingenesis.org/articles/2004/05/20/seven-cs-of-history [дата обращения: 11.06.2025]. Подробнее об одержимости «Ответов» однополыми браками см. [Goldberg 2006: 11–13].

пространство ныне совершенно не признает доктрину Бытия о том, что люди были «сотворены в двух различных, взаимодополняющих, при этом равноценных гендерах — мужском и женском». В ответ на опубликованный на *YouTube* ролик под названием «Когда ты выбрал быть натуралом?», Роджер Паттерсон высказывается предельно ясно: «Я не выбирал быть натуралом; Бог меня "натурально" сотворил. Все люди рождаются в рамках установленного Богом порядка — мужчинами и женщинами. Если я выбираю что-то иное... я выбираю извращение благого замысла Бога». По мнению Тима Чаффи, о том, что «гомосексуалист может выбрать гетеросексуальный путь», свидетельствует сам факт существования «многих тысяч бывших геев и многочисленных христианских организаций, посвященных помощи таким людям»[32]. Вместе с тем, продолжает он, предрасположен-

---

[32] Jeffrey J. Ventrella, «Genesis and Justice», Answers 1 (July–September 2006), http://www.answersingenesis.org/articles/am/v1/n1/genesis_and_justice [дата обращения: 11.06.2025]; Travis Nuckolls, «When Did You Choose to Be Straight?», http:/www.youtube.com/watch?v=QJtjqLUHYoY [дата обращения: 11.06.2025]; Roger Patterson, «Feedback: When Did You Choose to Be Straight?», answersingenesis, July 5, 2013, www.answersingenesis.org/articles/2013/07/05/feedback-choose-to-be-straight [дата обращения: 11.06.2025]; Tim Chaffey, «Feedback: God's Not Clear on Homosexuality?», answersingenesis, January 14, 2011, http://www.answersingenesis.org/articles/2011/01/14/feedback-gods-not-clear-on-homosexuality [дата обращения: 11.06.2025]. Чаффи не приводит никаких доказательств в поддержку своего утверждения. Вместе с тем Американская психологическая ассоциация неоднократно заявляла, что не существует доказательств «безопасности или эффективности терапии, направленной на изменение сексуальной ориентации», но настаивание на применении «переходной терапии» особенно пагубно сказывается на «лесбиянках, геях и бисексуалах, выросших в консервативной религиозной среде». См. American Psychological Association, «Answers to your Questions: For a Better Understanding of Sexual Orientation and Homosexuality», American Psychological Association (2008), http://www.apa.org/helpcenter/sexual-orientation.aspx [дата обращения: 11.06.2025]. Что касается двух наиболее известных организаций, помогавших геям становиться гетеросексуалами, то организация Love Won Out (входившая в состав Focus on the Family) прекратила свое существование в 2009 году. Еще более примечательно, что в июне 2013 года Exodus International — крупнейшая и старейшая евангелическая организация, занимавшаяся помощью желающим сменить ориентацию, — официально закрылась и публично принесла извинения ЛГБТК-сообществу.

ность к гомосексуальности в конечном счете не имеет ровным счетом никакого значения, ибо гомосексуализм — это грех. Автор «Ответов» Элизабет Митчелл также подчеркивает, что «называние греха чем-то "вполне естественным", "нормальным" и даже "неизбежным" — ничуть не отменяет библейской и исторической реальности», согласно которой гомосексуальность — это «грех, который на протяжении всей человеческой истории был "скользкой дорожкой", ведущей к разрушительному бунту, общественному разложению, болезням и духовной слепоте»[33].

Разумеется, находятся и отважные сознательные граждане, не желающие склониться перед моральным разложением Америки. Среди них — директор сети закусочных *Chick-fil-A* Дэн Кэти, чьи высказывания против однополых браков и финансовая поддержка организаций, выступающих против ЛГБТК, спровоцировали скандал федерального масштаба. Кен Хэм высоко оценил вклад Кэти и *Chick-fil-A*, заявив, что «вся организация как единое целое смело отстаивает библейские ценности», а сотрудники «Ответов» даже сходили в местное заведение сети на обед в специально объявленный консервативными движениями «День поддержки *Chick-fil-A*». Однако, несмотря на Дэна Кэти и прочих, мужественно сопротивляющихся упадку, к 2013 году та «дорожка», ведущая ко все новым глубинам «социального разложения и духовной слепоты», стала еще более «скользкой». Хэм в своем блоге перечисляет последние «культурные поражения». Сперва в феврале Департамент начального и среднего образования штата Массачусетс разрешил трансгендерным учащимся пользоваться туалетами в соответствии с их гендерной идентичностью:

> Печально, что школьные власти не признают греховную природу человека... А как насчет того, что какой-нибудь старшеклассник мог бы просто прикинуться «идентифици-

---

[33] Elizabeth Mitchell, «Homosexuality Ultimately a Result of Gene Regulation, Researchers Find», News to Note, Answers in Genesis, December 22, 2012, http://www.answersingenesis.org/articles/2012/12/22/news-to-note-12222012 [дата обращения: 11.06.2025].

рующим себя» как девчонка, чтобы беспрепятственно попасть в женскую уборную или, скажем, раздевалку — подмигивая при этом дружкам?

Затем, в том же месяце, основатель *eHarmony* Нил Кларк Уоррен, называющий себя «страстным последователем Иисуса», все же дрогнул «под натиском мира сего» и открыл доступ к сервису знакомств для геев. А в мае организация «Бойскауты Америки» (*Boy Scouts of America* / BSA) отменила запрет на участие в ней подростков с нетрадиционной ориентацией. В ответ Хэм порекомендовал христианским родителям задуматься о том, чтобы забрать детей из BSA: «Можно ли ожидать, что ребенок... всегда будет знать, как повести себя... когда он находятся бок о бок с другими мальчиками, которые могут проявлять гомосексуальные наклонности?»[34]

А затем, 26 июня 2013 года, Верховный суд аннулировал Закон о защите брака, постановив, что однополые супруги имеют право на федеральные льготы. Одновременно с этим суд отказался пересматривать решение нижестоящей инстанции, признавшее неконституционной калифорнийскую «Поправку 8» — инициативу, запрещавшую однополые браки на территории штата. На следующий день Элизабет Митчелл опубликовала на

---

[34] Seth Cline, «Chick-fil-A's Controversial Gay Marriage Beef», U.S. News and World Report, July 27, 2012, http://www.usnews.com/news/articles/2012/07/27/chick-fil-as-controversial-gay-marriage-beef [дата обращения: 11.06.2025]; Ken Ham, «Our 'Chikin'* Day», Ken Ham (blog), answersingenesis, August 2, 2012, http://blogs.answersingenesis.org/blogs/ken-ham/2012/08/02/our-chikin-day [дата обращения: 11.06.2025]; Ken Ham, «The Evolving Sexual Agenda», Ken Ham (blog), answersingenesis, March 27, 2013, http://blogs.answersingenesis.org/blogs/ken-ham/2013/03/27/the-evolving-sexual-agenda [дата обращения: 11.06.2025]; Ken Ham, «eHarmony Compromises on Same Sex 'Marriage'», Ken Ham (blog), answersingenesis, April 13, 2013, http://blogs.answersingenesis.org/blogs/ken-ham/2013/04/13/eharmony-compromises-on-same-sex-marriage [дата обращения: 11.06.2025]; Ken Ham, «Southern Baptist Convention Opposes Boy Scouts of America (BSA) Decision», Ken Ham (blog), answersingenesis, June 16, 2013, http://blogs.answersingenesis.org/blogs/ken-ham/2013/06/16/southern-baptist-convention-opposes-boy-scouts-of-america-bsa-decision. [дата обращения: 11.06.2025].

сайте «Ответов» статью под выразительным названием: «Определение брака — Верховный суд против Бога-Вседержителя». По ее словам, «осмелившись объявить определение брака, данное Богом, неадекватным и несправедливым, Верховный суд фактически легитимизировал "поддельную" форму брака в масштабах всей страны». Итогом, предупреждала Митчелл, станет «разрушение института семьи» в Америке, что, собственно, и является, по ее мнению, «истинной целью тех, кто борется за однополые союзы». У американцев, считает Митчелл, еще есть время раскаяться и потребовать отмены этого постыдного решения, однако же нет никаких сомнений в его последствиях: постановление Верховного суда «просто юридически подкрепляет наше личное и общенациональное восстание против Бога» — восстание, которое «разрушает жизни, семьи и — как показывает история — целые народы»[35].

Реакцию Элизабет Митчелл на решение Верховного суда, — пылкую, исполненную даже апокалиптического пафоса, — пожалуй, можно было бы назвать умеренной в сравнении с часовой речью Кена Хэма на июльской «Мегаконференции Ответов». Свое выступление, озаглавленное «Великое заблуждение: духовное состояние нации»[36], он начал с указания на то, что Америка когда-то была великой христианской нацией, но ныне «мы видим катастрофическое духовное падение» и повсеместное развращение, наподобие того, что царило «во дни Ноя». После вступления, в котором Барак Обама обвинялся в том, что он сознательно отвергает Божье Слово в угоду слову человеческому в качестве

---

[35] Adam Liptak, «Supreme Court Bolsters Gay Marriage with Two Major Rulings», New York Times, June 26, 2013, http://www.nytimes.com/2013/06/27/us/politics/supreme-court-gay-marriage.html; [дата обращения: 11.06.2025] Elizabeth Mitchell, «Defining Marriage—Supreme Court v. Sovereign God», answersingenesis, June 27, 2013, https://answersingenesis.org/family/marriage/defining-marriagesupreme-court-v-sovereign-god [дата обращения: 11.06.2025].

[36] Ken Ham, «The Great Delusion—The Spiritual State of the Nation», YouTube video, 1:00:48, from the Answers Mega Conference, Sevierville, TN, July 24, 2013, https://answersingenesis.org/media/video/worldview/great-delusion [дата обращения: 11.06.2025].

национальной опоры, Хэм разразился получасовой обличительной тирадой с главным лейтмотивом о том, что принятие гомосексуальности и однополых браков — это наиболее явное свидетельство того, что Америка окончательно отступилась от Библии. При этом главной мишенью по-прежнему оставался Обама. По словам Хэма, с первых же дней своей администрации новый президент и его соратники «сознательно насаждали повестку продвижения гей-браков и одобрения гомосексуального поведения в рамках всей страны». Успешное продвижение однополой повестки в судах и массовой культуре, по мнению Хэма, в итоге приведет к легализации многоженства и прочих извращений. Перед лицом столь вопиющего порока Хэм вновь провозгласил: плачевное состояние нынешней Америки зеркально отражает мир, каким он был «во дни Ноя». Доказательства тому, по словам Хэма, неопровержимы: «ложь» о том, что «Божье Слово — неистинно» пронизывает культуру, правовая система требует, чтобы детям преподавали, будто они — животные, эволюционировавшие миллионами лет, а вместо «абсолютных христианских ценностей» в стране царит «моральный релятивизм».

Хэм предлагает аудитории риторический вопрос: «Что, по-вашему, думает Бог о подобной стране?» — и почти сразу же сам пылко отвечает:

> Люди! Свидетельством того, что Бог предает нашу культуру суду, свидетельством того, что Он послабляет стяжающие путы Духа Святого — этим свидетельством является гомосексуализм, являются однополые браки, завоевывающие нашу страну. Вот я и утверждаю ныне: АМЕРИКА ПРЕДАЕТСЯ СУДУ [на экране появляется соответствующий слайд] — суду Всемогущего Бога, взирающего на нашу культуру, исторгнувшую Бога из себя[37].

---

[37] Сказанное о «послаблении пут» и «предание Америки суду» вследствие более терпимого отношения к гомосексуализму поразительно напоминает печально известные высказывания Джерри Фолуэлла спустя два дня после терактов 11 сентября: «Бог продолжает приподнимать завесу, попуская, как мы видели, врагам Америки воздавать нам по заслугам нашим... Язычники, сторонники абортов, феминистки, геи и лесбиянки, преподносящие свое

Хэм уточняет вопрос, еще более повышая ставки:

> Если же... Америка предается суду, тогда кем является президент ее Соединенных Штатов — президент, семимильными шагами продвигавший однополые браки и гей-повестку; президент, потворствовавший убийству 55 миллионов [абортированных] детей, в сравнении с которыми Гитлер с холокостом стыдливо бледнеют?

И, спустя еще несколько библейских пассажей, включая пророка Даниила 2:21, — «Он низлагает царей и поставляет царей» — следует драматичный ответ:

> Президент Обама был поставлен Богом на занимаемое им место. В Писании ясно об этом говорится. Так раз АМЕРИКА ПРЕДАЕТСЯ СУДУ, ТОГДА... ЕЕ ЛИДЕР — И ЕСТЬ ПРИГОВОР [на экране появляется соответствующий слайд]. Если это так (а я верю, что это так), по правде сказать, это весьма отрезвляющий факт — что лидер Америки и есть ее приговор. О! Преклоним же колени пред Святым Богом. ... Весь народ должен пасть перед Ним на колени и покаяться.

По Хэму, Бог отступил от Америки и предает ее суду, употребляя Барака Обаму — которого вполне допустимо сравнивать с Адольфом Гитлером — в качестве орудия, которым сей суд вершится. Образ устрашающий, даже зловещий, и Хэм вновь обращается к нему в конце выступления. После пространного спича, рекламирующего новый «ответный» проект «Встреча с Ковчегом», где он утверждает, что главная цель масштабной реконструкции Ноева Ковчега — указать посетителям «дверь спасения», Хэм напоминает присутствующим, что лишь восемь человек прошли через дверь Ковчега ко спасению, — на экране

извращение под соусом приемлемой "альтернативы", Американский союз защиты гражданских свобод, либералы из "Народа за американский путь" и иже с ними — все те, кто пытался секуляризировать Америку — я бросаю это обвинение им прямо в лицо, я говорю: "Это и ваших рук дело"». Цитируя Фолуэлла, Синтия Бюрак показывает, как подобная риторика стала нормативной среди лидеров христианских правых [Burack 2008: 109].

за его спиной появляется анимационный Ковчег — и больше «никто не шел». Дверца анимационного Ковчега гулко захлопывается: «и затворил Господь за ним». «Давайте-ка еще разок! [Дверца вновь захлопывается, раздается гулкий стук.] И вот тогда-то люди снаружи», чьи легкие постепенно наполняла вода, — тогда-то они «начали понимать, что что-то не так». И Хэм закругляет аналогию, возвращаясь к современной Америке, указывая, что несмотря на то, что благодаря Христу дверь к спасению по-прежнему отворена, вечно так продолжаться не будет: «Однажды, подобно Ноеву Ковчегу, и эта дверь будет затворена. Тогда-то и придет Суд».

Завершает он свое выступление призывом к присутствующим «вооружиться ответами», дабы «не поддаться запугиванию со стороны секуляристов», дабы «держаться стойко и не идти на компромисс». Истинные христиане должны быть «проповедниками правды», зазывая ближних своих войти с ними в ковчег спасения. Но медлить нельзя. Америка предается суду, о чем свидетельствует культурная и юридическая легитимация гомосексуализма и однополых браков. Близится Судный день, и в тот день судимы будут променявшие Слово Божье на слово человеческое; все упорствующие геи и лесбиянки, не желающие покаяться в своих «постыдных страстях»; будет судим и Барак Обама[38] со своими приспешниками, проводившими «гомосексуальную повестку». Как было во дни Ноя — так станется и ныне. День Суда почти настал, и Кен Хэм, уже спасенный, стоя при дверях нового ковчега, с нетерпением ждет, когда же Бог низведет Свой страшный и яростный гнев на нечестивого президента, стоящего во главе исполненной разврата культуры.

---

[38] В посте в личном блоге «Не ревнуй злодеям», написанном в июне 2014 года после выступления Обамы на мероприятии, приуроченном к сбору средств в пользу ЛГБТК-сообщества, Хэм, цитировал Псалом 36:1–9: «Не ревнуй злодеям, не завидуй делающим беззаконие, ибо они, как трава, скоро будут подкошены... делающие зло истребятся, уповающие же на Господа наследуют землю». Ken Ham (blog), answersingenesis, June 20, 2014, http://blogs.answersingenesis.org/blogs/ken-ham/2014/06/20/do-not-fret-because-of-evildoers [дата обращения: 11.06.2025].

Эдем как патриархальный парадиз

Гетеросексуальность и гетеросексуальный брак представлены в Музее как норма, установленная Богом еще в Эдемском саду. Причем, как довольно явно намекает посетителю экспозиция музейного Сада, Бог установил не просто разнополый союз, а вполне определенный тип оного. Вернемся к сцене, где красавец Адам с красавицей Евой впервые смотрят друг на друга. Как уже отмечалось, посетителю подсказывают, что перед ним именно «мужчина и женщина», подкрепляя это указание словами Иисуса: «не читали ли вы, что Сотворивший в начале мужчину и женщину сотворил и их?» Ниже дается толкование этого важного библейского упоминания гендерной бинарности: «Ева (как и Адам) была особым образом сотворена Богом и не произошла от животного. Ева была создана не из праха, но из Адамова ребра. Бог с самого начала приспособил созданных мужчину и женщину к различным ролям».

Значит, «с самого начала» и «приспособленные к различным ролям»... Формулировка намекает на то, что половое разделение людей на мужчин и женщин несет в себе значимые социальные последствия, нигде в Музее не объясняется, в чем именно они заключаются. Однако подсказка имеется — и весьма недвусмысленная: в музейных экспозициях женщины либо вовсе отсутствуют, либо же им отведены сугубо второстепенные роли. Вездесущий голос из динамиков — и тот мужской. Большинство спикеров в многочисленных видеосюжетах — мужчины с единственным заметным исключением в виде Джорджии Пурдом. Фильм «Люди в белом» — собственно, про мужчин в белом, спешащих на помощь Венди, стереотипной «деве в беде». В «Раскопе» трудятся над скелетом динозавра два археолога-мужчины, а вскоре после этого гости подходят к стеклянной витрине с моделью небольшой самки примата «Люси». В зале об «Авторитете Библии» находятся исключительно мужские библейские персонажи, а залом об «Актуальности» безраздельно правит фигура Мартина Лютера. В зале о «Строительстве Ковчега» мы видим как Ной со столярами-мужчинами совершают сей поразительный творческий акт, в то время как два единственных женских персонажа (оба не аниматронные) молча сидят и плетут корзинки. Чуть больше женщин можно наблюдать в экспозиции о «Путешествии Ковчега», но и тут они либо занимаются домашней работой, молча внимая весомым словам Ноя, либо просто тонут в водах Потопа.

Есть, однако, одно видимое исключение из «мужского» правила, движущего музей нарратив: Ева. Она — половина идеальной пары, возлюбленная Адама в Райском саду. Она — та, кого искушают: рядом с мрачно взирающим Змеем посетитель видит табличку с заголовком «Сомнения в Слове Божьем» и цитатой из книги Бытия: «Он спросил женщину: "Правда ли Бог сказал: "Не ешьте ни с какого дерева в саду?"»[39] А в следующей диораме, где Ева уже протягивает Адаму сорванный плод, и которую сопровождает табличка «Слово Божье отвергнуто», именно она — та, что поддалась искушению и вовлекла мужа своего во грех.

Однако же — как оказывается в изложении Музея — Ева сыграла в драме грехопадения лишь вспомогательную роль. По-настоящему значимым было не ее прегрешение, но Адама. Этот ключевой момент с ясностью передан на плакате с очередным «Столпом», размещенном перед сценой со змеем. Подзаглавие — «Ослушание Слова Божьего привело к грехопадению» — сообщает, что «первый человек Адам ослушался Творца и принес в тварный мир смерть и греховную порчу». Сказанное также подкрепляется цитатой из Послания к Римлянам 5:12: «Посему, как одним человеком грех вошел в мир, и грехом — смерть». Далее следуют витрины со змеем и Евой, вручающей запретный плод Адаму, обшарпанная дверь с нацарапанной надписью «Мир более не безопасен» и целая галерея фотографий, наглядно демонстрирующих последствия Адамова греха: истощенный от голода ребенок, ядерный взрыв, груда черепов, женщина в родовых муках и прочее. Затем посетителя встречает огромный плакат «Проклятие», продолжающий и усиливающий посыл плаката со Стопом о вошедшем в мир грехе:

---

[39] На табличке указано, что цитата из Бытия 3:4, хотя на самом деле — 3:1.

Ровно в момент ослушания Адам умер духовно, разорвал пуповину, связывавшую его с Богом, дающим жизнь всему сущему. Так и все потомки Адамовы — также оторваны от Бога грехом. Ибо за восстание человеков против Слова Его проклял Бог творение Свое.

Музей Сотворения мира не разъясняет, почему именно грех Адама, а не Евы, навлек на человечество божественное проклятие. Впрочем, дело помогают прояснить более откровенные авторы «Ответов». По их мнению, ответственность Адама за грехопадение напрямую связана с его, Богом установленным, положением в Первой семье. Как в статье «Бытие, женская покорность и современные жены» пишет Джорджия Пурдом, «буквальное прочтение Божьего Слова ясно показывает, что первоначально установленная роль Адама заключалась в главенстве над семьей». Бог первым создал Адама, именно ему Бог поручил наречь имена животным и, что самое примечательное, Бог также дал Адаму власть «наречь имя жене своей» — что, по словам Пурдом, «в ветхозаветные времена... являлось атрибутом главенства того, кто дает имя». Бог подчеркнул авторитет Адама над Евой, сотворив ее в качестве «помощницы» мужу. Однако, несмотря на то, что «Адам был ответственен за жену свою Еву», он, как подчеркивает Пурдом, «от этой ответственности отказался, последовав за ней в непослушании Богу». Как резюмирует еще один автор «Ответов», Стив Гольден, Бог призвал к ответу именно Адама за моральные проступки его семьи, ибо тот не исполнил обязанностей, возложенных на него в рамках «Богом установленной системы мужского главенства»[40].

Хотя сами «Ответы», как мы видели, прямо утверждают, что «с самого начала» Бог установил мужа, властвующим над женой

---

[40] Georgia Purdom, «Genesis, Wifely Submission, and Modern Wives», answersingenesis, November 24, 2009, http://www.answersingenesis.org/articles/2009/11/24/genesis-wifely-submission-modern-wives [дата обращения: 11.06.2025]; Steve Golden, «Feedback: Is Male Headship a 'Curse?'», answersingenesis, August 31, 2012, http://www.answersingenesis.org/articles/2012/08/31/feedback-male-headship-curse [дата обращения: 11.06.2025].

и детьми, эту идею мы почти не встречаем в стенах Музея. Напротив, из «райской» экспозиции посетитель вполне может вынести совершенно иное представление о происхождении патриархальной семьи. На уже упомянутом плакате о «Проклятии» под сообщением о том, что именно грех Адама стал причиной того, что Бог проклял Свое творение, подробно изложены последствия этого проклятия для всех трех затронутых им сторон. Так, «змей» был присужден к тому, чтобы «ходить на чреве и есть прах», а за «Адама» будет «проклята земля», а сам он будет «в поте лица... есть хлеб». Что же касается «Евы», посетителя отсылают к книге Бытия 3:16: «умножая умножу скорбь твою в беременности твоей; в болезни будешь рождать детей; и к мужу твоему влечение твое, и он будет господствовать над тобою».

Таким образом, всецело доверяя музейному плакату, посетитель вполне может прийти к выводу, что женская подчиненность мужскому авторитету, наряду с болью при родах, не часть изначального Божьего замысла, а одно из печальных последствий грехопадения. Как отмечает Маргарет Ламбертс Бендрот в своей книге «Фундаментализм и гендер», именно так данный стих традиционно трактуется в диспенсационном премилленаризме. К примеру, в той же Библии Скоуфилда — каноническом тексте Писания для диспенсационалистов — к этому месту дается комментарий о том, что в ответ на грех первой семьи Бог установил «Адамов завет, регулирующий жизнь грехопадшего человека», включающий в себя тяжкий труд, физическую смерть, а также

> смену положения женщины... проявившуюся в трех аспектах: 1) многократное зачатие; 2) материнство, сопряженное со страданием; 3) главенство мужчины... [ибо] грех, нарушивший порядок в мире, сообщил необходимость в главенстве, каковая власть и была дана мужчине.

Бендрот подчеркивает, что, согласно диспенсационалистскому прочтению, «первородный грех Адама — и особенно Евы» определил необратимость этих проклятий; как пишет Скоуфилд, все эти «регуляции», возникшие вследствие грехопадения, включая господство мужчины над женщиной, «сохранятся вплоть до наступления [Тысячелетнего] Царства»[41].

Остановимся чуть подробнее на диспенсационалистском прочтении третьей главы Бытия. Итак, Бог изначально замыслил равенство между мужчиной и женщиной; в Эдеме это равенство действительно имело место; и в Тысячелетнем Царстве мужчины и женщины вновь обретут достославное равноправие. То есть даже признавая патриархат скорбным последствием человеческого греха, не кажется преувеличением сказать, что христианин, стремящийся жить так, как то угодно Богу, стремящийся следовать водительству Духа Святого Духа, призван исповедовать идею равенства полов. Как провозгласил апостол Павел, «нет уже Иудея, ни язычника; нет раба, ни свободного; нет мужеского пола, ни женского: ибо все вы одно во Христе Иисусе» (Галатам 3:28).

Отталкиваясь от идей движения святости конца XIX века, евангельские феминисты еще с 70-х годов настаивают на подобном толковании. В ответ на их доводы бо́льшая часть консервативных протестантов (включая «Ответы»), опираясь скорее на кальвинистское богословие, нежели на традиционный диспенсационализм, приняли как раз кальвинистскую точку зрения, о том, что «половое неравенство было заложено в изначальном порядке творения». Вместе с тем, если мужское главенство было установлено «от начала» и не является следствием грехопадения, то как тогда понимать вышеупомянутый стих Бытия 3:16, который, на первый взгляд, прямо сообщает, что одним из последствий греха явилось то, что муж будет «господствовать» над женой? Отвечая на вопрос читателя, который как раз указывает на это затруднение, автор журнала «Ответов» У. Гэри Филлипс разъясняет, что хотя Бытие 3:16 «часто превратно толкуют как установление главенства», на самом деле «мужское главенство подразумевалось Богом, еще когда Он создавал женщину». Наложенное же Богом проклятье, по мнению автора, привнесло не само

---

[41] [Bendroth 1993: 44–45; Scofield 1917: 9].

подчинение, но неспособность жены спокойно принимать Богом установленную подчиненность мужу. Стив Гольден в своей статье «Является ли мужское главенство проклятием?» формулирует эту мысль так: «Вследствие Проклятия и новой — греховной — природы жена теперь стремится узурпировать дарованную Богом мужу власть». Восстание грешных жен, стремящихся свергнуть своих законных повелителей, лишь усугубляется тем, что сами мужья впадают в искушение либо проявить власть чрезмерную, либо, напротив, вовсе от нее устраниться — то есть либо оказаться «неблагочестивым господином», либо «попустительствовать жене взять власть в свои руки»[42].

Как отмечает Джорджия Пурдом, если бы супружеские пары придерживались плана, установленного Богом при Сотворении, если бы мужья безоговорочно приняли роль лидеров, а жены стали их покорными помощницами, тогда институт брака расцвел бы пышным цветом. По ее мнению, одной из причин, по которой женщины сопротивляются подчинению, является отождествление его с унижением. Но сама природа Бога дает здесь весьма поучительную аналогию: «Иисус и Бог Отец имеют разные роли внутри Троицы, но по сущности своей оба равно являются Богом. Так и жена с мужем исполняют в браке разные роли, но в равной мере любимы Богом и несут Его образ». Еще нагляднее связь между внутренней природой Бога и должными ролями в браке выстраивает Гэри Филлипс:

> Ева была равна Адаму перед Богом, но создана как помощница Адама, что подразумевает его функциональное главенство. Такое личностное равенство при функциональном подчинении отражает саму природу Троицы: Сын по бытию равен Отцу, но по роли подчинен Ему; так и Дух Святой — равен, но покорен обоим[43].

---

[42] [Bendroth 1993: 124]; W. Gary Phillips, «Adam's Headship before the Fall», Readers Respond, Answers 4 (October–December 2009), http://www.answersingenesis.org/articles/am/v4/n4/readers-respond [дата обращения: 11.06.2025]; Golden, «Male Headship».

[43] Purdom, «Wifely Submission»; Phillips, «Adam's Headship».

В своих рассуждениях Пурдом и Филлипс вторят целому сонму консервативных кальвинистских богословов, которые обосновывают мужское главенство в семье и в церкви через иерархичность внутри Троицы; они утверждают, что эта божественная иерархия служит моделью для отношений между мужчинами и женщинами в семье и церковной общине. Один из них — Уэйн Грудэм, автор книги «Евангельский феминизм и библейская истина». Работа снискала сомнительную известность благодаря поразительно подробному списку ролей, которые женщинам позволено и не позволено исполнять в церкви. Так, женщина вполне может возглавить церковный комитет или сольно пропеть на воскресном богослужении, но не может являться «постоянным главой прихода» или преподавать Библию «в воскресной школе при колледже». Соучредитель (вместе с Джоном Пайпером) «Совета по библейскому мужеству и женственности», Грудэм утверждает, что «так же как Бог-Сын вечно подчинен власти Бога-Отца, Бог предусмотрел, чтобы жены были подчинены власти своих мужей». Профессор христианской теологии Южной баптистской богословской семинарии имени Т. Руперта и Люсиль Коулман, Брюс Уэр, идет еще дальше, продолжая линию между властью и подчинением в Троице и аналогичными отношениями в семье и церкви. В книге «Отец, Сын и Святой Дух: отношения, роли и значение» Уэр призывает мужей подражать Богу-Отцу, который «обладает высшей властью» в Троице, и возглавлять свои семьи, что включает в себя «привилегию и обязанность перед Господом — направлять духовное развитие, наставление и рост своих жен и детей». Жен же Уэр призывает «с радостным и чистым сердцем, охотою и весельем» подчиняться мужьям, осознавая, что «требуемое от них, как жен, подчинение отражает то, как Сын предвечно покорен Отцу, а Дух — Отцу и Сыну»[44].

Подобные эпизоды затрагивают серьезные богословские вопросы о равенстве Отца, Сына и Святого Духа — догмат, принятый как ортодоксальное христианское вероучение на Вселенских

---

[44] [Grudem 2004: 93, 95, 46; Ware 2005: 21, 140–141, 145].

соборах в Никее (325) и Халкидоне (451). Взгляды Уэра и его соратников вызвали нешуточные споры внутри консервативного евангелизма: предметом дискуссии, в частности, стала идея «предвечной покорности» Сына Отцу и то, стоит ли трактовать ее как «онтологическое» подчинение. И если так, — что отстаивающие данную позицию решительно отрицают — то, по сути, перед нами скрытый арианизм, древнее богословское учение о том, что Иисус не является Богом в том же смысле, в каком Богом является Отец — учение, осужденное как ересь на том же Никейском соборе[45].

Впрочем, здесь не с руки разворачивать обширный богословский диспут. Нас здесь интересует именно решительно проводимая связь между внутренними отношениями ипостасей Троицы с «должной» гендерной иерархией в семье и церкви. Вообще, читая труды Грудэма, Уэра и авторов «Ответов», легко прийти к выводу, что вся многовековая теологическая полемика была затеяна ради одной лишь цели — окончательно и бесповоротно утвердить подчиненность женщины мужчине. Ведь если патриархат в доме и церкви представляется отражением патриархальной иерархии внутри самой Троицы, тогда любые притязания на гендерное равенство всегда окажутся нарушением божественного порядка.

После Рая: допустимость инцеста

Прежде чем окончательно оставить тему пола и власти, сделаем еще одну остановку на «Библейском пути». После плаката с «Проклятьем» следует серия табличек, иллюстрирующих разницу между жизнью до грехопадения и после — разницу, подчеркнутую диорамой с изготовившимся к броску змеем и робо-тираннозавром, грозящим откусить посетителю голову. Далее

---

[45] Анализ полемики внутри консервативного евангелизма см. в [Erickson 2009]. Эриксон приходит к выводу, что, несмотря на то что сторонники идеи покорности внутри Троицы «эксплицитно это отрицают, их позиция подразумевает идею онтологической подчиненности, то есть содержит ее в себе имплицитно» [Ibid.: 257].

следует еще одна диорама с первой семьей: статный и мускулистый Адам возделывает землю, двое мальчиков (надо полагать, Каин и Авель) ему помогают, а прекрасная беременная Ева с довольным видом наблюдает за происходящим. Хотя трудящийся Адам и предстоящие роды Евы напоминают о проклятии, последовавшим за грехом, сцена выглядит почти идиллической. Но идиллия рушится уже на соседней диораме, посвященной первому убийству: бездыханный Авель лежит, уткнувшись лицом в землю, а Каин стоит над ним с воздетыми к небу руками.

Прямо напротив этой сцены расположен плакат под заголовком: «Откуда у Каина жена?». Хотя семейный статус Каина, собственно, не кажется самым насущным вопросом, возникающим после ознакомления с описанными выше диорамами, Музей, по всей видимости, считает этот момент крайне важным. Ответ дается тут же без обиняков: поскольку «все люди произошли» от Адама и Евы, а «Бытие 5:4 говорит, что они имели и других сынов и дочерей», значит, «братья должны были брать в жены сестер». Словом, Каин женился на своей сестре. Однако, предвидя возможное смущение и недоумение со стороны гостей, все оставшееся (порядка 80 %) место на плакате уделено разъяснению, почему не следует испытывать неловкость по поводу такого кровосмесительного брака. Во-первых, вообще «все люди — родственники», а значит, «всякий вступающий в брак уже женится на родственнице». Затем следует исторический довод: в Библии ясно сказано, что лишь спустя многие поколения — уже после Авраама (который, к слову, и сам был женат на сводной сестре) — Бог наконец «запретил израильтянам вступать в брак с близкими родственниками». С биологической точки зрения, утверждает плакат, то, что Бог не спешил с табуированием подобных браков, совершенно логично, ведь «во времена Адама, Евы и их детей в человеческом геноме было еще очень мало мутаций». Разумеется, «половые отношения вне брака, будь то с родственником или нет, всегда были грехом», но сам брак «между близкими родственниками не составлял проблемы в ранней библейской истории», при условии, что он заключался «между мужчиной и женщиной (библейская доктрина брака)». Далее следует вывод о том, что, «поскольку именно Бог изначально установил брак мужчины и женщины, Слово Божие и является единственным мерилом для установления того, что есть правильный брак». А потому «те, кто не принимает Библию за абсолютный авторитет, не имеют оснований осуждать, скажем, брак Каина с его сестрой».

Даже по меркам самого Музея, это, скажем мягко, весьма экстравагантное заявление. Посетителю предлагают аргументацию в пользу инцестуальной связи, на основе странных утверждений из области генетики, нападок на тех, кто критикует инцест с любых позиций, кроме библейских, и предположения, что-де кровосмешение не так ужасно, как кажется, поскольку всякий, вступающий в интимные реляции, так или иначе имеет дело с родственниками. Проще говоря, посетителю предлагают согласится с тем, что практически универсальное моральное табу ошибочно, причем исходя преимущественно из утилитарных соображений. Подробнее вопрос раскрывается в «Одной крови», написанной Кеном Хэмом, Карлом Виландом и Доном Баттеном:

> Ко временам Моисея (примерно через 2500 лет после Творения) в человеческом роде накопилось столь значительное количество дегенеративных ошибок, что Богу пришлось установить законы, запрещающие браки между братьями и сестрами (и другими близкими родственниками)... К тому же на Земле тогда уже жило достаточно людей, и необходимость вступать в близкородственные браки отпала [Ham, Wieland, Batten 1999: 29].

Так как же понимать столь настойчивое оправдание идеи о том, что — согласно музейной шеститысячелетней хронологии истории — на протяжении всей первой трети существования человечества инцест был вполне допустим, если имел место в рамках гетеросексуального моногамного брака? Самое лояльное объяснение будет заключаться в том, что для Музея Сотворения мира, «Ответов» и для младоземельных креационистов в целом крайне важно устранить любые потенциальные угрозы буквальному

В сцене между Грехопадением и Потопом Адам возделывает землю с помощью сыновей Каина и Авеля, в то время как Ева спускается по лестнице, предположительно, беременная девочкой, что дает ответ на вопрос, задаваемый буквальной интерпретацией Музея, а именно: откуда у Каина появилась жена? Фотография Сьюзен Троллингер. Дополнительные фотографии и подробную информацию о Музее можно найти на сайте creationmuseum.org

прочтению Библии. Например, Кен Хэм и его соратники выпустили целый двухтомник, посвященный «Крушению мнимых противоречий в Библии». Как следует из названия, читателю предлагалось развернутое опровержение популярного мнения о якобы наличии «в Библии противоречий или ошибок», дабы «утвердить безошибочность Священного Писания»[46]. В подобном свете плакат тогда следует понимать и как попытку раз

---

[46] [Ham, Ware 2010; Ham, Hodge, Chaffey 2012]. Цитата из редакторского описания ко второму тому.

и навсегда ответить на один из классических вопросов «деревенского атеиста» — тот самый, что некогда Кларенс Дарроу задавал Уильяму Дженнингсу Брайану на «Обезьяньем процессе»:

Д.: Известно ли вам, откуда у Каина взялась жена?
Б.: Нет, сэр. Предоставлю разыскивать ее агностикам.

[...]

Д.: В Библии же говорится, что у него была жена, разве нет? На планете в то время жили другие люди?
Б.: Не могу сказать.
Д.: Значит, не можете... Быть может, вы задумывались над этим моментом?
Б.: Нет, меня это никогда не волновало.
Д.: Но ведь ни о ком, кроме уже перечисленных не сказано, и у Каина появляется жена?
Б.: Да, так в Библии и сказано.
Д.: Стало быть, откуда она появилась, вы не знаете. Что ж, хорошо[47].

Что ж, если Брайан так и не смог пояснить, «откуда у Каина взялась жена», Музей Сотворения мира дает четкий и безупречно логичный ответ: жена Каина была его сестрой. Вновь и вновь Музей совершает своеобразный обряд экзорцизма, изгоняя призрак процесса над Скоупсом (и, что еще более важно, неумения Уильяма Дженнингса Брайана твердо держаться буквального Слова Божьего). Однако в ходе «обряда» Музей и «Ответы» предлагают развернутую апологию инцеста, подавая оный в качестве составляющей Божественного замысла. Подобная аргументация вызывает серьезную тревогу по множеству причин, но в особенности по той, что и Музей, и «Ответы», как мы видели выше, придают чрезвычайно большое значение главенству мужчины в семье, тогда как бóльшая часть инцестуозных ситуаций в реальной жизни связаны как раз с тем, что отцы (а также дяди и братья) пользуются своей властью, чтобы насиловать дочерей

---

[47] [The World's Most Famous Court Trial 1990: 302].

(племянниц и сестер). Картина становится еще более мрачной, если вернуться теперь к идиллической диораме с первой семьей: Адам, Каин, Авель и... беременная Ева. Вся логика «Библейского пути» — этой музейной прогулки в прошлое, в которой диорамы служат «глазками», позволяющими именно воочию наблюдать рассказанное на соседней табличке, — недвусмысленно подсказывает, что авторы диорамы действительно изобразили мать (Еву), готовящуюся родить сыну сестру, предназначенную ему в жены. И, как прямо сказано на упомянутой табличке, в том не только не было ничего предосудительного, но и всякий, кто осмелится усомниться в допустимости предстоящего инцеста (и грядущих тысячелетий допустимого кровосмешения), тем самым восстает против самого Всемогущего Бога.

Расовый вопрос

Последняя наша остановка на «Библейском пути» будет у «Вавилонской башни». На экране крутится сюжет о Вавилоне, а на противоположной стене гостей встречает большой плакат, две трети которого посвящены тому, что, «согласно Слову Божьему... мы все — одной расы, "одной крови"». Эта фраза из Деяний 17:26 — «От одной крови Он произвел весь род человеческий» — в Музее встречается постоянно; приводятся и другие библейские стихи, подтверждающие такие тезисы, как: «Все мы сотворены Богом», «Мы все созданы по образу Его», «Мы все — одна семья» и «Всех нас возлюбил Господь». Ссылки на генетику переплетаются с отрывками из Писания, подкрепляя мысль о том, что «биологические различия поверхностны», что «мы происходим от одной женщины» и «мы происходим от одного мужчины», а также что «мы — полноценные люди уже с момента зачатия». На плакате размещены фотографии улыбающихся прямо в камеру людей разных возрастов и этнической принадлежности; есть пара с двумя близняшками, одна из которых белая, а другая смуглая, а также четыре снимка с эмбрионами. В нижнем правом углу жирным шрифтом написано: «Божье Слово осуждает злоупотребление властью над ближними». Дальнейший текст завершается следующим пассажем: «Божье Слово осуждает насилие: над нерожденными, над молодыми, над пожилыми, над больными и бедными. Основанные на Божьем Слове принципы также осуждают дискриминацию по языку, культуре, полу или цвету кожи».

Нетрудно представить себе посетителя, — только что посмотревшего «Людей в белом» и прогулявшегося по «Аллее граффити», — совершенно сбитого с толку, даже ошеломленного столь, казалось бы, прогрессивными взглядами по расовому вопросу. Но Кен Хэм и «Ответы» придают этой экспозиции огромное значение. Сам Хэм с гордостью пишет у себя в блоге: «У нас в Музее есть целая секция, посвященная борьбе с расизмом». Подобный энтузиазм порой взмывает до совсем уж гиперболических высей: скажем, Марк Лой считает, что экспозиция зала не только указывает «единственное подлинное средство борьбы с расизмом (то есть учение Библии)», но и является «лучшей антропологической выставкой в стране»[48].

Однако стоит «недоумевающему» посетителю обратить взор — от вереницы улыбающихся лиц и библейских цитат, подтверждающих, что «мы все — одной расы, "одной крови"», — к оставшейся, левой трети плаката, и он обнаружит материал, куда более соответствующий духу остальной музейной экспозиции. Двойной заголовок, написанный крупным шрифтом, заявляет: «Согласно человеческому разуму... каждый сам решает, что правильно в его глазах» и «Новейшие предлоги, помогающие отвергнуть Слово Божье... эволюция на протяжении миллионов лет» (многоточия в оригинале). Ниже, более мелким шрифтом, еще абзац текста, суть которого сводится к следующему: когда «люди отвергают авторитет Божьего Слова», они обращаются к разуму, который дает «множество предлогов для оправдания насилия». В фокусе внимания — идея о том, что в современном мире именно теория эволюции является главным оправданием человеческого зла. Эта

---

[48] Ken Ham, «Was Ham Cursed?», Ken Ham (blog), answersingenesis, January 26, 2013, http://blogs.answersingenesis.org/blogs/ken-ham/2013/01/26/was-ham-cursed [дата обращения: 11.06.2025]; Mark Looy, «Race around the Nation», answersingenesis, January 19, 2009, https://answersingenesis.org/racism/race-around-the-nation [дата обращения: 11.06.2025].

мысль подкрепляется выделенной жирным шрифтом цитатой известного палеонтолога Стивена Джея Гулда, часто встречающейся и в других материалах «Ответов»: «Биологические аргументы в пользу расизма, конечно, имели известное распространение до 1859 года[49], но после принятия теории эволюции их количество возросло на порядки»[50]. Все это подкрепляется визуальным материалом: под заголовком «Расизм» размещены две известные (видимо, поэтому в Музее не сочли нужным их подписать) фотографии линчевания и раба с исполосованной страшными рубцами спиной; под «Геноцидом» — снимок жертв холокоста (также без подписи); и, наконец, под «Абортом» — развернутый баннер против абортов, позади которого поле, усеянное рядами могильных крестов.

Под плакатом расположена неглубокая застекленная витрина с коллекцией предметов, составляющих — как сообщает небольшая пояснительная табличка внутри — своего рода «Зал позора», рассказывающий об «Истории, замаранной насилием и расизмом». На табличке также указывается, что «эволюция... не является причиной расизма — источником всех подобных ужасов является грех», однако уже в следующем предложении, в духе многих публикаций «Ответов» о школьных расстрелах, говорится, что «дарвинистская эволюция, безусловно, подливала масла в огонь расизма». Большинство экспонатов как раз и подчеркивают ужасающие последствия дарвинизма. Среди прочего здесь есть сандалии из перьев эму, которые, как сообщается, надевали австралийские аборигены во время внезапных атак на врагов. При этом, вовсе никак не касаясь представленной пары обуви, текст сообщает далее, что, благодаря «дарвинистской эволюции», аборигенов сочли «народами примитивными, близкими к древним человекообразным предкам», что, в свою очередь, «привело

---

[49] 24 ноября 1859 года вышло первое издание «Происхождения видов». — *Прим. пер.*

[50] [Gould 1977: 127]. Как в беседе с авторами заметил Рональд Намберс, Гулд просто заблуждался по этому поводу: гипотеза о полигенизме вызвала куда больше расовых споров, нежели дарвинизм. См., например, [Hampton 2014; Nelson 2014].

к расизму в отношении к ним». Примечательно, что табличка деликатно умалчивает о колониальном геноциде, развернувшемся в Тасмании и Австралии за несколько десятилетий до публикации «Происхождения видов»[51]. Также здесь есть фотография Ота Бенги — африканского пигмея, представленного в качестве «живого экспоната» в антропологической секции на Всемирной выставке в Сент-Луисе в 1904 году, которого затем «выставляли в обезьяннике в Бронкском зоопарке». Особое место в витрине занимают три книги, прямо выстраивающие связь между дарвинистской эволюцией и нацизмом. Во-первых, это издание 1874 года «Происхождения человека» с музейным комментарием, гласящим, что «Дарвин сетовал на глупость общества, проявляющего заботу о своих "слабых членах"... [а] также писал, что европеоидная "раса" находится на значительно большем удалении от обезьян, нежели прочие, "низшие расы"». Рядом — издание 1876 года «Естественной истории миротворения» немецкого биолога Эрнста Геккеля со следующей цитатой автора: «Следует провести четкую границу... между наиболее развитыми и цивилизованными народами по одну сторону — и самыми дикими туземцами — по другую; этих последних скорее стоит отнести к животным». И наконец, издание 1939 года «Майн кампф» Адольфа Гитлера. Сопроводительная табличка гласит: «Самым печально известным примером приложения эволюционной теории к оправданию расизма стал национал-социалистический режим гитлеровского Рейха». Рядом с книгой помещена различная нацистская символика, включая свастику и «Почетный крест немецкой матери», вручавшийся признанным «генетически полноценными» женщинам, родившим более шестерых детей.

Бо́льшая часть материалов экспозиции присутствуют и в написанной Хэмом при участии Чарльза Уэра книге 2007 года «Дарвинова плантация: расистские корни эволюции (2007)[52]. Здесь мы

---

[51] По теме колониального/поселенческого геноцида существует обширная литература. См. подробный обзор материалов в [Moses 2004; Moses 2008].

[52] [Ham, Ware, Hillard 2007]. Не совсем ясно, какого рода вклад в «Плантацию» внес упомянутый в соавторах Тодд Хиллард; при этом в переиздании с другим названием его имя на обложке более не значилось — см. [Ham, Ware

найдем и те же библейские стихи о том, что «все мы — одна кровь», сопровождаемые уже знакомыми формулировками; есть и упомянутый выше пассаж о том, что «Божье Слово осуждает насилие», равно как и почти весь текст с левой части музейного плаката, включая цитату Стивена Гулда, несколько раз встречающуюся в книге. Есть в книге и австралийские аборигены с их «смертельными сандалиями» — и вновь без упоминания массового истребления австралийских и тасманских туземцев в первой половине XIX века. Здесь же появляется и Ота Бенга, при этом в книге говорится прямо: «львиная доля ответственности за бесчеловечное обращение [с африканским пигмеем] лежит на расистских установках, подпитанных эволюционным мышлением». Наконец, бо́льшая часть текста с таблички, сопровождающей нацистскую атрибутику, содержится (с незначительными изменениями) и в «Дарвиновой плантации», включая утверждение:

> Самым печально известным примером приложения эволюционной теории к оправданию расизма стал национал-социалистический режим гитлеровского Рейха, где который продвигалась идея высшей расы с необходимостью истребить так называемые низшие[53].

По мнению Хэма, существует «множество подтверждений прямой взаимосвязи между эволюционистским мировоззрением и устроенным Гитлером кровавым геноцидом миллионов неповинных людей». Нарратив «от Дарвина — к Гитлеру» вполне типичен для креационистского дискурса. По замечанию одного исследователя, «в попытках увязать дарвинизм с гитлеризмом ясно проглядывает надежда таким образом дискредитировать всю Дарвинову теорию целиком». Подобная параллель была одним из любимых лейтмотивов Генри Морриса, автора «Потопа

2010]. В новом издании смена заглавия никак не поясняется, и вообще, похоже, что различия между первым и вторым (помимо названия) сводятся к первой главе, ставшей из «плантации» «Дарвиновым садом».

53 [Ham, Ware, Hillard 2007: 15–34, 92]. Подробнее об истории Ота Бенги см. [Bradford, Blume 1992; Parezo, Fowler 2007: NB 200–210].

Бытия» и основателя Института креационных исследований. Так, в работе «Затяжная война против Бога» он писал, что «Гитлер занял пост верховного эволюциониста, а нацизм явился созревшим плодом эволюционного древа»[54]. Ту же линию издавна проводит Джерри Бергман (частый автор «Ответов», преподаватель Северо-западного государственного колледжа, вооруженный полученной в Университете Уэйна степенью по измерению и оценке эффективности, а также еще одной — по антропологии, полученной в Колумбийском тихоокеанском университете; эта последняя, как выяснил Рональд Намберс, получена в «неаккредитованном дистанционном образовательном заведении, привлекающем абитуриентов обещаниями "диплома менее чем за год"»). Так, заметный вклад в жанр «Дарвин = Гитлер» внесли его книги «Темная стороны Чарльза Дарвина» (2011) и «Гитлер и национал-дарвинистское мировоззрение» (2012). Впрочем, не чурались подобного сопоставления (хотя проводили его в куда более академической манере) и в стане сторонников «разумного замысла». Так, профессор истории в Калифорнийском государственном университете и сотрудник Центра науки и культуры при Институте Дискавери Ричард Вайкарт посвятил данному вопросу две книги: «От Дарвина к Гитлера: Эволюционная этика, евгеника и расизм в нацистской Германии» (2004) и «Этика Гитлера: Нацизм в поисках эволюционного прогресса» (2009)[55].

---

[54] [Ham, Ware, Hillard 2007: 23; Weindling 2010: 197; Morris 1989: 75]. Впрочем, Моррисова критика социальных последствий эволюционизма одним нацизмом не ограничивалась. В приложении № 2 к своей справочной Библии Моррис перечисляет аж 32 «Плода эволюционного древа», включая аморальность, скотоложество, каннибализм, коммунизм, гомосексуализм, монополизм, оккультизм, пантеизм, загрязнение окружающей среды и расизм. См. [Morris 1995 (2012): 2065]. Политические взгляды Морриса (как, собственно, и религиозные) вполне совпадали с воззрениями Джорджа Маккриди Прайса. См. [Weinberg 2014: 684–722].

[55] [Bergman 2001] — работа доступна по адресу http://creation.com/jerry-r-bergman-biology-in-six-days (дата обращения: 11.06.2025); [Numbers 2006: 317; Bergman 2011; Bergman 2012; Weikart 2004; Weikart 2009]. Также стоит упомянуть еще одного крупного исследователя темы — Дэниеля Гасмана; см. [Gasman 1971 (2004)].

Так или иначе, бо́льшая часть академического сообщества скорее согласна с историком Полом Вайндлингом, отмечавшим, что «предполагаемая связь между викторианским затворником-естествоиспытателем и кровавыми демагогами XX века, всевозможными нацистскими палачами и поборниками геноцида, представляется непонятной, натянутой и — при внимательном историческом рассмотрении — весьма сомнительной». По его словам, одна из ключевых проблем с мотивом «Дарвин = Гитлер» заключается в том, что «взгляды Дарвина и Гитлера на эволюцию и расу находились на противоположных полюсах»; представления «Дарвина о расах со временем менялись и никогда не были сфокусированы исключительно на идее природной борьбы "за истребление"». Более того, после «Происхождения видов» произошло и множество различных «дарвинизмов», в том числе «культурно и научно отличавшийся» немецкий дарвинизм, ярчайшим представителем которого являлся биолог Эрнст Геккель. Но, пожалуй, самый серьезный контраргумент против идеи «Дарвин = Гитлера» заключается в том, что идеология нацизма черпала вдохновение из множества источников — от антисемитизма и фашизма до национализма, расизма и народного движения *фёлькиш*. Как замечает историк науки Роберт Ричардс, Вайкарт и прочие, стремящиеся выстроить прямую линию от Дарвина к Гитлеру, «в должной мере не учитывают значимость множества иных причинно-следственных связей, повлиявших на дальнейшие действия Гитлера» и, следовательно, «выдают лишь монофакторный анализ, который в корне искажает историческую картину»[56].

Как ехидно замечает Карл Гиберсон, «не то чтобы арийские немцы с немецкими евреями душа в душу в футбол гоняли, закусывая в перерыве бейглами, а потом явился Дарвин и сказал, что так дело не пойдет». Говоря проще, «холокост случился бы

---

[56] [Weindling 2010: 195, 197, 198; Richards 2005 (работа доступна по адресу http://home.uchicago.edu/~rjr6/articles/Ryerson%20Lecture—%20Moral%20Judgment%20in%20History.pdf [дата обращения: 11.06.2025])]. Подробное дезавуирование идеи «Дарвин = Гитлер» см. в работе [Richards 2013: 192–242].

и без Дарвина», хотя социальный дарвинизм действительно снабдил нацистов *«риторикой и рационализацией»* (курсив автора) в их кровавой кампании против евреев. Резко критикует подобный подход и Антидиффамационная лига, указывая, что к подобной аргументации, как правило, «прибегают те, кто хочет заработать политические очки в дискуссиях о преподавании разумного замысла», но при этом ловко замалчивают прочие факторы, приведшие к холокосту — включая христианский антисемитизм, намного опередивший по времени Дарвина. Ведь столь пристально — в поисках Гитлера — наводя оптику на Дарвина, ищущие удобно теряют из поля зрения еврейские погромы, учиненные крестоносцами в XI столетии, испанскую инквизицию с ее гонениями на крещеных евреев и многовековую историю антииудейских церковных учений. Скажем, сосредоточившись исключительно на влиянии теории эволюции на ужасные преступления нацизма, вовсе необязательно принимать во внимание ядовитые выпады Мартина Лютера из его памфлета «О евреях и их лжи»:

> Прежде всего, их синагоги или школы следует сжечь, а то, что не сгорит, нужно закопать и покрыть грязью, чтобы никто и никогда не смог увидеть ни камня, ни оставшейся от них золы. [...] Во-вторых, я советую сровнять с землей и разрушить их дома. [...] В-третьих, я советую отбирать у них все молитвенники и Талмуды, в которых они учат подобному идолопоклонству, лжи, проклятию и богохульству. В-четвертых, я советую отныне запретить их раввинам учить под страхом смерти. [...] В-пятых, я советую, чтобы евреи были лишены права на охранное свидетельство при передвижении. [...] Для нас, для нашей страны, они такое же тяжкое бремя, как бич, чума и стихийное бедствие[57].

---

[57] [Giberson 2008: 77, 79]; Anti-Defamation League, «Intelligent Design: It's Not Science», 2012, http://www.adl.org/assets/pdf/civil-rights/religiousfreedom/religfreeres/ID-NotSci-docx.pdf [дата обращения: 11.06.2025]; Мартин Лютер, «О евреях и их лжи» — https://vehi.net/asion/martin2.html [дата обращения: 11.06.2025] и https://web.archive.org/web/20041215180519/http://skatarina.ru/library/people/lutevr.htm [дата обращения: 11.06.2025].

Несмотря на тотальную доминацию мотива «Дарвин = Гитлер» в экспозиции «Одна раса — одна кровь», в ней нашлось место и паре упоминаний об американской рабовладельческой истории. Как уже говорилось, в левой секции плаката размещено крупное фото раба. Соседство снимка с уже упоминавшейся цитатой Стивена Гулда — о том, что «биологические аргументы в пользу расизма, конечно, имели известное распространение до 1859 года, но с принятия теории эволюции их количество возросло на порядки», — легко уверит не слишком подкованного в истории посетителя, что дарвинизм каким-то образом повлиял на два с половиной столетия рабовладения в Северной Америке — пусть даже «Происхождение видов» и вышло в свет всего за каких-то шесть лет до того, как рабство было официально упразднено[58]. Аналогичная путаница грозит и читателю «Дарвиновой плантации» — и не только по причине провокативного названия книги, но и потому, что на обложке представлен (предположительно) нацистский концлагерь, плавно переходящий (опять же предположительно) в американскую хлопковую плантацию, на которой трудятся негры-рабы.

В упомянутой выше стеклянной витрине лежат рабские кандалы довоенного времени, сопровождаемые табличкой под заголовком: «"Черные" — все равно что "проклятые"». Из текста таблички посетители узнают, что «в середине XIX века рабство пытались оправдывать при помощи всячески искажаемых библейских стихов». Кто-то вовсе «отрицал библейскую истину о том, что все люди происходят от Адама и Евы, утверждая, что "черные" людьми не являются»; иные же «искажали библейское учение, ложно утверждая, будто темный цвет кожи — это следствие проклятия Ноева сына Хама», хотя в Писании ясно сказано, что «проклят был не Хам, но его сын Ханаан, а вся история никакого отношения к цвету кожи не имела». Таким образом, Музей развенчивает печально известную концепцию «Хамова проклятия»,

---

[58] В 1865 году Конгресс принял Тринадцатую поправку к Конституции, запрещавшую рабство на подконтрольной (поскольку Гражданская война еще не закончилась) государству территории. — *Прим. пер.*

опирающуюся на стих Бытия 9:25, где Ной говорит: «проклят Ханаан; раб рабов будет он у братьев своих», — что долгое время использовалось в качестве теологического оправдания порабощения африканцев, а позже и сегрегации афроамериканцев[59].

Присутствует здесь и тема «одной крови», однако уже без «аболиционистских» библейских стихов. В ответ на опубликованную в декабрьском выпуске журнала «Ответов» за 2006 год статью Пола Тейлора, в которой утверждалось, что «Уилберфорс и другие аболиционисты вдохновлялись верой в непогрешимость Писания, признавая, что Бог создал все народы от одной крови (Деян. 17:26)», возмущенный читатель писал:

> То, что все народы произошли «от одной крови», еще не означает, что Библия выступает против рабства. Библия как раз поддерживает и регулирует порядок рабовладения, нигде не оговаривая, что рабовладение — это плохо... Назовите хоть один стих, где Библия осуждает владение рабами. Слабо?

Тейлор в соавторстве с Боди Ходжем ответил развернутой статьей под заголовком «Библия и рабство». Отметив для ясности, что проклятие Ханаана не имело «никакого отношения к цвету кожи», они далее пишут, что «ни новозаветное рабство, ни рабство в рамках Моисеева закона» не были похожи на «жестокое рабовладение» в Америке и иных частях света. На самом деле, утверждают авторы, библейских рабов следует понимать скорее в смысле «наемной рабочей силы», ведь они «получали плату и потому их положение было чем-то наподобие пожизненного трудового контракта». В случае с древнееврейскими рабами, оказавшимися в подобном положении из-за долгов, «задолженность покрывалась из жалования, также предоставлялся кров и соответствующее труду обучение, а сама повинность продолжалась всего шесть лет» — что, как в шутку замечают авторы, «звучит чуть ли не лучше, чем колледж». Библия, продолжают

---

[59] Подробнее о «Хамовом проклятии» и современном рабовладении см. [Haynes 2002; Whitford 2009].

авторы, не только предлагает «правила надлежащего обращения как для господ, так и для слуг» — апостол Павел прямо велел христианским господам относиться к своим рабам «с уважением и как к равным». Так что, резюмируют Ходж и Тейлор, именно «библейские христиане возглавили борьбу против рабства»[60].

Однако Ходж и Тейлор обходят стороной тот факт, что Иисус никогда не осуждал рабство; они также игнорируют библейские свидетельства о том, что какие бы юридические гарантии ни существовали для рабов-евреев, они никоим образом не распространялись на язычников. Более того, на брошенный читателем вызов авторы «Ответов» так, собственно, и не «ответили» — ни одного стиха из Библии, прямо осуждающего рабство, они не привели. Что, впрочем, ничуть не удивило бы известного историка и специалиста по истории рабовладения Юджина Дженовезе: рассказывают, что он как-то пообещал поставить «отлично» любому студенту, который все же отыщет подобный стих (что сам он, очевидно, считал невозможным). Пусть музейная табличка справедливо указывает, что никогда в Библии сын Хама Ханаан не связывается с черным цветом кожи, она вместе с тем умалчивает о том, что проклятие Ноя вполне однозначно узаконивает порабощение в качестве формы наказания. Были рабы и у Авраама, а сам институт рабства прочно вписан в древнееврейскую правовую систему. Что же касается Нового Завета, то Иисус — хотя и неоднократно упоминает рабов в своих притчах — ни словом не осуждает рабство. Также и апостол Павел, несмотря на призыв милосердно относиться к рабам, не выступал против самого института и велел беглому рабу Онисиму вернуться к своему хозяину[61].

По замечанию Молли Ошатц, «апеллировать к Библии ради аргументации против рабства — уже само по себе, объективно говоря, задача крайне трудная, а если человек верит, что вообще

---

[60] Paul S. Taylor, «William Wilberforce: A Leader for Biblical Equality», Answers 2 (January–March 2007), https://answersingenesis.org/ministry-news/ministry/william-wilberforce [дата обращения: 11.06.2025]; Bodie Hodge and Paul S. Taylor, «The Bible and Slavery», answersingenesis, February 2, 2007, https://answersingenesis.org/bible-history/the-bible-and-slavery [дата обращения: 11.06.2025].

[61] [Oshatz 2012: 5–9; Forbes 1998: 70].

весь текст Писания боговдохновенен, то, пожалуй, и вовсе невозможная». Отвечая на вызов, Ходж и Тейлор вынуждены были заявить, что библейское «рабство» якобы имело совершенно иной смысл, нежели то, как мы понимаем это слово сегодня. Однако же, прибегая к подобному аргументу, авторы фактически отказываются от принципа «буквального» прочтения Писания — того самого принципа, который столь рьяно отстаивают их «Ответы», когда речь идет, скажем, о Бытии 1:1 или гомосексуализме. В отличие от современных «Ответов», в Америке до Гражданской войны миллионы белых христиан (как северян, так и южан) держались именно «буквального» прочтения Библии, опираясь, как указывает Марк Нолл, на «вполне естественное, здравое и обыденное значение слов» для выстраивания мощной аргументации в поддержку порабощения чернокожих американцев. Из дословного прочтения Слова Божьего белые христиане исторгли неиссякаемый поток публицистики и проповедей в оправдание рабовладения. Как отмечают Элизабет Фокс-Дженовезе и Юджин Дженовезе, на юге «евангельские христиане, ссылаясь на главы и стихи Библии, сумели поднять подавляющее большинство как рабовладельцев, так и вовсе рабов не имевших на защиту рабства как Божьего установления». Противники рабства, — утверждали эти белые христиане, — отчаянно пытающиеся возражать на прямые библейские аргументы, фактически подрывают авторитет Писания своими «небиблейскими» доводами, ведь таковые строятся скорее на личном христианском опыте, гуманизме и морали, нежели на «буквальном» смысле текста[62].

Вопреки утверждению Ходжа и Тейлора, гораздо точнее было бы сказать, что перед Гражданской войной именно «библейские христиане» — то есть те, кто исповедовал веру в полную богодухновенность Писания и придерживался буквально-дословного его прочтения — возглавляли борьбу *за* рабство. Неудивительно поэтому, что и спустя почти столетие после войны, когда движе-

---

[62] [Oshatz 2012: 59; Fox-Genovese and Genovese 2005: 490; Harrill 2000: 163–173; Noll 2006: 50].

ние за гражданские права бросило вызов расовым законам Джима Кроу на Юге, сторонники сегрегации вновь обратились к библейскому буквализму, развернув кампанию против интеграции и расового равенства. Вот примечательный пример «интерпретативного плюрализма» (неотъемлемо присущего доктрине непогрешимости): историк Марк Ньюман указывает, что «библейские сегрегационисты» Южной баптистской конвенции — вполне в духе музейной экспозиции об «Одной расе — одной крови» — «чаще, чем какой-либо иной стих, приводили отрывок из Деяний 17:26»; однако, в отличие от Музея, цитирующего лишь первую часть стиха, баптисты-южане цитировали стих целиком: «От одной крови **Бог** произвел весь род человеческий для обитания по всему лицу земли, **назначив** предопределенные времена и **пределы их обитанию**» (выделенные слова определяли трактовку в русле подтверждения «божественного плана сегрегации»). Держась своего дословного прочтения Слова Божьего, баптисты выступали против всякой интеграции. Как и фундаменталистское «Братство Библейских баптистов» (БББ), в 1957 году заявившее: «Мы клянемся противостоять интеграции всеми законными и библейскими средствами, какие только у нас имеются»[63].

В своей работе о белых южанах-евангелистах и движении за гражданские права историк Кэролин Дюпон прямо указывает, что местные

> евангелисты отчаянно сопротивлялись равноправию чернокожих, утверждая, будто сам Бог установил сегрегацию, благословляя силы сопротивления и заставляя замолчать сторонников расового равенства внутри собственных конфессий и оберегая режим сегрегации в своих церквях.

Хотя к движению за гражданские права примкнули многие евреи и белые протестанты основных течений, на них яростно обрушился целый легион белых евангелистских и фундаменталистских проповедников и лидеров, клеймивших их за то, что

---

[63] [Newman 2001: 54; Lavoie 2013: 9; Harvey 2005: 229–245].

они «кощунственно извратили и Библию, и самый божественный замысел». Так, в 1958 году пастор БББ Джерри Фолуэлл, проповедуя в Линчберге, штат Виргиния, гремел с кафедры: «Хамиты... были прокляты, обречены на служение евреям и язычникам... Если продолжим упорствовать, руша установленные Богом преграды» между расами, «Он обязательно покарает нас за это». Когда же стало ясно, что правительство всерьез намерено обеспечить интеграцию в государственных школах, белые фундаменталисты, включая, конечно, Фолуэлла, стали открывать по всему Югу сегрегационные академии, чтобы их дети не учились вместе с чернокожими. На самом деле, пишет Рэндалл Балмер, истоки христианского правого движения кроются вовсе не в решении по делу «Роу против Уэйда»[64], но скорее в яростном негодовании на политику Налогового управления страны, всячески стремившегося лишить налоговых льгот христианские школы, практиковавшие расовую дискриминацию[65].

Со временем (и немалым) Джерри Фолуэлл, как и многие евангелисты и фундаменталисты, отрекся от ярой оппозиции гражданским правам. К началу нового века, пишет Мишель Голдберг, «расовые предрассудки» и вовсе стали своего рода «табу в среде религиозных правых, и многие евангелистские приходы отличаются завидной интеграцией». Хотя, как указывает Голдберг, в 2004 году «48,3 % белых христиан-консерваторов заявили, что не одобрили бы брак своего ребенка с чернокожим», даже это табу, судя по всему, постепенно исчезает. Так, Кен Хэм в той же «Дарвиновой плантации» посвящает целую главу критике христиан, утверждающих, будто Библия запрещает межрасовые браки (параллельно обрушиваясь и на дарвинизм): «Когда христиане формалистски навязывают не-библейские идеи вроде запрета на "межрасовые" браки, они способствуют увековечиванию предрассудков, которые зачастую берут начало в эволюционном

---

[64] Прецедентное решение Верховного суда по вопросу законности абортов. — *Прим. пер.*
[65] [Dupont 2013: 231, 96; Lavoie 2013: 83; Purdum 2014: 101–103, 231–232; Balmer 2014: 102–108; Fuquay 2002: 159–180; Crespino 2008: 91–105].

мировоззрении». Соавтором Хэма по книге выступает афроамериканец Чарльз Уэр, автор работы «Предрассудки и народ Божий: как откровение и искупление ведут к примирению» и президент Библейского колледжа в Индианаполисе, миссией которого является «подготовка христианских лидеров к служению в полиэтничном урбанистическом мире ради Христа»[66].

Социальный климат сменился; сегрегация и откровенный расизм становятся все менее приемлемыми. Возникло новое понимание того, что «буквально» говорит Библия. Как отмечает Сьюзан Гардинг, «ожесточенная полемика вокруг безошибочности Библии скрывает… [то] с какой стремительностью интерпретации, включая самые официальные, могут быть пересмотрены — а то и вовсе забыты» [Harding 2000: 180]. В Музее Сотворения мира о них и впрямь предпочитают не вспоминать — и небезосновательно. Ведь обращение к исторической правде обернулось бы целым потоком неудобных вопросов. Если, как не устают утверждать Музей с «Ответами», Библия ясна и должна читаться буквально, как велит здравый смысл, то как же тогда объяснить, что миллионы буквалистов — уверенных, что твердо стоят на Слове Божьем, уверенных, что оберегают библейский авторитет, — оказались в столь глубоком заблуждении в вопросах рабства и сегрегации? Или вот еще более опасный вопрос: если эти миллионы буквалистов в совсем недалеком прошлом столь основательно ошиблись в понимании библейского учения о рабстве и сегрегации, не следует ли из этого, что через 25–50–100 лет другие миллионы буквалистов могут с не меньшей убежденностью доказывать, будто именно равноправный брак и права геев отражают подлинно библейский взгляд? Но, пожалуй, наибольшую угрозу представляет следующий: если миллионы буквалистов оказались по неверную сторону исторической баррикады в вопросе рабства и сегрегации, тогда как «менее буквальные» христиане оказались на ее правой стороне, — что тогда делать с фундаментальной

---

[66] [Goldberg 2006: 70; Ham, Ware, Hillard 2007: 126; Ware 2001]. «Our Mission and History», Crossroads Bible College, http://www.crossroads.edu/aboutcbc/whoweare/missionhistory.php [дата обращения: 11.06.2025].

дихотомией добра и зла, Божьего Слова супротив человеческого разума, на которой зиждется и Музей Сотворения мира, и все «Ответы», и в целом младоземельный креационизм?

Именно поэтому обращение к истории в Музее не просто нежелательно, но и прямо противопоказано. И дело не только в том, что это высветило бы периодическую изменчивость толкования «безошибочного Слова». Почти полное молчание о расистской истории США — несмотря на заверения Кена Хэма о том, что «у нас в Музее есть целая секция, посвященная борьбе с расизмом», — вполне укладывается в русло правой риторики, продвигающей идею «расового дальтонизма» в обществе; мол, цветные меньшинства уже добились всех гражданских прав, и потому обсуждать расовые вопросы или институциональный расизм особой нужды больше нет. Как отмечает в своей «Эпохе раздробленности» Даниэль Роджерс, «в проекте "расового дальтонизма" амнезия является сознательной стратегией, исходящей из убеждения, что долги настоящего перед прошлым уже полностью уплачены» [Rodgers 2011: 143].

Сам Кен Хэм, как и его «Ответы», вполне привержен «расовому дальтонизму»: в тематических материалах «раса» неизменно заключается в кавычки, обозначая именно «цвет кожи», нежели собственно расовую принадлежность, а само понятие «расы» предлагается заменить на «группу людей»[67]. Более того, налицо очевидное игнорирование темы институционального расизма в современной Америке — что с еще бо́льшим контрастом проступает на фоне одержимости гомосексуализмом и правами геев. Пожалуй, хватит и трех примеров. Во-первых, в «Дарвиновой плантации» движению за гражданские права отведено всего полторы страницы, практически полностью посвященных донельзя краткому рассказу о протестном марше в Сельме в 1965 году (чего только стоит полное отсутствие даже на этих полутора страницах Мартина Лютера Кинга). Для сравнения: целых

---

[67] Все примеры в этой статье см. в: Ken Ham, «Are There Really Different Races?», answersingenesis, November 29, 2007, https://answersingenesis.org/racism/are-there-really-different-races [дата обращения: 11.06.2025].

18 страниц в заключении занимает глава под названием «Угнанные права: гомосексуальность и Писание», в которой утверждается, что «гомосексуальная повестка простирает свои щупальца по всей американской культуре», а гей-активисты пользуются «схожей риторикой» и обращаются к «схожим эмоциям», дабы «провести параллели» между движением за гражданские права и правами геев[68].

Во-вторых, на фоне громогласной кампании, развернутой Хэмом и «Ответами» против решения Верховного суда от 26 июня 2013 года об отмене Закона о защите брака, они ни словом не обмолвились о решении, вынесенном всего за день до того, которое, как писали в The New York Times, «фактически свело на нет Закон о правах избирателей». Поразительная «избирательность»! Ее же «Ответы» проявили и летом 2015 года: Кен Хэм и сотоварищи обрушили настоящий шквал разгневанных статей в ответ на легализацию однополых браков решением Верховного суда от 26 июня 2015 года; при этом все они промолчали (ну, или никто «не расслышал») по поводу полемики вокруг флага Конфедерации, вспыхнувшей после расстрела девяти чернокожих прихожан в церкви Чарлстона (штат Южная Каролина) 17 июня того же года[69].

---

[68] [Ham, Ware 2010: 47–49, 165–183]. Как замечает Кэролин Дюпон, для евангелистов и фундаменталистов расизм — это прежде всего личное прегрешение. Таким образом, «оказывается неважно, сколь яро расизм осуждается — сведение его исключительно на индивидуальный уровень (куда, впрочем, евангелисты низводят любые социальные проблемы) скорее мешает, нежели как-то способствует осознанию расистского прошлого и, как следствие, настоящего страны». См. [Dupont 2013: 238].

[69] Adam Liptak, «Supreme Court Invalidates Key Part of Voting Rights Act», New York Times, June 25, 2013, http://www.nytimes.com/2013/06/26/us/supreme-court-ruling.html?pagewanted=all&_r=1 [дата обращения: 11.06.2025]. Простой пример: на решение Верховного суда узаконить однополые браки Кен Хэм отреагировал, написав в период с 26 июня по 13 июля 2015 года аж десять статей в личном блоге, снабдив каждую броским заголовком в духе «Гей-"браки" — решение, кардинально влияющее на культуру»; «Верховный суд, гей-"браки" и ящик Пандоры»; «На что Верховный суд обрекает Соединенные Штаты?». См. Ken Ham (blog), answersingenesis, https://answersingenesis.org/blogs/ken-ham [дата обращения: 11.06.2025].

Тут же стоит упомянуть и об аллозавре «Эбенизере», окаменелый скелет которого Музей получил в дар от Фонда Пероутки в 2013 году и представил посетителям в мае 2014-го. Согласно пресс-релизу, на церемонии открытия Кен Хэм поблагодарил «Фонд Пероутки, который желает, чтобы эти замечательные ископаемые послужили богоугодной цели»; глава фонда, Майкл Пероутка, в свою очередь, заявил, что «Эбенизер» является «свидетельством творческой силы Бога, сотворившего динозавров» и «доказательством истины о всемирной катастрофе — Ноевом Потопе». В пресс-релизе не было ни слова о том, что сам Пероутка (кандидат в президенты от Конституционной партии на выборах 2004 года) является правым христианским активистом, неоднократно призывавшим к импичменту Барака Обамы, утверждавшим, что Генеральная ассамблея штата Мэриленд «более не является легитимным законодательным органом» вследствие «попыток дать новое определение браку, ограничить права на ношение оружия... [и] заявлений о том, что маленькие девочки должны ходить в одни уборные со взрослыми "гендерно не определившимися" мужчинами», а также настойчиво утверждавшим, что, чтобы

> «поработить христиан... нужно отнять [детей] у родителей и ежедневно, день за днем промывать им мозги, приучая отвергать и забывать христианские ценности и обычаи отцов и матерей, дедов и бабушек. **Именно с этой целью и были созданы государственные школы. Именно этим они занимались и продолжают заниматься по сей день** (выделено в оригинале)[70].

---

[70] Mark Looy, «$1.5 Million Dinosaur Exhibit Dedicated Today at the Creation Museum», answersingenesis, May 23, 2014, https://answersingenesis.org/ministry-news/creation-museum/15-million-dinosaur-exhibit-dedicated-today [дата обращения: 11.06.2025]; Michael Peroutka, «Impeachment Is Appropriate: An Open Letter to Congress», Freedom Outpost, February 5, 2014, http://freedomoutpost.com/2014/02/impeachment-appropriate-open-letter-congress [дата обращения: 11.06.2025]; Michael Peroutka, «Has Your State Legislature Forfeited Its Validity?», American Clarion, June 25, 2014, http://www.americanclarion.com/state-legislature-forfeited-validity-31757 [дата обращения: 11.06.2025]; Michael Peroutka,

Все это — стандартный «ответный» репертуар. Равно как и статья 2014 года, приуроченная ко Дню Мартина Лютера Кинга, за авторством Пероутки, размышлявшего в ней, что «всякое возвышение или принижение индивидов или групп на основании цвета кожи — безнравственно и постыдно». Однако всего несколькими месяцами ранее сам Пероутка вошел в совет директоров «Лиги Юга». По словам президента организации Майкла Хилла, «Лига» выступает за «выживание, благополучие и независимость южан. Под "южанами" мы, конечно, разумеем белых южан»[71].

Пожалуй, трудно и вообразить более наглядное подтверждение тому, что «в проекте "расового дальтонизма" амнезия является сознательной стратегией». В десятиминутном сюжете *MSNBC*, посвященном передаче Пероуткой Музею скелета Эбенизера (а также открытию «Встречи с Ковчегом»), ведущая Рэйчел Мэддоу охарактеризовала дарителя как «неоконфедерата» (подкрепляя это отрывком из ролика с выступлением Пероутки на фоне развевающихся конфедератских флагов), который сейчас «баллотируется в окружной совет в Мэриленде от Республикан-

---

«Government Schools: Children Are the Path to Successful Tyranny», Freedom Outpost, January 15, 2014, http://freedomoutpost.com/2014/01/government-schools-children-path-successful-tyranny [дата обращения: 11.06.2025].

[71] Michael Peroutka, «Policies Based on Skin Color Are Sinful and Shameful», Freedom Outpost, January 20, 2014, http://freedomoutpost.com/2014/01/policies-based-skin-color-sinful-shameful-2 [дата обращения: 11.06.2025]; «Michael Peroutka Elected to the League of the South Board of Directors», Independent Political Report, June 22, 2013, http://www.independentpoliticalreport.com/2013/06/michael-peroutka-appointed-to-the-league-of-the-south-board-of-directors [дата обращения: 11.06.2025]; Warren Throckmorton, «League of the South President Michael Hill Defines Southern People as White», Patheos, September 24, 2013, http://www.patheos.com/blogs/warrenthrockmorton/2013/09/24/league-of-the-south-president-michael-hill-defines-southern-people-as-white-2 [дата обращения: 11.06.2025]. Подробнее о «Лиге Юга», не особо скрывающей своей приверженности «южному национализму», см. http://www.dixienet.org [дата обращения: 11.06.2025]. См. также блестящий материал о Хилле и прочих белых националистах и их участии в кампании в поддержку президентства Дональда Трампа: Evan Osnos, «The Fearful and the Frustrated», New Yorker, August 31, 2015, 50–59.

ской партии... с лозунгами на грани с сепаратизмом». Кен Хэм отреагировал отповедью под заголовком «Рэйчел в истерике», обрушившись на ведущую, посмевшую критиковать налоговые льготы, предоставленные «Ответам» для организации «Встречи с Ковчегом». По поводу «неоконфедератизма» и связей Пероутки с «Лигой Юга» Хэм не сказал ни слова, ограничившись упреками в адрес Мэддоу, которая «очевидно зла на Бога» и оттого прибегает к «грязным приемам бульварных изданий, пытаясь опорочить креационистов»[72].

Нет ничего удивительного в молчании Хэма и «Ответов» по поводу неоконфедератских убеждений уважаемого спонсора, равно как нет ничего неожиданного и в молчании о решении Верховного суда в 2013 года, которым фактически отменялся Закон о правах избирателей, или о скандале вокруг флага Конфедерации, или о никуда из Америки не испарившемся институциональном расизме. Как бы сотоварищи Хэма не разливались соловьями об «одной расе — одной крови», в конечном счете все «ответное» (и, разумеется, Музейное) вооружение в культурной войне определяется как раз арсеналом правых христианских ценностей. Всеохватывающая музейная амнезия является неоценимым подспорьем в этой войне: она помогает и разжигать, и вести ее, при этом утверждая моральное превосходство за правыми христианами. Когда начисто стирается история, — будь то геологическая хронология, история библейских интерпретаций или недавняя история американского расизма, — линии культурного фронта проводятся на диво легко. Их можно прочертить где угодно, возвести в абсолют и высечь хоть на скрижалях. Ведь если отбросить все исторические пертурбации, забыть многочисленные смены курса в «буквальном» прочтении Писания, умолчать о том, сколь часто «библейские христиане» употребля-

---

[72] Rachel Maddow, «Dinosaur Find Cited as Proof of Bible Story», MSNBC, May 27, 2014, http://www.msnbc.com/rachel-maddow-show/watch/dinosaur-find-cited-as-proof-of-bible-story-268002371823 [дата обращения: 11.06.2025]; Ken Ham, «Rachel's Rant on MSNBC against Answers in Genesis», answersingenesis, May 28, 2014, https://answersingenesis.org/ministry-news/creation-museum/media-coverage/rachels-rant-msnbc [дата обращения: 11.06.2025].

ли Слово в угоду угнетающей стороны, тогда можно шутя рассечь мир дихотомией добра и зла. Тогда не составит труда указать, кто настоящие американцы, а кто нет; кто истинные христиане, а кто заблудшие еретики; кто лелеет Истинное Слово Божье, а кто кощунственно исказил его; кто будет спасен, а кто — уже обречен.

Эта культурная война — всерьез и надолго, даже навсегда. Исход ее также, как видно, предрешен. Кен Хэм и «Ответы» неустанно повторяют, мол, «да, именно наше дело правое». Они — уже в безопасности, уютно устроившись на борту своего свежеотстроенного ковчега. А потом за ними с уже знакомым гулким стуком «затворится» дверь. «Давайте-ка еще разок!» — раздастся изнутри — и дверь вновь гулко захлопнется.

Глава пятая
Суд

Преодолев «Библейский путь», посетитель попадает в небольшую залу, отделанную на манер мощеной улицы древнего города. На стенах висят плакаты с тремя последними Столпами: «Христос — Обетование Слова Божьего»; «Крест — Ответ Слова Божьего»; «Искупление — исполнение Слова Божьего». Это фойе при «Театре Последнего Адама»[1]. Каждые 20 минут музейные консьержи распахивают двери «Театра», приглашая гостей в скромный кинозал с тремя огромными экранами. Когда все расселись, на сцену выходит конферансье и вкратце рассказывает о фильме (иногда упоминая, что фильм затрагивает три последние Столпа). Затем свет гаснет, и начинается шоу.

«Последний Адам»[2] был снят в тематическом парке «Святая Земля» в Орландо и, как и «Люди в белом», обошелся создателям недешево. Открывается фильм кадрами потрескивающего походного костерка. Рядом на камне расположился палеонтолог

---

[1] «Театр Последнего Адама» был неотъемлемой частью экспозиции Музея с самого момента его открытия в 2007 году, однако где-то в 2015 году на сайте Музея появилось объявление, что это пространство будет отведено под новую выставку, а фильм «Последний Адам» отныне будет демонстрироваться в «Специально-эффектном театре».

[2] The Last Adam. Режиссер Джон Грутерс (Hebron, KY: Answers in Genesis in association with Grooter Productions, 2007), DVD. При описании фильма мы пользовались его DVD-версией, которая, конечно, лишена эффектности просмотра на трех огромных музейных экранах, зато снабжена бонусными материалами, включая комментарий ответственного за содержание фильма Майкла Мэттьюса (Matthews, «Content Manager's Commentary»).

с окаменелостью и Библией в руках. Ученый говорит неспешно и проникновенно о том, что для него Библия — «книга, написанная тем, кто действительно все это видел, действительно был там», и рассказывает она не только о Сотворении мира, но и о том, почему человек обречен претерпевать «боль, страдания и смерть». Палеонтолог продолжает рассказ о началах мира и первородном грехе, а зрителям показывают кадры с Адамом и Евой, Каином и Авелем, а также отрывки из библейского текста. Появляются актеры, исполняющие роли Авраама и Моисея, также сопровождаемые цитатами из Писания, а затем следует череда кадров с белоснежным агнцем, священником, ножом и кровью, обильно окропившей и ризу, и шерсть. В промежутке между последними сценами зритель вновь возвращается к костру, где палеонтолог объясняет, что эти жертвы символизировали «жертву последнюю и совершенную» — Мессию, «рожденного от юной девы по имени Мария, уже знавшей, что такое жертва». Зритель видит сперва взрослую Марию у фонтана, а затем экран гаснет, и появляется уже маленькая Мария — она наблюдает, как мужчина (вероятно, отец) передает маленького белого ягненка священнику. Параллельно взрослая Мария рассказывает, как ее семья ежегодно собиралась, чтобы присутствовать при жертвоприношении в Иерусалиме: «Родители настаивали, чтобы ехали все вместе. Они хотели, чтобы все мы осознали, сколь чудовищен грех и сколь дорогой ценой он искупается». Мария-девочка в это время ласкает ягненка, а после вновь следуют кадры с окровавленными руками и ножом. Далее взрослая Мария рассказывает, как к ней сошел Ангел, поведавший, что, несмотря на ее девство, она понесет Сына Божия, которого наречет Иисус, но «который также будет наречен и иначе — агнцем». Сцена обрывается на кадре с окровавленным ягненком, открытый взгляд которого направлен прямо в камеру.

Зритель возвращается к костру, где палеонтолог рассказывает о том, как «жизнь Иисуса исполнила все пророчества, сделанные о нем». Зритель наблюдает, как Иоанн принимает Иисуса для крещения, после чего следуют краткие сцены, где Иисус исцеляет и поучает людей. Экран вновь гаснет, и палеонтолог резко меняет тон повествования: зритель видит римских солдат в яркой форме, издевающихся над Иисусом и пытающих Его. Следующая сцена начинается с языков пламени, пляшущего в металлической чаше у римской казармы. На сцену выходит центурион, суровый мужчина с испещренным шрамами лицом. Он начинает свой рассказ: ему «поручили задание в Иерусалиме», то была рутинная работа — помочь при распятии (особом методе казни, «задуманном так, чтобы не слишком приятно было») двух воров и «одного религиозного мятежника», которого еще называли «Царем Иудейским». Рассказ римлянина сопровождается сценами, в которых солдаты бичуют Иисуса, укладывают Его на Крест, а затем вбивают гвозди в ладони. Вокруг кровь; съемка то и дело драматически замедляется. Центурион продолжает, рассказывая, что уже на Кресте Иисус произнес: «Отче, прости им», — и тот стал оглядываться по сторонам в поисках Его отца: «Я подумал, должно быть, где-то здесь Его папа». Затем же Иисус воскликнул: «Телео!» Римлянин поясняет: «Как бы — все кончено, будто печать о том, что все оплачено полностью». Иисус умирает; следуют кадры с Распятым, крупный план выхватывает пригвожденную к Кресту левую руку, плачущих в толпе, гремит гром и сверкает молния. Центурион завершает рассказ: «Я — римский солдат, и я ничего не боюсь. Но... я никогда не видел ничего подобного. Этот человек был... он поистине был Сыном Божиим». Кадр обращается черно-белым, крупно показывая обращенное к Кресту лицо римлянина с блестящими от слез глазами.

Экран вновь гаснет, затем на фоне пожелтевшего пергамента появляется библейский стих из Откровения 20:15: «и кто не был записан в книге жизни, тот был брошен в озеро огненное». Вновь у костра: палеонтолог сообщает, что все мы — грешники. Экран гаснет, и появляется стих из Послания к Римлянам 6:23: «Ибо возмездие за грех — смерть, а дар Божий — жизнь вечная во Христе Иисусе, Господе нашем». В сопровождении еще ряда всплывающих на экране стихов палеонтолог у костра завершает фильм словами о том, что, хотя «первый Адам осквернил» Божье творение, «последний Адам», воскресший из мертвых, дарует нам шанс начать все заново — очищенными, прощенными и возлюбленными. Так «веруй в Господа Иисуса Христа, и спасешься» (Деян. 16:31).

На том заканчивается «Последний Адам», и в зале загорается свет. К публике выходит конферансье и выражает надежду, что это послание о спасении зрители унесут с собой после фильма, попутно приглашая всех желающих захватить на выходе один из «Евангельских буклетов». Оценить эффективность этого 15-минутного фильма в качестве инструмента религиозного обращения, разумеется, невозможно, однако в своем блоге Кен Хэм периодически делится историями успеха (в основном, как водится, с участием детей из христианских семей). Вот, скажем, Эстер: после просмотра «Последнего Адама» она «попросила посвятить свою жизнь Христу», сердцем прочувствовав, как пояснила ее мать, «что за агнец был показан в фильме и что Иисус стал жертвой за нас». Или десятилетний Кайл, который, по словам его отца в письме Кену Хэму, «когда тому было четыре, молился, чтобы Христос его принял к себе», но лишь после «Последнего Адама» осознал, что он еще далеко не спасен. Отец пишет: «Мы все сели на лавку, и Кайл, так просто, по-детски, попросил Иисуса стать Господом его жизни»[3].

Бывший главред «Ответов» и «ответственный» за содержание фильма Майкл Мэттьюс говорит, что цель заключалась в том, чтобы поместить Последнего Адама «в контекст всего, о чем мы говорим в Музее — о науке, о смысле жизни, об изложенной в Библии истории»[4]. Такое заявление может показаться несколько странным, — ведь наполнение фильма, мягко говоря, не всегда совпадает с музейным (скажем, фильм ни словом не упоминает ни Ноя, ни Всемирный Потоп) — однако при ближайшем рассмотрении становится ясно, что Последний Адам и Музей сотворения

---

[3] Ken Ham, «Saved at the Creation Museum», Ken Ham (blog), answersingenesis, April 26, 2008, http://blogs.answersingenesis.org/blogs/ken-ham/2008/04/26/saved-at-the-creation-museum [дата обращения: 11.06.2025]; Ken Ham, «Saved at the Museum», Ken Ham (blog), answersingenesis, October 29, 2009, http://blogs.answersingenesis.org/blogs/ken-ham/2009/10/29/saved-at-the-museum [дата обращения: 11.06.2025].

[4] Matthews, «Content Manager's Commentary».

сшиты из одного полотна. Во-первых, постоянный музейный акцент на бинарных оппозициях находит наглядное воплощение в резком визуальном контрасте сцен фильма. С одной стороны — сцены, поданные светло, идиллически: мирные отсветы костра, успокаивающий голос рассказчика; Мария с ласковым лицом на фоне цветов и в безупречно чистой одежде; залитые солнечным светом эпизоды служения Иисуса, где все исцеляемые опрятно одеты, с чистыми руками и невероятно счастливыми лицами. С другой — тьма и насилие, особенно в сценах пыток и распятия: солдат в замедленной съемке забивает гвоздь в руку Иисуса; небо цвета крови; черный силуэт креста; окровавленные руки с ножом; белая риза в кровавых пятнах; медленные кадры страдающего на кресте Христа (словом, вполне в соответствии с эстетикой «Страстей Христовых» Мэла Гибсона).

Хотя в «Последнем Адаме» Иисусу уделено больше внимания, чем во всем остальном Музее, дух повествования вполне себе музейный: после сцены крещения Христу отводится всего 32 секунды хронометража на служение и проповедь (для сравнения: на бичевание и казнь отпущено 3 минуты 45 секунд). Что же узнает зритель за эти полминуты? Что «во время своего служения Иисус исцелял больных, возвращал зрение слепым, проповедовал благую весть бедным и возвещал грядущее Царство Божие». Что именно представляла собой та «благая весть» для бедных — не уточняется; возможно, зритель должен сам догадаться, что Иисус сообщил беднякам (или, может, кому-то из их друзей, поскольку внимающие Христу в кадре выглядят вполне преуспевающими), что пусть они будут страдать на земле, но имеют шанс попасть в рай. Также никак не поясняется, что имеется в виду под «Царством Божьим» — вероятно, зритель вновь сам додумает, что речь о загробной жизни. Словом, из этого краткого эпизода служения зритель узнает, что Иисус творил разные чудеса, но, по-видимому, мало чему мог научить «по жизни».

Любопытно и то, что создатели фильма решили посвятить целую минуту и 35 секунд апокрифическому эпизоду, в котором юная Мария с семьей наблюдает ежегодное жертвоприношение ягненка. Учитывая заявленную приверженность буквальному прочтению безошибочного Слова Божьего, странно, что предпочтение отдается истории, которой в Писании попросту нет, в ущерб богатейшему каноническому материалу о жизни Иисуса, представленному у Матфея, Марка, Луки и Иоанна. Впрочем, у авторов фильма свои резоны: от лица Марии зрителям рассказывают о смысле жертвоприношения. Мария замечает, что «ей всегда разрывало сердце», когда закалывали крошечных ягнят, однако со временем она осознала: Бог требует совершенных, невинных и кровавых жертв в уплату за грех. Надлежащим образом наставленная, Мария, стало быть, была готова увидеть, как ее собственного сына жестоко, кроваво пытают и убивают — как необходимую, «последнюю и совершенную жертву за грех мира»[5].

Итак, если мы веруем в Иисуса, — совершенную жертву — наши грехи искуплены, и мы спасены. А вот тем, кто остался «за бортом», уготован Суд. В своем комментарии к фильму Майкл Мэттьюс отмечает, что одной из задач фильма было «удобоваримо подать тему ада, впрямую не упоминая о нем». Именно поэтому, по его словам, сразу после сцены распятия на экране появляется неозвученная диктором цитата из Откровения: «и кто не был записан в книге жизни, тот был брошен в озеро огненное»[6]. О чем Мэттьюс не упоминает, так это о том, что пока зритель читает — но не слышит — стих, он ясно слышит потрескивающий огонь костра (то есть еще до того, как оператор вновь вернется к уютному лагерю палеонтолога). На самом деле огонь и треск поленьев сопровождают весь фильм: на фоне костра палеонтолог рассуждает, что для кого-то Библия — просто сборник древних преданий; в чаше полыхает пламя, когда появляется центурион; наконец, под звук костра звучит стих из послания к Римлянам 5:12 о том, что «одним человеком грех вошел в мир, и грехом — смерть, так и смерть перешла во всех человеков, потому что в нем все согре-

---

[5] Как отмечает Джулия Паркс, история о том, что Мария выросла при Храме и нередко наблюдала жертвоприношения, уходит корнями в Восточную православную традицию. См. [Parks 2014].

[6] Matthews, «Content Manager's Commentary».

шили». Словом, трудно не заметить столь явную огненную метафору. Угроза ада, столь «удобоваримо поданная», пронизывает весь фильм. Знайте же: огонь разгорается, ибо грядет Суд.

Арсенал для культурной войны

После всего этого, ознакомившись еще с периодической экспозицией Музея Библии, прогулявшись по «Динологову Бадди Дэвиса» и поизучав трупики жуков в «Инсектарии доктора Кроули», гости минуют коридор, выпускающий их в «Драконову книжную лавку». Не поднаторевшим в младоземельной апологетике название лавки, пожалуй, покажется даже загадочным, но у одолевших музейный «Путь» трудностей с необходимыми ассоциациями, безусловно, не возникнет. Сразу у входа посетителей встречает экспозиция, посвященная «Легендам о драконах», — с серией ярко оформленных стендов, на которых рассказывается о различных драконах, включая таких мифических созданий, как греческая Лернейская гидра, Красный валлийский дракон и пернатый змей Кетцалькоатль, которому поклонялись ацтеки. Особенно примечателен стенд, посвященный драконам, описанным у преподобного Иоанна Дамаскина («Есть [...] род драконов, у которых широкая голова, золотистые глаза и роговые выступы на затылке; еще у одних борода [растет] от горла»)[7] и Марко Поло (тем самым «превеликим змеям», у которых «спереди, у головы, две ноги, лап нет, а есть только когти», с «пастью такой большой, что сразу человека может проглотить», снабженной «великими да крепкими» зубами)[8]. На стенде сообщается, что «описанные здесь животные вполне правдоподобны, а авторы лишь хотели поделиться информацией об увиденном или услышанном. Неужели они действительно видели настоящих драконов — существ, которых мы сегодня называем динозаврами?» Рассказы Иоанна Дамаскина и Марко Поло относятся соответственно к VIII и XIII столетию, но среди «Легенд о драконах»

---

[7] См. [Иоанн Дамаскин 1997: 223].
[8] См. [Поло 1940: 135].

можно найти и стенд с заметкой из *Tombstone Epitaph* от 26 апреля 1890 года (штат Аризона), рассказывающей о том, как двое ранчеров подстрелили «крылатого монстра, навроде огромного аллигатора с предлинным хвостом и гигантскими крыльями». И вновь авторы текста спрашивают: «Возможно ли, что местные ковбои столкнулись с легендарной Громовой птицей или Пиасой из индейских преданий — существом, чье описание подозрительно напоминает птерозавра?»

Далее выдвигается поистине творческая гипотеза: легенды о драконах — это свидетельства того, что люди, возможно, даже в конце XIX века сталкивались с живыми динозаврами. Конечно, стоит обратить внимание на деликатно-вопросительную форму, в которую обернуты описания на стендах: «Неужели они действительно видели?..», «Возможно ли, что местные ковбои столкнулись?..». Та же риторика используется и на стенде с заглавием «Были ли динозавры драконами?», сообщающем посетителям, что несмотря на то, что иные рассказы о драконах частично или полностью, конечно, являются мифологическими, во многих других случаях «драконы описываются как вполне реальные животные», что, в свою очередь, позволяет допустить, что «некоторые из этих легенд в действительности рассказывают о динозаврах». Как и в случае с «моделями» геологии Потопа, суть всех этих наводящих вопросов не в поиске доказательств, а в утверждении гипотезы, которую надлежит считать правдоподобной. Ведь коль скоро такая «правдоподобная» гипотеза — о том, что легендарные рассказы о драконах суть свидетельства встреч людей с динозаврами, — еще и подтверждается Библией, то, собственно, и никаких иных доказательств вовсе не требуется. Как объясняется на том же стенде «Были ли динозавры драконами?», «в Библии Бог рассказывает Иову о двух существах, которых вполне можно счесть драконами: Бегемоте и Левиафане»[9]. И хотя «некоторые христиане считают их мифическими

---

[9] О Бегемоте и Левиафане стенд «Не только мифы и легенды!» отсылает к следующим библейским стихам: Иов 39:1, 5, 19, 26–27; Иов 40:15–24; Иов 41:1–2, 9, 18–28.

чудовищами», подобный подход представляется непоследовательным, ведь оба существа упоминаются «сразу вслед за описанием дюжины реальных животных». Что еще более важно — «Зачем бы Бог рассказывал Иову о двух животных, которых и в помине не существовало?». Словом, прямое, буквальное прочтение библейского текста ясно показывает, что люди с динозаврами населяли Землю одновременно.

Почетное место в экспозиции отведено святому Георгию. Что, конечно, неудивительно: как гласит пояснение, сей «благочестивый христианин и римский офицер» спас королевскую дочь и целый город от дракона, потребовав взамен лишь одного — чтобы горожане «уверовали в Бога, укрепившего длань мою на сию победу». Еще один крупный стенд посвящен «Беовульфу» — эпической поэме, написанной на древнеанглийском, «названной в честь главного героя, вершившего свои подвиги в VI веке в Скандинавии». Беовульф вообще оказался весьма полезен для младоземельной концепции: как отмечает литературовед Ив Зиберт, поэтический текст (написанный между VIII и X векамим)[10] креационисты превратили в исторический источник по причине упоминаний Ноя и Потопа, а также поскольку «чудовищ», с которыми сражается Беовульф, вполне можно истолковать как динозавров. Зиберт указывает, что наиболее полную креационистскую интерпретацию «Беовульфа» предлагает Билл Купер в своей книге «После Потопа: ранняя постпотопная история Европы со времен Ноя». Как утверждает автор, «Беовульф» был написан еще до того, как англосаксы в V веке прибыли в Британию из Скандинавии. Зиберт приводит ряд аргументов, обосновывающих нелепость подобной версии (включая и тот очевидный факт, что поэма написана на древнеанглийском — языке, который попросту «не мог возникнуть до того, как скандинавские племена переселились с континента на Британские острова»). Но, объясняет она, «Куперу необходимо как можно дальше в прошлое отодвинуть дату создания "Беовульфа", дабы представить его

---

[10] Примерная верхняя граница дается относительно единственного сохранившегося списка поэмы, датируемого XI веком. — *Прим. пер.*

сочинением, пусть и поэтически написанным, но все же представляющим историческое описание реальных людей, событий и животных»[11]. Вполне в духе Музея, «Легенды о драконах» вовсе обходятся без конкретных дат написания поэмы, однако на «Мировой карте драконьих легенд» древний герой располагается в Скандинавии; на самом же стенде утверждается, что поэма «содержит достоверную историческую информацию» о Скандинавии VI столетия. Текст традиционно оканчивается риторическим вопросом:

> Неужели же эти люди — или их предки — действительно сражались с динозаврами и птерозаврами? Это вполне согласуется с тем, что рассказывает Библия. При этом верящие, что динозавры жили за какие-то миллионы лет до людей, не в состоянии адекватно объяснить, отчего в самых разных культурах мира постоянно находятся легенды о драконах, нередко описанных точь-в-точь как динозавры?

Святой Георгий и Беовульф весьма почетно представлены в книжной лавке: первый, убивающий дракона, увековечен в барельефе, а скульптура второго отважно стережет вход, держа наготове занесенный меч. Вооруженные герои в доспехах подкрепляют ключевую миссию музейной книжной лавки — предоставить христианам полномасштабный прав(ильн)ый арсенал для ведения культурной войны. Ниже следует неполный, но весьма показательный список того, что можно было приобрести (помимо всевозможных брендированных Музеем футболок, наклеек на бампер, игрушечных динозавров и прочей сувенирной продукции) на 16 июля 2013 года: многочисленные Библии и библейские справочники (включая Библию короля Якова,

---

[11] [Cooper 1993; Siebert 2013, 43–48, цит. 44]. Как сообщает рекламное объявление в онлайн-магазине «Ответов», «Билл Купер рассказывает о захватывающих открытиях, в центре которых находятся древнейшие европейские письменные источники о происхождении народов от Ноя и Иафета, о Всемирном Потопе и о встречах с существами, которые мы бы сейчас назвали динозаврами». answersingenesis, https://answersingenesis.org/store/product/after-flood/?sku=10-2-055 [дата обращения: 11.06.2025].

Посетители увлеченно изучают ассортимент стилизованной под средневековый замок книжной лавки, расположенной сразу за Главным залом. На них сверху вниз сурово взирает статуя Беовульфа, по мнению Музея — отважного «динозавроборца». Снимок Сюзан Троллингер. Дополнительные фотографии и подробную информацию о Музее можно найти на сайте creationmuseum.org

«Учебную Библию» [Джона] МакАртура и, разумеется, «Толковую Библию» Генри Морриса); книги, написанные лично, в соавторстве и при участии Кена Хэма (среди коих «Развенчание так называемых библейских противоречий», «Откуда мы знаем, что Библия — Истин(н)а?», «Ложь: эволюция и миллионы лет», «Одна раса — одна кровь», «Как вырастить детей Божьих в греховном мире», «Правдивая история Адама и Евы», «Война мировоззрений», «Ну почему они не слушают? Веское Слово креационного евангелизма»); труды Генри Морриса («Библейские основания современной науки», «Библейский креационизм», «Потоп Бытия», «Затяжная война против Бога: история и последствия противостояния креационизма с эволюционизмом» и другие); сочинения правых христианских авторов, включая Джерри Бергмана («Покарать диссидентов: шокирующая правда о карьерном убийстве посмевших усомниться в Дарвине»), Тима ЛаХэя («Во что верили отцы-основатели: всестороннее исследование христианских основ Америки»), Джона МакАртура, («Прав(ильн)ое мышление в заблудшем мире: библейский ответ на самые спорные вопросы нашего времени»), Р. Альберта Молера («Исчезнувший Бог: опасные воззрения в эпоху новой духовной открытости»), сборник «Назад — к библейской мужественности и женственности: ответ евангельскому феминизму», выпущенный Джоном Пайпером и Уэйном Грудэмом; различные DVD-диски с правыми христианскими видеоматериалами: «Размывание христианской Америки: Состояние нации, часть 2 — говорит Кен Хэм», «Глобальное потепление: научное и библейское разоблачение мифа об изменении климата», «Безбожие в Америке: состояние нации — говорит Кен Хэм», «ИндоктриНация: государственные школы и упадок христианской Америки».

Также в продаже имеется обширный выбор учебных материалов для домашнего обучения, христианских школ, церквей, приходских занятий и иных подобных аудиторий: «История Америки с самого начала» («Новый практический курс американской истории... начинается непосредственно с Сотворения мира» и недвусмысленно подчеркивает «благодать Божью, осеняющую Соединенные Штаты») рядом с «Откровением истории» («В отличие от "политкорректной" школьной истории, пораженной вирусом эволюции, — наша учебная программа, основанная на Библии, предлагает учащимся подлинную мировую историю!»), «Скорая химическая» и «Скорая биологическая помощь» для домашнего обучения, а также, в дополнение к общеобразовательной программе (из описания «биологической»: «замечательное подспорье для подростков, учащихся или начинающих обучение по программе, в которой игнорируется ясное библейское объяснение происхождения жизни»), «Божий замысел для жизни» («настоящее пособие разработано для преподавания естественных наук с библейско-креационистских позиций... и поможет укрепить веру учащихся, показывая, как наука последовательно подтверждает библейскую историю») и, разумеется, «Базовый образовательный курс с Кеном Хэмом» («первоклассная программа на DVD» для воскресных школ и библейских семинаров, предлагающая «вдохновляющие (и укрепляющие в вере!) лекции о книге Бытия и авторитете Писания», в свете которых раскрывается «суть важных мировых событий», наподобие публичного заявления президента Обамы о том, что «Америка уже не христианская нация»[12].

Кроме того, в лавке можно приобрести «СинХронологическую таблицу с картой всеобщей истории Себастиана Адамса» — сложенная аккуратной гармошкой репродукция общей длиной свыше семи метров содержит сведения по «Древней, новой и библейской истории», начиная с сотворения Адама и Евы в 4004 году до н. э. вплоть до 1870 года (Адамс выпустил свою карту в 1871 году). Выпущенная в 2007 году издательством *Master Books*, «Таблица» продается в Музее отнюдь не в качестве роскошно иллюстрированного околонаучного курьеза XIX столетия, но — согласно «Ответам» — как «монументальный исторический труд, опирающийся на "Мировые анналы" Джеймса Ашшера[13], идеально подходящий как для домашнего обучения, так и для воскресной школы». На сайте «Ответов» есть даже короткий видеосюжет, в котором сообщается, что «Таблица воспроизведе-

---

[12] Все цитаты взяты из описания товаров в онлайн-магазине «Ответов» — answersingenesis: https://answersingenesis.org/store/product/america-beginning/?sku=40-1-403 [дата обращения: 11.06.2025]; https://answersingenesis.org/store/product/history-revealed-full-curriculum/?sku=90-7-618 [дата обращения: 11.06.2025]; https://answersingenesis.org/store/product/biology-101-dvd-based-curriculum/?sku=30-9-177 [дата обращения: 11.06.2025]; https://answersingenesis.org/store/product/gods-design-life-complete-set/?sku=40-1-324 [дата обращения: 11.06.2025]; https://answersingenesis.org/store/product/ken-ham-foundations-curriculum-kit/?sku=40-1-381 [дата обращения: 11.06.2025].

[13] Англиканский архиепископ из Дублина, Ашер много времени посвящал теологии и истории, став одним из основоположников библейской хронологии. Именно в *Annales Mundi* он предложил начинать летоисчисление с 4004 года до н. э. (если совсем точно — с воскресенья, 23 октября). — *Прим. пер.*

на в своем оригинальном — антиэволюционно-огромном формате», с цитатой некоего «мистера Боба Л. Уорнера», считающего, что «ВОТ НАСТОЯЩАЯ, ПРАВДИВАЯ ИСТОРИЯ БЕЗ ПРИКРАС И ВРАНЬЯ!» (выделено в оригинале)[14].

Ассортимент «Драконовой книжной лавки» составляет лишь малую толику того, что доступно в онлайн-магазине «Ответов». Там можно найти младоземельные и правохристианские товары на любой вкус и цвет. Можно даже приобрести онлайн-абонемент на курсы «Образовательных "Ответов"», включая «Креационную апологетику и биологию», «Креационную апологетику и геологию», «Креационную апологетику и астрономию» и, наконец, сами «Основы креационной апологетики». С 2014 года за прохождение последнего курса студентам начисляют три академических пункта в Библейской школе и колледже (расположенного там же, в Цинциннати)[15].

Учитывая столь завидное рвение, с которым «Ответы» производят и продают «младоземельные» материалы, велико искушение сделать вывод о том, что проект затеян прежде всего ради финансовой выгоды. Однако стоит здесь прислушаться к самому Кену Хэму, подчеркивающему, что цели «Ответов» куда более высоки и обширны. По мнению Хэма, положение в Америке критическое: «как никогда прежде вокруг нас бушует... духовная война», а «линия фронта проходит через наши дома, церкви... школы (будь то

---

[14] Sebastian Adams, Adams' SynChronological Chart or Map of History (1871: reprint, Green Forest, AR: Master Books, 2007); answersingenesis, https://answersingenesis.org/store/product/adams-chart-history/?sku=10-2-301 [дата обращения: 11.06.2025]. Как сообщается в статье Орегонской энциклопедии, на момент издания Таблицы Адамс служил пастором в Первой христианской церкви Салема в Орегоне. Завершив работу, он «провел следующие шесть лет в разъездах, продавая [свою Таблицу] по невысокой цене». Учитывая же, как творение Адамса ныне используется «Ответами», стоит также отметить, что его «философские и научные изыскания привели в итоге к унитарианству». См. Virginia Green, «Sebastian C. Adams (1825–1898)», Oregon Encyclopedia, http://www.oregonencyclopedia.org/articles/adams_sebastian_c_1825_1898_/#.U9kgAEjPa6A [дата обращения: 11.06.2025].

[15] answersingenesis, https://answersingenesis.org/store/curriculum/courses [дата обращения: 11.06.2025]; Answersingenesis, https://answersingenesis.org/education/online-courses [дата обращения: 11.06.2025].

государственные или частные), рабочие места, суды — в общем, *через всю* нашу культуру» (курсив в оригинале). Штаб-квартира «Ответов» отвечает на вызов, снабжая соратников «самым передовым "вооружением", способным отразить современный вражеский натиск (включая книги, DVD, учебные программы, сайты, Музей Сотворения мира и строящийся[16] "Ковчег", многочисленные подкасты, радиопередачи и т. д.)». К счастью для осажденных ревнителей библейского Слова, их «христианский "Пэтриот"» показывает недюжинную эффективность. Как в июне 2014 года отмечал сам Хэм, «Ответы» играют важную роль в том, чтобы

> влияние креационизма в этой стране оставалось осязаемым... Десятки миллионов человек в этом году зайдут на сайт «Ответов»; более двух миллионов (включая сотни тысяч детей) уже побывали в Музее Сотворения мира; суммарный тираж разлетевшейся по всей стране креационистской литературы исчисляется миллионами экземпляров; спикеры «Ответов» прочли тысячи лекций в церквях, колледжах, на конференциях и прочих площадках[17].

Пусть, конечно, и приблизительные, эти цифры должны отрезвить тех, кто мечтает, что младоземельный креационизм уже вскоре последует за динозаврами в небытие. Особенно показательно упоминание выступлений спикеров. Подобно любому фундаменталистскому течению, уже с самого своего появления

---

[16] Тематический парк «Встреча с Ковчегом» официально открылся в июле 2016 года. — *Прим. пер.*

[17] Ken Ham, «A Spiritual War Is Raging», Letter from Ken, answersingenesis, August 26, 2013, https://answersingenesis.org/apologetics/a-spiritual-war-is-raging [дата обращения: 11.06.2025]; Ken Ham, «Are You Aware of the Battles against AiG and the Truth of God's Word?», Letter from Ken, answersingenesis, November 14, 2011, https://answersingenesis.org/ministry-news/core-ministry/are-you-aware-of-the-battles [дата обращения: 11.06.2025]; Ken Ham, «A Spiritual War Is Raging», Letter from Ken, answersingenesis, August 26, 2013, https://answersingenesis.org/apologetics/a-spiritual-war-is-raging [дата обращения: 11.06.2025]; Ken Ham, «The Creation/Evolution Debate Continues», Around the World with Ken Ham (blog), June 7, 2014, http://blogs.answersingenesis.org/blogs/ken-ham/2014/06/07/the-creationevolution-debate-continues [дата обращения: 11.06.2025].

«Ответы» придавали огромное значение распространению своей «вести» на низовом уровне. Как отмечают Рэндалл Стивенс и Карл Гиберсон, заветная мечта Кена Хэма — «убедить миллионы простых людей отвергнуть эволюцию, в надежде, что эта глубинная волна, понемногу набирая силу, пробьется-таки наверх и пошатнет нынешние устои общества, а то и вовсе сметет безбожные правящие элиты» [Stephens, Giberson 2011: 43]. На август 2014 года на сайте «Ответов» заявлено 25 спикеров (плюс 7 из Великобритании), готовых к выездным выступлениями. И работы у них — невпроворот. Согласно сайту, лишь за период с августа по ноябрь 2014 года спикеры «Ответов» провели выступления на 48 различных мероприятиях. На пяти мероприятиях выступали несколько спикеров. Из этих пяти четыре встречи прошли в стенах самого Музея (Творческий колледж, конференция по вопросам детского служения, «Ответы» для пасторов и ярмарка для абитуриентов колледжей), а пятое состоялось в английском Уэст-Бромидже («Британская креационная мегаконференция»). Остальные 39 мероприятий состоялись в местных церквах. Большинство проводились одним спикером информационного отдела «Ответов» (хотя в ряде случаев выступали двое и больше). Почти половина встреч прошли в баптистских церквах, а большинство остальных — в независимых приходах (две лекции прошли в церквях Ассамблеи Божьей и по одной — в Церкви Христовой, евангельской Церкви Завета и Свободной методистской церкви). География мероприятий охватывает всю страну от побережья до побережья: от Вашингтона и Айдахо на западе до Мэна, Нью-Йорка и Нью-Джерси на востоке. Как и следовало ожидать, подавляющее большинство выступлений состоялось на среднем западе и юге страны (целых девять только в одном Огайо).

Чтобы лучше прочувствовать миссионерский дух «Ответов», мы посетили вечерние сессии на конференции, проходившей 26–27 июля 2014 года в Церкви Общины Краеугольного камня, расположенной близ Миллерсбурга в штате Огайо[18]. Всего со-

---

[18] Дальнейшее описание основывается на подробных записях, сделанных авторами непосредственно во время мероприятий.

бралось около 70 человек. Сессии проходили в богослужебном зале — прямоугольном, устланном коврами помещении с высоким, уходящим в купол потолком и окнами, выходящими на парковку. Помещение было чрезвычайно многофункциональным (о чем красноречиво свидетельствовал баскетбольный щит на дальней стене): напротив входа установлена сцена с кафедрой и пианино, развеваются американский флаг и христианское знамя, по периметру расставлены горшки с искусственными цветами, а в левой части располагается большой экран для проектора. Слушатели разместились в выстроенных напротив сцены мягких креслах с синей обивкой. Вдоль другой стены были расставлены столы, на которых в изобилии были представлены различные материалы «Ответов». Обязанности ведущего исполнял местный пастор Пэт Уивер, а его супруга Сью играла в перерыве на пианино. Оба были весьма приветливы и лично подошли поприветствовать нас.

Поблагодарив всех собравшихся и признавшись, что его уже «давно волнует космическая битва между Истиной и Заблуждением», пастор Уивер передал слово Бобу Гиллеспи — подтянутому мужчине средних лет в очках и черной оксфордской рубашке с вышитым логотипом Музея Сотворения мира. Боб — выпускник Университета Сидервилла (штат Огайо) и Библейской баптистской семинарии (штат Пенсильвания); вместе с супругой Лоис они преподавали в христианских школах в Огайо, а также в школах для детей миссионеров в Африке. Согласно его профилю на сайте «Ответов», целью Боба является

> учение учителей (то есть родителей, преподавателей воскресных школ, молодежных проповедников и пасторов) тому, чему он годами учил и своих школьников: отстаивать авторитет Слова Божьего с первого же стиха книги Бытия, возвещать Евангелие Иисуса Христа и противостоять силам секулярного гуманизма, захватывающим нашу культуру[19].

---

[19] «Bob Gillespie», answersingenesis, https://answersingenesis.org/outreach/speakers/bob-gillespie [дата обращения: 11.06.2025].

Поднявшись на сцену, Боб незамедлительно приступил к своей первой лекции — «Динозавры и Библия», — начав с вопроса: кто из присутствующих уже бывал в Музее? Несмотря на то что Миллерсбург находится примерно в трех с половиной часах езды от Петерсбурга (штат Кентукки), две трети аудитории подняли руки. Вместо благодарности за проявленную поддержку Боб посетовал на то, что посетители зачастую почти пробегают зал с «Исходными точками», рискуя «упустить самую суть Музея». Суть же, как пояснил Боб, в том, что существует лишь две перспективы, и обе не могут быть верными одновременно. Объясняя, почему некоторые не верят в Бога, он заявил: «Ведь если есть Бог, то кто устанавливает правила? Бог. Вот почему они и не хотят верить».

А дальше начались динозавры[20]. Они, по словам лектора, издавна употребляются эволюционистами, чтобы легче было одурманивать и совсем маленьких деток; при этом, продолжает он, «если исходить из Слова Божьего и Семи Столпов, то легко можно добраться до подлинной истории». Люди порой потешаются: мол, Адам и Ева катались верхом на динозаврах? Но, уверял присутствующих Боб, это вполне возможно — ведь до грехопадения все животные были вегетарианцами. Еще можно часто услышать, что якобы на Ковчеге не уместилось бы по паре всех существ; Боб поясняет, что речь именно о двух представителях каждого «вида», то есть всего на Ковчеге должно было собраться немногим более двух тысяч особей. Как же, спрашивают, Ною удалось бы разместить на Ковчеге огромных динозавров? Боб отвечает, что их всего-то было около 50 «видов», а средний динозавр и вовсе был размером с овцу; что же до совсем больших «видов», то и от них можно было отобрать еще не успевшую вымахать до гигантских родителей «молодежь». Все обретает смысл, говорил Боб, «стоит только обратиться к библейской оптике».

Люди вообще веками жили бок о бок с динозаврами, продолжал Боб, ссылаясь на библейские свидетельства (о «Бегемоте» и «драконах»), легенды о драконах (вроде истории святого Георгия или

---

[20] Подробнее о том, как динозавры вообще добрались до младоземельного нарратива, см. [Numbers, Willey 2015: 57–68].

упоминания у Марко Поло), а также пиктограммы с изображением похожих на динозавров существ, созданные коренными американскими племенами. Мчась на всех парах к выводу, Боб задал риторический вопрос: «Так что же случилось с динозаврами?» — и с легкой усмешкой заметил, что эволюционисты давно над этим ломают голову: может, несварение пробрало, может, они переели и страдали от ожирения, а может, померли с голоду, а еще, может, когда-то на Землю свалился метеорит. Но Боб-то знает, как было дело: «Они просто вымерли. Животные постоянно вымирают». Вновь призвав обратиться к «библейской оптике», Боб торжественно объявил: «Мы возвращаем динозавров себе, они — наши "миссионерские ящеры", ясно показывающие, что книга Бытия и вся Библия — это Истина».

После короткого перерыва, во время которого Лоис дежурила у стенда «Ответов», Боб открыл вторую сессию под заголовком «Наука подтверждает Библию». Он начал с замечания, что в школе детей учат: религия — это вера (мол, «мы просто верим в Иисуса, слепо принимаем на веру»), наука же — это строгие факты. Однако, продолжил он, «Богу важны доказательства, и Слово Божье — это самое что ни на есть свидетельство очевидца». Далее он обратился к разграничению науки наблюдательной от исторической: последняя, по его мнению, — не более чем гипотезы о прошлом, если только у вас нет надежного источника или очевидца. И снова риторический укол: так почему же люди отказываются верить в Бога? «Проблема не в доказательствах, проблема — в сердце». Боб подчеркнул, что если Библия рассказывает подлинную историю Вселенной, то факты должны с ней совпадать. И они, говорил он, действительно совпадают: наблюдательная наука со временем обязательно догоняет Библию с фактами, как было, например, с окаменелым зубом, представленном на процессе над Скоупсом (как оказалось, зуб принадлежал не примату, а древней свинье), или с так называемой мусорной ДНК (которая, как мы теперь знаем, содержит вовсе даже не мусор), и так, заключил Боб, обязательно будет и с проблемой «света далеких звезд» (который пока что намекает на очень древний возраст Вселенной).

Затем Боб перешел к определению, как он выразился, различных видов эволюции, с целью показать, какие из них являются «просто верой», а какие — подтверждаются обсервационными данными. К первым он отнес «космическую эволюцию» (Большой взрыв), «химическую эволюцию» (происхождение химических элементов), «эволюцию космических тел» (образование звезд и планет из газовых частиц) и «органическую эволюцию» (зарождение жизни в «первичном бульоне»). По его словам, все это просто не могло произойти случайно: «Думаю, на этом можно было бы прямо сейчас закругляться и просто славить великого Творца!» Далее — «макроэволюция» («от клетки к человеку»), которая, по мнению Боба, невозможна, поскольку для нее требуется «добавление новой информации». На этом моменте на экране включают фрагмент из передачи «Древние пришельцы»[21], где выдвигается гипотеза, что человеческий интеллект — инопланетный дар. Боб восклицает: «Так, может, выберем все же беспредельного Бога?» Наконец, «микроэволюция» — это уже область науки наблюдательной, поскольку мы действительно можем здесь и сейчас наблюдать изменения в пределах «видов». В общем, по словам Боба, и библейское Сотворение мира, и эволюция являются формами веры, но наши «наблюдения подтверждают Библию и опровергают эволюцию». Под конец Боб показал видеосюжет, который, как обещают «Ответы», шутя «опровергает эволюцию менее чем за три минуты»[22], после чего резюмировал встречу: «Совсем нетрудно верить в Книгу, если веришь в ее Автора».

---

[21] «Aliens and the Creation of Man», Ancient Aliens, season 3, episode 16, History Channel, aired November 16, 2011 (Los Angeles: Prometheus Entertainment, 2011).

[22] answersingenesis, https://answersingenesis.org/store/product/check-out/?sku=30-9-381&; answersingenesis, «Evolution? Impossible!», https://answersingenesis.org/evidence-against-evolution/evolution-impossible [дата обращения: 11.06.2025]. «Опровергнутая эволюция» входит в сборник «Ну-ка глянь!» («Check This Out!»). Как сказано в описании онлайн-магазина «Ответов», это «креативный, ультрасовременный фильм... из шести мини-сюжетов, каждый из которых посвящен какой-либо актуальной теме споров между креационистами и эволюционистами, — и каждый с молниеносной скоростью этот спор разрешает!»

Боб Гиллеспи столь поразительно четко настроился «на нужную волну», что, закрыв глаза, можно было и забыть, что вокруг — вовсе не Музей Сотворения мира. Акцент на «исходных точках» («обратимся к библейской оптике»), различение наблюдательной и исторической науки, Семь «С», Слово Библии как свидетельство очевидца — все это классические, излюбленные приемы «Ответов». Равно как и вегетарианство до грехопадения, акцент на «видах» и апелляция к легендам о драконах как доказательству, что люди жили одновременно с динозаврами. Но дело не только в этом. Сам язвительный тон, эта беспечная уверенность, что, мол, вот подлинная Истина, в мгновение ока, окончательно и бесповоротно разбивающая доводы эволюционистов — вся эта манера до боли походила на «Людей в белом», где развязные умники Гейб и Майк с задней парты интеллектуально размазывают беднягу Г. Ладко-Стелоффа. В обоих случаях все подано так, что младоземельное мировоззрение оказывается столь очевидным, что не замечать этого могут лишь совсем упертые эволюционисты, наотрез отказывающиеся следовать Божьим заповедям. Наконец, «пулеметная» подача Боба, включение причудливых видеоклипов (тех же «Древних пришельцев» — шоу, которое один критик окрестил «одной из самых мутных жиж в бездонном телеведре с помоями»)[23], а также переизбыток слайдов на экране, из которых лишь немногие получали внятное пояснение, — все это в точности напоминало аудиовизуальную перегрузку, которую испытывает посетитель Музея Сотворения мира.

Этот последний момент ярко иллюстрирует один из слайдов, показанных Бобом на сессии «Наука подтверждает Библию». Речь как раз зашла о «свете далеких звезд», проблему с которыми, по заверению Боба, наблюдательная наука обязательно когда-то решит.

---

[23] Brian Switek, «The Idiocy, Fabrications, and Lies of Ancient Aliens», Smithsonian.Com, May 11, 2012, http://www.smithsonianmag.com/science-nature/the-idiocy-fabrications-and-lies-of-ancient-aliens-86294030/?no-ist [дата обращения: 11.06.2025]. По замечанию Свитека, младоземельные креационисты часто выступают в роли приглашенных экспертов в «Древних пришельцах», которые и сами нередко прибегают к младоземельной тактике, «прославленной» Дуэйном Гишем (за что иногда так и называются — «галоп Гиша»), когда оппонент засыпается лавиной домыслов и искаженных фактов.

Слайд назывался «*Сотни* физических процессов ограничивают предельный возраст мира» (курсив в оригинале) и содержал три колонки — впрочем, не с сотнями процессов, а с 56 из них. Названия процессов были напечатаны мелким шрифтом, а сам слайд промелькнул на экране всего на 10–15 секунд. Мы успели лишь записать название и отметить форматирование документа: под колонками была изображена рваная линия — будто страница разорвана и где-то утеряна еще пара сотен процессов, ограничивающих предельный возраст Земли. Однако впоследствии нам удалось отыскать этот же слайд, с тем же самым «разрывом»: нашелся он в презентации под названием «Младоземельные доказательства» за авторством Хайнца Ликламы, размещенной на сайте *NW Creation Network* (организации, занимающейся «защитой библейской истории»). На слайде Ликламы — который, по собственным словам, «регулярно читает лекции с презентациями, помогающими верующим защищать библейское учение о Творении» — в качестве источника указан некий «д-р Рассел Хамфрис». Как выяснилось, этот последний — физик, работавший сначала в Институте креационных исследований Генри Морриса, а затем в Creation Ministries International. Среди его публикаций нашлась и соответствующая статья под тем же названием, «Младоземельные доказательства», в которой приводятся 14 конкретных доводов в пользу небольшого возраста Земли; при этом автор подчеркивает, что подобных «свидетельств существует гораздо больше». Кроме того, Хамфрис придерживается концепции «галактоцентризма» — идеи о том, что наша галактика находится в центре Вселенной. Любопытно, что, несмотря на критику геоцентризма, к галактоцентризму «Ответы», по-видимому, относятся с куда большей благосклонностью. Так, на сайте «Ответов» можно найти статью самого Хамфриса о том, что «Наша галактика — центр Вселенной», а аргументы в пользу галактоцентризма есть и в сборнике «Ответов», посвященном работе «Разоблачение эволюции: наука о Земле»[24].

---

[24] NW Creation Network, http://www.nwcreation.net/presentations [дата обращения: 11.06.2025]; «Heinz Lycklama», CreationWiki, http://www.creationwiki.org/Heinz_Lycklama; «Russell Humphreys», CreationWiki, http://creationwiki.org/

Итак, на слайде с «*Сотнями* физических процессов...» мы находим следующее: «16. Резкие изгибы в породах», «23. Человеческие цивилизации», «32. Удаление межпланетной пыли», «41. Рост торфяных болот», «50. Эрозия Ниагарского [*sic*] водопада», «51. Погребения каменного века» и «54. Сплющенные радиоореолы». Словом, даже если бы зрение позволяло разобрать мелкий шрифт и даже если бы Боб чуть дольше задержал слайд на экране, и тогда извлечь из прочитанного хоть какую-то пользу оказалось бы попросту невозможно. Еще менее возможным представляется, чтобы кто-то из собравшихся попросил Боба пояснить хоть один из этих 56 якобы ограничивающих возраст Земли процессов. Разумеется, подобное в любом случае было исключено, поскольку ни в одной из сессий времени на вопросы не предусматривалось, равно как и сам Боб ни разу не дал понять, что вопросы из зала приветствуются. И в этом отношении его выступление опять как две капли воды походило на музейную экспозицию. Впрочем, тут понятно: ведь они, в конце концов, «Ответы Бытия», а не какие-то «Вопросы о Бытии».

Что еще вызвало удивление, так это то, сколь мало усилий Боб визуально приложил для установления контакта с аудиторией. Он ни слова не произнес о том, как рад быть в Миллерсбурге, не отметил красоту здешних мест (а они, безусловно, прекрасны), и даже не выразил признательности «принимающей стороне», Пэту и Сью Уивер, которые, судя по всему, взяли на себя основную заботу о продвижении мероприятия. Впрочем, в защиту Боба стоит сказать, что отсутствие риторических реверансов, приглашений к диалогу или каких-то разъяснений показанных слайдов оказалось совершенно несущественным. Присутствующие слушали с удивительным вниманием, часто кивая в знак согласия, а порой и вслух подтверждая сказанное. Были и особо усердные

Russell_Humphreys [дата обращения: 11.06.2025]; D. Russell Humphreys, «Evidence for a Young World», Impact (June 2005), http://www.icr.org/i/pdf/imp/imp-384.pdf [дата обращения: 11.06.2025]; D. Russell Humphreys, «Our Galaxy Is the Centre of the Universe, 'Quantized' Red Shifts Show», TJ 16 (2002), answersingenesis, https://cdn-assets.answersingenesis.org/doc/articles/2002/TJv16n2_CENTRE.pdf [дата обращения: 11.06.2025]; [Patterson 2008: 58].

слушатели: скажем, перед нами сидела женщина с детьми (по-видимому, их мать), которая то и дело подталкивала и подбадривала их, чтобы те громко выкрикнули правильный ответ, когда Боб спрашивал что-нибудь вроде «На какой день творения были созданы динозавры?». Под конец второй сессии нас охватило ощущение, что для людей в зале было чрезвычайно важно засвидетельствовать представителю «Ответов»: они — тоже хорошие христиане, они тоже опираются на Слово Божье и они понимают то же, что и он: что эволюционисты — враги.

Очистить Церковь

Горячо приветствуя ведущуюся битву между эволюционистами и христианами, Боб Голлеспи с грустью обмолвился, что и многие христиане — возможно, до 50 % — на самом деле придерживаются взглядов о «миллионах лет и эволюции». Подобный раскол в христианских рядах не только препятствует всеми силами подчеркиваемой культурной оппозиции, но и в целом осложняет ведение «Ответами» священной войны против атеистического эволюционизма. Неудивительно, что и сам Кен Хэм прекрасно осознает серьезность положения. «Да, в нашей стране идет культурная война, — пишет он, — но есть битва куда более важная: битва за возвращение Церкви к бескомпромиссной позиции в вопросе авторитета Слова Божьего». В своей книге «За шесть дней: возраст Земли и упадок Церкви» Хэм с тревогой констатирует, что слишком многие христиане «предпочитают объединяться вокруг человеческих воззрений, — эволюции и/или миллионов лет — вместо того чтобы объединиться вокруг того, что так ясно изложено в Божьем Слове книги Бытия». Они полагают, что необязательно, а может, и вовсе не нужно воспринимать первые 11 глав Бытия как буквальную историю, не осознавая при этом, что «все христианские учения — брак, грех, причина, по которой мы носим одежду[25], и все прочее — в ко-

---

[25] «Причина, по которой мы носим одежду» в качестве важного «христианского учения», представляется по меньшей мере странной. Однако, как видно, данная тема всерьез волнует Хэма. Так, в одной из своих книг, перечисляя

нечном счете берут истоки в книге Бытия». И пусть «спасение прямо не зависит от того, как считать возраст Земли», тем не менее в тот самый момент, как Церковь допустила возможность «миллионов лет», открылся ящик Пандоры, «отперлась дверца, за которой таилась необязательность буквально принимать Божье Слово с первой же его буквы». Результатом стал «массовый исход молодежи из церкви»: «под влиянием компромиссного учения церковных лидеров» дети и подростки «стали сомневаться в достоверности Библии, начиная уже с книги Бытия, отвергать ее как Божье Слово, а затем и вовсе уходить из Церкви»[26].

Вместо Церкви, готовой на компромисс с культурой, необходима Церковь, которая «не стыдится опираться на авторитет Слова Божьего». Одна же из главных причин, по которой этого не происходит, заключается в том, что многие христиане просто «не подготовлены к тому, чтобы отвечать на скептические вопросы века сего», и потому склонны «отступить или вовсе не встревать в борьбу, позволяя миру дальше следовать своим разрушительным курсом и все ожесточеннее нападать на христианство». Тут же Хэм напоминает читателю, что именно поэтому «Господь наставил служения вроде наших "Ответов"... дабы вооружить ответами верующих», снабдив их «такими ресурсами, посредством которых они смогут достойно противостоять» беспрестанным атакам [Ham 2013: 42, 218].

«важные христианские доктрины», он посвящает вопросу ношения одежды целых три страницы, указывая, что данный факт является «напоминанием о грехе и греховной природе». Более того, поскольку «мужчины легко поддаются сексуальному возбуждению», женщинам надлежит одеваться скромно, дабы не ввергать мужчин в грех «прелюбодеяния в сердцах своих — прелюбодеяния, за которое придется нести ответственность как мужчинам, так и самим женщинам». См. [Ham 2012: 104].

[26] Ken Ham, «More Sad Compromise in the Church», Ken Ham (blog), answersingenesis, March 30, 2011, http://blogs.answersingenesis.org/blogs/ken-ham/2011/03/30/more-sad-compromise-in-the-church; [дата обращения: 11.06.2025]; [Ham 2013: 9, 12, 29–30]. Хэм указывает, что это утверждение — что признание древности планеты явилось существенным фактором в снижении количества молодых людей в церкви — подтверждается результатами проведенных опросов. Подробнее об этом см. [Ham, Beemer, Hillard 2009].

На примере Музея видно, что Хэму вовсе недостаточно, чтобы люди просто почитали Библию и уверовали. Расхваливаемые им ресурсы «Ответов» нужны для того, чтобы привить христианам младоземельный взгляд на Слово Божье, убедив их в том, что этот Взгляд — Единственный и Истинный, способный действительно узреть смысл в Слове, и снабдив их готовыми «Ответами» для отражения каких бы то ни было нападок на этот Единственный и Истинный Взгляд. Иначе говоря, апологетическое служение «Ответов» призвано дать людям свою Истину, пропитав их Ею столь основательно, чтобы те ни на йоту от Нее не отклонились. Если прибегнуть к милитаристской риторике, столь любимой Кеном Хэмом, «Ответы» предоставляют христианам не только «патриотические снаряды» для атак на врага, но также (а быть может, и в первую очередь) полный комплект брони, включая исключительно толстый шлем, делающий разум абсолютно невосприимчивым к опасным идеям.

Благодаря «Ответам» родители могут съездить с детьми в Музей Сотворения мира, а потом посмотреть дома купленный там же или на сайте DVD с правым христианским фильмом; они могут обучать детей на дому, пользуясь многочисленными образовательными «Ответами», а могут отдать их в христианскую школу, где будут преподавать по тем же материалам; они будут посещать фундаменталистскую церковь, слушать младоземельную проповедь с кафедры, а в воскресной школе будут все те же образовательные «Ответы». Однако рано или поздно настанет час, когда птенцы выпорхнут из гнезда — скажем, в колледж. И тогда вдруг обнаружится, что столь тщательно отполированная креационистская броня все же не в состоянии выдержать натиска легионов врагов, рыщущих по коридорам высших учебных заведений.

Но тут на выручку придут «Ответы». Дабы «помочь родителям и студентам найти подходящий колледж или университет», Боди Ходж — настоящий «ответственный» человек-оркестр — составил список из 15 вопросов, которые следует задать представителю «христианского колледжа, чтобы выяснить, действительно ли в учебном заведении верят в то, что говорится в Писании, твердо опираясь на библейский авторитет». Вот некоторые из этих вопросов: «4. Считаете ли вы, что дни Творения в книге Бытия — это буквальные, приблизительно 24-часовые дни? (Правильный ответ: "Да!")»; «5. Допустимо ли толковать книгу Бытия в соответствии с какими-либо убеждениями о событиях прошлого? (Правильный ответ: "Нет!"; вопрос № 5 важен, потому что ответ позволяет определить принятый в учебном заведении способ мышления — библейский или же "гуманистический")»; «7. Верите ли вы в существование разумных инопланетных форм жизни? (Правильный ответ: "Нет")»; «11. Почему люди сегодня не верят в Евангелие, даже когда им столь откровенно проповедуют? (Правильный ответ: "Потому что у людей сегодня ошибочные основания для веры (в виде 'эволюции / миллионов лет'), которые позволяют [sic] заключить, что сама Библия ошибочна")»; «15. Действительно ли в Библии имеют место противоречия» (Правильный ответ: "Нет!")»[27].

Трудно вообразить, как отреагировал бы какой-нибудь ассистент приемной комиссии, лет, скажем, двадцати трех, — пусть бы даже и в консервативном христианском колледже —, если бы ему предъявили список подобных вопросов (включая «разумные инопланетные формы жизни») в качестве проверки надлежащей «библейскости» и «доктринальной безопасности» его учебного заведения. Впрочем, когда речь заходит о помощи будущим студентам и их родителям, «Ответы» не ограничиваются лишь анкетой Ходжа. На сайте есть отдельный раздел, в котором публикуется список так называемых Творческих колледжей, под которыми понимаются учебные заведения, «главы которых письменно засвидетельствовали полное личное согласие с вероучением "Ответов"». Они, впрочем, делают оговорку, что и такое согласие «не является гарантией того, что все преподаватели, учебники, курсы и прочее будут занимать ту же позицию в отношении Слова Божьего, включая книгу Бытия, как следовало бы». Так или иначе, список все же позиционируется в качестве «отправной точки для родителей, желающих получить краткий пе-

---

[27] [Ham, Hall, Beemer 2011: app. D, 228–236].

речень учебных заведений, заслуживающих дальнейшего рассмотрения». Кроме того, Музей Сотворения мира ежегодно проводит ярмарку для абитуриентов колледжей, предоставляя родителям и студентам возможность лично пообщаться с представителями различных «Творческих колледжей», а также посетить лекции светил «Ответов» на темы вроде «Сотворение против эволюции: актуальна ли книга Бытия?», «Драконы и динозавры» и «Совместима ли эволюция с библейским христианством?»[28].

По состоянию на июнь 2015 года в список «Творческих колледжей» (учебных заведений, «почитающих безошибочность Слова Божьего превыше домыслов об эволюции и миллионах лет») входили 10 библейских школ, 42 колледжа и 9 семинарий. Большинство из этих учреждений неизвестны широкой публике за пределами мира фундаменталистского образования. В списке фигурируют такие заведения, как Библейский колледж Арроухед (штат Монтана), Библейский институт Фронт-Рейндж (Колорадо), Баптистская богословская семинария Лэндмарк (Техас), Библейский институт Нью Трайбс (Мичиган и Висконсин), Международный университет Пьемонт (Северная Каролина) и Пуританская реформатская богословская семинария (Мичиган). Пожалуй, наиболее известными среди них являются следующие два учебных заведения, исторически связанных с политизированным фундаментализмом: первый — Университет Либерти (Линчберг, штат Виргиния), в котором учится более 12 тысяч студентов, основанный и возглавлявшийся основоположником «Морального большинства» Джерри Фолуэллом до самой смерти в 2007 году, когда пост унаследовал его сын Джерри Фолуэлл — младший; второй — Университет Боба Джонса (Гринвилл, штат Южная Каролина), где обучаются более 5 тысяч студентов и который активно сопротивлялся попыткам Налогового управления США лишить его налоговых льгот из-за внутренней политики

---

[28] «Creation Colleges», answersingenesis, https://answersingenesis.org/colleges [дата обращения: 11.06.2025]; «College-Expo [2014]», answersingenesis, https://answersingenesis.org/outreach/event/College-Expo [дата обращения: 11.06.2025]. Список тем взят из рекламного буклета к ноябрьскому мероприятию 2014 года.

заведения (отмененной лишь в 2000 году), воспрещающей межрасовые свидания (что, собственно, и стало когда-то одним из катализаторов правого христианского движения)[29].

Но среди всех «Творческих колледжей» особой любовью и вниманием со стороны «Ответов» пользуется Университет Сидервилля (расположенный в Сидервилле, штат Огайо) — причем настолько, что со стороны вполне можно было бы подумать, что это самый настоящий «Университет "Ответов Бытия"». Это независимое баптистское учебное заведение, в котором учится свыше 3 тысяч студентов, расположенное всего в 140 километрах от Музея Сотворения мира. Университетская радиостанция вела прямую трансляцию церемонии открытия Музея в мае 2007 года. С тех пор Музей неоднократно размещал университетскую рекламу на оборотной стороне входных билетов, а в самом Университете предлагали билеты в Музей при записи на экскурсию по кампусу. Университет регулярно организует мероприятия в стенах Музея, включая крупную конференцию в 2014 году, участники которой, по словам Кена Хэма, могли, «благодаря выступлениям ведущих креационистов, познакомиться с углубленной информацией о том, как опровергать псевдонаучные утверждения современной культуры»[30]. Супруга президента Сидервилльского университета Томаса Уайта Джой Уайт выступала на музейной конференции «Ответы для женщин 2014: Женщины после Евы», которую вела одна из надежд и опор

---

[29] «About Creation Colleges», answersingenesis, https://answersingenesis.org/colleges/about [дата обращения: 11.06.2025]; «Colleges in Agreement with AiG's Statement of Faith», answersingenesis, Creation Colleges, https://answersingenesis.org/colleges/all [дата обращения: 11.06.2025].

[30] «Answers in Genesis: Creation Museum Grand Opening», Cedarville University, https://www.cedarville.edu/cf/calendar/viewsingleevent/id/bd81e473-fd2d-f790-5c42-6381d4b2137e [дата обращения: 11.06.2025]; «Planning a Successful College Visit», Cedarville University, October 21, 2011, http://www.cedarville.edu/eNews/ParentPrep/2012/~/link.aspx?_id=7291B0F3826E4A95A6DC502EA9A29E26&_z=z [дата обращения: 11.06.2025]; Ken Ham, «Register Today for Creation College 4», Ken Ham (blog), answersingenesis, June 22, 2014, http://blogs.answersingenesis.org/blogs/ken-ham/2014/06/22/register-to-day-for-creation-college-4 [дата обращения: 11.06.2025].

«Ответов» Джорджия Пурдом — в свою очередь, в 2015 году ставшая в Сидервилле выпускницей года. В Сидервилле также проходят различные креационистские конференции по биологии и геологии, включая первую «Конференцию по креационистской геологии» в 2007 году, в которой участвовали и спикеры «Ответов», включая прославленного Эндрю Снеллинга[31].

Более того, осенью 2009 года Сидервилль открыл набор на бакалавриат по геологии. Как с восторгом сообщал анонимный автор в журнале «Ответов», с открытием геологического курса в Сидервилле «планы по усовершенствованию креационной модели сделали гигантский шаг вперед» — наконец и студентам колледжа будет доступна программа, «рассказывающая о младоземельной модели и катастрофе Всемирного Потопа». Руководителем программы стал Джон Уитмор, получивший степень магистра геологических наук в Институте креационных исследований и степень доктора в калифорнийском (и адвентистском) Университете Лома-Линда. Уитмор также тесно связан с «Ответами»: он писал материалы для журнала, участвовал в подготовке «Нового сборника "Ответов"», а в апреле 2014 года участвовал в масштабном Google-чате «Ответов», посвященном тектонике плит при катаклизмах. Кроме того, он же возглавляет организуемые «Ответами» поездки на рафтинг в парк Гранд-Каньон, «настоятельно рекомендуемые» самим Кеном Хэмом, высоко оценившим предлагаемое участникам «фундаментальное учение... о геологии и Библии», наглядно показывающее, как Большой Каньон подтверждает «библейский рассказ о Потопе и его

---

[31] Georgia Purdom, «Answers for Women 4: Women Living after Eve», February 13, 2014, Georgia Purdom (blog), answersingenesis, http://blogs.answersingenesis.org/blogs/georgia-purdom/2014/02/13/answers-for-women-2014-women-living-after-eve [дата обращения: 11.06.2025]; «Alumni Awards», Cedarville University, http://www.cedarville.edu/Alumni/Awards.aspx [дата обращения: 11.06.2025]; Creation Biology Society, «CBS Conferences», http://www.creationbiology.org/content.aspx?page_id=22&club_id=201240&module_id=36812 [дата обращения: 11.06.2025]; Roger Patterson, «Creation Geologists Meet at Cedarville», answersingenesis, July 31, 2007, https://answersingenesis.org/ministry-news/ministry/creation-geologists-meet-at-cedarville [дата обращения: 11.06.2025].

последствиях». Также по приглашению «Ответов» Уитмор отправился в Колорадо, где подробно «исследовал место раскопок», где был найден новый музейный экспонат — аллозавр Эбенизер. С собой он взял семерых студентов-геологов из Сидервилля. Как сообщает университетский пресс-релиз, «работа на археологических раскопках в Колорадо позволила студентам подробнее изучить породы, в которых были обнаружены окаменевшие останки, и более точно интерпретировать обстоятельства погребения Эбенизера»[32].

Ну и, разумеется, импресарио «Ответов» — Кен Хэм собственной персоной, уже много лет активно вовлеченный в жизнь сидервилльского кампуса. Здесь в конце 90-х годов снимался его мини-сериал «Ответы... с Кеном Хэмом»; до продажи в 2011 году на местной радиостанции ежедневно по будням выходила передача «Ответы с Кеном»; его дебаты с Биллом Наем в феврале 2014 года в прямом эфире транслировались в кампусе Университета в Диксоновском центре служения; а выпущенная на DVD презентация «Бытие: Ключ к восстановлению культуры» является обязательной к просмотру для студентов курса «Принципы науки о Земле» Джона Уитмора[33].

---

[32] «First-of-Its-Kind Program for Creation Geologists», Answers 4 (July–September 2009), https://answersingenesis.org/ministry-news/ministry/first-of-its-kind-program-for-creation-geologists [дата обращения: 11.06.2025]; «Faculty», Cedarville University, http://www.cedarville.edu/Academics/Science-and-Mathematics/Geology/Faculty.aspx [дата обращения: 11.06.2025]; John Whitmore, «Aren't Millions of Years Required for Geological Processes?», в: [Ham 2008: 229–244]; Ken Ham, «Interact Live Tonight with Dr. Andrew Snelling and Dr. John Whitmore», Ken Ham (blog), answersingenesis, April 15, 2014, http://blogs.answersingenesis.org/blogs/ken-ham/2014/04/15/interact-live-tonight [дата обращения: 11.06.2025]; «2015 Grand Canyon Raft Trips», Answers in Genesis, https://answersingenesis.org/events/grand-canyon-raft-trips [дата обращения: 11.06.2025]; Mark Weinstein, «Geology Students Assist with New Allosaurus Exhibit at Creation Museum», Cedarville University, May 23, 2014, http://www.cedarville.edu/Offices/Public-Relations/CampusNews/2014/Geology-Students-Assist-with-New-Allosaurus-Exhibit-at-Creation-Museum.aspx [дата обращения: 11.06.2025].

[33] Ken Ham, «Special Visitors at AiG/Creation Museum», Ken Ham (blog), answersingenesis, May 14, 2008, http://blogs.answersingenesis.org/blogs/ken-ham/2008/05/14/special-visitors-at-aigcreation-museum [дата обращения: 11.06.2025];

Примечательно, что, несмотря на плотный график, Хэм неоднократно лично выступал в кампусе: скажем, на конференции «Неделя мировоззрения» (целью которой значилось «научить участников понимать мир в библейском контексте»), на званом обеде в честь Пасторского дня или в рамках отдельной двухдневной конференции «Ответов» с участием самого Хэма и Джорджии Пурдом. Очевидно, в Сидервилле Хэм имеет практически звездный статус. Так, после выступления 31 августа 2010 года в университетской часовне перед тремя тысячами студентов и преподавателей Хэм писал, что студенты не только раскупили «целый грузовик литературы» с «Ответами», привезенной на кампус по случаю его визита, но и потом еще «выстроились в длинную очередь, чтобы лично пообщаться со мной и буквально засыпали меня позитивными отзывами». Нашлось место студенческому восторгу и в университетском пресс-релизе о визите Хэма: «Для нас было великой честью принять Кена Хэма в Сидервилле! ...Невероятно вдохновляюще — вживую слышать, как он с такой убежденностью говорит об Истине Писания»; «Возможность лично его послушать — поистине замечательный подарок... Его весть должны услышать по всему миру». Последний студент также отметил, что именно «работа Хэма и его "Ответов" вдохновила [студента] идти учиться геологии»[34].

«CDR Radio Network Sold», Cedarville University, http://www.cedarville.edu/Advancement/WCDR.aspx [дата обращения: 11.06.2025]; Andrea Speros, «Debate on Creation Live-Streamed at the Dixon Ministry Center», Cedarville University, http://www.cedarville.edu/Offices/Public-Relations/CampusNews/2014/Debate-on-Creation-Live-Streamed-At-Cedarville-University.aspx [дата обращения: 11.06.2025]; John Whitmore, «Principles of Earth Science, GSCI 1010», Cedarville University, http://www.cedarville.edu/Academics/Dual-Enrollment/~/media/Files/PDF/Dual-Enrollment/Courses/Fall/gsci_1010.ashx [дата обращения: 11.06.2025]; John Whitmore, «Principles of Earth Science, GSCI 1010», Cedarville University, http://www.cedarville.edu/Academics/DualEnrollment/~/media/Files/PDF/DualEnrollment/Courses/Spring/gsci_1010.ashx [дата обращения: 11.06.2025].

[34] Public Relations Office, «Worldview Weekend Coming to CU», Cedarville University, http://www.cedarville.edu/Offices/Public-Relations/Campus-News/2006/Worldview-Weekend-Coming-to-CU.aspx [дата обращения: 11.06.2025]; «Pastor's Appreciation Day Schedule», Cedarville University, http://www.cedarville.

Впрочем, не все сидервилльские преподаватели с восторгом относились к визитам главы «Ответов» в кампус. Один бывший профессор вспоминал:

> Всякий раз, когда Хэм приезжал и выступал в часовне, многие из нас — с кафедры Библеистики и богословия — натурально помирали со стыда и хватались за голову, а потом всячески старались на занятиях опровергнуть его ужасную герменевтику, логические ошибки и милитаристский взгляд на культуру[35].

Разумеется, столь активное сопротивление со стороны преподавательского состава никак не вязалось с образом Сидервилля как образцового «Творческого колледжа». Говоря без обиняков, учебное заведение, «без пяти минут» претендующее на звание «Университета "Ответов Бытия"», должно неотлучно и неусыпно следить за тем, чтобы преподаватели и администрация ни на йоту не отклонялись от Истины.

Конечно, долго так продолжаться не могло, и в январе 2012 года в Сидервилле приступили к искоренению доктринального инакомыслия. Попечительский совет университета утвердил «поправки к уставу, призванные прояснить и конкретизировать» прочное фундаменталистское вероучение вуза. Ежегодное подписание документа было обязательным условием продления контракта с преподавателями и сотрудниками. Так, в поправке о «Боге и Творении» прямо утверждалось, что «любая позиция,

---

edu/Event/Pastors-Appreciation-Day.aspx [дата обращения: 11.06.2025]; Kaitlyn Coughlin, «Cedarville to Host Answers in Genesis Conference», Cedarville University, http://www.cedarville.edu/Offices/Public-Relations/CampusNews/2012/Cedarville-to-Host-Answers-in-Genesis-Conference.aspx [дата обращения: 11.06.2025]; Ken Ham, «Speaking at a Creationist College», Ken Ham (blog), answersingenesis, September 1, 2010, http://blogs.answersingenesis.org/blogs/ken-ham/2010/09/01/speaking-at-a-creationist-college [дата обращения: 11.06.2025]; «Creation Museum Founder Speaks at Cedarville», Cedarville University, http://www.cedarville.edu/Offices/Public-Relations/CampusNews/2011/Creation-Museum-Founder-Speaks-at-Cedarville.aspx [дата обращения: 11.06.2025].

[35] Из анонимного электронного письма, адресованного авторам от 28 августа 2014 года.

поддерживающая Дарвинову эволюцию или отрицающая историчность Адама и Евы, несовместимы с доктринальным вероучением Университета Сидервилля». В августе того же года был уволен профессор богословия Майкл Паль. Поводом послужила полемика вокруг его книги «Начало и конец», посвященной Бытию и Откровению, в ходе которой Паль заявил, что верит в историчность Адама и Евы, однако по сугубо богословским причинам, а не на основании буквальной библейской экзегезы. Руководство Сидервилля сочло это расхождение достаточным, чтобы квалифицировать его как неспособность «в полной мере согласоваться с каждым положением» доктринального вероучения Университета[36].

Вскоре, в октябре 2012 года, объявил о своей отставке президент Университета Уильям Браун, за которым в январе 2013 года последовал и вице-президент по делам студентов Карл Руби. Ни тот ни другой никак не обосновали своего решения, однако один из членов попечительского совета, также подавший в отставку в знак протеста, отметил, что и Браун, и Руби «рассматривались группой попечителей как проблемные фигуры, в чьих действиях просматривался крадущийся либерализм». В случае Руби, среди прочего, проблему составляло излишнее сочувствие к «людям, испытывающим трудности с определением гендерной идентичности» (то есть ЛГБТК-студентам). Позднее, в январе, на фоне бурной реакции на написанную двумя профессорами кафедры философии колонку в университетской газете, направленную против президентской кандидатуры Митта Ромни, попечительский совет вовсе упразднил специальность «философия». Официально было объявлено (и тут же яростно оспорено), что причина заключается в «финансовой убыточности» кафедры. К июню 2013 года состав совета был радикально обновлен; в него вошел, в частности, Пейдж Паттерсон — один из лидеров

---

[36] «Doctrinal Statement» and «Doctrinal Statement White Papers», Cedarville University, http://www.cedarville.edu/About/Doctrinal-Statement.aspx [дата обращения: 11.06.2025]; Melissa Steffan, «Crisis of Faith Statements», Christianity Today, October 29, 2012, http://www.christianitytoday.com/ct/2012/november/crisis-of-faith-statements.html?paging=off [дата обращения: 11.06.2025].

фундаменталистского переворота в Южной баптистской конвенции в 80-х годах. Сменился и президент Сидервилля: им был назначен Томас Уайт из Юго-Западной баптистской богословской семинарии, президентом которой был сам Паттерсон[37].

Как всегда бывает, когда у руля встают фундаменталисты, «доктринальное очищение» Сидервилля потребовало изгнания недостаточно консервативных преподавателей и сотрудников. К лету 2014 года наметился уже самый настоящий «исход»: Университет покинули 43 человека из числа администрации, преподавательского состава и персонала. Некоторые были вынуждены уйти (подписав соглашения о неразглашении), другие ушли добровольно, предпочтя менее враждебную профессиональную и религиозную среду. Сюда же следует прибавить уход 15 членов попечительского совета, многие (если не большинство) из которых покинули совет в знак протеста против развернутой фундаменталистской зачистки, а также увольнение еще 29 сотрудников летом 2013 года под предлогом «штатного сокращения по финансовым причинам». И как почти всегда бывает, когда у руля встают фундаменталисты, основной удар пришелся по библеистике и богословию: 14 покинувших Сидервилль преподавателей были именно с этой кафедры (бо́льшую часть вакантных мест заняли преподаватели из фундаменталистских южных баптистских семинарий)[38].

---

[37] Mark Oppenheimer, «An Ohio Christian College Struggles to Further Define Itself», New York Times, February 16, 2013; Melissa Steffan, «Administrators' Resignations Fuel Fears at Cedarville University», Christianity Today, January 23, 2013, http://www.christianitytoday.com/ct/2013/january-web-only/resignations-of-top-administrators-fuel-fears-at-cedarville.html?paging=off [дата обращения: 11.06.2025]; Sarah Pulliam Bailey, «Leadership changes at Cedarville University point to conservative direction», Religion News Service, December 13, 2013, http://www.religionnews.com/2013/12/13/reports-conservative-shakeup-ohio-christian-university-hits-women [дата обращения: 11.06.2025].

[38] Из анонимного электронного письма, адресованного авторам от 31 августа 2014 года. Также см. «What's Happened at Cedarville?», Let There Be Light (blog), http://fiatlux125.wordpress.com/2014/05/05/whats-happened-at-cedarville-villefeedbackforum [дата обращения: 11.06.2025]; «Faculty and Staff», Cedarville University, http://www.cedarville.edu/Academics/Biblical-and-Theological-Studies/Faculty-Staff.aspx [дата обращения: 11.06.2025].

Зачистка в Сидервилле затронула и женский контингент на кампусе, включая одну из преподавательниц кафедры библеистики и богословия. Следуя «взаимодополняющей» линии, согласно которой женщинам не подобает поучать мужчин в богословских и библейских вопросах, но следует во всем подчиняться своим мужьям, президент Уайт и его коллеги по администрации постановили, что курсы по библеистике и богословию, которые читают преподаватели женского пола, более не будут посещаться студентами пола мужского. В записи в личном блоге под заголовком «Я не позволю женщине...» выпускница Сара Джонс писала следующее:

> Если Сидервилль все же выберет подобный путь, то попросту перестанет быть университетом и превратится в огромную воскресную школу. Что ж, прекрасно — если вы хотите выпускать студентов, способных существовать лишь в фундаменталистских эхо-камерах; но подобное образование уж точно не поможет в реальном мире. Оно даже не побуждает к сочувствию собратьям по вере. Что же оно делает? А вот что: приучает одну половину студентов игнорировать другую, относиться к ней так, будто у нее нет ни права, ни слова, чтобы говорить о религиозной традиции, определяющей всю их жизнь. Цитируя наш (теперь уже печально) известный рекламный слоган, — «это по-сидервилльски». Просто очень жаль, что это так[39].

---

[39] Bailey, «Leadership changes»; Ruth Moon, «Christian College Solidifies Complementarian Stance», Christianity Today ("Gleanings"), March 21, 2014, http://www.christianitytoday.com/gleanings/2014/march/christian-college-solidifies-complementarian-cedarville.html?paging=off [дата обращения: 11.06.2025]; Sarah Jones, «I Will Not Suffer a Woman», AnthonyBSusan (blog), March 18 2014, http://anthonybsusan.wordpress.com/2014/03/18/i-will-not-suffer-a-woman [дата обращения: 11.06.2025]. После «фундаменталистского поворота» Сара Джонс стала весьма часто (и порой довольно спорно) критиковать решения Сидервилльской администрации. К примеру, она крайне резко отреагировала на планы построить на кампусе стрельбище стоимостью в шесть миллионов долларов. См. «University or Militia? Cedarville Jumps the Shark», AnthonyBSusan (blog), July 15, 2013, http://anthonybsusan.wordpress.com/2013/07/15/university-or-militia-cedarville-jumps-the-shark [дата обращения: 11.06.2025].

Разумеется, доподлинно узнать, давали ли Кен Хэм и «Ответы» какие-либо конкретные указания сидервилльской администрации во время «зачистки», невозможно; единственное, что можно сказать определенно, — по ходу баталий, развернувшихся в образцовом «Творческом колледже», по версии «Ответов», Хэм публичных заявлений не делал. Но совершенно очевидно, что организация Хэма по-прежнему активно присутствовала в Сидервилле, а сам Университет оставался на виду в Музее, время от времени даже спонсируя музейные проекты. Так, в августе 2015 года в Музее была развернута «Сидервилльская шахта», где посетители могли собственноручно «добывать» окаменелости и драгоценные камни, а затем идентифицировать их[40]. Более того, все более ужесточающиеся фундаменталистские установки Сидервилля полностью соответствовали «Ответам». Несомненно, Хэм и сотоварищи горячо поддержали бы решение попечительского совета внести поправку о «Боге и Сотворении», постановлявшую, что отрицание «историчности Адама и Евы... ставит под сомнение основополагающие доктрины боговдохновенности и непогрешимости Писания, а также божественности Христа»[41]. Само собой разумеется, что «служение» по отношению к ЛГБТК-людям, согласно «Ответам», заключалось бы в настоятельном призыве отказаться от гомосексуального и прочего «гендерно-неверного» поведения. Наконец, сидервилльское понимание строго «дополнительной» роли женщины — как в семье и церкви, так и на кафедре библеистики и богословия — также полностью согласуется со статьями на сайте «Ответов» и прочими материалами, доступными в «Драконовой книжной лавке» и онлайн-магазине «Ответов».

Рвение, с которым в Сидервилле взялись закладывать строжайший младоземельный фундаментализм, резко контрастирует с позицией многих христианских колледжей в Соединенных Штатах. В книге «Неудовлетворительно: христианские колледжи

---

[40] Ken Ham, «Partnering with a Creationist University», Ken Ham (blog), answersingenesis, August 18, 2015, https://answersingenesis.org/blogs/ken-ham/2015/08/18/partnering-with-a-creationist-university [дата обращения: 11.06.2025].

[41] «Doctrinal Statement White Papers».

сдали экзамен на веру — результаты налицо», вышедшей в 2011 году, Кен Хэм и его соавтор Грег Холл, президент Университета Уорнера (штат Флорида), знакомят читателей (как заявлено на обложке) с «поразительным разоблачением состояния веры в христианских колледжах страны!». Книга построена вокруг краткого изложения результатов опроса, проведенного по заказу «Ответов», в котором приняли участие 312 президентов, вице-президентов, деканов и заведующих кафедрами религии и естественных наук в христианских или иных религиозных высших учебных заведениях. Любопытно, что Хэм и Холл не сообщают читателям, сколько именно учебных заведений представлено в опросе (мы насчитали 196 в представленном «Ответами» онлайн-списке), сколько респондентов было от каждого из них (очевидно, в большинстве случаев это был один или два человека) и какие из названных должностей они занимали. Авторы все же отмечают, что 223 респондента (71 %) представляли заведения, входящие в Совет христианских колледжей и университетов — объединение из 120 учебных заведений, в которых «на административные и преподавательские должности принимают лишь тех, кто исповедует веру в Иисуса Христа». Согласно авторам, результаты опроса показали, среди прочего, что в то время как 57,1 % заведующих кафедрами естественных наук придерживаются младоземельных позиций, среди заведующих религиозными кафедрами данный показатель составил всего 14,8 %; 86,5 % опрошенных президентов верят во Всемирный Потоп, однако среди вице-президентов верующих только 42,9 %; наконец, 38,5 % опрошенных преподавателей и администраторов христианских учебных заведений не верят в то, что мир был создан за шесть буквальных 24-часовых дней[42].

Пусть некоторые читатели сейчас схватились за голову оттого, что аж 59,6 % (очевидно, были и воздержавшиеся от ответа) преподавателей и администраторов *действительно* верят в то,

---

[42] [Ham, Hall, Beemer 2011: 19, 22, 55, 82]. «Members and Affiliates», Council for Christian Colleges and Universities, http://www.cccu.org/members_and_affiliates [дата обращения: 11.06.2025]; «Creation Colleges», answersingenesis, https://legacy-cdn-assets.answersingenesis.org/assets/pdf/colleges/colleges-list.pdf [дата обращения: 11.06.2025].

что мир был создан в шесть календарных суток, Хэм и Холл отнюдь не находят подобную статистику обнадеживающей. Авторы драматически заключают: «Лишь 24 % из 312 опрошенных верно ответили на каждый вопрос», — что, согласно их статистическому «прыжку веры» (учитывая скромную выборку и тот факт, что в опрос включались помимо преподавателей еще и администраторы), означает, что, «если ваши ученики поступают в христианский колледж... в трех случаях из четырех» у них будут «преподаватели с исковерканным представлением и пониманием Писания». Впрочем, несмотря на обилие респондентов с «искаженными представлениями», администраторы, как правило, не достигают сидервилльских успехов — в смысле не устраивают чистку вероотступников, если судить по критериям «Ответов». Как пишет Хэм, «мы наблюдали крайне малое количество случаев, когда преподавателей увольняли за компромиссы в вопросах вероучения»; среди же «тех немногочисленных случаев поводом, как правило, служило что-то по-настоящему дикое». Если преподаватель «так просто» юлит по поводу «толкования "непогрешимости" и "безошибочности"», а то и вовсе «заигрывает с эволюцией, Сотворением и миллионами лет» — то вообще никаких последствий не будет. Результат, по мнению авторов, налицо: «Пусть сколько угодно объявляют, что сеют Истину, но, как мы видим, многие [христианские] заведения стали настоящими разносчиками лжи» [Ham, Hall, Beemer 2011: 35, 90–91].

Приходя в ужас от того, какой урон наносят подобные учебные заведения, Хэм не раз использовал свой блог в качестве обличительной трибуны, называя поименно «компромиссные» вузы и подробно излагая доктринальные прегрешения их преподавателей. Разумеется, Хэм практически не упоминает «официальные» протестантские и католические университеты; помимо того, что они давно уже примирились с наукой, дело просто в том, что их аудитория — это не его аудитория, а потому и его критика прошла бы для них незамеченной — а то и вовсе «Хэмовы нападки» оказались бы сродни знаку качества. Так что фокус его внимания нацелен на евангелические и фундаменталистские заведения, куда более уязвимые перед давлением со стороны Хэма и его сторонников. Самыми же излюбленными его мишенями являются школы, аффилированные с Церковью Назарянина[43], где, как показал опрос 2014 года, подавляющее большинство преподавателей придерживаются теистического взгляда на эволюцию. В своем блоге Хэм с громом и молниями обрушился на преподавателей и администрацию Восточного Назорейского колледжа (штат Массачусетс), Южного Назорейского университета (Оклахома), Северо-Западного Назорейского университета (Айдахо), Елеонского Назорейского университета (Иллинойс) и Назорейского университета Пойнт Лома (Калифорния): «Если вы отдадите ребенка в компромиссный христианский колледж вроде Пойнт Ломы, не удивляйтесь тогда, если он начнет сомневаться, а потом и вовсе отвергнет Слово Божье! Бог ненавидит компромиссы — так будьте подобны Ему!» Вообще же, по словам Хэма, вся до основания Церковь Назарянина уже скомпрометирована тем, что ее лидеры и школьные администрации позволили рассказывать студентам о том, что «Библии нельзя безусловно доверять, когда речь идет о Бытии 1–11, ибо падший человек вполне способен что-то переиначить» в Слове Божьем. Подобное учение, по мнению Хэма, лишь играет на руку «дьяволу», чающему «посеять в юных сердцах сомнение, а затем взрастить из него неверие в Божье Слово»[44].

---

[43] Евангельская деноминация, возникшая в ходе развития уже упоминавшегося Движения Святости. — *Прим. пер.*

[44] Ken Ham, «Poll Shows Nazarene Scholars Embracing Evolution», Ken Ham (blog), answersingenesis, June 24, 2014, http://blogs.answersingenesis.org/blogs/ken-ham/2014/06/24/poll-shows-nazarene-scholars-embracing-evolution [дата обращения: 11.06.2025]; Ken Ham, «Nazarene Churches—What Is Really Happening?», Ken Ham (blog), answersingenesis, August 23, 2011, http://blogs.answersingenesis.org/blogs/ken-ham/2011/08/23/nazarene-churcheswhat-is-really-happening [дата обращения: 11.06.2025]; Ken Ham, «Evolutionist Christian College Professor Admits What He's Doing to Students», Ken Ham (blog), answersingenesis, September 4, 2012, http://blogs.answersingenesis.org/blogs/ken-ham/2012/09/04/evolutionist-christian-college-professor-admits [дата обращения: 11.06.2025]; Ken Ham, «Nazarenes Defending Evolution», Ken Ham (blog), answersingenesis, June 22, 2013, http://blogs.answersingenesis.org/blogs/ken-ham/2013/06/22/nazarenes-defending-evolution [дата обращения: 11.06.2025]; Ken Ham, «Many

У Хэма нашлось немало слов и в адрес Брайановского колледжа (первоначально — Университета имени Уильяма Дженнингса Брайана), основанного вскоре после процесса над Скоупсом в том же достославном городке Дейтон в Теннесси. В поле зрения Хэма учебное заведение попало в июле 2010 года, когда USA Today опубликовала материал с интервью Рэйчел Хелд Эванс — уроженки Дейтона и выпускницы Брайана 2003 года. Эванс как раз выпустила мемуары под названием «Моя эволюция в Обезьяньем городке», в которых рассказывала, как со временем трансформировалось ее понимание христианской веры: иные брайановские преподаватели строго учили, что сомневаться в креационизме — значит не быть «истинным христианином», но потом она поняла, что «можно любить Иисуса и верить в эволюцию». В статье также упоминался местный преподаватель биологии — Брайан Айзенбек, чью методику преподавания Эванс противопоставляла опыту своих студенческих лет: Айзенбек преподавал теорию эволюции «по учебнику», но при этом оставлял пространство и «обсуждениям и альтернативных взглядов», не навязывая студентам ни одного из них. Публикация завершалась призывом Эванс к примирению: «Мое евангелическое поколение готово к миру в культурной войне... Мы устали от распрей между эволюцией и креационизмом. Мы готовы двигаться дальше»[45].

Шесть дней Кен Хэм усердно работал и наконец опубликовал в своем блоге пост под названием «Конец "распрям между эволюцией и креационизмом"? О нет! Битва в самом разгаре!». Хэм наставительно указывал Рэйчел, что, быть может, в отличие от ее, «грядущие поколения вовсе не "готовы двигаться дальше"». Напротив, «они все активнее ищут ответы на компромиссные пустышки, которым учат во многих церквях и христианских

Nazarenes Helping Evolution's Destructive Effects», Ken Ham (blog), answersingenesis, October 16, 2013, http://blogs.answersingenesis.org/blogs/ken-ham/2013/10/16/nazarenes-helping-evolutions-destructive-effects [дата обращения: 11.06.2025].

[45] Bob Smietana, "Young Evangelical Writer: 'Move On' from Evolution-Creationism Debate", USA Today, July 23, 2010, http://www.usatoday.com/news/religion/2010-07-23-scopes23_ST_N.htm [дата обращения: 11.06.2025].

колледжах», и в своих поисках «все более вооружаются, желая быть реформаторами, чтобы подобно Мартину Лютеру призвать Церковь и культуру вернуться к авторитету Божьего Слова». Что касается ее альма-матер, Хэм процитировал сказанное в статье о Брайане Айзенбэке, присовокупив зловещее предупреждение: «По всей стране немало колледжей и семинарий — вроде того же Брайановского колледжа — в которых преподаватели искажают Божье Слово Бытия... Пора призвать эти заведения к ответу за столь кощунственное отношение к Писанию»[46].

Менее чем через четыре года, в феврале 2014-го, президент колледжа Стивен Лайвсэй и попечительский совет претворили угрозу Хэма в жизнь. Вдохновившись примером Сидервилля, руководство выпустило «уточнение» к Декларации веры (также обязательной к ежегодному подписанию для продления контракта). Если изначальный текст утверждал лишь, что «происхождение человека — результат Божьей воли, проявленной в акте творения, как о том написано в книге Бытия», то «уточнение» гласило: «Мы веруем, что все человечество происходит от Адама и Евы. Они — исторические личности, созданные отдельным творческим актом Бога, а не произошедшие из ранее существовавших форм жизни». Скромный брайановский кампус тут же взорвался спорами: 30 голосами против 2 (при 6 воздержавшихся) преподаватели проголосовали за выражение недоверия Лайвсэю (что примечательно, прибывшему в Брайан из Университета Либерти), а почти 300 из всего 800 учащихся подписали петицию с призывом к попечителям пересмотреть спорное решение[47].

---

[46] Ken Ham, «'Move On from Evolution-Creationism Debate?'—No, It Is Heating Up!», Ken Ham (blog), answersingenesis, July 29, 2010, http://blogs.answersingenesis.org/blogs/ken-ham/2010/07/29/move-on-from-evolution-creationism-debate-no-it-is-heating-up [дата обращения: 11.06.2025].

[47] Kevin Hardy, «Bryan College takes stand on creation that has professors worried for their jobs», Times Free Press, March 2, 2014, http://www.timesfreepress.com/news/2014/mar/02/bryan-college-draws-takes-stand-creation-has-profe [дата обращения: 11.06.2025]; Kevin Hardy, «Discord roils Bryan College as creation flap brings host of issues», Times Free Press, March 9, 2014, http://timesfreepress.com/news/2014/mar/09/discord-roils-bryan-college [дата обращения: 11.06.2025].

В ответ на сообщения в СМИ о «мощной реакции [в Брайане] из-за заявлений администрации о приверженности буквальной трактовке происхождения Адама и Евы», Кен Хэм с пренебрежением заметил, что это лишь очередной раз доказывает, «сколь далеко от Божьего Слова ушли иные христианские ученые — в том числе и многие брайановские преподаватели». Несмотря на разразившийся скандал, Лайвсэй и попечители не дрогнули. На конец весны 2014 года колледж покинули по меньшей мере 9 преподавателей (из 44 в штате). Среди ушедших был и Айзенбэк, получивший место в другом вузе, а еще двое, наотрез отказавшись подписывать обновленный документ, подали на администрацию в суд, указывая, что «устав четко запрещает вносить изменения в Декларацию». По сидервилльскому образу и подобию, летом 2014 года в отставку подали четверо разочарованных попечителей; последовали и дополнительные сокращения персонала, официально мотивированные «преодолением финансовых трудностей». Зато с точки зрения администрации была достигнута безусловная победа: колледжу вновь благоволили «Ответы». Администрация подписала «ответный» символ веры, и заведение наконец попало в список «Творческих колледжей». Сверх того, в ноябре 2014 года колледж — насколько нам известно — впервые был представлен на ежегодной Ярмарке для абитуриентов в Музее Сотворения мира[48].

---

[48] Ken Ham, «What Is Happening at Bryan College?», Ken Ham (blog), answersingenesis, http://blogs.answersingenesis.org/blogs/ken-ham/2014/03/04/what-is-happening-at-bryan-college [дата обращения: 11.06.2025]; Kevin Hardy, «Bryan College faculty prepare to leave over evolution controversy», Times Free Press, April 4, 2014, http://www.timesfreepress.com/news/2014/apr/04/bryan-faculty-exodus-looms [дата обращения: 11.06.2025]; «2 Fired Professors Sue Bryan College», Diverse: Issues in Higher Education, May 15, 2014, http://diverseeducation.com/article/64293 [дата обращения: 11.06.2025]; Scot McKnight, «Board Resignations, Board Support at Bryan College», Patheos, Jesus Creed, July 21, 2014, http://www.patheos.com/blogs/jesuscreed/2014/07/21/board-resignations-board-support-at-bryan-college [дата обращения: 11.06.2025]; Kevin Hardy, «Bryan College to cut 20 positions», Times Free Press, May 31, 2014, http://www.timesfreepress.com/news/2014/may/31/bryan-college-to-cut-20-positions [дата обращения: 11.06.2025]; «Colleges in Agreement with AiG's Statement of Faith»; «College-Expo [2014]»; Ken Ham, «College Expo 2013—Still Time to Register», Ken Ham

Но все же самой горячо любимой мишенью Хэма на протяжении многих лет оставался Кальвиновский колледж. Учебное заведение реформатского толка расположено в Гранд-Рапидсе, штат Мичиган и обучает в общей сложности свыше четырех тысяч студентов. Колледж, без преувеличения, считается одной из сильнейших в академическом отношении консервативно-протестантских школ Америки. Однако столь высокое реноме нисколько не помешало, а скорее подтолкнуло Хэма провозгласить Колледж Кальвина одним из наиболее злостных поборников «компромисса» среди всех христианских заведений, посвятив его обличению аж четыре страницы в своей с Холлом книге[49]. Еще в 2009 году в блоге Хэма вышел пост «Если хотите "промыть" ребенка эволюцией — отправьте его в Кальвиновский колледж», где преподаватели «скармливали "эволюцию и либеральную теологию" поколениям студентов», целенаправленно «разрушая их веру в Писание». В своем выступлении 2010 года, посвященном «Состоянию нации», Хэм вновь обрушился на колледж за преподавание эволюции и с особенным негодованием прошелся по профессору богословия Даниэлю Харлоу, которого обвинил в отрицании непогрешимости Писания. Когда же один из учащихся, писавший для студенческой газеты *Chimes* («Колокола»), выступил в защиту альма-матер, обвинив Хэма во «лжи, неточностях и карикатурных искажениях», тот с готовностью принял вызов 19-летнего оппонента. «Господин Камачо, предъявите доказательства "лжи"! Более того, я публично (раз уж вы потруди-

---

(blog), answersingenesis, October 25, 2013, http://blogs.answersingenesis.org/blogs/ken-ham/2013/10/25/college-expo-2013-still-time-to-register [дата обращения: 11.06.2025]. Мы точно не знаем, когда администрация Брайана подписала соответствующие вероисповедальные документы, но впервые мы зафиксировали появление Колледжа в «творческом» списке в августе 2014 года.

[49] Раздел включает описание креационно-эволюционной полемики, разгоревшейся в Кальвиновском колледже в конце 80-х. Подробнее см. [Boonstra 2001: 117–133]. Несколько «менее взвешенную» оценку ситуации можно почерпнуть в блоге Хэма: Ken Ham, «Warning! Rampant Compromise—but Isn't It Really Heresy?», Ken Ham (blog), answersingenesis, May 16, 2013, http://blogs.answersingenesis.org/blogs/ken-ham/2013/05/16/warning-rampant-compromise-but-isnt-it-really-heresy [дата обращения: 11.06.2025].

лись публично обвинить меня) вызываю вас на дебаты — хоть бы и в стенах вашего колледжа, если угодно». В ответ редактор тех же студенческих «Колоколов» написал саркастическую колонку (Хэм воспроизвел ее у себя блоге под заголовком «Вы не поверите, что выдали в Кальвиновском колледже на прошлой неделе»). Хэм также опубликовал полученные им электронные письма от другого студента (под заголовком «Еще немного печальных вестей из Колледжа Кальвина») и письмо в поддержку «непогрешимости» бывшего члена попечительского совета колледжа, опубликованное в *Chimes*. Попечитель сетовал: «Недавние нападки на Кена Хэма ясно показывают, что история самого Колледжа Кальвина ныне не просто отвергнута, но в наш век тотального релятивизма объявлена вовсе несуществующей — как в рамках Христианской реформатской церкви, так и в стенах нашего колледжа»[50].

Спустя несколько месяцев после баталий Хэма с кальвиновскими студентами в Христианской реформатской церкви вспыхнул новый скандал: в одном из консервативных журналов появилась информация о том, что Даниэль Харлоу и его коллега по кафедре религиоведения Джон Шнайдер опубликовали статьи в «Перспективах науки в свете христианской веры», в которых говорилось, что достижения современной генетики серьезно подрывают возможность верить в буквальное существование

---

[50] Ken Ham, «Send Students to Calvin College to Be Indoctrinated in Evolution», Ken Ham (blog), answersingenesis, October 5, 2009, http://blogs.answersingenesis.org/blogs/ken-ham/2009/10/05/send-students-to-calvin-college-to-be-indoctrinated-in-evolution [дата обращения: 11.06.2025]; Ken Ham, «Writer for Calvin College Newspaper Lashes out at Answers in Genesis», Ken Ham (blog), answersingenesis, March 6, 2010, http://blogs.answersingenesis.org/blogs/ken-ham/2010/03/06/writer-for-calvin-college-newspaper-lashes-out-at-answers-in-genesis [дата обращения: 11.06.2025]; Ken Ham, «You Won't Believe What Came Out of Calvin College Last Week», Ken Ham (blog), answersingenesis, March 15, 2010, http://blogs.answersingenesis.org/blogs/ken-ham/2010/03/15/you-wont-believe-what-came-out-of-calvin-college-last-week [дата обращения: 11.06.2025]; Ken Ham, «Calvin College and USA Today», Ken Ham (blog), answersingenesis, March 20, 2010, http://blogs.answersingenesis.org/blogs/ken-ham/2010/03/20/calvin-college-and-usa-today [дата обращения: 11.06.2025].

исторических Адама и Евы. Консервативные прихожане тут же забили во все колокола, забросав администрацию колледжа жалобами. Не остался в стороне и Хэм, с радостью подливая масла в огонь публикациями наподобие «Лжеучение царит в Колледже Кальвина»[51]. Летом того же года Шнайдер был вынужден покинуть колледж. Харлоу удержался, хотя и понимал, что висит на волоске: «Многие прихожане искренне радуются уходу Шнайдера и желали бы следом увидеть и мою спину». Но и Хэму было явно мало одного Шнайдера; не снижая накала, он продолжил вербально атаковать колледж. Вот его июльская запись 2014 года под заголовком «Секуляризация христианского колледжа»:

> Печальный факт... заключается в том, что даже если самые речистые и радикальные соглашатели (вроде того же Шнайдера) порой и покидают христианский колледж, это отнюдь не означает, что с ними вместе уходит и компромисс. Нет, подобный компромисс пронизывает большинство христианских колледжей. Более того, главные церковные проповедники примирения с эволюцией и «миллионами лет» — *BioLogos* — теперь базируются — где бы вы думали? — ...в Кальвиновском колледже! [многоточия в оригинале][52]

---

[51] Scott Jaschik, «Fall from Grace», Inside Higher Education, August 15, 2011, https://www.insidehighered.com/news/2011/08/15/a_professor_s_departure_raises_questions_about_freedom_of_scholarship_at_calvin_college [дата обращения: 11.06.2025]; [Harlow 2010: 179–195; Schneider 2010: 196–212]; Ken Ham, «False Teaching Rife at Calvin College», Ken Ham (blog), answersingenesis, February 17, 2011, http://blogs.answersingenesis.org/blogs/ken-ham/2011/02/17/false-teaching-rife-at-calvin-college [дата обращения: 11.06.2025]; Ken Ham, «I Agree with the Atheists!», Ken Ham (blog), answersingenesis, June 1, 2011, http://blogs.answersingenesis.org/blogs/ken-ham/2011/06/01/i-agree-with-the-atheists [дата обращения: 11.06.2025].

[52] Jaschik, «Fall from Grace»; Napp Nazworth, «Calvin College Professor Claims Administration Not Truthful over Colleague's Resignation», The Christian Post, August 17, 2011, http://www.christianpost.com/news/calvin-college-professor-claims-administration-not-truthful-over-colleagues-resignation-54046 [дата обращения: 11.06.2025]; Ken Ham, «The Secularization of a Christian College», Ken Ham (blog), answersingenesis, July 6, 2014, http://blogs.answersingenesis.org/blogs/ken-ham/2014/07/06/the-secularization-of-a-christian-college [дата обращения: 11.06.2025].

BioLogos для «Ответов» — самый настоящий заклятый враг. Организация была основана в 2007 году при грантовой поддержке Фонда Темплтона в размере 2 028 238 долларов Фрэнсисом Коллинзом, тогдашним руководителем проекта «Геном человека». *BioLogos* видит свою миссию в том, чтобы «пригласить церковь и мир увидеть гармонию между наукой и библейской верой, представляя эволюционное понимание Божьего Творения». В 2009 году был запущен сайт, который и сегодня остается основным ресурсом организации: здесь предлагаются разнообразные статьи, видео и иные материалы по «актуальным вопросам на стыке науки и веры». Со временем *BioLogos* расширил свою деятельность и в «реальном» мире, устраивая конференции и семинары, выделяя гранты ученым и церковным лидерам, стремясь всячески «содействовать христианской науке в разрешении общих теологических и философских сомнений в отношении эволюционного творения», кроме того, предлагая «возможности профессионального развития для христиан, преподающих естественные науки в средней и старшей школе»[53].

Несмотря на поддержку эволюционной науки, *BioLogos* остается по своей сути евангельской организацией, ориентированной на ту же консервативную протестантскую аудиторию, что и «Ответы». И подобно прочим евангельским организациям, у *BioLogos* также есть своя вероучительная декларация. Начинается она, как и положено, с утверждения о том, что Библия — это «вдохновленное и авторитетное [впрочем, не «безошибочное»] Слово Божие». Далее следуют положения об исповедании «исторической смерти и воскресения Иисуса Христа, благодаря чему мы все спасены и примирены с Богом», а равно и других «чудес, описанных в Писании». Кроме того, руководство *BioLogos* на протяжении многих лет состояло из ученых, связанных с евангельскими колледжами. На момент основания организации пост исполни-

---

[53] «The Language of God: BioLogos Website and Workshop», John Templeton Foundation, http://www.templeton.org/what-we-fund/grants/the-language-of-god-biologos-website-and-workshop [дата обращения: 11.06.2025]; «About the BioLogos Foundation», BioLogos, biologos.org/about [дата обращения: 11.06.2025].

тельного вице-президента занимал физик Карл Гиберсон из Восточного Назорейского колледжа, а исполнительным директором был генетик Даррел Фолк из Назорейского университета Пойнт Лома. Вскоре после того как в 2009 году Коллинз был назначен директором Национальных институтов здравоохранения США, Фолк полноправно занял президентское кресло, а штаб-квартира *BioLogos* была перенесена в Пойнт Лома. После ухода Фолка в 2012 году научный отдел возглавил биолог Джефф Шлосс из Колледжа Уэстмонт, а новым президентом стала профессор астрономии Кальвиновского колледжа Дебора Хаарсма, перенесшая, как уже упоминалось выше, штаб-квартиру *BioLogos* в свою альма-матер.

В рамках своей миссии *BioLogos* старается лишний раз не отталкивать евангельских креационистов, стремясь к «смирению и доброжелательному диалогу с теми, кто придерживается иных взглядов»[54]. Напротив, Кен Хэм со своими «Ответами» не собираются «вести диалог о том, как-де могла бы возникнуть человеческая душа, если бы эволюция была правдой!» Как вообще возможен диалог с кем-то, кто столь фундаментально, в самом корне неправ? Тут попросту не о чем говорить: «*BioLogos* — это одна сплошная ошибка. То, чему они учат, написано падшими, порочными, погибающими смертью людьми! Лучшим ответом им будет вот что: "Бог верен, а всякий человек лжив"» [Рим. 3:4][55]. Словом, вместо диалога — не говоря уж о христианском единении — со своими евангельскими собратьями Хэм с неугасающей энергией следил за деятельностью организации, то и дело на нее нападая: с мая 2009 года (спустя всего две недели после запуска сайта *BioLogos*) по ноябрь 2014-го он выпустил

---

[54] «About the *BioLogos* Foundation».

[55] Ken Ham, «More 'Uncertain' Sounds from the Church», Ken Ham (blog), answersingenesis, June 25, 2012, http://blogs.answersingenesis.org/blogs/ken-ham/2012/06/25/more-uncertain-sounds-from-the-church [дата обращения: 11.06.2025]; Ken Ham, «Did Eve Come from Adam or an Ape-Woman?» Ken Ham (blog), answersingenesis, April 21, 2014, http://blogs.answersingenesis.org/blogs/ken-ham/2014/04/21/did-eve-come-from-adam-or-an-ape-woman [дата обращения: 11.06.2025].

в адрес организации, по меньшей мере, 41 залп из своего блога. Хэм не только систематически критиковал колледжи, в которых размещалась организация (Пойнт Лома и Кальвин), но и весьма резко прохаживался и по руководившим ею ученым. Так, о заслуженном основателе *Biologos* Хэм писал: «Вот такие соглашатели, как [Фрэнсис] Коллинз, и заставляют людей сомневаться в Библии и отвернуться от Церкви». Что же до нынешнего руководства, то, по словам Хэма, «Хаарсма и Шлосс продвигают не просто эволюционные идеи — они усердно помогают перемешать христианскую религию с атеистической, тем самым подрывая авторитет Слова Божия!» Фактически любой ученый или пастор, связанный с *BioLogos*, автоматически становится законной целью в Хэмовом прицеле. К таковым относится и библеист Питер Эннс, бывший старший научный сотрудник *BioLogos* и частый «адресат» гневных постов Хэма в духе «Питер Эннс, коверкая Слово Божие»[56].

В октябре 2014 года президент *BioLogos* Дебора Хаарсма публично пригласила Кена Хэма на примирительный ужин, предлагая начать менее враждебный диалог; Хэм ответил категорическим отказом. Истинная цель Хаарсмы и *BioLogos*, писал он, —

> добиться признания, что и их трактовка Бытия якобы имеет право на существование... Она вовсе не хочет, чтобы я оценивал ее взгляды с точки зрения Писания, не хочет, чтобы «Ответы» предостерегали людей, указывая на тех, кто подрывает авторитет Божьего Слова.

---

[56] Ken Ham, «Who Teaches This? You May Be Surprised!», Ken Ham (blog), answersingenesis, May 11, 2009, http://blogs.answersingenesis.org/blogs/ken-ham/2009/05/11/who-teaches-this-you-may-be-surprised [дата обращения: 11.06.2025]; Ken Ham, «Calvin and Westmont Christian College Professors Leading Charge against Biblical Authority», Ken Ham (blog), answersingenesis, January 31, 2013, http://blogs.answersingenesis.org/blogs/ken-ham/2013/01/31/calvin-and-westmont-christian-college-professors-leading-charge-against-biblical-authority [дата обращения: 11.06.2025]; Ken Ham, «Peter Enns—Mutilating God's Word», Ken Ham (blog), answersingenesis, December 14, 2012, http://blogs.answersingenesis.org/blogs/ken-ham/2012/12/14/peter-enns-mutilating-gods-word [дата обращения: 11.06.2025].

В глазах директора «Ответов» *BioLogos* — вовсе не дружелюбный евангельский оппонент с иным пониманием сотворения, а смертельно опасный враг, чающий отравить сердца и умы американских христиан. В принципе, Хэм рассматривает конфликт с *BioLogos* в качестве очередного фронта все той же великой космической борьбы добра со злом, войны Бога против Сатаны:

> *BioLogos* (организация, продвигающая среди христиан идеи эволюции и миллионов лет) ясно дает понять, что нацеливается на нашу молодежь — от самых малышей до старшеклассников. В Библии ясно сказано, что народ Божий должен наставлять детей своих в Истине, дабы их не уклонили с пути ложные учения мира сего[57]. Но о том ведомо и дьяволу — оттого-то он усердствует, старается с ранних лет вскормить детей лжеучением. Печально признавать, но я действительно считаю, что такие организации, как *BioLogos*, — пусть их сотрудники и называют себя христианами — помогают дьяволу увести это и грядущие поколения от Истины Божьего Слова… Любопытно, что по мере того как организации вроде «Ответов», отстаивающие буквальное понимание Сотворения, играют в церкви и культуре все более заметную роль, одновременно возрастает и влияние отвергающих прямое прочтение книги Бытия. Я убежден: это не совпадение, но отражение бушующей вокруг нас духовной брани — битвы за сердца и умы нынешнего и будущих поколений[58].

В рассеченном Великой Дихотомией черно-белом мире «Ответов» не существует нейтралитета и нет середины. Есть лишь два воюющих лагеря. И те ученые, что продвигают эволюцию и/

---

[57] Ср. Притч. 22:6: «Наставь юношу при начале пути его: он не уклонится от него, когда и состарится». — *Прим. пер.*

[58] Ken Ham, «Should I Have Dinner with BioLogos?», Ken Ham (blog), answersingenesis, October 14, 2014, http://blogs.answersingenesis.org/blogs/ken-ham/2014/10/14/should-i-have-dinner-with-biologos [дата обращения: 11.06.2025]; Ken Ham, «BioLogos Targets Children and Teens with Theistic Evolution», Ken Ham (blog), answersingenesis, July 2, 2014, http://blogs.answersingenesis.org/blogs/ken-ham/2014/07/02/biologos-targets-children-and-teens-with-theistic-evolution [дата обращения: 11.06.2025].

или идею о древнем возрасте Земли, в конечном счете обязательно служат силам зла — Сатане. Но почему же христианские ученые становятся на сторону тьмы в этой космической битве? Классическое объяснение Хэма сводится к тому, что христианских интеллектуалов обуревает непомерная «академическая гордыня». Для главы «Ответов» это вопрос глубоко личный: в той же книге с опросом Хэм сетует, что его «унижали и высмеивали профессора "респектабельных" христианских университетов», чьи «манеры пропитаны высокомерием», которые смотрят на обычных христиан «со снисходительной надменностью» и эдаким «барским тоном бросают свысока: "Не забивайте этим голову, все равно не поймете"» [Ham, Hall, Beemer 2011: 128–129].

Вопреки собственным заявлениям о том, что «Ответы» не апеллируют к аргументам *ad hominem*, Кен Хэм с завидной регулярностью при помощи своего блога бичует «высокомерных» ученых. Скажем, уже упоминавшийся Джон Уолтон из Уитонского колледжа, по мнению Хэма, преисполнен «академической гордыни, большей частью вызванной давлением коллег по цеху, ибо все они в конечном счете "возлюбили больше славу человеческую, нежели славу Божию" (Ин. 12:43)». В своей гневной отповеди Деборе Хаарсма Хэм писал: «Я вижу столько гордыни в нынешней академической среде... Эта гордыня настолько раздувает людей их мнимым знанием, что они возводят себя в ранг наивысшей инстанции, оказываясь превыше Божьего Слова». Он призывал Хаарсму и прочих гордецов от науки «вернуться к вере детской, коей всем нам следует заручиться». В том же духе он упрекал и Питера Эннса: все эти «экспертные познания» о том, почему не следует воспринимать книгу Бытия как исторический документ, по мнению Хэма, «очевидно выдают [в нем] академическую гордыню». Хэм призывает Эннса к смирению, указывая, что тому следует «умалиться, как дитя[59], и покаяться перед святым Богом». Да и вообще, всем этим «соглашающимся с веком христианским интеллигентам нужно бы, — наставлял он

---

[59] Мф. 18:4. — *Прим. пер.*

в 2011 году целую когорту ученых из *BioLogos*, — пасть на колени перед святым Богом и покаяться в своих нападках на *Слово* Его» (курсив в оригинале)⁶⁰.

Ад

Но что, если ученые не внемлют «Ответам»? По словам Хэма, их постигнет божественное воздаяние. Настанет день, когда надменные умники, подрывавшие авторитет Божьего Слова в угоду эволюции и «миллионам лет», — церковные лидеры, потрафлявшие этому ядовитому лжеучению, распространяя его среди простых христиан — все они предстанут перед Богом. И в тот день все соглашатели, профессора и проповедники будут держать ответ пред Господом за то, чему поучали студентов и прихожан. В тот день Марк Уинслоу из Южного Назорейского университета со всеми прочими преподавателями-эволюционистами окажутся «пред всемогущим Богом» и понесут ответственность за то, что «сокрушали веру целых поколений студентов в Божье Слово, превознося слова грешного, падшего человека». В тот день и Мартин Тилен, и прочие видные пасторы, подрывающие авторитет Божьего Слова своей проповедью теистической эволюции, познают, — как сказано Евреям 10:31 — сколь «страшно впасть в руки Бога Живого»⁶¹. В тот день лидеры Церкви Назарянина

---

[60] Ken Ham, «Wheaton College and False Teaching in Tennessee», Ken Ham (blog), answersingenesis, February 18, 2011, http://blogs.answersingenesis.org/blogs/ken-ham/2011/02/18/wheaton-college-and-false-teaching-in-tennessee [дата обращения: 11.06.2025]; Ken Ham, «The Refreshing Faith of a Child», Ken Ham (blog), answers ingenesis, February 13, 2013, http://blogs.answersingenesis.org/blogs/ken-ham/2013/02/13/the-refreshing-faith-of-a-child [дата обращения: 11.06.2025]; Ken Ham, «Peter Enns Responds with 'Ken Ham Clubs Baby Seals'» Ken Ham (blog), answersingenesis, September 24, 2012, http://blogs.answersingenesis.org/blogs/ken-ham/2012/09/24/peter-enns-responds-with-ken-ham-clubs-baby-seals [дата обращения: 11.06.2025]; Ham, «I Agree with the Atheists».

[61] Ken Ham, «Never-Ending List of Christians Who Compromise», Ken Ham (blog), answersingenesis, September 20, 2013, http://blogs.answersingenesis.org/blogs/ken-ham/2013/09/20/never-ending-list-of-christians-who-compromise [дата обращения: 11.06.2025]; Ken Ham, «Wolves in Sheep's Clothing?», Ken Ham (blog),

и прочие, «сеющие в Церкви эволюцию и миллионы лет», тем самым «многих уклоняя от христианской веры», познают, что «Господь будет судить — и Его последнее Слово!»[62] В тот день пастор из Франкфорта (штат Кентукки), заявивший с кафедры, что-де книга Бытия — это не исторический источник и не научный учебник (что, разумеется, было возмутительно дерзкой «атакой на Слово, атакой на Иисуса Христа»), расслышит наконец, *что* «говорит Господь» у Иеремии 23:1, расслышит верное предостережение Его: «Горе пастырям, которые губят и разгоняют овец паствы Моей!» В тот день и одна из излюбленных мишеней Хэмова гнева познает, сколь в действительности «страшно ожидание суда»[63] Всемогущего:

> Что на самом деле делает [Карл] Гиберсон... — он редактирует и переписывает Божье Слово! Ну и ну! И будет день, когда ему придется держать ответ перед Богом; настанет день воздаяния! Только представьте: стоишь перед святым, бесконечным Творцом и говоришь такой: «Боже, надеюсь, тебе понравилась моя переработанная версия Бытия. Я тут немного подправил то, как Ты все изложил, чтобы оно лучше сочеталось с нашими человеческими представлениями об эволюции и миллионах лет. Просто Твоя версия устарела и больше не годится для таких ученых мужей XIX столетия, как я». Не хотел бы я оказаться в его шкуре![64]

---

answersingenesis, August 28, 2012, http://blogs.answersingenesis.org/blogs/ken-ham/2012/08/28/wolves-in-sheeps-clothing [дата обращения: 11.06.2025]; Ham, «Evolutionist Christian College Professor»; Ken Ham, «It Is a Fearful Thing to Fall into the Hands of the Living God», Ken Ham (blog), answersingenesis, June 1, 2014, http://blogs.answersingenesis.org/blogs/ken-ham/2014/06/01/a-fearful-thing-to-fall-into-the-hands-of-the-living-god [дата обращения: 11.06.2025].

[62] Соотв. Евр. 10:30 и Притч 16:1. Последнее — в современном переводе «Good news translation» (GNT). Ср. в KJV: «the answer of the tongue, is from the Lord»; Синодальный: «ответ языка — от Господа». — *Прим. пер.*

[63] Евр. 10:27. — *Прим. пер.*

[64] Ken Ham, «Many Nazarenes Helping Evolution's Destructive Effects», Ken Ham (blog), answersingenesis, October 16, 2013, http://blogs.answersingenesis.org/blogs/ken-ham/2013/10/16/nazarenes-helping-evolutions-destructive-effects [дата обращения: 11.06.2025]; Ken Ham, «Pastor Calls for More Active Teaching

Согласно эзотерическим тонкостям диспенсационного премилленаризма, изложенным Генри Моррисом в его «Толковой Библии», на самом деле будет не один, а два Суда: Великий Белый Престол, пред которым будут судимы и низвергнуты в озеро огненное неверующие, и Суд Христов[65], где верующие будут оценены по качеству «дел» своих и получат «награды или будут лишены оных» прежде, чем войдут в рай. Оставим в стороне напрашивающиеся у чуждого диспенсационализму человека вопросы (в духе: «А что, собственно, представляют собой эти "награды"?» или «Так значит и в раю будет какая-то социальная иерархия?»). Дело в том, что Кен Хэм никогда прямо не указывает, какой именно из судов ожидает «соглашателей», всех этих ученых и пасторов. Но в его ядовитых обличениях христианских лидеров, проповедующих «эволюцию и миллионы лет», невозможно не расслышать угрозы вечной погибели. Особенно же зловещий тон речи Хэма принимают, когда дело касается христиан, проявляющих терпимость к однополым бракам. Возьмем, к примеру, гневную тираду 2014 года против лидеров Пресвитерианской церкви США, разрешивших «гей-свадьбы» в церквях деноминации:

> Своими «злыми деяниями» пресвитерианские лидеры, по сути, объявили войну святому Богу Творцу сущего. Но последнее слово всегда за Богом! Каждый из них однажды умрет и предстанет перед Богом, с Которым вступил в брань... Стоит напомнить им всем, что Страшно впасть в руки Бога Живого[66].

---

of Evolution and Rejection of Genesis», Ken Ham (blog), answersingenesis, June 14, 2014, http://blogs.answersingenesis.org/blogs/ken-ham/2014/06/14/pastor-calls-for-more-active-teaching-of-evolution-and-rejection-of-genesis [дата обращения: 11.06.2025]; Ken Ham, «Why Not Edit the Bible?», Ken Ham (blog), answersingenesis, September 19, 2012, http://blogs.answersingenesis.org/blogs/ken-ham/2012/09/19/why-not-edit-the-bible [дата обращения: 11.06.2025].

[65] Соотв. Откр 20:11–15 и Рим 14:10. — *Прим. пер.*

[66] [Morris 1995 (2012): 1738–1739, 2038–2039]; Ken Ham, «The Leaders of the Presbyterian Church USA Need to Fear God», Ken Ham (blog), answersingenesis, June 26, 2014, http://blogs.answersingenesis.org/blogs/ken-ham/2014/06/26/the-leaders-of-the-presbyterian-church-usa-need-to-fear-god [дата обращения: 11.06.2025].

Музей Сотворения мира с полной самоотдачей воспроизводит заданные Хэмом мотивы осуждения и погибели. Человеческая история здесь редуцирована до схемы: первородный грех и Падение, распространение всеобщего порока и Всемирный Потоп с гибелью миллионов и спасением жалкой горстки праведников. Разумеется, столь упрощенное прошлое служит красноречивым прологом к не менее банальному настоящему: стремительное разложение западной цивилизации, моральная скверна современной Америки (что наглядно подтверждают однополые браки, школьные расстрелы и повальная секуляризация) и крушение подлинного христианского свидетельства.

Но прошлое — это также и пролог к будущему. Хотя это будущее в Музее не расписано в деталях, господствующий и навязчиво повторяемый нарратив непослушания и покарания, с особым акцентом на Всемирном потопе и Ковчеге, не оставляет особых сомнений: суд над Америкой, над Западом, над всем человечеством — уже на пороге. А с ним — спасение верного остатка и вечная погибель всем прочим.

Иначе говоря, для многих и многих (или, скорее, для подавляющего большинства) людей будущее означает ад. Для Кена Хэма и «Ответов», как и для фундаментализма в целом, сама суть Божьей природы требует существования ада — причем ада жуткого, безоговорочно адского. Как объявил в статье в журнале «Ответов» за 2012 год пастор-фундаменталист и частый гость конференций «Ответов» Тим Чаллис, «если хотите доброго Бога — Бога, который по-настоящему благ, справедлив и свят — тогда придется принять Бога, судящего людей», присуждающего их к аду. По Чаллису, Библия однозначно утверждает, что ад должен быть вечным, ибо «когда согрешишь против бесконечного Бога, — а ведь любой грех в первую очередь адресован Богу — оказываешься в бесконечном долгу перед Ним». В аду также непременно должны иметь место муки, поскольку Бог «воистину благ, справедлив и свят», и Его святость — сродни рвотному рефлексу, исторгающему ярость в ответ на всякий грех. Более того, грешники в аду должны ясно сознавать причины своих мук, ибо при жизни «активно бунтовали» и «грешили вполне осознанно», а значит, должны «сознательно понести и наказание». Словом, именно природа Бога — Его «трансцендентная святость» — требует, чтобы грешники оказались не просто «отторгнуты от Его присутствия», но были ввергнуты во ад, где им предстоит вечно и сознательно мучиться[67].

Оставив в стороне прочие вопросы, касающиеся логических оснований столь сурового богословия, все же трудно понять, как требование содержать грешников на непреодолимом удалении от Бога соотносится с евангельским образом Иисуса — того самого, который ел за одним столом с блудницами и мытарями, и которому, кажется, в целом было скорее по душе находиться среди грешников, нежели в окружении праведников. Впрочем, опять же, как мы видели, найти упоминания об Иисусе что в Музее, что в материалах «Ответов» вообще непросто — за исключением того, что он был жертвой, принесенной для умиротворения святого гнева Бога-Отца во искупление грехов человеческих. Весьма трудно отыскать хоть что-то о жизни и учении Иисуса — за исключением того, что он будто бы был противником однополых браков. И уж конечно придется долго, но безуспешно перерывать огромную лавину апологетических сочинений в поисках чего-либо содержательного о Нагорной проповеди, о наставлении возлюбить врагов или о многочисленных призывах заботиться о «сих меньших» — о тех, кто существует на нижних ступенях социальной лестницы.

Особенно же заметно отсутствие Иисуса становится, когда речь заходит о Страшном Суде. Учитывая навязчивую одержи-

---

[67] [Frank 2010: 105–132]. Tim Challies, «What Kind of God Would Condemn People to Eternal Torment?», Answers 7 (July–September 2012), https://answersingenesis.org/who-is-god/god-is-good/what-kind-of-god-would-condemn-people-to-eternal-torment [дата обращения: 11.06.2025]. В своей «Толковой Библии» Генри Моррис прибавляет еще две причины, по которым ад является место, где грешники испытывают вечные осознанные муки: во-первых, в аду они будут «менее несчастны», чем если бы «им, грешным, пришлось вечно пребывать в Его присутствии на Небесах», а во-вторых, они в любом случае «должны где-то вечно существовать, ибо были созданы по образу и подобию Божию, который по определению вечен». См. [Morris 1995: 2039].

мость, с которой Кен Хэм и «Ответы» распространяются о «том дне», — когда все мы предстанем пред Богом в ожидании своей участи, — просто поразительно сколь мало внимания уделяется единственному месту в Евангелиях, где Иисус как раз о «том дне» подробно рассказывает. А именно — главе 25 у Матфея, в которой Христос указывает, кому суждено будет «пойти в жизнь вечную» (46), а кому уготованы «муки вечные» (41–46):

> Тогда скажет и тем, которые по левую сторону: «идите от Меня, проклятые, в огонь вечный, уготованный диаволу и ангелам его: ибо алкал Я, и вы не дали Мне есть; жаждал, и вы не напоили Меня; был странником, и не приняли Меня; был наг, и не одели Меня; болен и в темнице, и не посетили Меня». Тогда и они скажут Ему в ответ: «Господи! когда мы видели Тебя алчущим, или жаждущим, или странником, или нагим, или больным, или в темнице, и не послужили Тебе?» Тогда скажет им в ответ: «истинно говорю вам: так как вы не сделали этого одному из сих меньших, то не сделали Мне». И пойдут сии в муку вечную, а праведники в жизнь вечную.

Согласно пространным примечаниям к этому месту в Библии Генри Морриса, слова Иисуса адресованы не нам. Адресантами же сказанного у Матфея является весьма скромная горстка людей, каким-то образом пережившая семь ужасающих лет великой скорби и битву при Армагеддоне в конце истории. По мнению Морриса, этот малый остаток будет судим по тому, сколь усердно они пытались помочь беженцам, скрывающимся от сил Антихриста. Те, «кто пытался близко сойтись с ними, оказывал им заботу и поддержку в эти семь страшных лет, — те будут признаны "овцами" и продолжат свою обычную физическую жизнь в Тысячелетнем Царстве». Те же, «кто поступал иначе, может, даже сдавал беженцев врагу, — те будут отправлены "в муку вечную"»[68].

---

[68] [Morris: 1445]. Отсюда складывается впечатление, что Моррис предполагал и некий «третий» суд — вдобавок к «Великому белому престолу» и «Суду Христову».

Трудно представить, как столь эзотерическое толкование стихов Матфея — с таким скудным обоснованием в самом библейском тексте — может согласовываться с идеей здравого и буквального прочтения Писания. В отличие от фантастической интерпретации отца-основателя современной геологии потопа, именно «прямое» понимание слов Иисуса у Матфея предполагает по меньшей мере тот факт, что то, как человек обращается с жаждущими, голодающими, нагими, больными и заключенными, и будет иметь решающее значение на Божьем Суде над его жизнью. Теолог Майкл Хаймс коротко выражает эту мысль так: «Единственным критерием на этом последнем суде, согласно Матфею 25, будет то, как человек обращался со своими братьями и сестрами». И действительно, есть немало исторических свидетельств тому, что в первые века после смерти Иисуса христиане воспринимали учение Матфея 25 как руководство к жизни, делая акцент на наказании тех, кто не заботился о «сих меньших»[69].

Но того Иисуса, что спокойно трапезничал с грешниками и наставлял последователей в любви и заботе о «ближнем», вы в Музее Сотворения мира не найдете. Ведь и сам Музей, и в целом «Ответы Бытия» — это правые христианские форпосты, неустанно и ожесточенно продвигающие идеологически заряженный и радикально политизированный младоземельный креационизм в качестве подлинного христианства. Печально, — употребим одно из любимых слов Кена Хэма, когда речь идет о «соглашателях» ученых и церковных лидерах, — что миллионы американцев, искренне желающих быть «по-библейски верующими» христианами, купились на эти «Ответы». Их посыл может удовлетворять глубинную нехватку уверенности, или предложить «ответ» на ощущение высокомерия которое, быть может, производит академическая и научная элита, может предоставить точку опоры, когда кажется, что вокруг все лишь разлагается и тонет, может подкрепить убежденность в том, что Америка действительно была — и снова может стать — нацией Божьей.

---

[69] [Himes 1995: 51; Hughes 2009: 68–71; Henning 2014: 229–230].

Но в итоге идеологический и политизированный младоземельный креационизм, проповедуемый в Музее Сотворения мира и «Ответах», имеет мало общего с Иисусом Евангелий. Мало общего с пророками Древнего Израиля. Мало общего с богатейшим интеллектуальным и социальным наследием христианства — с Августином и Фомой, Бартом и Бонхёффером, Дороти Дэй и Мартином Лютером Кингом. Мало общего с верой, надеждой и любовью.

И это действительно печально. Для всех нас.

Эпилог

27 февраля 2014 года Кен Хэм провел — как он сам выразился — «онлайн-пресс-конференцию» в Зале Предания при Музее Сотворения мира; в том же самом помещении, где всего 23 днями ранее прошли его дебаты с Биллом Наем. Как ни странно, на мероприятии не было ни единого представителя прессы. По крайней мере, таковых не найти на видеозаписи, выложенной на сайте «Ответов». Так что не последовало и «вопросов от прессы» (как, впрочем, и из зала). Вместо этого большинство вопросов задавал сам Хэм — и, как не трудно догадаться, зачастую тут же сам на них и отвечал.

Главной новостью «пресс-конференции» стало заявление о том, что, благодаря многолетней кампании по сбору средств и успешному размещению облигаций, проект «Встреча с Ковчегом» наконец вступает в фазу реализации[1]. В ходе мероприятия Хэм, при участии Патрика Марша (вице-президента по управлению проектами) и Джо Буна (вице-президента по вопросам развития), описывал масштабные физические и финансовые характеристики предстоящего строительства.

Итак, сердцем проекта является ковчег, выстроенный со всей возможной точностью, согласно описанию материалов и размеров, данных в книге Бытия 6–8. Гигантская деревянная конструкция будет простираться на 155 метров в длину, 26 в ширину и 15 — в высоту. По завершении строительства Новый ковчег станет «крупнейшим деревянным сооружением в США». Удиви-

---

[1] «Bond Offering Succeeds for Full-Size Ark», press release, answersingenesis, February 27, 2014, https://answersingenesis.org/ministry-news/ark-encounter/bond-offering-succeeds-for-full-size-ark/ [дата обращения: 11.06.2025]. Подробнее о проекте см. [Bielo 2015: 20–34].

тельно, но, согласно проекту, колоссальный ковчег будет даже приподнят на несколько метров над землей, чтобы посетители могли заглянуть и под него. Поддерживать конструкцию будут три утопленные в грунт 20-метровые бетонные колонны. В общей сложности на возведение Нового ковчега уйдет свыше миллиона погонных метров пиломатериалов[2].

Внутреннее пространство Нового ковчега будет состоять из трех ярусов, на которых поместятся 132 деревянных отсека, каждый — с отдельной экспозицией. Первый ярус планируется посвятить библейским «видам» — то есть парам животных, которые, по мнению «Ответов», попали на борт Ноева Ковчега и впоследствии, размножившись и пройдя естественный отбор, дали начало миллионам видов, ныне населяющих Землю. Животные будут как настоящие, так и в виде роботизированных и статичных фигур. На втором ярусе предполагается разместить экспозиции и выставки, посвященные практическим вопросам: как Ной построил Ковчег, как он с домочадцами кормил и ухаживал за животными и тому подобное. В отсеках будут установлены клетки и загоны с крупными и малыми животными. Здесь же разместятся экспозиции, посвященные, скажем, столярной мастерской Ноя, процессу кормления животных, той самой «затворившейся Двери» Ковчега, допотопному миру и древним людям. Здесь же расположатся кофейня и ресторан. Третий ярус будет отведен под каюты Ноя и членов его семейства, личности самого Ноя, а также под экспозиции, рассказывающие о методах строительства Ковчега. Также на третьем ярусе будут размещены клетки с мелкими животными и выставки, посвященные геологии

---

[2] «Ark Encounter Construction Begins», video embedded in «Bond Offering Succeeds for Full-Size Ark»; Ken Ham, «An (Intriguing) Ark Construction Update: Then and Now», Ken Ham (blog), answersingenesis, January 7, 2015, http://blogs.answersingenesis.org/blogs/ken-ham/2015/01/07/an-intriguing-ark-construction-update-then-and-now/ [дата обращения: 11.06.2025]. «The Ark Is Happening!» video embedded in «The Ark Is Happening!», Ken Ham (blog), Gary Cole speaking, Ark Encounter project manager, December 18, 2014, http://blogs.answersingenesis.org/blogs/ken-ham/2014/12/18/the-ark-is-happening/ [дата обращения: 11.06.2025]; «Ark Encounter Museum Staff Update», video; Ken Ham speaking, April 7, 2015, https://arkencounter.com/media/ [дата обращения: 11.06.2025].

Потопа, Ледниковому периоду, Вавилонской башне, окаменелостям и различным легендам о Потопе. Кроме того, на третьем ярусе будет устроен мультимедийный театр под названием «Христос — Дверь». На прилегающей территории планируется целый ряд дополнительных экспозиций и мероприятий, включая контактный зоопарк с возможностью прокатиться на верблюдах и пони и многое другое.

Проектирование и возведение Нового ковчега составляют лишь первые шаги в гораздо более масштабном предприятии. В будущем в парке «Встреча с Ковчегом» планируется добавить такие достопримечательности, как Вавилонская башня, ближневосточный город первого столетия, путешествие по местам библейской истории, детская зона, а также птичий двор с огромным контактным зоопарком. Под этот масштабный комплексный проект планируется участок площадью свыше трех квадратных километров в 65 километрах к югу от Цинциннати, рядом с трассой 75 (съезд 154), неподалеку от Уильямстауна (Кентукки), всего в 40 с небольшим минутах езды от Музея Сотворения мира. По расчетам «Ответов», близость Музея к Новому ковчегу должна привести к увеличению числа посетителей на целых 50 %. Неудивительно поэтому, что Кен Хэм уже начал разрабатывать планы и по расширению Музея Сотворения мира, чтобы вместить всех желающих[3].

На июль 2015 года, как сообщает Хэм, «Господь благословил нас, позволив собрать 70 миллионов долларов из приблизительно 90 миллионов, необходимых для завершения строительства ковчега в натуральную величину» — первого этапа в проекте тематического парка. Желающим поддержать строительство на выбор предлагается целый ряд способов сделать пожертвование. Скажем, можно приобрести нагель (за 100 долларов), палубную доску (за 1000) или целую корабельную балку (за 5000); последняя, помимо прочего, дает право на включение имени жертвователя

---

[3] «About», Ark Encounter, no date (accessed February 4, 2015), https://arkencounter.com/about/park-map; «Ark Encounter Construction Begins» [дата обращения: 11.06.2025].

в список на «стене признательности» ковчега, получение реплики судна с автографом Кена Хэма, а также четыре бесплатных прохода на закулисные мероприятия. До завершения первой фазы проекта можно также приобрести «Чартерный посадочный талон» на всю семью (трехлетний пропуск за 1500 долларов или пожизненный абонемент за 3000), на одного человека (1000 долларов на три года и 2000 за абонемент), а также на пожилого человека (пожизненный пропуск за 3000 долларов, позволяющий приводить на территорию парка до четырех внуков в одно посещение)[4].

Всего спустя несколько месяцев после «онлайн-пресс-конференции», 1 мая 2014 года, «Ответы» провели в стенах Музея Сотворения мира и торжественную церемонию открытия парка, заменив традиционную закладку первого камня «Церемонией первого нагеля». Точнее, «первых»: деревянными киянками шпильки в перекрытия вбивали соавтор «Потопа Бытия» Джон Уиткомб с основателями и членами совета директоров «Ответов». В последующие месяцы развернулось масштабное строительство, в ходе которого было перемещено «почти 800 тысяч кубических метров грунта», а к концу ноября 2014 года начался и длительный процесс работы с бетонными фундаментами[5].

Проект реализуется строительной компанией The Troyer Group из Мишавоки, штат Индиана, при участии двух братьев амишей (также из Индианы), которые, как сообщают «Ответы», «набирают строительную бригаду из амишей, проживающих в различных штатах». Также «Ответы» полагают, что, учитывая масштаб предстоящих работ, «на пике проекта потребуется обеспечить жильем почти сотню работников». На момент написания этой

---

[4] Ken Ham, «The Ark Needed Now More Than Ever!», (электронное письмо, полученное Уильямом Троллингером 30 июня 2015 года); «Donate», Ark Encounter, https://arkencounter.com/donate/; «Boarding Passes», Ark Encounter, https://arkencounter.com/support-the-ark/ [дата обращения: 11.06.2025]. Отметим, что на сайте проекта указывается, что собрать осталось еще 29,5 миллиона долларов. Мы затрудняемся сказать, как эти данные согласуются с цифрами из письма Кена Хэма.

[5] «The Building Begins», Ark Encounter, December 1, 2014, https://arkencounter.com/blog/2014/12/01/the-building-begins/ [дата обращения: 11.06.2025].

книги ожидается, что работа над первой фазой проекта будет завершена торжественным открытием ковчега в июле 2016 года[6].

Какова же цель всего этого грандиозного предприятия? Кен Хэм и представители «Ответов» не скрывают, что основная задача «Встречи с Ковчегом» заключается в евангелизации, ибо Ноев Ковчег представляет собой мощный призыв ко спасению, предлагаемому через Иисуса Христа. В своей речи на «онлайн-пресс-конференции» Кен Хэм прямо об этом говорил, делая особый акцент на двери Ковчега:

> Когда мы думаем о символах спасения, разумеется, величайшее напоминание об этом — Крест. Но помимо Креста, я считаю, Ноев Ковчег также является величайшим напоминанием и образом спасения. Только вдумайтесь: Бог во времена Ноя объявил, что за беззаконие людей пошлет Всемирный Потоп и велел Ною построить огромный корабль, на борт которого должны были войти представители всех видов наземных животных, а также сам Ной с семьей. Им нужно было пройти через дверь, чтобы спастись. На самом деле тот Ковчег — это прообраз спасения, потому что Ной и его семья спаслись, пройдя через дверь. Мы тоже должны пройти через дверь. Ведь Иисус Христос сказал: «Я есмь дверь: кто войдет Мною, спасется»[7].

Для Хэма дверь Ноева Ковчега открывает проход к спасению. Спасение получили те, кто переступил ее порог; погибель постигла тех, кто остался снаружи. Более того, из Иоанна 10:9, где Иисус говорит, что Он есть дверь, Хэм делает вывод: дверь Ковчега — это образ Христа. Ведь обе эти двери ведут к спасению, и каждый, кто хочет спастись, должен пройти через нее. А раз так, продолжает Хэм, то дверь Ковчега — это великий символ христианской вести.

---

[6] Ark Encounter, «Lehman Brothers Visit the Ark Site», Ark Encounter, June 11, 2014, https://arkencounter.com/blog/2014/06/11/lehman-brothers-visit-the-ark-site/ [дата обращения: 11.06.2025]; «About», Ark Encounter, no date (accessed May 9, 2015).

[7] «Ark Encounter Construction Begins», Ken Ham speaking.

Именно поэтому (по крайней мере, из того, что известно о проекте на лето 2015 года) мультимедийный театр внутри Нового ковчега будет носить название «Христос — Дверь». Рассказывая о будущем ковчеге на «онлайн-пресс-конференции», Патрик Марш воскликнул: «На этом ярусе есть совершенно особенное место — театр, который мы называем "Христос — Дверь", и это — *самая важная экспозиция* во всем ковчеге» (выделено в оригинале). По словам Марша, театр послужит «евангелизационным каналом... через который люди придут ко Христу». Исполненный радостного воодушевления, он добавил: «И это будет самая полная евангельская весть»[8].

Читатель, вероятно, вспомнит, что дверь Ноева Ковчега играла важную роль и в Музее. В зале о «Путешествии ковчега» посетители оказываются в особенно красноречивом положении относительно двери. Стоя перед одной из мини-диорам, изображающих, как воды Потопа поднимаются до самых горных вершин, гости наблюдают последние ужасающие мгновения жизни животных, взрослых и детей, обреченных встретить гибель на этих скалах. И они видят проплывающий мимо Ковчег — теперь уже недоступный, герметично запечатанный «затворенной» дверью. В другой диораме посетители оказываются уже внутри ковчега. Они стоят за спиной Ноя и остальных домочадцев, вместе с ними глядя сквозь открытую дверь, бросая последний взгляд на тонущий мир перед тем, как Бог окончательно затворит дверь. Под диорамой висит табличка с надписью: «Затворив за ними дверь, Бог запечатал семейство Ноя внутри Ковчега. Тогда для оставшихся снаружи уже не осталось возможности спастись».

То есть в Музее дверь Ковчега все же остается открытой — на некоторое время. И пока она открыта, она служит проходом к спасению и безопасности. Переступить через ее порог — значит обрести спасение. Но затем, с началом Потопа, Бог затворяет дверь. Единожды затворенная Богом, более она уже не откроется. Как сообщает одна из записей в официальном блоге проекта, «при

---

[8] «Ark Encounter Construction Begins», Patrick Marsh speaking.

внимательном чтении Писания становится ясно, что затворенная дверь никогда больше не открывалась». Учитывая важность этой детали, автор записи разрабатывает возможный сценарий, описывающий как Ной с семейством и всеми животными смогли покинуть Ковчег, не открывая двери. Основываясь на стихах 8:13[9], автор размышляет: «Неужели Ной разобрал деревянные перекрытия — буквально снял "кожу" Ковчега — и соорудил пандусы для выхода?»[10] Вот до какой степени Хэму и «Ответам» важно показать: как только Бог затворит дверь Ковчега, она останется закрытой навеки и с того самого момента навеки отгородит всех оставшихся по ту ее сторону.

Работает ли такая дверь в качестве аналогии с Иисусом? По крайней мере, если обратиться к тому стиху из Евангелия от Иоанна, которым и вдохновился Кен Хэм — это вовсе не очевидно. Вот полный текст стиха: «Я есмь дверь: кто войдет Мною, тот спасется, *и войдет, и выйдет, и пажить найдет*» (Ин. 10:9; курсив наш). Дверь, о которой говорит Иисус, представляется такой, что свободно распахивается в обе стороны; человек может зайти, может выйти и потом вернуться вновь, находя питательное пастбище по обе стороны двери. Хэмова дверь — совершенно иная: она открыта лишь на время, а затем оглушительно захлопнется раз и навсегда, обратившись вечной и непреодолимой преградой для всех, кто оказался не с той стороны. Вместо пажити по обе стороны — одна-единственная счастливая сторона с (патриархальной) семьей праведников; другую же сторону ждут страшные катаклизмы, страдания и смерть.

Хэм называет Ноев Ковчег и свою идею его двери «образами спасения». Однако при более пристальном рассмотрении становится вполне ясно, что Новый ковчег и его дверь, равно как и весь Музей Сотворения мира, куда больше заинтересованы в суде,

---

[9] Быт. 8:13: «Шестьсот первого года жизни Ноевой к первому дню первого месяца иссякла вода на земле; и открыл Ной кровлю ковчега и посмотрел, и вот обсохла поверхность земли».

[10] Ark Encounter, «The Exit», Ark Encounter (blog), November 11, 2011, https://arkencounter.com/blog/2011/11/11/the-exit/ [дата обращения: 11.06.2025].

нежели в спасении. В еще одном выступлении Хэм, окончательно перемешивая метафоры Иисуса-ковчега и Иисуса-двери, говорит:

> Ведь суд грядет — и в следующий раз не водой, но огнем, — и потому Бог предоставляет нам ковчег спасения — Господа Иисуса Христа. Иисус сказал: «Я есмь дверь: кто войдет Мною, спасется». Иисус — наш ковчег спасения. И столь же истинно, как то, что был Потоп — чему мы видим массу доказательств по всему миру в виде ископаемых, — так же верно, что грядущий суд огнем свершится[11].

По словам Хэма, как в тот раз горстка праведников успела пройти через дверь Ковчега и была спасена, а все остальное человечество погибло, так и в следующий раз, подобно Ноеву семейству, праведники, принявшие Иисуса, успевшие войти прежде, чем захлопнется дверь, обретут спасение. Ну, а все прочие неизбежно окажутся по ту сторону захлопнувшейся двери и будут навечно брошены в озеро огненное.

Рассказывая о своем визите в строящийся парк (по приглашению сооснователя «Ответов» Марка Зовата и Патрика Марша, журналистка *Atlantic Monthly* Аманда Петрусич поделилась любопытным наблюдением:

> Когда я была в парке осенью, мне показывали несколько моделей их ковчегов, которые, в отличие от милых дощатых лодочек из детских библейских книжек, все были до дрожи пугающими: ни иллюминаторов, ни открытых палуб, и, за исключением одной-единственной двери, которую, как предполагается, за Ноем захлопнул сам Бог («И затворил Господь за ним»), и узких щелей для света и вентиляции, вся конструкция создает такое ощущение герметичности, что напоминает гигантский плавучий гроб[12].

---

[11] Ken Ham, «Was There Really a Noah's Ark and Flood?», answersingenesis, October 23, 2012, video, https://answersingenesis.org/media/video/bible/really-noahs-ark-flood/ [дата обращения: 11.06.2025].

[12] Amanda Petrusich, «A Boat of Biblical Proportions», The Atlantic, December 2012, http://www.theatlantic.com/magazine/archive/2012/12/a-boat-of-biblical-proportions/309173/ [дата обращения: 11.06.2025].

Судя по представленным на сайте парка фотографиям, у Петрусич есть все основания для подобного вывода. Но, что еще важнее, ее описание тонко передает богословские и политические идеи, лежащие в основе проекта Нового Ковчега. Вместо того чтобы нести весть надежды и сострадания, он именно что «до дрожи пугает», воспевая хвалебные оды праведным, правильно мыслящим и в целом правым христианам, воссоединившимся с Кеном Хэмом и его соратниками на борту этого «гигантского плавучего гроба», — спасенные от, как они считают, неизбежной, ужасающей и вполне заслуженной вечной кары, ожидающей миллиарды их ближних ровно в тот момент, когда дверь окончательно захлопнется.

Ожидается, что в первый же год на «Встречу с Ковчегом» придут до двух миллионов посетителей. Весьма внушительное число, особенно если учесть, что Музей поприветствовал двухмиллионного посетителя лишь на шестом году работы. Более того, согласно экономическому анализу, выполненному по заказу «Ответов» компанией Jerry Henry and Associates, каждый посетитель в среднем за визит потратит около 100 долларов, чтобы непосредственно посмотреть на Новый Ковчег, и еще 50 — «на сопутствующие товары», что в сумме дает почти четверть миллиарда долларов только за первый год. С учетом косвенных факторов сумма вырастает до 300 с чем-то миллионов, а при дополнительных капиталовложениях достигает почти 600 миллионов долларов. Также отмечается, что «Ответы» намереваются нанять около 200 сотрудников для обслуживания парка. Помимо же непосредственных вакансий в парке, аналитики предсказывают, что в регионе появится «14 038 новых рабочих мест в первый год работы комплекса»[13].

---

[13] «Bond Offering Succeeds for Full-Size Ark». См. также документы по судебному процессу «Ответов» против Боба Стюарта (секретаря Кабинета по вопросам туризма, искусства и культурного наследия) и Стивена Бишера (губернатора штата) — «United States District Court Eastern District of Kentucky Central Division at Frankfort» on behalf of Ark Encounter, LLC, Crosswater Canyon, Inc., and Answers in Genesis, Inc., against Bob Stewart (secretary of the Kentucky Tourism, Arts and Heritage Cabinet) and Steven Beshear (governor, KY) https://answersingenesis.org/religious-freedom/religious-discrimination-lawsuit-filed/, 16–17 [дата обращения: 11.06.2025].

Так что неудивительно, что при столь впечатляющих прогнозах штат Кентукки с готовностью поддержал «Встречу с Ковчегом». В рамках Закона о развитии туризма штат первоначально согласился компенсировать «Ответам» сумму налога с продаж. Так, после завершения ковчега и открытия парка организация должна была суммарно получить «до 25 % от затрат на развитие в течение десяти лет за счет одобренных для проекта льготных налоговых условий». По приблизительным оценкам сумма могла составить до 18 миллионов долларов только за первую фазу проекта[14].

Вскоре вокруг предоставленной «Ответам» налоговой компенсации развернулась жаркая полемика. Критики проекта утверждали, что штат Кентукки не может принимать подобных финансовых решений, не нарушая конституционный принцип о разделении церкви и государства[15]. 10 декабря 2014 года Совет по туризму штата Кентукки отклонил заявленное «Ответами» ходатайство о предоставлении налоговых льгот. Основанием послужило размещенное в интернете объявление о вакансии в парке (позднее «Ответы» заявили, что позиция относилась к материнской организации, а не к самому парку), где указыва-

---

[14] Laurie Goodstein, «In Kentucky, Noah's Ark Theme Park Is Planned», New York Times, December 5, 2010, http://www.nytimes.com/2010/12/06/us/06ark.html?_r=0 [дата обращения: 11.06.2025].

[15] По сообщению *The New York Times*, «Эрвин Чемерински, специалист по конституционному праву и глава юридического факультета Калифорнийского университета в Ирвайне, заявил: "Раз речь идет о воссоздании Библии в реальности и о представлении библейской версии истории, то получается, что государство финансирует продвижение религии. Согласно же постановлению Верховного суда, государство не имеет права продвигать религию"». Laurie Goodstein, «In Kentucky, Noah's Ark Theme Park Is Planned», New York Times, December 5, 2010, http://www.nytimes.com/2010/12/06/us/06ark.html?_r=0 [дата обращения: 11.06.2025]. Редакция *The New York Times* разделяла мнение Чемерински, опубликовав колонку со следующим заявлением: «предоставление налоговых льгот проекту явной христианской направленности прямо противоречит Первой поправке, запрещающей государственное утверждение религии. Общественные средства не должны использоваться для продвижения веры. Гражданам Кентукки сто́ит задуматься, действительно ли это лучшее применение налоговых поступлений». «Crossing the Church-State Divide by Ark», New York Times (editorial), Lexis-Nexis Academic, May 31, 2011.

лось, что кандидат должен, среди прочего, подписать вероучительную декларацию «Ответов», гласящую, что Библия — это безошибочное Слово Божье, а «Потоп из книги Бытия был реальным историческим событием, имевшим всемирный (глобальный) масштаб и последствия». По мнению властей штата, данное объявление указывало на то, что организаторы «Встречи с Ковчегом» намерены проводить дискриминационный отбор сотрудников на основании их религиозных убеждений. Также отмечалось, что цели и задачи проекта претерпели видимые изменения: если в первоначальном ходатайстве, описывавшем все фазы проекта, «Ответы» позиционировали парк как туристическую достопримечательность, то во втором — ограниченном лишь первой фазой — проект был представлен уже как эффективный инструмент христианской евангелизации. На решение властей штата «Ответы» отреагировали на 48 страницах искового заявления, поданного в Федеральный суд 5 февраля 2015 года против губернатора штата Стивена Бишера и Боба Стюарта, секретаря Кабинета по вопросам туризма, искусства и культурного наследия. В иске, в частности, утверждается, что ответчики «дискриминировали ["Ответы"], несправедливо исключив организацию из участия в Программе развития туризма штата Кентукки» на основании ее религиозных убеждений[16].

Чем бы ни завершилось рассмотрение дела в суде, вердикт в любом случае окажет значительное влияние на «Встречу с Ковчегом». На декабрь 2015 года можно с высокой (хотя и не стопроцентной) степенью уверенности заключить, что «Ответам» удастся собрать средства, необходимые для завершения строительства ковчега. С куда меньшей уверенностью то же можно сказать о перспективах финансирования прочих планировавшихся объектов вроде Вавилонской башни или древнего города. Если брать шире, невозможно с уверенностью сказать, как долго

---

[16] Tom Loftus, «Ark Park Tax Incentives in Limbo over Hiring», Courier Journal, October 7, 2014, http://www.courier-journal.com/story/news/politics/2014/10/07/ark-park-hiring-issue-jeopardizes-tax-incentives/16854657/ [дата обращения: 11.06.2025]. «About», Ark Encounter, no date (accessed May 9, 2015); «United States District Court», 1.

финансово продержатся Музей Сотворения мира и сами «Ответы». История евангельских парацерковных организаций — зависящих от харизматических лидеров, не слишком обремененных бюрократией, подотчетностью и какими-либо внятными долгосрочными планами, — изобилует примерами, когда подобные начинания рушились из-за скандалов, внутренних конфликтов и прочих подобных причин. А потому довольно трудно предсказать, насколько Музей с «Ответами» переживут самого Кена Хэма (и переживут ли вообще).

Впрочем, этот момент гораздо менее примечателен, чем может показаться. Музей Сотворения мира — вовсе не какой-то необъяснимый курьез на окраинах американской действительности. Напротив, это полноценное, встроенное в культурный мейнстрим правохристианское учреждение. Научные, библейские и политические установки Музея отражают убеждения и разделяются множеством американцев правых взглядов; сам же Музей стоит плечом к плечу в широком строю правых христианских организаций, стремящихся мотивировать, вооружить и подготовить консервативных христиан к агрессивной и бескомпромиссной культурной войне. Конечно, в истории бывало всякое, однако в настоящий момент христианские правые не дают оснований предполагать, что в обозримом будущем они сойдут с американской сцены. Возможно, сменятся отдельные установки: скажем, на смену борьбе с однополыми браками будет объявлен крестовый поход на контрацепцию. А возможно, «трон» младоземельного креационизма действительно займет геоцентризм в качестве необходимого довеска к буквальному прочтению Библии. Но при всем этом нет никаких оснований полагать, что правое христианское движение вскоре окажется на исторической свалке. А потому вполне вероятно, что если — и когда — детища Кена Хэма дадут слабину, окончит свои дни Музей Сотворения мира, а «Ответы Бытия» канут в небытие, то — почти незаметно — их место в строю займут схожие евангелические лидеры, схожие парацерковные служения и схожие правохристианские институции. Вполне возможно, что они уже стоят за кулисами, терпеливо дожидаясь своего выхода.

Слова благодарности

Уильям Вэнс Троллингер — старший был геологом-нефтяником и возглавлял две небольшие денверские компании, занимавшиеся созданием геологических карт для поиска месторождений нефти и газа с помощью аэрофотосъемки и спутниковых изображений. Он был фундаменталистом в богословских воззрениях, но отнюдь не в поведении: любил хорошее вино, смачно ругался отборными выражениями и нередко выигрывал крупные суммы за покерным столом. Эволюцию он решительно отвергал. В шутках старшего сына о том, что он просто не успевал по биологии, отец не находил ничего смешного. Однако как геолог Уильям Троллингер — старший — как и большинство фундаменталистов своего поколения — придерживался «староземельных» взглядов, считая, что каждый день творения в книги Бытия олицетворял новый геологический «век». Когда в 60–70-х годах младоземельная идея о геологии Потопа начала проникать как в его баптистскую общину, так и другие консервативные протестантские церкви Денвера, он пришел в ужас. Он тогда написал целую лекцию, — с графиками, диапозитивами и пленочными слайдами — в которой популярно разъяснял геохронологическую шкалу и закон стратиграфической последовательности (наша сердечная признательность Полу Троллингеру за то, что разыскал и передал нам эти материалы). С этой лекцией он выступал в местных церквях, стараясь доказать, что древний возраст Земли вовсе не противоречит буквальному прочтению книги Бытия. Несмотря на все усилия, ему не удалось остановить наступление младоземельного креационизма — что весьма огорчало его вплоть до самой смерти в 2002 году.

Слова благодарности

Музей Сотворения мира открылся в 2007 году, а уже в следующем, 2008-м, мы впервые его посетили. Хотя тогда мы и не собирались писать о нем книгу, мы продолжали туда ездить и собирать материал, выступая время от времени с докладами на конференциях. В 2011 году Сью приняла приглашение Рона Уэллса выступить с презентацией о Музее на симпозиуме по вопросам веры и свободных искусств в Колледже Мэривилля (Теннесси). Рецензент доклада, историк Джей Грин, после выступления спросил, почему мы до сих пор не сели за книгу. Словом, зимой того же года мы представили идею Грегу Николлу из издательства Университета Джонса Хопкинса (где ранее вышла книга Сью «Продать амишей», которую редактировал Грег). Он проявил живой интерес и помог нам пройти через первые этапы работы. Когда Грег перешел в другое издательство, нас передали в надежные и опытные руки Боба Бруггера, чьи замечания, особенно касающиеся введения, оказались весьма ценными. Мы также выражаем признательность Андре Барнетту, Грегу Бриттону, Элизабет Демерс, Камиль Хейл, Бекки Хорниак, Хилари Джакмин и Джин Тафт.

Помимо издательства Университета Джонса Хопкинса мы хотим поблагодарить: нашего зятя, Дэна Хэтча (заказывайте проекты у Hatch Architecture!), за его работу над планом Музея; Джона ЛеКонта и Патрика Томаса из Дейтонского университета за ценную техническую помощь; и Хайди Годер из библиотеки Рёша при Дейтонском университете за помощь в работе с базами данных. Дейтонские аспиранты по теологии оказали нам неоценимую поддержку: Кристин Далессио, Дара Дельгадо, Шон Мартин, Эмили МакГоуин, Роберт Паркс, Энтони Росселли и особенно Джулия Паркс. Множество полезной и ценной информации мы почерпнули в регулярных беседах с Джейсоном Хентшелем, чья диссертация 2015 года о безошибочности Писания в послевоенной Америке предоставляет важный богословский контекст для понимания нашей работы. Особая благодарность нашим коллегам по религиоведческому цеху: Меган Хеннинг — за ее проницательные размышления о взглядах ранней Церкви на ад, и Брэду Калленбергу — за терпеливую помощь в многочисленных вопросах, касающихся библейских переводов и теологии. Мы благодарим Тиффани Уокер за содействие в работе с авторскими правами и «Ответы Бытия» (answersingenesis.org) — за разрешение публиковать фотографии Музея.

Также мы сердечно благодарим нашего друга Фредерика Шмидта из Евангельской богословской семинарии Гарретта (штат Иллинойс). Род Кеннеди, старший пастор Первой баптистской церкви Дейтона, помог нам глубже осмыслить, как музей использует Библию, параллельно — как и в течение остальных девяти лет, полных его поразительных проповедей — побуждая нас жить в соответствии с Евангелием. Спасибо Джареду Бёркхолдеру и Марку Норрису из Грейс колледжа (штат Индиана) за сведения о Джоне Уиткомбе; Ноаху Эфрону из Университета Бар-Илана — за возможность заранее ознакомиться с его рассказом о визите раввинов в Музей сотворения мира; Джейсону Герлаху из Кембриджского университета — за подробные сведения о черепахах рода *Geochelone*; Майклу Хэмилтону из Университета Сиэтл Пасифик — за ценные замечания, сделанные по прочтении главы о Кальвиновском колледже (мы с нетерпением ждем выхода его книги об этом учебном заведении); Сюзанн Смайлз из Университета Виттенберга (штат Огайо) — за скан и пересылку первой главы Бытия из Скоуфилдовской Библии издания 1909 года; и Биллу Трапани из Флоридского Атлантического университета — за комментарии к ранней версии нашей работы о Музее. Мы благодарны и анонимным источникам, чьи рассказы помогли нам понять суть споров вокруг Сидервилльского университета. Мы также признательны Майку Троллингеру, который отвлекся от просмотра малоизвестных кинолент, чтобы поделиться полезной информацией о связи между «Беовульфом» и креационизмом. И особая благодарность Джозефу и Пегги Хаффман за нашу многолетнюю беседу, питающую душу.

Нам посчастливилось быть частью неформальной группы ученых, изучающих креационизм и охотно делящихся с нами своими идеями, за что мы от всей души благодарим: Джеймса Бьело из Университета Майами в Огайо (организовавшего двухдневный «саммит» по креационизму и работающего над книгой о «Встрече с Ковчегом»), Стива Уоткинса из Луисвиллского университета (автора диссертации о Музее), и Карла Вайнберга из Индианского университета в Блумингтоне (завершающего книгу о креационизме и политике). Раз уж зашла речь об исследователях креационизма, у нас нет слов, чтобы выразить нашу благодарность главному мировому специалисту в этой области — Рональду Намберсу. Рон был одним из наставников Билла в Университете Висконсина и остается им по сей день. Удивительно, сколь многим Рон помог, сдружился и вдохновил — список уже велик, а теперь включает в себя и Сью. Без Рона Намберса эта книга никогда бы не была написана, и мы в восторге, что она выходит в его серии в издательстве Джонса Хопкинса.

Нам посчастливилось преподавать в Университете Дейтона, который стал чрезвычайно благоприятной средой для реализации нашего проекта. Спасибо временно исполняющему обязанности проректора Полу Бенсону за его всестороннюю поддержку на протяжении многих лет, а также декану Джейсону Пирсу, заместителю декана Дону Пэру и директору по связям с общественностью Силле Шинделл. Мы также благодарим заведующих кафедрами, которые в разное время оказывали нам помощь и поддержку: Юлиуса Амину, Шейлу Хасселл Хьюз, Хуана Сантамарину, Энди Слейда, Дэна Томпсона и Сандру Йокум. Коллег и друзей из Дейтона слишком много, чтобы перечислять их всех, так что скажем вот что: они задали чрезвычайно высокую планку как по части преподавания, так и в научной работе, и мы глубоко признательны за их пример.

Мы не можем не упомянуть коллег, с которыми вместе преподаем в рамках основной программы Университета Дейтона. Первый курс программы представляет собой годовой междисциплинарный командный проект, объединяющий преподавателей английской литературы, истории, философии и религиоведения — прослеживая все эти различные пути развития западной истории в глобальном контексте — от истоков цивилизации до наших дней. Те из нас, кто преподает этот курс уже много лет, убеждены: мы изменились — благодаря содержанию курса, благодаря взаимопересечению научных областей и интересов, благодаря нашим замечательным студентам. Эта книга формировалась в свете нашего преподавания на курсе — что, несомненно, будет очевидно для коллег, с которыми мы работали за последние годы: Дэвида Дарроу, Мэрилин Фишер, Джона Инглиса, Дениз Джеймс, Алана Кимбро, Тони Смита и Уны Кадеган.

За время работы над книгой у нас составился небольшой кружок, собиравшийся практически каждый понедельник вечером у нас дома. Брэд и Джини Калленберг, Джонелл и Род Кеннеди, Шэрон и Эд Вингем услышали, надо полагать, куда больше об этой книге, чем хотели бы, но они были с нами — и в работе, и в жизни. Они выказывали свою заботу самым различным образом, и простое «спасибо» здесь совсем не соответствует глубине нашей благодарности.

И наконец, наши четверо детей, оба зятя и внук — все оказывали нам необычайную поддержку в наших исследованиях и работе над книгой. Они — лучшие люди, чем мы, и все же любят нас. Эта книга — для них.

Список цитируемой литературы

Дмитриев 2006 — Дмитриев, И. С. Увещание Галилея. Санкт-Петербург: Издательство «Нестор-История», 2006.

Иоанн Дамаскин 1997 — Иоанн Дамаскин. Творения (Христологические и полемические трактаты. Слова на Богородичные праздники). Пер. и комм. свящ. М. Козлова, Д. Е. Афиногенова. Москва: Мартис, 1997.

Кальвин 1997 — Кальвин, Жан. Наставления в христианской вере. Том I. Пер. с фр. А. Д. Бакулова. Москва: Христианско-просветительское издательство «Аслан», 1997.

Макграт 2017 — Макграт, Алистер. Опасная идея христианства. Протестантская революция: история с XVI по XXI века. Пер. с англ. Евгения Устиновича. Санкт-Петербург: Библия для всех, 2017.

Платон 2007 — Платон. Сочинения в четырех томах. Том II. Пер. А. Н. Егунова Санкт-Петербург: Издательство Олега Абышко, 2007.

Поло 1940 — Марко Поло. Путешествие. Пер. со старофранц. И. П. Минаева. Ленинград: Гослитиздат, 1940.

Обама 2008 — Обама, Барак. Дерзость надежды: Мысли о возрождении американской мечты. Пер. с англ. Т. Камышниковой и А. Митрофанова. Санкт-Петербург: Издательский дом «Азбука-классика», 2008.

Adams 2007 — Adams, Sebastian C. Adams' SynChronological Chart or Map of History. 1871. Reprint, Green Forest, AR: Master Books, 2007.

Akenson 1998 — Akenson, Donald Harman. Surpassing Wonder: The Invention of the Bible and the Talmuds. New York: Harcourt Brace, 1998.

Ammerman 1987 — Ammerman, Nancy Tatom. Bible Believers: Fundamentalists in the Modern World. New Brunswick, NJ: Rutgers University Press, 1987.

Andermann 2012 — Andermann, Jens, and Silke Arnold-de Simine. Introduction: Memory, Community, and the New Museum. Theory, Culture & Society 29, no. 1 (2012): 3–13. doi: 10.1177/0263276411423041.

Answers in Genesis 2008 — Answers in Genesis. Journey through the Creation Museum: Prepare to Believe. Green Forest, AR: Master Books, 2008.

Asma 2007 — Asma, Stephen T. Solomon's House: The Deeper Agenda of the New Creation Museum in Kentucky. Skeptic, May 23, 2007. http://www.skeptic.com/eskeptic/07-05-23.

Bailey 1993 — Bailey, Lloyd R. Genesis, Creation, and Creationism. New York: Paulist, 1993.

Balmer 2006 — Balmer, Randall. Thy Kingdom Come: How the Religious Right Distorts the Faith and Threatens America. New York: Basic Books, 2006.

Balmer 2014 — Balmer, Randall. Redeemer: The Life of Jimmy Carter. New York: Basic Books, 2014.

Balthrop 2010 — Balthrop, V. William, Carole Blair, and Neil Michel. The Presence of the Present: Hijacking 'The Good War'? Western Journal of Communication 74, no. 2 (2010): 170–210. doi:10.1080/10570311003614500.

Barr 1978 — Barr, James. Fundamentalism. Philadelphia: Westminster, 1978.

Barr 1984 — Barr, James. Escaping from Fundamentalism. London: SCM, 1984.

Barry 1998 — Barry, Andrew. On Interactivity: Consumers, Citizens, and Culture. In The Politics of Display: Museums, Science, Culture, edited by Sharon MacDonald, 98–117. New York: Routledge, 1998.

Barry 1996 — Barry, Judith. Dissenting Spaces. In Thinking about Exhibitions, edited by Reesa Greenberg, Bruce W. Ferguson, and Sandy Nairne, 307–312. New York: Routledge, 1996.

Barton 2012 — Barton, Bernadette C. Pray the Gay Away: The Extraordinary Lives of Bible Belt Gays. New York: New York University Press, 2012.

Beegle 1973 - Beegle, Dewey M. Scripture, Tradition, and Infallibility. Grand Rapids, MI: Eerdmans, 1973.

Bendroth 1993 — Bendroth, Margaret Lamberts. Fundamentalism and Gender, 1875 to the Present. New Haven, CT: Yale University Press, 1993.

Bennett 1995 — Bennett, Tony. The Birth of the Museum: History, Theory, Politics. New York: Routledge, 1995.

Bennet 1998 — Bennett, Tony. Speaking to the Eyes: Museums, Legibility, and the Social Order. In The Politics of Display: Museums, Science, Culture, edited by Sharon MacDonald, 25–35. New York: Routledge, 1998.

Bergman 2001 — Bergman, Jerry. Biology. In Six Days: Why 50 Scientists Choose to Believe in Creation, edited by John Ashton. Green Forest, AR: Master Books, 2001.

Bergman 2011 — Bergman, Jerry. The Dark Side of Charles Darwin: A Critical Analysis of an Icon of Science. Green Forest, AR: Master Books, 2011.

Bergman 2012 — Bergman, Jerry. Hitler and the Nazi Darwinian Worldview: How the Nazi Eugenic Crusade for a Superior Race Caused the Greatest Holocaust in World History. Kitchener, ONT: Joshua, 2012.

Bielo 2015 — Bielo, James S. Literally Creative: Intertextual Gaps and Artistic Agency. In Scripturalizing the Human: The Written as the Political, edited by Vincent L. Wimbush, 20–34. New York: Routledge, 2015.

Biesecker 2002 — Biesecker, Barbara A. Remembering World War II: The Rhetoric and Politics of National Commemoration at the Turn of the 21st Century. Quarterly Journal of Speech 88, no. 4 (2002): 393–409.

Blair 1999 — Blair, Carole. Contemporary US Memorial Sites as Exemplars of Rhetoric's Materiality. In Rhetorical Bodies, edited by Jack Selzer and Sharon Crowley, 16–57. Madison: University of Wisconsin Press, 1999.

Blair, Jeppeson, Pucci, Jr. 1991 — Blair, Carole, Marsha S. Jeppeson, and Enrico Pucci, Jr. Public Memorializing in Postmodernity: The Vietnam Veterans Memorial as Prototype. Quarterly Journal of Speech 77, no. 3 (1991): 263–288.

Blair, Michel 2000 — Blair, Carole, and Neil Michel. Reproducing Civil Rights Tactics: The Rhetorical Performances of the Civil Rights Memorial. Rhetoric Society Quarterly 30, no. 2 (2000): 31–55. http://www.jstor.org/stable/3886159.

Boone 1989 — Boone, Kathleen C. The Bible Tells Them So: The Discourse of Protestant Fundamentalism. Albany: State University of New York Press, 1989.

Boonstra 2001 — Boonstra, Harry. Our School: Calvin College and the Christian Reformed Church. Grand Rapids, MI: Eerdmans, 2001.

Bouw 1992 — Bouw, Gerardus D. Geocentricity. Cleveland, OH: Association for Biblical Astronomy, 1992.

Boyer 1992 — Boyer, Paul. When Time Shall Be No More: Prophecy Belief in Modern American Culture. Cambridge, MA: Belknap Press of Harvard University Press, 1992.

Bozeman 1977 — Bozeman, Theodore Dwight. Protestants in an Age of Science: The Baconian Ideal and Antebellum American Religious Thought. Chapel Hill: University of North Carolina Press, 1977.

Bradford 1992 — Bradford, Phillips Verner, and Harvey Blume. Ota: The Pygmy in the Zoo. New York: St. Martin's, 1992.

Brown 2010 — Brown, William P. The Seven Pillars of Creation: The Bible, Science, and the Ecology of Wonder. New York: Oxford University Press, 2010.

Brueggemann 1982 — Brueggemann, Walter. Genesis. Atlanta, GA: John Knox, 1982.

Buchanan 1990 — Buchanan, Margaret. Salem Revisited. Brisbane, Australia: Margaret Buchanan, 1990.

Burack 2008 — Burack, Cynthia. Sin, Sex, and Democracy: Antigay Rhetoric and the Christian Right. Albany: State University of New York Albany Press, 2008.

Butler 2010 — Butler, Ella. God Is in the Data: Epistemologies of Knowledge at the Creation Museum. Ethnos 75, no. 3 (2010): 229–251. http://dx.doi.org/10.1080.00141844.2010.507907.

Caldwell 2009 — Caldwell, Bob. 'If I Profess': A Spurious, If Consistent, Luther Quote? Concordia Journal 35 (Fall 2009): 356–359.

Campbell 2010 — Campbell, Gordon. Bible: The Story of the King James Version, 1611–2011. Oxford: Oxford University Press, 2010.

Carpenter 1997 — Carpenter, Joel A. Revive Us Again: The Reawakening of American Fundamentalism. New York: Oxford University Press, 1997.

Carr 2010 — Carr, Nicholas. The Shallows: What the Internet Is Doing to Our Brains. New York: W. W. Norton, 2010.

Caudill 2013 — Caudill, Edward. Intelligently Designed: How Creationists Built the Campaign against Evolution. Urbana: University of Illinois Press, 2013.

Chaffey 2008 — Chaffey, Tim, and Jason Lisle. Old-Earth Creationism on Trial: The Verdict Is In. Green Forest, AR: Master Books, 2008.

Charles 1864 — Charles, Elizabeth Rundle. Chronicles of the Schonberg-Cotta Family by Two of Themselves. New York: M. W. Dodd, 1864.

Clark 2008 — Clark, Joseph. Specters of a Young Earth. Triplecanopy, December 1, 2008. http://canopycanopycanopy.com/contents/specters_of_a_young_earth.

Conkin 1998 — Conkin, Paul K. When All the Gods Trembled: Darwinism, Scopes, and American Intellectuals. Lanham, MD: Rowman and Littlefield, 1998.

Cooper 1993 — Cooper, Bill. After the Flood: The Early Post-Flood History of Europe Traced Back to Noah. Chichester: New Wine, 1993.

Crespino 2008 — Crespino, Joseph. Civil Rights and the Religious Right. In Rightward Bound: Making America Conservative in the 1970s, edited by Bruce J. Schulman and Julian E. Zelizer, 91–105. Cambridge, MA: Harvard University Press, 2008.

Cullen 2009 — Cullen, Dave. Columbine. New York: Twelve, 2009.

Dickinson 1997 — Dickinson, Greg. "Memories for Sale: Nostalgia and the Construction of Identity in Old Pasadena. Quarterly Journal of Speech 83, no. 1 (1997): 1–27.

Dickinson 2002 — Dickinson, Greg. Joe's Rhetoric: Finding Authenticity at Starbucks. Rhetoric Society Quarterly 32, no. 4 (2002): 5–27. http://www.jstor.org/stable/3886018.

Dickinson 2006 — Dickinson, Greg, Brian Ott, and Eric Aoki. Spaces of Remembering and Forgetting: The Reverent Eye/I at the Plains Indian Museum. Communication and Critical/Cultural Studies 3, no. 1 (2006): 27–47. doi:10.1080/14791420500505619.

Dionne, Jr. 2008 — Dionne, E. J., Jr. Souled Out: Reclaiming Faith and Politics after the Religious Right. Princeton, NJ: Princeton University Press, 2008.

Dochuk 2011 — Dochuk, Darren. From Bible Belt to Sunbelt: Plain-Folk Religion, Grassroots Politics, and the Rise of Evangelical Conservatism. New York: W. W. Norton, 2011.

Dupont 2013 — Dupont, Carolyn Renee. Mississippi Praying: Southern White Evangelicals and the Civil Rights Movement, 1945–1975. New York: New York University Press, 2013.

Efron 2014 — Efron, Noah J. A Chosen Calling: Jews in Science in the Twentieth Century. Baltimore: Johns Hopkins University Press, 2014.

Enns 2012 — Enns, Peter. The Evolution of Adam: What the Bible Does and Doesn't Say about Human Origins. Grand Rapids, MI: Brazos, 2012.

Erickson 2009 — Erickson, Millard J. Who's Tampering with the Trinity? An Assessment of the Subordination Debate. Grand Rapids, MI: Kregel, 2009.

Faulkner 2014 — Faulkner, Danny. Interpreting Craters in Terms of the Day Four Cratering Hypothesis. Answers Research Journal 7 (2014): 11–25.

Fedo 2000 — Fedo, Michael. The Lynchings in Duluth. St. Paul: Minnesota Historical Society Press, 2000.

Ferguson 1996 — Ferguson, Bruce W. Exhibition Rhetorics: Material Speech and Utter Sense. In Thinking about Exhibitions, edited by Reesa Greenberg, Bruce W. Ferguson, and Sandy Nairne, 175–190. New York: Routledge, 1996.

Finocchiaro 1989 — Finocchiaro, Maurice A., ed. and trans. The Galileo Affair: A Documentary History. Berkeley: University of California Press, 1989.

Finocchiaro 2009 — Finocchiaro, Maurice A. That Galileo Was Imprisoned and Tortured for Advocating Copernicanism. In Galileo Goes to Jail: And Other Myths about Science and Religion, edited by Ronald L. Numbers, 68–78. Cambridge, MA: Harvard University Press, 2009.

Forbes 1998 — Forbes, Robert P. Slavery and the Evangelical Enlightenment. In Religion and the Antebellum Debate over Slavery, edited by John R. McKivigan and Mitchell Snay, 68–103. Athens: University of Georgia Press, 1998.

Fox-Genovese, Genovese 2005 — Fox-Genovese, Elizabeth, and Eugene D. Genovese. The Mind of the Master Class: History and Faith in the Southern Slaveholders' Worldview. Cambridge, MA: Cambridge University Press, 2005.

Frank 1986 — Frank, Doug. Less than Conquerors: How Evangelicals Entered the Twentieth Century. Grand Rapids, MI: Eerdmans, 1986.

Frank 2010 — Frank, Doug. A Gentler God: Breaking Free of the Almighty in the Company of the Human Jesus. Menangle, Australia: Albatross Books, 2010.

Fretheim 1994 — Fretheim, Terence E. The Book of Genesis: Introduction, Commentary, and Reflections. In vol. 1, The New Interpreter's Bible: A Commentary in Twelve Volumes, edited by Leander E. Keck et al., 319–674. Nashville: Abingdon, 1994.

Friedman 1987 — Friedman, Richard Elliott. Who Wrote the Bible? New York: Summit Books, 1987.

Friedman 1998 — Friedman, Richard Elliott. The Hidden Book in the Bible. San Francisco: HarperSanFrancisco, 1998.

Friedman 2003 — Friedman, Richard Elliott. The Bible with Sources Revealed: A New View into the Five Books of Moses. San Francisco: HarperSanFrancisco, 2003.

Fuquay 2002 — Fuquay, Michael W. Civil Rights and the Private School Movement in Mississippi, 1964–1971. History of Education Quarterly 42 (Summer 2002): 159–180.

Galilei 1957 — Galilei, Galileo. Letter to Madame Christina of Lorraine, Grand Duchess of Tuscany, Concerning the Use of Biblical Quotations in Matters of Science [1615]. In Discoveries and Opinions of Galileo, edited and translated by Stillman Drake, 175–216. Garden City, NY: Doubleday Anchor Books, 1957.

Gallagher 1995 — Gallagher, Victoria J. Remembering Together: Rhetorical Integration and the Case of the Martin Luther King, Jr. Memorial. Southern Communication Journal 60, no. 2 (1995): 109–119. doi:10.1080/10417949509372968.

Gallagher 1999 — Gallagher, Victoria J. Memory and Reconciliation in the Birmingham Civil Rights Institute. Rhetoric and Public Affairs 2, no. 2 (1999): 303–320.

Gasman 1971 (2004) — Gasman, Daniel. The Scientific Origins of National Socialism. 1971. Reprint, New Brunswick, NJ: Transaction, 2004.

Gerlach et al. 2013 — Gerlach, Justin, et al. Giant Tortoise Distribution and Abundance in the Seychelles Islands: Past, Present, and Future. Chelonian Conservation and Biology 12, no. 1 (2013): 70–83.

Giberson 2008 — Giberson, Karl. Saving Darwin: How to Be a Christian and Believe in Evolution. New York: HarperOne, 2008.

Gieryn 1983 — Gieryn, Thomas F. Boundary Work and the Demarcation of Science from Non-Science: Strains and Interests in Professional Ideologies of Scientists. American Sociological Review 48, no. 6 (1983): 781–795.

Gloege 2015 — Gloege, Timothy E. W. Guaranteed Pure: The Moody Bible Institute, Business, and the Making of Modern Evangelicalism. Chapel Hill: University of North Carolina Press, 2015.

Goldberg 2006 — Goldberg, Michelle. Kingdom Coming: The Rise of Christian Nationalism. New York: W. W. Norton, 2006.

Gould 1977 — Gould, Stephen Jay. Ontogeny and Phylogeny. Cambridge, MA: Belknap Press of Harvard University Press, 1977.

Grudem 2004 — Grudem, Wayne A. Evangelical Feminism and Biblical Truth: An Analysis of More than One Hundred Disputed Questions. Sisters, OR: Multnomah, 2004.

Habermehl 2011 — Habermehl, Anne. Where in the World Is the Tower of Babel? Answers Research Journal 4 (2011): 25–53.

Ham 2008 — Ham, Ken, ed. The New Answers Book 2. Green Forest, AR: Master Books, 2008.

Ham 2010 — Ham, Ken, ed. Demolishing Supposed Bible Contradictions: Exploring Forty Alleged Contradictions. Vol. 1. Green Forest, AR: Master Books, 2010.

Ham 2012 — Ham, Ken. The Lie: Evolution/Millions of Years. Revised edition. Green Forest, AR: Master Books, 2012.

Ham 2013 — Ham, Ken. Six Days: The Age of the Earth and the Decline of the Church. Green Forest, AR: Master Books, 2013.

Ham, Beemer, Hillard 2009 — Ham, Ken, and Britt Beemer, with Todd Hillard. Already Gone: Why Your Kids Will Quit Church and What You Can Do to Stop It. Green Forest, AR: Master Books, 2009.

Ham, Hall, Beemer 2011 — Ham, Ken, and Greg Hall, with Britt Beemer. Already Compromised: Christian Colleges Took a Test on the State of Their Faith and the Final Exam Is In. Green Forest, AR: Master Books, 2011.

Ham, Hodge, Chaffey 2012 — Ham, Ken, Bodie Hodge, and Tim Chaffey, eds. Demolishing Supposed Bible Contradictions: Exploring Forty Alleged Contradictions. Vol. 2. Green Forest, AR: Master Books, 2012.

Ham, McKeever 2004 — Ham, Ken, and Stacia McKeever. The Seven C's of History. Hebron, KY: Answers in Genesis, 2004.

Ham, Ware 2010 — Ham, Ken, and A. Charles Ware. One Race One Blood: A Biblical Answer to Racism. Green Forest, AR: Master Books, 2010.

Hame, Ware, Hillard 2007 — Ham, Ken, and A. Charles Ware, with Todd A. Hillard. Darwin's Plantation: Evolution's Racist Roots. Green Forest, AR: Master Books, 2007.

Ham, Wieland, Batten 1999 — Ham, Ken, Carl Wieland, and Don Batten. One Blood: The Biblical Answer to Racism. Green Forest, AR: Master Books, 1999.

Hamilton 1990 — Hamilton, Victor P. The Book of Genesis: Chapters 1–17. Grand Rapids, MI: Eerdmans, 1990.

Hampton 2014 — Hampton, Monte Harrell. Storm of Words: Science, Religion, and Evolution in the Civil War Era. Tuscaloosa: University of Alabama Press, 2014.

Hankins 1996 — Hankins, Barry. God's Rascal: J. Frank Norris and the Beginnings of Southern Fundamentalism. Lexington: University Press of Kentucky, 1996.

Haraway 1984–1985 — Haraway, Donna. Teddy Bear Patriarchy: Taxidermy in the Garden of Eden, 1908–1936. Social Text 11 (Winter 1984–85): 20–64. http://www.jstor.org/stable/466593.

Harding 2000 — Harding, Susan Friend. The Book of Jerry Falwell: Fundamentalist Language and Politics. Princeton, NJ: Princeton University Press, 2000.

Harlow 2010 — Harlow, Daniel C. After Adam: Reading Genesis in an Age of Evolutionary Science. Perspectives on Science and Christian Faith 62 (September 2010): 179–195.

Harrill 2000 — Harrill, J. Albert. The Use of the New Testament in the American Slave Controversy: A Case History in the Hermeneutical Tension between Biblical Criticism and Christian Moral Debate. Religion and American Culture 10 (Summer 2000): 149–186.

Harris 1998 — Harris, Harriet A. Fundamentalism and Evangelicals. Oxford: Oxford University Press, 1998.

Hart 1994 — Hart, D. G. Defending the Faith: J. Gresham Machen and the Crisis of Conservative Protestantism in Modern America. Baltimore: Johns Hopkins University Press, 1994.

Harvey 2005 — Harvey, Paul. Freedom's Coming: Religious Culture and the Shaping of the South from the Civil War through the Civil Rights Era. Chapel Hill: University of North Carolina Press, 2005.

Hasian, Jr. 2004 — Hasian, Marouf, Jr. Remembering and Forgetting the 'Final Solution': A Rhetorical Pilgrimage through the US Holocaust Memorial Museum. Critical Studies in Media Communication 21, no. 1 (2004): 64–92. doi:10.1080/0739318042000184352.

Haynes 2002 — Haynes, Stephen R. Noah's Curse: The Biblical Justification of American Slavery. Oxford: Oxford University Press, 2002.

Hedges 2006 — Hedges, Chris. American Fascists: The Christian Right and the War on America. New York: Free, 2006.

Hennigan 2014 — Hennigan, Tom. An Initial Estimate toward Identifying and Numbering the Ark Turtle and Crocodile Kinds. Answers Research Journal 7 (2014): 1–10.

Henning 2014 — Henning, Meghan. Educating Early Christians through the Rhetoric of Hell: Weeping and Gnashing of Teeth as Paideia in Matthew and the Early Church. Tübingen: Mohr Siebeck, 2014.

Hentschel 2015 — Hentschel, Jason. Evangelicals, Inerrancy, and the Quest for Certainty: Making Sense of Our Battles for the Bible. PhD diss., University of Dayton, 2015.

Hetherington 2002 — Hetherington, Kevin. The Unsightly: Touching the Parthenon Frieze. Theory, Culture & Society 19, no. 5/6 (2002): 187–205.

Himes 1995 — Himes, Michael J. Doing the Truth in Love: Conversations about God, Relationships, and Service. New York: Paulist, 1995.

Homchick 2009 — Homchick, Julie. Displaying Controversy: Evolution, Creation, and Museums. PhD diss., University of Washington, 2009. UMI Microform (3377287).

Hughes 2009 — Hughes, Richard T. Christian America and the Kingdom of God. Urbana: University of Illinois Press, 2009.

Jackson 2007 — Jackson, Brian. Jonathan Edwards Goes to Hell (House): Fear Appeals in American Evangelism. Rhetoric Review 26, no. 1 (2007): 42–59. doi:10.1207/s15327981rr2601_3.

Johnson 2008 — Johnson, Davi. Psychiatric Power: The Post-Museum as a Site of Rhetorical Alignment. Communication and Critical/Cultural Studies 5, no. 4 (2008): 344–362. doi:10.1080/14791420802412423.

Joubert 2012 — Joubert, Callie. The Unbeliever at War with God: Michael Ruse and the Creation-Evolution Controversy. Answers Research Journal 5 (2012): 125–39.

Kelly, Hoerl 2012 — Kelly, Casey Ryan, and Kristen E. Hoerl. Genesis in Hyperreality: Legitimizing Disingenuous Controversy at the Creation Museum. Argumentation and Advocacy 48, no. 3 (2012): 123–141.

Kirshenblatt-Gimblett 1991 — Kirshenblatt-Gimblett, Barbara. Objects of Ethnography. In Exhibiting Cultures: The Poetics and Politics of Museum Display, edited by Ivan Karp and Steven D. Lavine, 386–443. Washington, DC: Smithsonian Institution Press, 1991.

Kosmin 2009 — Kosmin, Barry A., and Ariela Keysar. American Religious Identification Survey 2008: Summary Report. Hartford, CT: Trinity College Program of Public Values, 2009. http://www.americanreligionsurvey-aris.org.

Krauss 2007 — Krauss, Lawrence. Museum of Misinformation. New Scientist, May 26, 2007, 23.

Kraybill, Nolt, Weaver-Zercher 2007 — Kraybill, Donald B., Steven M. Nolt, and David Weaver-Zercher. Amish Grace: How Forgiveness Transcended Tragedy. San Francisco: Jossey-Bass, 2007.

Kruse 2015 — Kruse, Kevin M. One Nation under God: How Corporate America Invented Christian America. New York: Basic Books, 2015.

Laats 2010 — Laats, Adam. Fundamentalism and Education in the Scopes Era: God, Darwin, and the Roots of America's Culture Wars. New York: Palgrave Macmillan, 2010.

Laclau 2001 — Laclau, Ernesto, and Chantal Mouffe. Hegemony and Socialist Strategy: Towards a Radical Democratic Politics. 2nd ed. New York: Verso, 2001.

Lamoureux 2009 — Lamoureux, Denis O. I Love Jesus & I Accept Evolution. Eugene, OR: Wipf and Stock, 2009.

Larkin 2007 — Larkin, Ralph W. Comprehending Columbine. Philadelphia: Temple University Press, 2007.

Larson 1997 — Larson, Edward J. Summer for the Gods: The Scopes Trial and America's Continuing Debate over Science and Religion. Cambridge, MA: Harvard University Press, 1997.

Larson 2003 — Larson, Edward J. Trial and Error: The American Controversy over Creation and Evolution. 3rd ed. Oxford: Oxford University Press, 2003.

Lavoie 213 — Lavoie, Jeffrey D. Segregation and the Baptist Bible Fellowship: Integration, Anti-Communism, and Religious Fundamentalism, 1950s–1970s. Bethesda, MD: Academica, 2013.

Lessl 2012 — Lessl, Thomas M. Rhetorical Darwinism: Religion, Evolution, and the Scientific Identity. Waco, TX: Baylor University Press, 2012.

Lindberg 2003 — Lindberg, David C. Galileo, the Church, and the Cosmos. In When Science and Christianity Meet, edited by David C. Lindberg and Ronald L. Numbers, 33–60. Chicago: University of Chicago Press, 2003.

Lindsey 2002 — Lindsey, Hal. The Everlasting Hatred: The Roots of Jihad. Murietta, CA: Oracle House, 2002.

Loucks 2009 — Loucks, Ira S. [pseud.]. Fungi from the Biblical Perspective: Design and Purpose in the Original Creation. Answers Research Journal 2 (2009): 123–131.

Luther 1958 — Luther, Martin. Luther's Works. Vol. 1, Lectures on Genesis: Chapters 1–5, edited by Jaroslav Pelikan, translated by George V. Schick. St. Louis, MO: Concordia, 1958.

Luther 1967 — Luther, Martin. Luther's Works. Vol. 54, Table Talk, edited by Helmut T. Lehmann, edited and translated by Theodore G. Tappert. Philadelphia: Fortress, 1967.

Lynch 2013 — Lynch, John. 'Prepare to Believe': The Creation Museum as Embodied Conversion Narrative. Rhetoric and Public Affairs 16, no. 1 (2013): 1–28.

MacDonald 1998a — MacDonald, Sharon. Afterword: From War to Debate. In The Politics of Display: Museums, Science, Culture, edited by Sharon MacDonald, 229–35. New York: Routledge, 1998.

MacDonald 1998b — MacDonald, Sharon. Exhibitions of Power and Powers of Exhibition: An Introduction to the Politics of Display. In The Politics of Display: Museums, Science, Culture, edited by Sharon MacDonald, 1–24. New York: Routledge, 1998.

MacDonald 1998c — MacDonald, Sharon. Supermarket Science? Consumers and 'the Public Understanding of Science.' In The Politics of Display: Museums, Science, Culture, edited by Sharon MacDonald, 118–137, New York: Routledge, 1998.

Maltby 2013 — Maltby, Paul. Christian Fundamentalism and the Culture of Disenchantment. Charlottesville: University of Virginia Press, 2013.

Marsden 1980 — Marsden, George M. Fundamentalism and American Culture: The Shaping of Twentieth-Century Evangelicalism: 1870–1925. New York: Oxford University Press, 1980.

Marsden 1991 — Marsden, George M. Understanding Fundamentalism and Evangelicalism. Grand Rapids, MI: Eerdmans, 1991.

Martin 2010 — Martin, Rod. A Proposed Bible-Science Perspective on Global Warming. Answers Research Journal 3(2010): 91–106.

Martin 1996 — Martin, William. With God on Our Side: The Rise of the Religious Right in America. New York: Broadway Books, 1996.

Matzke 2010 — Matzke, Nicholas J. The Evolution of Creationist Movements. Evolution: Education and Outreach 3 (June 2010): 145–162. http://link.springer.com/article/10.1007%2Fs12052-010-0233-1.

May 1994 — May, Gerhard. Creatio ex Nihilo: The Doctrine of Creation out of Nothing in Early Christian Thought, translated by A. S. Worrall. Edinburgh: T & T Clark, 1994.

McGrath 2007 — McGrath, Alister E. Christianity's Dangerous Idea: The Protestant Revolution—a History from the Sixteenth Century to the Twenty-First. New York: HarperOne, 2007.

McKeever, Vaterlaus, King 2008 — McKeever, Stacia, Gary Vaterlaus, and Diane King. The Creation Museum: Behind the Scenes! Hebron, KY: Answers in Genesis, 2008.

Michael 2006 — Michael, Robert. Holy Hatred: Christianity, Antisemitism, and the Holocaust. New York: Palgrave Macmillan, 2006.

Moran 2012 — Moran, Jeffrey P. American Genesis: The Antievolution Controversies from Scopes to Creation Science. Oxford: Oxford University Press, 2012.

Moreton 2009 — Moreton, Bethany. To Serve God and Wal-Mart: The Making of Christian Free Enterprise. Cambridge, MA: Harvard University Press, 2009.

Morris 1989 — Morris, Henry M. The Long War against God: The History and Impact of the Creation/Evolution Conflict. Grand Rapids, MI: Baker Book House, 1989.

Morris 1995 (2012) — Morris, Henry M., ed. The Henry Morris Study Bible (King James Version). 1995. Reprint, Green Forest, AR: Master Books, 2012.

Moses 2004 — Moses, A. Dirk. Genocide and Settler Society: Frontier Violence and Stolen Indigenous Children in Australian History. New York: Berghahn Books, 2004.

Moses 2008 — Moses, A. Dirk. Empire, Colony, Genocide: Conquest, Occupation, and Subaltern Resistance in World History. New York: Berghahn Books, 2008.

Nelson 2014 — Nelson, G. Blair. Infidel Science! Polygenism in the Mid-Nineteenth-Century American Weekly Religious Press. PhD diss., University of Wisconsin–Madison, 2014.

Newman 2001 — Newman, Mark. Getting Right with God: Southern Baptists and Desegregation, 1945–1995. Tuscaloosa: University of Alabama Press, 2001.

Newsom 1996 — Newsom, Carol A. The Book of Job: Introduction, Commentary, and Reflections. In vol. 4, The New Interpreter's Bible: A Commentary in Twelve Volumes, edited by Leander E. Keck et al., 317–637. Nashville, TN: Abingdon, 1996.

Noll 1994 — Noll, Mark A. The Scandal of the Evangelical Mind. Grand Rapids, MI: Eerdmans, 1994.

Noll 2006 — Noll, Mark A. The Civil War as a Theological Crisis. Chapel Hill: University of North Carolina Press, 2006.

Noll 2011 — Noll, Mark A. Jesus Christ and the Life of the Mind. Grand Rapids, MI: Eerdmans, 2011.

Numbers 1998 — Numbers, Ronald L. Darwinism Comes to America. Cambridge, MA: Harvard University Press, 1998.

Numbers 2004 — Numbers, Ronald L. Ironic Heresy: How Young-Earth Creationists Came to Embrace Rapid Microevolution by Means of Natural Selection. In Darwinian Heresies, edited by Abigail Lustig, Robert J. Richards, and Michael Ruse, 84–100. Cambridge: Cambridge University Press, 2004.

Numbers 2006 — Numbers, Ronald L. The Creationists: From Scientific Creationism to Intelligent Design. Expanded edition. Cambridge, MA: Harvard University Press, 2006.

Numbers, Schoepflin 2014 — Numbers, Ronald L., and Rennie Schoepflin. Science and Medicine. In Ellen Harmon White: American Prophet, edited by Terrie Dopp Aamodt, Gary Land, and Ronald L. Numbers, 196–223. Oxford: Oxford University Press, 2014.

Numbers, Willey 2015 — Numbers, Ronald L., and T. Joe Willey. Baptizing Dinosaurs: How Once-Suspect Evidence of Evolution Came to Support the Biblical Narrative. Spectrum 43 (Winter 2015): 57–68.

Obama 2006 — Obama, Barack. The Audacity of Hope: Thoughts on Reclaiming the American Dream. New York: Crown, 2006.

Oberlin 2014 — Oberlin, Kathleen Curry. Mobilizing Epistemic Conflict: The Creation Museum and the Creationist Social Movement. PhD diss., Indiana University, 2014.

Oppenheimer 1968 — Oppenheimer, Frank. Rationale for a Science Museum. Curator: The Museum Journal 11, no. 3 (1968): 206–9. http://www.exploratorium.edu/files/about/our_story/history/frank/pdfs/rationale.pdf.

Oppenheimer 1972 — Oppenheimer, Frank. The Exploratorium: A Playful Museum Combines Perception and Art in Science Education. American Journal of Physics 40, no. 7 (1972). http://www.exploratorium.edu/files/about/our_story/history/frank/pdfs/playful_museum.pdf.

Oshatz 2012 — Oshatz, Molly. Slavery and Sin: The Fight against Slavery and the Rise of Liberal Protestantism. Oxford: Oxford University Press, 2012.

Ott, Aoki, Dickinson 2011 — Ott, Brian L., Eric Aoki, and Greg Dickinson. Ways of (Not) Seeing Guns: Presence and Absence at the Cody Firearms Museum. Communication and Critical/Cultural Studies 8, no. 3 (2011): 215–239. doi:10.1080/14791420.2011.594068.

Pahl 2011 — Pahl, Michael W. The Beginning and the End: Rereading Genesis's Stories and Revelation's Visions. Eugene, OR: Cascade Books, 2011.

Parezo 2007 — Parezo, Nancy J., and Don D. Fowler. Anthropology Goes to the Fair: The 1904 Louisiana Purchase Exposition. Lincoln: University of Nebraska Press, 2007.

Parks 2014 – Parks, Julia. Savior Slain as Sacrifice for Sinners: A Look at the Creation Museum's The Last Adam. University of Dayton, April 28, 2014.

Patterson 2008 — Patterson, Roger. Evolution Exposed: Earth Science. Hebron, KY: Answers in Genesis, 2008.

Peters 1999 — Peters, John Durham. Speaking into the Air: A History of the Idea of Communication. Chicago: University of Chicago Press, 1999.

Pierce 2009 — Pierce, Charles P. Idiot America: How Stupidity Became a Virtue in the Land of the Free. New York: Anchor Books, 2009.

Plato 1999 — Plato. Phaedrus. In Plato on Rhetoric and Language, edited by Jean Nienkamp, translated by Alexander Nehamas and Paul Woodruff, 165–214. New York: Routledge, 1999.

Purdum 2014 — Purdum, Todd S. An Idea Whose Time Has Come: Two Presidents, Two Parties, and the Battle for the Civil Rights Act of 1964. New York: Henry Holt, 2014.

Radosh 2010 — Radosh, Daniel. Rapture Ready! Adventures in the Parallel Universe of Christian Pop Culture. New York: Soft Skull, 2010.

Richards 2005 — Richards, Robert J. The Narrative Structure of Moral Judgments in History: Evolution and Nazi Biology. The 2005 Nora and Edward Ryerson Lecture. University of Chicago, April 12, 2005. http://home.uchicago.edu/~rjr6/articles/Ryerson%20Lecture—%20Moral%20Judgment%20in%20History.pdf.

Richards 2013 — Richards, Robert J. Was Hitler a Darwinian? Disputed Questions in the History of Evolutionary Theory. Chicago: University of Chicago Press, 2013.

Richardson 2009 — Richardson, Joel. The Islamic Antichrist: The Shocking Truth about the Real Nature of the Beast. Los Angeles: World Net Daily, 2009.

Rios 2014 — Rios, Christopher M. After the Monkey Trial: Evangelical Scientists and a New Creationism. New York: Fordham University Press, 2014.

Roberts 2007 — Roberts, Michael B. Genesis Chapter 1 and Geological Time from Hugo Grotius and Marin Mersenne to William Conybeare and Thomas Chalmers (1620–1825). In Myth and Geology, edited by Luigi Piccardi and W. Bruce Masse, 39–50. London: Geological Society of London, 2007.

Rodgers 2011 — Rodgers, Daniel T. Age of Fracture. Cambridge, MA: Belknap Press of Harvard University Press, 2011.

Rosenhouse 2012 — Rosenhouse, Jason. Among the Creationists: Dispatches from the Anti-Evolutionist Front Line. New York: Oxford University Press, 2012.

Rothstein 1970 — Rothstein, Jandos. Graphic Displays of Faith. Print 62, no. 1 (2008): 97–101. Sandeen, Ernest R. The Roots of Fundamentalism: British & American Millenarianism, 1800–1930. Chicago: University of Chicago Press, 1970.

Sarna 1989 — Sarna, Nahum M. Genesis Be-reshit: The Traditional Hebrew Text with New JPS Translation, with commentary by Nahum M. Sarna. Philadelphia: Jewish Publication Society, 1989.

Schneider 2010 — Schneider, John R. Recent Genetic Science and Christian Theology on Human Origins: An 'Aesthetic Supralapsarianism.' Perspectives on Science and Christian Faith 62 (September 2010): 196–212.

Scofield 1909 — Scofield, C. I., ed. The Scofield Reference Bible (King James Version). New York: Oxford University Press, American Branch, 1909.

Scofield 1917 — Scofield, C. I. The Scofield Reference Bible (King James Version). 2nd ed. New York: Oxford University Press, 1917.

Shapiro 2013 — Shapiro, Adam R. Trying Biology: The Scopes Trial, Textbooks, and the Anti-evolution Movement in American Schools. Chicago: University of Chicago Press, 2013.

Siebert 2013 — Siebert, Eve. Monsters and Dragons and Dinosaurs, Oh My: Creationist Interpretations of Beowulf. Skeptical Inquirer 37 (January–February 2013), 43–48.

Skolfield 2011 — Skolfield, Ellis H. Islam in the End Times. Fort Myers, FL: Fish House, 2007.

Smith 2011 — Smith, Christian. The Bible Made Impossible: Why Biblicism Is Not a Truly Evangelical Reading of Scripture. Grand Rapids, MI: Brazos, 2011.

Smith 2013 — Smith, Robert O. More Desired than Our Owne Salvation: The Roots of Christian Zionism. New York: Oxford University Press, 2013.

Stephens, Giberson 2011 — Stephens, Randall J., and Karl W. Giberson. The Anointed: Evangelical Truth in a Secular Age. Cambridge, MA: Belknap Press of Harvard University Press, 2011.

Storr 2014 — Storr, Will. The Unpersuadables: Adventures with the Enemies of Science. New York: Overlook, 2014.

Sutton 2014 — Sutton, Matthew Avery. American Apocalypse: A History of Modern Evangelicalism. Cambridge, MA: Belknap Press of Harvard University Press, 2014.

Teslow 1998 — Teslow, Tracy Lang. Reifying Race: Science and Art in Races of Mankind at the Field Museum of Natural History. In Politics of Display: Museums, Science, Culture, edited by Sharon MacDonald, 53–76. New York: Routledge, 1998.

Thuesen 1999 — Thuesen, Peter Johannes. In Discordance with the Scriptures: American Protestant Battles over Translating the Bible. New York: Oxford University Press, 1999.

Thurs 2011 — Thurs, Daniel P. Scientific Methods. In Wrestling with Nature: From Omens to Science, edited by Peter Harrison, Ronald L. Numbers, and Michael H. Shank, 307–335. Chicago: University of Chicago Press, 2011.

Trollinger 2011 — Trollinger, Susan. From Reading to Revering the Good Book: How the Bible Became Fossil at the Creation Museum. The Maryville Symposium: Conversations of Faith and the Liberal Arts: The Proceedings, 29–49. Maryville, TN: Maryville College, 2011.

Trollinger, Jr. 1990 — Trollinger, William Vance, Jr. God's Empire: William Bell Riley and Midwestern Fundamentalism. Madison: University of Wisconsin Press, 1990.

Trollinger, Jr. 2009 — Trollinger, William Vance, Jr. An Outpouring of 'Faithful' Words: Protestant Publishing in the United States. In Print in Motion: The Expansion of Publishing and Reading in the United States, 1880–1940, edited by Carl Kaestle and Janice Radway, vol. 4, History of the Book in America, 359–75. Chapel Hill: University of North Carolina Press, 2009.

Trollinger, Jr. 2013 — Trollinger, William Vance, Jr. Evangelicalism and Religious Pluralism in Contemporary America: Diversity Without, Diversity Within, and Maintaining the Borders. In Gods in America: Religious Pluralism in the United States, edited by Charles Cohen and Ronald L. Numbers, 105–124. New York: Oxford University Press, 2013.

Trouble in Paradise 2006 — Trouble in Paradise: Answers in Genesis Splinters. Reports of the National Center for Science Education 26 (2006), http://ncse.com/rncse/26/6/trouble-paradise

Waltke, Fredricks 2001 — Waltke, Bruce K., with Cathi J. Fredricks. Genesis: A Commentary. Grand Rapids, MI: Zondervan, 2001.

Walton 2006 — Walton, John H. Ancient Near Eastern Thought and the Old Testament: Introducing the Conceptual World of the Hebrew Bible. Grand Rapids, MI: Baker Academic, 2006.

Walton 2009 — Walton, John H. The Lost World of Genesis One: Ancient Cosmology and the Origins Debate. Downers Grove, IL: InterVarsity, 2009.

Ware 2001 — Ware, A. Charles. Prejudice and the People of God: How Revelation and Redemption Lead to Reconciliation. Grand Rapids, MI: Kregel, 2001.

Ware 2005 — Ware, Bruce A. Father, Son, and Holy Spirit: Relationships, Roles, and Relevance. Wheaton, IL: Crossway, 2005.

Watkins 2014 — Watkins, Steven Mark. An Analysis of the Creation Museum: Hermeneutics, Language, and Information Theory. PhD diss., University of Louisville, 2014.

Weber 1982 — Weber, Timothy P. The Two-Edged Sword: The Fundamentalist Use of the Bible. In The Bible in America: Essays in Cultural History, edited by Nathan O. Hatch and Mark A. Noll, 101–120. New York: Oxford University Press, 1982.

Weikart 2004 — Weikart, Richard. From Darwin to Hitler: Evolutionary Ethics, Eugenics, and Racism in Germany. New York: Palgrave Macmillan, 2004.

Weikart 2009 — Weikart, Richard. Hitler's Ethic: The Nazi Pursuit of Evolutionary Progress. New York: Palgrave Macmillan, 2009.

Weinberg 2014 — Weinberg, Carl R. 'Ye Shall Know Them by Their Fruits': Evolution, Eschatology, and the Anticommunist Politics of George McCready Price. Church History 83 (September 2014): 684–722.

Weindling 2010 — Weindling, Paul. Genetics, Eugenics, and the Holocaust. In Biology and Ideology: From Descartes to Dawkins, edited by Denis R. Alexander and Ronald L. Numbers, 192–214. Chicago: University of Chicago Press, 2010.

Wenham 1987 — Wenham, Gordon J. Genesis 1–15. Waco, TX: Word, 1987.

Whitcomb, Morris 1961 — Whitcomb, John C., and Henry M. Morris. The Genesis Flood: The Biblical Record and Its Scientific Implications. Phillipsburg, NJ: Presbyterian and Reformed, 1961.

Whitford 2009 — Whitford, David M. The Curse of Ham in the Early Modern Era: The Bible and the Justifications for Slavery. Farnham, England: Ashgate, 2009.

Williams 2010 — Williams, Daniel K. God's Own Party: The Making of the Christian Right. Oxford: Oxford University Press, 2010.

Wolf 2010 — Wolf, Maryanne. Our 'Deep Reading' Brain: Its Digital Evolution Poses Questions. Nieman Reports 64 (Summer 2010): 7–8.

The World's Most Famous Court Trial... 1990 — The World's Most Famous Court Trial: Tennessee Evolution Case. 1925. 2nd reprint edition. Dayton, TN: Bryan College, 1990.

Worthen 2014 — Worthen, Molly. Apostles of Reason: The Crisis of Authority in American Evangelicalism. Oxford: Oxford University Press, 2014.

Zagacki 2009 — Zagacki, Kenneth S., and Victoria J. Gallagher. Rhetoric and Materiality in the Museum Park at the North Carolina Museum of Art. Quarterly Journal of Speech 95, no. 2 (2009): 171–191. doi:10.1080/00335630902842087.

Zelizer 2004 — Zelizer, Barbie. The Voice of the Visual in Memory. In Framing Public Memory, edited by Kendall R. Phillips, 157–186. Tuscaloosa: University of Alabama Press, 2004.

Рекомендации для дальнейшего прочтения

Современные исследования фундаментализма стоят на двух классических китах: работах Эрнста Сандина и Джорджа Марсдена.

Ernest R. Sandeen, The Roots of Fundamentalism: British and American Millenarianism, 1800–1930 (Chicago: University of Chicago Press, 1970); George M.
Marsden, Fundamentalism and American Culture: The Shaping of Twentieth-Century Evangelicalism: 1870–1925 (New York: Oxford University Press, 1980).

Их труды вдохновили целую плеяду превосходных исследователей, включая:

Margaret Lamberts Bendroth, Fundamentalism and Gender, 1875 to the Present (New Haven, CT: Yale University Press, 1993);
Joel A. Carpenter, Revive Us Again: The Reawakening of American Fundamentalism (New York: Oxford University Press, 1997);
Barry Hankins, God's Rascal: J. Frank Norris and the Beginnings of Southern Fundamentalism (Lexington: University Press of Kentucky, 1996);
D. G. Hart, Defending the Faith: J. Gresham Machen and the Crisis of Conservative Protestantism in Modern America (Baltimore: Johns Hopkins University Press, 1994);
William Vance Trollinger, Jr., God's Empire: William Bell Riley and Midwestern Fundamentalism (Madison: University of Wisconsin Press, 1990).

В те же годы одна за другой начали появляться работы, посвященные тому, каким образом фундаментализм обращается с текстом Библии. Упомянем здесь следующие из них:

Nancy Tatom Ammerman, Bible Believers: Fundamentalists in the Modern World (New Brunswick, NJ: Rutgers University Press, 1987);

James Barr, Escaping from Fundamentalism (London: SCM, 1984) ___Fundamentalism (Philadelphia: Westminster, 1978);

Kathleen C. Boone, The Bible Tells Them So: The Discourse of Protestant Fundamentalism (Albany: State University of New York Press, 1989);

Susan Friend Harding, The Book of Jerry Falwell: Fundamentalist Language and Politics (Princeton, NJ: Princeton University Press, 2000);

Harriet A. Harris, Fundamentalism and Evangelicals (Oxford: Oxford University Press, 1998);

Mark A. Noll, The Scandal of the Evangelical Mind (Grand Rapids, MI: William B. Eerdmans, 1994), Jesus Christ and the Life of the Mind (Grand Rapids, MI: William B. Eerdmans, 2011);

Peter Johannes Thuesen, In Discordance with the Scriptures: American Protestant Battles over Translating the Bible (New York: Oxford University Press, 1999);

Timothy P. Weber, "The Two-Edged Sword: The Fundamentalist Use of the Bible," in The Bible in America: Essays in Cultural History, ed. Nathan O. Hatch and Mark A. Noll (New York: Oxford University Press, 1982), 101–120.

Крупнейшим исследованием диспенсационного премилленаризма по-прежнему остается

Paul Boyer. When Time Shall Be No More: Prophecy Belief in Modern American Culture (Cambridge, MA: Belknap Press of Harvard University Press, 1992).

В новом, XXI столетии обновились и окончательно оформились штудии американского фундаментализма: появилось множество выдающихся работ, многие из которых пристально рассматривают экономические и политические аспекты движения. Ниже следует перечень наиболее значимых работ.

Darren Dochuk, From Bible Belt to Sunbelt: Plain-Folk Religion, Grassroots Politics, and the Rise of Evangelical Conservatism (New York: W. W. Norton, 2011)

Timothy E. W. Gloege, Guaranteed Pure: The Moody Bible Institute, Business, and the Making of Modern Evangelicalism (Chapel Hill: University of North Carolina Press, 2015);

Kevin M. Kruse, One Nation under God: How Corporate America Invented Christian America (New York: Basic Books, 2015);

Paul Maltby, Christian Fundamentalism and the Culture of Disenchantment (Charlottesville: University of Virginia Press, 2013);

Bethany Moreton, To Serve God and Wal-Mart: The Making of Christian Free Enterprise (Cambridge, MA: Harvard University Press, 2009);

Matthew Avery Sutton, American Apocalypse: A History of Modern Evangelicalism (Cambridge, MA: Belknap Press of Harvard University Press, 2014);

Molly Worthen, Apostles of Reason: The Crisis of Authority in American Evangelicalism (Oxford: Oxford University Press, 2014).

Многие ученые и журналисты (с переменным, надо сказать, успехом) писали о правом христианском движении. Ниже представлены работы, заслуживающие пристального внимания:

Randall Balmer, Thy Kingdom Come: How the Religious Right Distorts the Faith and Threatens America (New York: Basic Books, 2006);

Cynthia Burack, Sin, Sex, and Democracy: Antigay Rhetoric and the Christian Right (Albany: State University of New York Press, 2008);

Joseph Crespino, "Civil Rights and the Religious Right," in Rightward Bound: Making America Conservative in the 1970s, ed. Bruce J. Schulman and Julian E. Zelizer (Cambridge, MA: Harvard University Press, 2008), 91–105;

Michelle Goldberg, Kingdom Coming: The Rise of Christian Nationalism (New York: W. W. Norton, 2006);

Chris Hedges, American Fascists: The Christian Right and the War on America (New York: Free, 2006);

William C. Martin, With God on Our Side: The Rise of the Religious Right in America (New York: Broadway Books, 1996)

Daniel K. Williams' God's Own Party: The Making of the Christian Right (Oxford: Oxford University Press, 2010).

Что касается истории креационизма, то здесь — вотчина Рональда Намберса, вклад которого в изучение темы поистине колоссален. Лучше всего начать с комплексной монографии:

Ronald L. Numbers The Creationists: From Scientific Creationism to Intelligent Design, expanded edition (Cambridge, MA: Harvard University Press, 2006)

Подробнее о различных формах креационизма см.:

Nicholas Matzke, "The Evolution of Creationist Movements," Evolution: Education and Outreach 3(June 2010): 145–162.

О связях креационизма с правыми политиками см.:

Carl R. Weinberg, "'Ye Shall Know Them by Their Fruits': Evolution, Eschatology, and the Anticommunist Politics of George McCready Price," Church History 83 (September 2014): 684–722.

Существует богатая литература по процессу над Скоупсом и его последствиями:

Paul K. Conkin, When All the Gods Trembled: Darwinism, Scopes, and American Intellectuals (Lanham, MD: Rowman and Littlefield, 1998);
Adam Laats, Fundamentalism and Education in the Scopes Era: God, Darwin, and the Roots of America's Culture Wars (New York: Palgrave Macmillan, 2010);
Edward J. Larson, Summer for the Gods: The Scopes Trial and America's Continuing Debate over Science and Religion (Cambridge, MA: Harvard University Press, 1997);
Trial and Error: The American Controversy over Creation and Evolution, 3rd ed. (Oxford: Oxford University Press, 2003);
Jeffrey P. Moran, American Genesis: The Antievolution Controversies from Scopes to Creation Science (Oxford: Oxford University Press, 2012);
Christopher M. Rios, After the Monkey Trial: Evangelical Scientists and a New Creationism (New York: Fordham University Press, 2014);
Adam R. Shapiro, Trying Biology: The Scopes Trial, Textbooks, and the Antievolution Movement in American Schools (Chicago: University of Chicago Press, 2013).

Настоящая книга — первая, посвященная всестороннему анализу Музея Сотворения мира. Но, конечно, многие ученые и публицисты посещали Музей и описывали свои наблюдения в статьях и главах более общих работ. Отметим следующие:

Stephen T. Asma, "Solomon's House: The Deeper Agenda of the New Creation Museum in Kentucky," Skeptic, May 23, 2007, http://www.skeptic.com/eskeptic/07-05-23; [дата обращения — 11.06.2025]
Bernadette C. Barton, Pray the Gay Away: The Extraordinary Lives of Bible Belt Gays (New York: New York University Press, 2012);
Ella Butler, "God Is in the Data: Epistemologies of Knowledge at the Creation Museum," Ethnos 75(2010): 229–251;
Casey Ryan Kelly and Kristen E. Hoerl, "Genesis in Hyperreality: Legitimizing Disingenuous Controversy at the Creation Museum," Argumentation and Advocacy 48 (2012): 123–141;

John Lynch, "'Prepare to Believe': The Creation Museum as Embodied Conversion Narrative," Rhetoric and Public Affairs 16 (2013): 1–28;

Daniel Phelps, "The Anti-Museum: An Overview and Review of the Answers in Genesis Creation 'Museum,'" National Center for Science Education, December 17, 2008, http://ncse.com/creationism/general/anti-museum-overview-review-genesis-creation-museum; [дата обращения — 11.06.2025]

Daniel Radosh, Rapture Ready! Adventures in the Parallel Universe of Christian Pop Culture (New York: Soft Skull, 2010);

Jason Rosenhouse, Among the Creationists: Dispatches from the Anti-Evolutionist Front Line (New York: Oxford University Press, 2012);

Jandos Rothstein, "Graphic Displays of Faith," Print 62 (2008): 97–101;

Randall J. Stephens and Karl W. Giberson, The Anointed: Evangelical Truth in a Secular Age (Cambridge, MA: Belknap Press of Harvard University Press, 2011)

Неудивительно, что тема Музея постепенно «обрастает» и диссертациями. Вот две замечательные работы:

Kathleen Curry Oberlin, "Mobilizing Epistemic Conflict: The Creation Museum and the Creationist Social Movement" (PhD diss., Indiana University, 2014),

Steven Mark Watkins, "An Analysis of the Creation Museum: Hermeneutics, Language, and Information Theory" (PhD diss., University of Louisville, 2014).

Также отметим чрезвычайно ценный анализ принципа безошибочности Писания, задающего весь богословский контекст младоземельного креационизма:

Jason Hentschel, "Evangelicals, Inerrancy, and the Quest for Certainty: Making Sense of Our Battles for the Bible" (PhD diss., University of Dayton, 2015).

Также отметим сочувственный, но вместе и критический взгляд на деятельность Джона Маккея, давнего креационистского боевого товарища Кена Хэма:

Will Storr, The Unpersuadables: Adventures with the Enemies of Science (New York: Overlook, 2014), 1–20

А также этнографический подход ко «Встрече с Ковчегом»:

James S. Bielo, "Literally Creative: Intertextual Gaps and Artistic Agency," in Scripturalizing the Human: The Written as the Political, ed. Vincent L. Wimbush (New York: Routledge, 2015), 20–34.

Предметно-именной указатель

аборты 17, 59, 84, 90, 196, 254, 262, 263, 279, 280, 296, 307
Ад, осуждение, угроза 366–373
Адвентизм седьмого дня 18, 20, 111, 119, 137, 344
адские дома 90
Адамс Себастьян 327, 328
академическая гордыня, нападки 225, 365
Айзенбек Брайан 355
Акенсон Дональд 212
Аллея граффити 7, 59, 84, 87, 196, 230, 233, 259–264, 269, 271–273, 295
аллозавр Эбенизер 62, 136, 144, 156–159, 162, 163, 204, 311, 312, 345
Американский альянс музеев 33, 36
Американский союз гражданских свобод 15, 253, 280
аналогии 80, 84–86, 92, 96, 152, 154, 155, 172, 173, 216, 281, 287, 380
Антидиффамационная лига 301
антисемитизм 81, 300, 301
  холокост и 301
  эволюция и 81, 300, 301

Апостолы Разума: Кризис авторитета в американском евангелизме / *Apostles of Reason*, книга Молли Уортен 97
Арель Дэн 106, 107
арианство 289
ассистированное самоубийство / эвтаназия 59, 84, 262, 263
атеизм и эволюция 243, 253, 254, 256, 270, 338, 363

Балмер Рэндалл 274, 307
Барр Джеймс 227
Бартон Бернадетт 270–273
Баттен Дон 291
безошибочность Библии, доктрина 10, 12–14, 16, 24, 25, 163, 186, 188, 212, 223–225, 227, 229, 232, 233, 270, 292, 308, 309, 320, 342, 353, 361, 384, 387
  аболиционисты и 303
  диссертация о 387
  младоземельный креационизм и 270
  рабство, сегрегация и 308
  сторонники 13, 223
  толкования и 223, 224, 309, 353
  фундаментализм и 10

Бэйтс Стивен 67
Беллармино Роберто 174
Бендрот Маргарет Ламбертс 285
Бенга Ота 297, 298
Беннетт Тони 39, 45, 48
Беовульф 64, 323–325, 388
Бергман Джерри 299, 326
Библейское баптистское братство 306
Библейский путь 6, 57, 61, 63, 76, 84, 87, 97, 100, 103, 120, 191, 192, 198, 201, 245, 248, 289, 294, 315; см. также *Эдемский сад*; зал *Исходных точек*; зал *Путешествие на Ковчеге*
Вавилонский зал 75, 202
гиперреальность 101–103
диорама *Первая семья* 63, 284, 285, 290, 294
диорама с археологическим раскопом 57, 67, 84, 120, 192, 245, 345
диорама с тираннозавром 70, 289
маршруты посетителей 47, 48, 50, 52, 74, 87, 88, 214
плакаты с *Семью "С" в Вечном замысле Бога* 58, 73, 74, 76
синтетические объекты 101
сравнение с веб-страницей 199–201
библейский текст, использование 10–13, 129, 133, 175, 176, 179–181, 185, 194, 195, 202, 204, 206, 213, 217, 220, 222, 226–229, 233, 237, 238, 240, 316, 323, 346, 372
в зале о *геологии Потопа* 207, 372

доктрина безошибочности Библии и 12, 223, 227
значение слова *день* 19, 217, 222, 234, 235
из *книги Бытия* 11, 152, 175, 192, 194, 202, 209, 213, 214, 218, 220, 222, 226
из Нового Завета 175
Библия 11, *passim*; см. также: Библейский путь; доктрина безошибочности; использование библейского текста; Бытие; Толковая Библия Генри Морриса; Комментированная Библия Скоуфилда
буквальное прочтение 12, 21, 67, 77, 105, 112, 113, 156, 177, 179–181, 217, 220, 223, 224, 236, 243, 291, 292, 305, 385
в зале с *Чудесами Соворения* 80, 127, 133, 135, 136, 194
высшая критика 25, 135, 185, 190, 192, 225, 299, 307, 335, 363
значение слова *день* 19, 217, 222, 234, 235
как истина 104, 121, 161–163, 174, 186, 187, 221, 223, 227–230, 237, 242, 266, 325, 333, 335, 340, 365
как пророчество 13, 77, 80, 227
как религиозный авторитет 184
наука о Библии 174–176
понимание текста 184, 218, 219, 222–224, 236, 237, 372
прямой смысл Писания 229
толкование 36, 113, 184, 190, 223, 224, 228, 229, 237, 239, 246
фундаменталистское использование 14, 15, 20, 190, 224,

227, 229, 233, 234, 237, 242, 246, 307, 369
чтение, согласно здравому смыслу 188
Библия им так сказала / The Bible Tells Them So, книга Кэтлин Бун 224
Библия, лишённая понимания / Bible Made Impossible, книга Кристиана Смита 223
Бигль Дьюи 229
бинарность/дихотомия 124, 246, 247, 270, 274, 282, 309, 314, 319, 364
   в представлении Музея 124
   в представлении *Ответов* 124, 247, 309
   гендерная 274, 282
   космическая 270
   культурная 247
   человеческий разум и Слово Божье 58, 177, 190, 191, 239, 246, 269, 295, 309
BioLogos 360–364
Бойс Дон 108
Боу Герардус 241–243
Брайан Уильям Дженнингс 18, 19, 111, 114, 234–236, 293
Брайановский колледж (Колледж Брайана) 355–358
брак 59, 84, 90, 247, 272–274, 276–282, 287, 290, 291, 307, 308, 310, 311, 338, 368–370, 385
   доктрина 290
   допустимость инцеста в 291
   межрасовый 307
   однополые браки 59, 84, 247, 273, 274, 276–281, 310, 368–370, 385

патриархат и 282–289
Браун Уильям 348
Бруггеманн Уолтер 212
буквальное прочтение Библии 12, 21, 67, 77, 112, 114, 177, 179–181, 219, 220, 224, 243, 284, 305, 313; см. также безошибочность Библии, доктрина; чтение, согласно здравому смыслу; прямой смысл Писания
Бун Джо 374
Бун Кэтлин 224
Буш Джордж У. 17
Бытие 9, 11, 15, 19–25, 59, 66, 71–73, 77, 79, 80, 82, 87, 100–106, 111–114, 117, 121, 124, 130, 137, 138, 152, 156, 158, 160, 169, 175, 177, 186–189, 194, 196–198, 202, 203, 205, 208, 209, 211–222, 224–226, 228–230, 232, 234, 236, 242–244, 251, 273–275, 283–286, 290, 299, 303, 305, 325, 327, 331, 333, 337–339, 341–343, 345, 347, 348, 354, 356, 363–365, 367, 372, 374, 377, 384–386, 388; см. также *Сотворение мира*
   зал *Чудес Сотворения* 59, 80, 137, 194
   значение слова *день* 19, 217, 222, 234, 235
   как буквальная история 135, 188, 225, 226, 236, 238
   ложные прочтения 364
   понимание *дневного века* 19, 232, 234, 236
   стихи из 175, 192, 194, 196, 197, 202, 203, 208, 214, 215, 219, 220,

222, 228, 229, 273, 274, 286, 303, 305, 331

Бытийный потоп: Библейские свидетельства и их научные обоснования / *The Genesis Flood*, книга Генри Морриса и Джона Уиткомба 20, 77, 98, 137, 187, 232, 236, 243, 244, 298, 299, 325, 377

Бьюкенен Маргарет 22

Вавилонская башня 26, 202, 224, 376, 384; см. зал *Вавилон*

Вайндлинг Пол 300

Вайкарт Ричард 299, 300

Великий Белый Престол, Суд 268

Верно разделяя Слово Истины / Rightly Dividing the Word of Truth, книга Сайруса Скоуфилда 227

Восхищение 82, 95

вид, категория 148, 149, 165, 332, 334, 335, 375

видеосюжет 84, 100, 112, 123, 125, 129, 135, 137, 151, 154, 178, 194, 196, 197, 201, 203, 204, 217, 282, 327, 334

Вавилон 203, 204

ДНК 197

Звезды 125

Слои породы 151

Солнечная система 125, 129, 178, 197

Виланд Карл 22–24, 291

включенное наблюдение 30

внеземные формы жизни 264

Война против христиан 264

Всемирная ассоциация христианских фундаменталистов 14

Вторая мировая война 51

выставки 28, 33, 39, 40, 47–50, 52, 53, 55, 73, 295, 297, 315, 375

Драконьи легенды 324, 332

Одна раса — одна кровь 302, 325

Человеческие расы в Филдовском Музее 49

Verbum Domini/Коллекция Грина 192

галактоцентризм 336

Галерея 6, 74

Галилей Галилео 174, 190, 232, 237–239, 244

Гардинг Сьюзан 234, 236, 308

Геккель Эрнст 297, 300

гендерная бинарность 274, 282

Георгий, святой 64, 323, 324, 332

геоцентризм 238–243, 336, 385

Герлах Джастин 169–171, 388

гетеросексуальность в Музее 270, 275, 282, 291

Германия в Первой мировой войне 299

Гиберсон Карл 34, 300, 330, 362, 367

гигантская сухопутная черепаха/ Geochelone 168, 169, 173, 388

Гиллеспи Боб 331, 335

Гиллеспи Лоис 331, 333

гиперреальность Музея Сотворения мира 101–103

Гитлер Адольф 81, 256, 280, 297–302

глобальное потепление 25–27, 326

глубокое чтение 199

Голдберг Мишель 263, 307

Гольден Стив 284
гомосексуальная повестка 281, 310
гомосексуальность 59, 90, 254, 259, 270, 272–277, 279, 281, 299, 305, 309, 310, 351
государственные школы 15, 18, 22, 253, 254, 258, 261, 263, 266, 307, 311, 326
  газетные статьи на *Аллее граффити* о 261
  интеграция 307
  Пероутка 311–313
  преподавание эволюции в 15, 18, 22, 253, 254, 263, 299
грех 9, 58, 60, 61, 74, 75, 78, 80, 82, 84, 85, 90, 126, 127, 133, 160, 189, 190, 213–216, 246, 256, 257, 264, 276, 283–287, 289, 290, 296, 316, 317, 320, 325, 332, 335, 338, 339, 369, 370
  Адама 9, 60, 61, 74, 75, 82, 84, 85, 189, 214, 257, 264, 283–285, 290, 316, 317, 325, 332
  гомосексуальность как 90, 276
  искупительное жертвоприношение 189, 316, 320, 370
Грудэм Уэйн 288, 289, 326
Гулд Стивен Джей 296, 298, 302

Дарби Джон Нельсон 76, 79–82
Дарроу Кларенс 19, 234–236, 293, 390
Дарвин Чарльз 68, 69, 81, 97, 148, 231, 244, 245, 249–251, 297–302, 326
Дарвин=Гитлер / от Дарвина к Гитлеру, нарратив 81, 298–302

дарвинизм 11, 12, 14, 15, 257, 296, 298, 300–302, 307; см.также эволюция
Дарвинова плантация / *Darwin's Plantation*, книга Кена Хэма, Чарльза Уэра и Тодда Хилларда 297, 298, 302, 307, 309
Дело староземельного креационизма: вердикт вынесен / *Old Earth Creationism*, книга Тима Чаффи и Джейсона Лайла 240
Дерзость надежды / *Audacity of hope*, книга Барака Обамы 267
Де Лэй Том 262, 263
Дженовезе Юджин 304, 305
Джонс Сара 350
динозавры 10, 34, 52, 55, 56, 57, 60, 61, 64, 65, 68, 70, 71, 100, 121, 136, 139, 144, 157, 158, 172, 214, 245, 282, 311, 321–325, 329, 332, 333, 335, 338, 342; см. также зал *Археологический раскоп*; *Аллозавр Эбенизер*; зал Лицом к лицу с аллозавром; тираннозавр в диораме выставка о Драконьих легендах 324, 332
  Гиллеспи о 335
  Динологово Бадди Дэвиса 64, 100, 321
  люди жили на Земле вместе с 55
  модели и реконструкции, 10, 60, 121
  при въезде в Музей 52
диорамы 10, 31, 34, 39, 42–45, 49–51, 53, 56, 57, 62, 65, 67, 68, 70–73, 91, 93–97, 101–105, 120,

121, 136, 198, 215, 243, 283, 289, 290, 294, 379
барьерах для доступа 72
в зале Путешествие на Ковчеге 62, 70, 71, 91, 93–97
в качестве *глазка* 44, 72, 102, 103, 105, 294
в Музее Сотворения мира 31, 34, 39, 56, 65, 72, 73, 101–105
в музеях естественной истории 39, 42, 44, 45, 49, 51, 73, 101, 103
внимание к деталям 71, 103
как *застывшее мгновение* 71
Первая семья 290, 294
Раскоп 120, 121
с тираннозавром 70, 298
синтетические объекты 101
Эйкли 44
диспенсационный премилленаризм 12, 14, 76, 77, 79, 80, 227, 228, 285, 368; см. также Скоуфилд Сайрус
евреи и Израиль в 79, 81, 82
первородный грех и 285
Семь Диспенсаций 78
Семь Столпов 78
Судные дни 82
дневной век, теория Сотворения мира 19, 232, 234, 236
документальная гипотеза 211, 212
доходы Музея 29
Драконова книжная лавка 6, 56, 64, 192, 217, 321, 328, 351
в качестве арсенала в культурной войне 324
книжный ассортимент в 328
онлайн-магазин 328

статуя Беовульфа в 64
Древние пришельцы / Ancient Aliens, тв-шоу 334
Древо жизни 71
Дюпон Кэролин Рене 306, 310

Евангельский феминизм и библейская истина / Evangelical Feminism and Biblical Truth, книга Уэйна Грудэма 288
евангелизм 18, 76, 97, 146, 223, 224, 268, 289, 325; см. также Христианские правые; креационизм; фундаментализм; младоземельный креационизм
всепроникающий интерпретативный плюрализм 224, 268
и тематический парк *Встреча с Ковчегом* 378, 379, 384
парацерковные организации, история 81, 385
рабство, сегрегация и 305, 306
евреи 13, 79–81, 206, 241, 300, 301, 304, 306, 307, 366
диспенсационный премилленаризм и 79, 81, 82
Лютер о 301
музейное повествование о 80, 81

женщины, роль 17, 25, 71, 85, 91, 95, 97, 194, 214, 247, 262, 263, 271, 273–275, 282, 283, 285–291, 294, 297, 338, 339, 343, 350, 351; см. также патриархат
в Музее Сотворения мира 95, 194, 247, 271, 282, 283, 290, 294, 343, 351

в Сидервилльском университете 343, 350, 351
Жубер Кэлли 27

зал *Авторитета Писания* 6, 58, 80, 191, 194–196, 230
зал *Актуальности Писания* 6, 195, 230, 259
зал *Археологический раскоп* 6, 120, 192, 282
зал *Вавилон* 7, 75, 202–204
зал *Главный* 65, 69, 70, 73, 83, 193, 325
зал *Геология Потопа* 7, 87, 96, 100, 136–145, 163, 204
  Земля погребена Потопом, плакат 150
  Ключ: Божье Слово, плакат 155
  Масштабы заднего двора, плакат 153–155
зал *Естественного отбора* 7, 62, 87, 147, 204
зал *Исходные точки* 6, 57, 74, 84, 177–180, 191, 201, 245, 332
  Взгляды разные, ибо разнятся исходные точки, плакат 57, 245
зал *Кризис культуры* 6, 59, 84, 87–89, 96, 233, 271
зал *Лицом к лицу с аллозавром* 7, 62; см. также аллозавр Эбенизер
зал *Строительства ковчега* 6, 204, 282
зал *Пещеры Скорбей* 6, 60, 84
зал *Планетарий звездочета* 6, 56, 100, 125–129, 135, 171, 178
  наблюдательная наука в 125, 129

  расположение 56
  Сотворенная Вселенния / Created Cosmos 122, 125, 135, 178
  стоимость билета 29, 55
зал *Мир после Потопа* 7, 136, 140–142, 154, 163–165, 178, 204, 212, 323
  Каньоны, видеосюжет 154, 155
  плакат *Воды Потопа отступают* 164
  геология потопа и 19, 20, 62, 63, 75, 122, 136, 137, 139, 140, 143, 145, 146, 149, 152, 154, 156, 162, 163, 172, 173, 178, 180, 207, 216, 322, 372
зал *Путешествие Ковчега* 7, 91, 93, 94, 178, 204, 283, 379
  дверь Ковчега в 91, 92, 95, 208, 212, 280, 281, 314, 375, 378–382
  диорама 62, 70, 71, 91, 93–97, 379
  повествование 159, 212
зал *Тоннель времени* 6, 59, 87, 96, 196
зал *Чудес Сотворения* 6, 59, 80, 87, 100, 123, 127, 129–137, 171, 177, 194
  космология 177
  научные наблюдения 123, 132, 135
  передвижение по залу 87
  текст на иврите 80
  фотографии и видеозаписи, представленные в 131
зал *Шатер Мафусаила* 61, 75, 85
Закон о правах избирателе 310, 313

За шесть дней / Six Days,
фильм 177
За шесть дней: возраст Земли и упадок Церкви / Six Days: The Age of the Earth and the Decline of the Church, книга Кена Хэма 338
Зиберт Ева 323
Зоват Марк 381

извержение вулкана Сент-Хеленс 62, 140, 140, 141, 153, 155
Израиль, в музейном повествовании 80–83, 373
Иисус 70, 75, 79, 80, 83, 84, 108, 176, 177, 183, 185, 188, 189, 213, 216, 234, 240, 242, 243, 264, 270, 273, 274, 277, 282, 286, 287, 289, 304, 316–320, 331, 333, 352, 355, 361, 367, 370–373
  как аналогия двери Ковчега 378, 380, 381
  как *Последний Адам* 75, 83, 318, 319
  отсутствие, в музее 83, 84, 319, 372, 373
  с грешниками 213, 370, 372
  Семь Столпов предвечного замысла Божьего 274
Инсекторий доктора Кроули 7, 64
Институт креационных исследований (ИКИ) / Institute for Creation Research (ICR) 21–23, 111, 159, 299, 336, 344
Интернет, логика 199
ислам, демонизация 59, 264, 267
Истина 187, 195, 225–227, 242, 246, 247, 325, 331, 333, 335, 340, 346, 347, 353, 364

Библия как 325, 333
историзм 11, 12
история 9, *passim*
  внимание к 40, 79–81, 83, 95, 98, 187, 301
  история естественнонаучных музеев 41, 42, 45, 66, 97, 100, 121
  тотализирующая 78
  христианская церковь и снижение интереса к 82, 83, 265, 301, 313, 338, 359, 384, 385
историческая наука 113, 115–119, 121, 124, 138, 139, 143, 145, 146, 160, 161, 186, 335

кабинеты диковин, курьезов, кунсткамеры 41–43
Каина жена 290, 293
кальвинистская богословие 286
Кальвиновский колледж 358–360, 362, 388
Каньоны, видеосюжет 154, 155
Карр Николас 183, 199, 200
Келли Кейси Райан 101, 102, 248
Кентукки и тематический парк *Встреча с Ковчегом* 29, 376, 383, 384
Кларк Джозеф 65
Книга Иова 207, 208
книга как технология коммуникации 183
Книга о Джерри Фолуэлле: фундаменталистская риторика и политика / The Book of Jerry Falwell, книга Сьюзан Гардинг 234
Койне Джерри А. 106–108

колледжи 19, 29, 81, 168, 218, 241 288, 299, 303, 308, 328–330, 340–344, 347, 351–363, 365, 387, 388; см. также Творческие колледжи
  расстрелы в 59, 254, 256–259, 261, 296, 310, 369
Коллинз Франсис 361–363
Комментированная Библия Скоуфилда 13, 20, 76, 227–230, 232, 233, 237, 285, 388
контент-анализ 31
Коперник Николай 174, 238, 239
космическая бинарность 270
космология Библии 174–177, 179, 180
Краусс Лоуренс 65
креационизм 11, 16, 18, 21–25, 28, 30, 40, 52, 66, 67, 76, 97, 100, 101, 105, 106, 108, 110–113, 118, 119, 122, 136–138, 147, 148, 159, 160, 171, 177, 180, 185, 225, 230, 237, 240, 250, 309, 325, 326, 329, 355, 372, 373, 385, 386, 388, 389; см. также младоземельный креационизм
  нарратив от Дарвина к Гитлеру / Дарвин=Гитлер 81, 298–302
кровосмешение, уместность 291, 294
культурная бинарность 247
культурная война 10, 23, 32, 231, 247, 269, 313, 314, 321, 324, 338, 355, 385
  арсенал *Драконовой книжной лавки* 321–338
  в Америке 10
  Ответы, Музея Сотворения мира и 247, 313, 314, 338, 385

Хэм о 23, 247, 269, 313, 314, 338, 355, 385
культурный упадок 23, 44, 96
Купер Билл 323, 324
Кэмпбел Гордон 228
Кэти Дэн 276

Ладен Грег 107
Лайель Чарльз 155, 231, 244, 245
Лайл Джейсон 122, 123, 173, 240, 241
Лайвсэй Стивен 356, 357
Лакло Эрнесто 247
Ларкин Ральф 255
либерализм в протестантизме 14
Лига Юга 312, 313
Ликлама Хайнц 336
Ложь / The Lie, книга Кена Хэма 160, 268, 325
Лой Марк 295
Люди в белом / Men in White, фильм Скотта П. Леви 56, 248, 248, 251, 253, 282, 295, 315, 335
Лютер Мартин 59, 184, 185, 192, 195, 221, 230, 231, 237, 239, 282, 301, 309, 312, 356, 373

магистериум, толкователь 224, 237
Макграф Алистер 184
Маккей Джон 22, 23, 413
МакКивер Стейша 76, 274
Мария и жертвоприношения 316, 319, 320
материальная речь музея 39, 40
материальные референты для синтетических объектов 101, 103, 104
Марш Патрик 374, 379, 381

машины времени, диорамы
как 44
методология 115, 146, 147,
160, 161
методы датировки 143, 249
Митчелл Элизабет 276–278
Мичэм Джон 265
младоземельный креационизм
11, 22, 23, 40, 52, 66, 67, 76, 97,
100, 105, 112, 113, 136, 137, 160,
171, 177, 180, 185, 225, 230, 237,
240, 309, 329, 372, 373, 385, 386;
см. также *Ответы Бытия*
аргументы в пользу 30, 66, 98,
100, 111–114, 145, 242
геология потопа и 100, 136,
137, 140, 145, 180, 230, 233, 328,
344, 386
диспенсационный премилленаризм в сравнении с 76,
77, 79
доктрина библейской безошибочности и 286, 227, 233, 413
Древние пришельцы 334, 335
категория вида в 148, 335
материальные свидетельства
в 100, 105
приверженность и ревностное
отношение к библейскому
тексту 226, 227, 239
Хэм и 22, 23, 111–114, 118, 119,
140, 160, 162, 177, 192, 217, 218,
270, 328, 340, 344, 352, 372, 385
млекопитающие в диорамах
Эйкли 44
модели, как данные исторической науки 142
Моррис Генри М., убеждения 7,
19–23, 77, 98, 111, 115, 137, 138,
159, 187, 188, 192, 213, 217–219,
232, 236, 244, 298, 299, 325, 336,
368, 370, 371
*Затяжная война против
Бога* 325
Потоп Бытия 77, 98, 137, 138,
187, 232, 244, 298, 325
Толковая Библия 187, 217, 219,
325, 368, 370
Мортенсон Терри 188, 220,
221, 252
Моя эволюция в Обезьяньем
городке / *Evolving in Monkey
Town*, книга Рэйчел Хелд
Эванс 355
музеи естественной истории
39–46, 48, 49, 50–53, 66, 69, 72,
73, 85, 86, 90, 101
история 41, 42
классические 73, 85, 86, 90
контроль за передвижением
посетителей 47–50
новый естественно-исторический музей 50–53
повествование 46
экспонирование предметов
в 42–45
Музей Сотворения Мира /
Музей 9, *passim*; см. также
Ответы Бытия, Библия, Хэм
Кен, политика
аккумулируемая прибыль 29
вид территории и здания
53–65
задачи и методы 30–32
институциональный музейный статус 33
интерьеры, внутренняя
обстановка 68

материальная речь 39, 40
обзорная экскурсия по 53–65
передвижение по 86–96
повествование в 73–86
предмет 99–105
представленные аргументы 17, 30, 31, 41, 100, 101, 118, 124, 136, 145, 152, 155, 159, 161, 172, 173, 233, 236, 291, 293, 296
христианские правые и 274, 311, 313, 340, 372, 385
экспозиция 69–73
Муфф Шанталь 247
Мэддокс Бруно 68
Мэддоу Рэйчел 312, 313
Май Герхард 220
Мэттьюс Майкл 35, 315, 318, 320

наблюдательная/обсервационная наука 115–117, 121–125, 128–130, 136, 138, 140, 141, 144, 147, 150, 152, 153, 156, 159–162, 166, 168, 169, 171, 333–335
Гиллеспи о 335
зал *Геологии Потопа* и 136–145, 163, 204
зал *Естественного отбора* и 147
зал *Чудес Сотворения* и 123, 127, 129–137, 171
как основание для выводов 146, 147
как подтверждение библейского Сотворения мира 117, 122, 123, 128, 160–162, 164, 168, 169, 334, 335
Музей Сотворения мира и 119, 121–124, 146, 159, 186, 335

планетарий 125, 129
надежда 80, 94–96, 134, 259, 267, 298, 318, 330, 343, 373, 382
Назорейские колледжи 354, 362, 366
Най Билл 106, 112, 143, 159, 177, 345, 374
Намберс Рональд Л. 77, 98, 138, 146, 296, 299, 389
настоящее время, конструирование 11, 74
наука 12, *passim*; см. также историческая наука; наблюдательная / обсервационная наука
авторитет 66, 114
библейская 174–176
в Музее Сотворения мира 177–181
евангелическая и фундаменталистская традиция 20, 23, 146, 353
Гиллеспи о 335
Хэм и 22, 23, 28, 31, 106, 111–119, 121, 124, 135, 138, 140, 143, 147, 160, 162, 173, 218, 325, 327, 344, 345, 352, 353, 365
научный метод Хэма 115, 147, 160, 163, 165, 173
нацизм и дарвинизм 300, 301
Небезразличные женщины Америк» / Concerned Women of America 17
Неудовлетворительно: христианские колледжи сдали экзамен на веру — *результаты налицо / Already Compromised*, книга Кена Хэма и Грега Холла 351, 352

непогрешимость Библии 152, 186, 246; см. безошибочность Библии, доктрина
Новый Завет, использование текста 69, 79, 175, 176, 197, 206, 260, 274, 304
Ноев Ковчег 29, 144, 158, 202, 280, 281, 375, 378–380
Нолл Марк 76, 145, 305
Ньюман Марк 306
Ньюсом Кэрол 207

О евреях и их лжи / Von den Juden und ihren Lügen, памфлет Мартина Лютера 301
Обама Барак 265, 267, 268, 278–281, 311, 327
Обезьяний процесс, судебный процесс над Скоупсом 15, 16, 19, 110, 111, 234, 293
обещание посетителям 96
общественное пространство, классический музей естественной истории как 47, 266, 267, 270
Общество исследований креационизма / Creation Research Society 21
обращение и фильм *Последний Адам* 318
Одна кровь / One Blood, книга Кена Хэма, Карла Виланда и Дона Баттена 291, 325
Опасная идея христианства / Christianity's Dangerous Idea, книга Алистера Макграфа 184
Оппенгеймер Фрэнк 50, 51, 53
опрос религиозной самоидентификации в США 265, 267, 352

Ответы Бытия как апологетическое служение 11, 24, 25, 71, 77, 82, 106, 112, 116, 121, 124, 130, 138, 162, 177, 186–189, 209, 220, 226, 274, 286, 299, 337, 338, 341–343, 347, 363–365, 372, 377, 384, 385, 388
вероучение 189
и младоземельный креационизм 372, 385
миссия организации 24, 274
Ответы, исследовательский журнал 26, 27, 36, 189, 247, 252, 268, 286, 303, 344, 369, 381
Отец, Сын и Святой Дух: отношения, роли и значение / Father, Son, and Holy Spirit, книга Брюса Уэра 288
Отмолить гомосексуальность: жизнь замечательных геев из Библейского пояса / Pray the Gay Away, книга Бернадетт Бартон 270
отступничество церквей и церковных лидеров 19, 78, 82, 86, 260; см. также очищение церкви
очищение церкви 338–366
Ошатц Молли 304

Паль Майкл 348
Пальмовая площадь 7, 63
память запоминание прочитанного 200
парацерковные организации история 81, 385
патриархат 286, 289
Паттерсон Пейдж 348, 349

Паттерсон Роджер 115, 116, 138, 139, 275
Первая мировая война 14, 15
передвижение посетителей 47–50
переходная терапия 275
Пероутка Майкл и фонд Пероутки 311–313
Петрусич Аманда 381, 382
печатный станок изобретение 59, 184, 192, 230, 231
письменность Платон о 223
плакат *Были ли динозавры драконами?* 322
плакат *модель потопа на рубеже палеозоя и мезозоя* 150
плакат *Проклятье* 289
плакат *Что случилось с Эбенизером?* 156
Платон 182, 183
  Федра 182, 183
плюрализм толкований библейского текста 223
политика 16, 30–32, 38, 234, 265, 307, 342, 389
посетители музеев 24, 35, 39, 40, 43, 50, 86, 101
  вуайеристы 90
  контроль за передвижением 47
  количество побывавших в Музее Сотворения мира 24
  наблюдение за другими посетителями 38, 43, 88, 89, 164, 227
После Потопа: ранняя постпотопная история Европы со времен Ноя / *After the Flood*, книга Билла Купера 323

Последний Адам / *The Last Adam* фильм Эдварда Бануэля 83, 315, 318, 319
Посредственность: что творит интернет с нашими мозгами / *The Shallows* Николаса Карра 199
Потерянный мир первой главы Бытия / *The Lost World of Genesis One,* книга Джона Уолтона 218, 221
Прайс Джордж Маккриди 18–20, 111, 112, 119, 137, 138, 243
предпосылки 68, 97, 98, 118, 120, 129, 139, 145, 146, 163, 173, 180, 268
  акцент на 97
Предрассудки и народ Божий: как откровение и искупление ведут к примирению, книга Чарльза Уэра 308
Пресвитерианская церковь США 368
прогресс 46, 49, 50, 112, 299
прогулки по Музею 294
проект Нового ковчега 374–385
  будущие этапы 376
  налоговые льготы 383
  сбор средств 374, 384
  судебный иск 384
  экономическая эффективность 384
происхождение всего, доказательства/свидетельства 336
Происхождении видов / *On the Origin of Species,* книга Чарльза Дарвина 69, 245, 296, 297, 300, 302
Проклятье, акцент на 214

Проклятие, плакат 214, 284, 285, 289
противоречащее Божественному и Святому Писанию 238, 239
протестанты 12–14, 16, 17, 20, 184, 185, 224, 227, 230, 243, 255, 286, 306, 361
прочтение Библии со здравым смыслом 188, 221, 305, 308, 372; см. также доктрина безошибочности / библейской непогрешимости, буквальное прочтении Библии
прошлое: историческая и наблюдательная наука 116, 117
Пурдом Джорджия 254, 282, 284, 287, 288, 344, 346
Путешествие по Музею Сотворения мира / Journey through the Creation Museum, брошюра 66, 100
Пятикнижие 211–213

рабство 302–305, 308
рабы в качестве наемной рабочей силы 303
Райли Уильям Белл 14
раса 112, 297, 300, 302, 306, 307, 309, 313, 325
   Вавилонская башня 63, 294
   институциональный расизм 309, 313
   рабство и сегрегация 302–308
   расовый дальтонизм в обществе 309, 312
   эволюция и расизм 296–300
Расовый вопрос 294–314
расовый дальтонизм в обществе 309, 312
расстрел в Виргинском политехническом институте 261
расстрел девяти чернокожих прихожан в церкви Чарлстона 310
расстрелы в школах 59, 254, 256, 257–259, 261, 296, 369
   амишей Найкл Майнс 257, 258
   Йокела 254, 256
   Колумбайн 254, 255, 258, 261
реализм диорам 44, 45, 70–73, 102, 103
Рейган Рональд 17
религиозный плюрализм Америки 267, 268
Республиканская партия 17
Реформация 184, 185, 222, 230
риторика 31, 36, 39, 161, 218, 234, 242, 247, 254, 268, 280, 301, 309, 310, 322, 340
риторические преимущества 113, 114, 180
   мобилизации науки 114
   наложение современной вселенной на библейскую картину 180
риторические цепочки эквиваленций 247
риторический стиль отображения текста 152
Ричардс Роберт 300
Робертсон Пэт 263
Роджерс Дэниел 309
Розенхаус Джейсон 36
Ротштейн Джандос 65
Руби Карл 348
Рузвельт Франклин Д. 16

саморефлексия, современные экспозиции как пространства 48, 53, 89, 90
Санджениc Роберт 239
сегрегация 303, 306–308
Семь Столпов предвечного замысла Божьего 73, 74–76, 78, 80, 82, 83, 88, 332
   передвижение по Музею 86–96
   Сотворение 74, 76, 78, 82
   Грехопадение 74, 78, 82, 88, 133, 224
   Катастрофа 78, 82
   Смешение 75, 78, 82
   Христос 7, 58, 75, 78, 79
   Крест 7, 58, 75, 78, 81, 97, 315
   Искупление 75, 78, 81, 85, 97, 315
Семь Столпов истории / The Seven C's of History, книга Кена Хэма и Стейши МакКивер 274
Семья в центре внимания 17
Сидервилльский университет 331, 343–351, 356, 388
СинХронологическая таблица с картой всеобщей истории Себастиана Адамса / Syn-Chronological Chart or Map of History 327
система жертвоприношений в фильме Последний Адам 316, 319, 320
Скоупс Джон Томас 15, 19, 59, 110, 111, 180, 196, 233, 234, 236, 243, 244, 293, 333, 355
   судебный процесс над Скоупсом / Обезьяний процесс 15, 16, 19, 110, 111, 234, 293

Скоуфилд Сайрус И. 13, 81, 227–230, 233, 244, 285
скоуфилдовская Библия 13, 20, 76, 227–230, 232, 233, 237, 285, 388
Слово Божье 12, 57–59, 66, 74, 75, 80, 82, 87, 93, 96, 99, 105, 113, 155, 160, 162, 163, 177, 179, 184–186, 189–192, 194, 201, 206, 214, 221, 222, 224–227, 229, 231, 236, 237, 239, 242, 244, 246, 247, 251, 257, 266, 268–270, 272, 278, 279, 281, 283, 284, 291, 293–295, 294, 295, 298, 305, 306, 308, 309, 314, 315, 320, 331–333, 338–342, 354, 356, 357, 361, 363–367, 384; см. также Библия
   как исходная точка для разума 57, 74, 84, 87, 190–192, 201, 246, 335
   как оппозиция человеческому разуму 57, 58, 177, 179, 190–192, 231, 239, 246, 269, 295, 309
   как основание Америки 266
   отношение христиан к 195
   церковь и авторитет 66, 114, 191, 192 221, 224, 237, 242, 266, 270, 291, 295, 305, 308, 331, 338, 339, 354, 361, 363, 366
Смит Кристиан 223
Смит Роберт О. 79
Снеллинг Эндрю 23, 26, 27, 151, 344
Сообщества, видеосюжет 134
Совет христианских колледжей и университетов / Council for Christian Colleges and Universities 352

современный естественнонаучный музей 45, 66, 97
Созданные для полета, видеосюжет 130
Сотворенная Вселенная / Created Cosmos, фильм 122, 125, 126, 130, 133, 135, 178
Сотни физических процессов ограничивают предельный возраст мира, слайд 336
спасение через дверь Ковчега 280, 378, 381
Стивенс Рэндалл 34, 330
Стюарты Лайман и Милтон 13, 14
Суд 74, 85, 86, 91–96, 99, 205, 206, 208, 281, 315–373
  ад и 366–373
  арсенал в культурной войне и 321–338
  Встреча с Ковчегом и 94–96, 205, 206, 208, 381, 382
  Иисус о 320, 370
  очищение церкви 338–366
Суд Христов 368, 371
суперсессионизм 79

творение из ничего / creatio ex nihilo, доктрина 219, 200, 226
Творец ясно видимый, видеосюжет 129, 130, 132
Творческие колледжи 342, 343, 347, 351, 357
Театр Последнего Адама 63, 75, 83, 97, 315, 318
Тейлор Пол 303–305
текстуальная перегрузка 198
тематический парк Встреча с Ковчегом 29, 329, 376

тематический парк Святая Земля 315
теория разрыва при Сотворении мира 228, 230, 232, 233
Теслоу Трэйси Лэнг 49, 50
технологии 65, 66, 71, 97, 98, 127, 182, 183, 199–201, 257
  интернет 199, 200
  книга как 183
  Музея Сотворения мира 65, 66, 71, 97, 98, 200, 201
  письменность как 182
  страх перед 51
Тилен Мартин 366
тираннозавр в диораме 34, 56, 61, 70, 289
Толковая Библия Генри Морриса / The Henry Morris Study Bible 325, 371
тотализирующий исторический нарратив 78
Троица и патриархат 289
Турпин Саймон 27

Уайт Джой 343
Уайт Томас 343, 349, 350
Уайт Эллен К. 18, 19
Уилберфорс Уильям 303
Уинслоу Марк 366
Уиткомб Джон 19, 20, 77, 98, 137, 232, 236, 234, 244, 377, 388
  Бытийный потоп: Библейские свидетельства и их научные обоснования 20, 77, 98, 137, 187, 232, 244, 377
  Встреча с ковчегом и 377
Уитмор Джон 344, 345
Университет Боба Джонса 342

Университет Джонса Хопкина с387
Университет Либерти 342, 356
уничтожение всего живого 82, 140
Уолтон Джон 181, 218, 219, 221, 222, 365
Уоррен Нил Кларк 277
Уортен Молли 97, 98
Уорфилд Бенджамен 232, 233
Уэнэм Гордон 209, 210
Уэр Брюс А. 288, 289
Уэр Чарльз 297, 308; см. также *Дарвинова плантация*

Фергюсон Брюс 39, 40
Филд Стэнли 49
Филдовский музей, Чикаго 49, 50, 73. 102
  экспозиция Эволюция нашей планеты 73
  экспозиция Человеческие расы 49
Филлипс У. Гэри 286–288
Фокс-Дженовезе Элизабет 305
Фолуэлл Джерри 111, 234, 279, 280, 307, 342
Фолкнер Дэнни 27, 241, 242
Фонд креационных наук / Creation Science Foundation 22, 23
Фридман Ричард Эллиот 211, 212
Фрэнк Дуг 77, 79
фундаментализм 10, 11, 14, 18, 30, 76, 146, 224, 271, 342, 351, 369, 409, 410
  ад и 366–373
  библейская интерпретация и 224, 227, 229, 230, 233, 308
  геология потопа и 20, 137, 146, 386
  диспенсационный премилленаризм и 14, 76, 83, 285
  евангелизм 14, 16, 18, 20, 23, 76, 137, 146, 224, 233, 243, 255, 306, 307, 310, 353
  кампании 15
  комментированная Библия Скоуфилда 20, 76, 229, 230, 233, 237, 285
  политический консерватизм и 10, 16
  преподавание эволюции в государственных школах и 15, 18, 22, 253, 254, 263, 299
  процесс над Скоупсом / Обезьяний процесс и 15, 16, 19, 110, 111, 234, 293
  Сидервилльский университет и 344, 347, 349–351
  Творческие колледжи и 342, 351
  Фундаменталии / Fundamentals The 13, 14
  христианские правые 263, 264, 307, 340

Хаарсма Дебора 362, 363, 365
Хагерти Барбара Брэдли 67
Хаймс Майкл 372
Хамово проклятье 302, 303
Хамфрис Рассел 336
Харауэй Донна 44
Харлоу Дэниэль 358–360
Хёрл Кристен Э. 101, 102
Хилл Майкл 312
Хиллард Тодд А. 297; см. *Дарвинова плантация*

Ходж Боди 67, 77, 244, 256, 303–305, 340, 341
Ходж Чарльз 232, 233
Холл Грег 352, 353, 358
Хоффман Мальвина 49
Христианская Америка и Царство Божие (Хьюз) / *Christian America and the Kingdom of God* (Hughes) 260
Христианская Америка: упадок и разрушение 258–270
христианские правые 17, 262, 264, 265, 268, 274, 280, 307, 311, 326, 328, 340, 343, 385
дело Терри Шайво и 262, 263
институции 313, 385
креационизм и 326, 372, 385
мусульмане и 264
расовый дальтонизм в обществе 309, 312
Христианская реформатская церковь 359
Христос-Дверь, мультимедийный театр 376, 379
Хьюз Ричард 260
Хэм Мервин 21
Хэм Кен 21, *passim*
ад проклятие и 366–373
дебаты с Биллом Наем и 106, 108, 111, 112, 114, 123, 143, 159, 177, 345, 374
младоземельный креационизм и 22, 23, 111–114, 118, 119, 140, 160, 162, 177, 192, 217, 218, 270, 328, 340, 344, 352, 372, 385
мобилизация науки и 185
научный метод 66, 115, 116, 119, 123, 124, 146, 147, 160–163, 165, 173

о *Семи Столпах предвечного замысла Божьего* 76, 274
о *соглашающихся* организациях 368
о борьбе с расизмом 247, 295, 297, 309, 313
о гомосексуализме 254, 274, 277, 279, 281, 351
о греховности в прошлом и настоящем 189, 264, 325
о документальной гипотезе 212, 213
о Кальвиновском колледже 358, 359, 388
о книге Бытия 21, 23, 104, 111–114, 117, 121, 188, 189, 192, 212, 217, 218, 222, 226, 274, 327, 338, 354, 356, 365, 367
о культурной войне 23, 247, 269, 313, 314, 338, 355, 385
о межрасовых браках 307
о Ноевом Ковчеге 280, 281, 378, 380–382
о ношении одежды 338
о репортаже Мэддоу 313
о христианской Америке 59, 114, 258–270, 326
об инопланетянах 264
об однополых браках 247, 274, 276, 279, 281, 310, 368, 369, 385
об отделении церкви от государства 266
об Уолтоне 218, 221, 365
Одна кровь 291
Сидервилльский университет и 343–346, 351, 356, 388
Эннс и 225, 363, 365
Ответы и 24, 25, 28, 30, 31, 66, 67, 92, 106, 108, 110, 113,

115, 117, 121, 124, 135, 138, 162, 173, 188–190, 213, 221, 225, 226, 247, 252, 254, 258, 265–268, 274, 276, 280, 295, 309, 310, 313, 314, 328–330, 338, 340, 343–346, 351–353, 362, 364–366, 369, 371, 372, 374, 376, 378, 380, 385
Дарвинова плантация 297, 298, 307
Ложь 160, 268, 325
онлайн-пресс-конференция 374
Семь Столпов истории 274
BioLogos и 362–364

цели Музея 9, 31
церковные конференции презентации *Ответов* 330, 361
Церковь Назарянина 354, 366

Чаллис Тим 369
Чарльз Элизабет Рандл 231
Чаффи Тим 187, 210, 240, 241, 275
человеческий разум: как оппозиция Слову Божьему 58
Чемерински Эрвин 383
чтение глубокое 199

Шайво Терри 262, 263
Шестидневный театр 59, 88, 100, 177, 196
Шлосс Джефф 362, 363
Шнайдер Джон 359, 360
Шульсон Майкл 108
шутинги 255, 256, 261: см. расстрелы в школах

Эванс Рэйчел Хелд 355
эвтаназия 59, 84, 262, 263
эволюция 14, *passim*; см. также дарвинизм
  антисемитизм и 81, 300, 301
  геология потопа и 19, 20, 62, 138–140, 143, 149, 172, 386
  Гиллеспи 335
  государственные школы и 15, 18, 22, 253, 254, 263, 299
  расизм и 296–300
  христианская вера в 14, 95, 189, 269, 288, 355, 359, 367
Эволюция Адама: что говорит и чего не говорит Библия о происхождении человека / Evolution of Adam, The, книга Питера Эннса 225
эволюционизм 15, 81, 110, 111, 118, 138, 256, 299, 326, 338
Эдвардс Брайан 187
Эдемский сад 10, 44, 55, 60, 68, 70, 74, 82, 87, 103, 189, 198, 202, 214–217, 246, 257, 270, 273, 274, 282, 286
  Древо жизни 10
  использование библейского текста в 214, 216, 217
  как гетеросексуальный рай 270–281
  как глазок 72
  как патриархальный рай 282–289
  обещание данное посетителям и 87
  Семь С и 78
Эйкли Карл, диорамы 44
экспонаты 9, 31, 34, 36–39, 42, 43, 45, 46, 50–52, 54, 62, 64, 65, 69,

70, 85, 87, 98–102, 120, 121, 136, 296, 297, 345

экспозиция Музея Сотворения мира 97–105

экспонирование 38, 40, 42–6, 101, 102, 105

эмпиризм 45

Эннс Питер 214, 220, 225, 363, 365

Эпоха раздробленности / *Age of Fracture*, книга Даниэля Роджерса 309

Эпоха Церкви 78, 81, 82

Эфрон Ноах Дж. 80, 81

Южная баптистская конвенция 306, 349

BioLogos 189, 360–364

Newsweek, журнал 259, 261, 261, 264, 265

NW Creation Network, организация по защите библейской истории 336

sola scriptura 184, 190, 222, 224, 230, 231, 237

Troyer Group The, строительная компания 377

Оглавление

План музея 6

Вступление 9
Глава первая. Музей 33
Глава вторая. Наука 106
Глава третья. Библия 182
Глава четвертая. Политика 245
Глава пятая. Суд 315
Эпилог 374

Слова благодарности 386
Список цитируемой литературы 391
Рекомендации для дальнейшего прочтения 409
Предметно-именной указатель 414

Научное издание

**Сюзан Л. Троллингер, Уильям Вэнс Троллингер — мл.
АМЕРИКА ПРАВЕЕ(Т)
Музей Сотворения мира**

Директор издательства *И. В. Немировский*
Ответственный редактор *И. Белецкий*
Куратор серии *В. Кучерявенко*
Заведующая редакцией *И. Емельянова*

Дизайн *И. Граве*
Редактор *П. Казакова*
Корректор *И. Манлыбаева*
Верстка *Е. Падалки*

Подписано в печать 29.11.2025.
Формат издания 60 × 90 $^1/_{16}$. Усл. печ. л. 27,3.
Тираж 200 экз.

Academic Studies Press
1577 Beacon Street, Brookline, MA 02446 USA
https://www.academicstudiespress.com

ООО «Библиороссика».
198207, г. Санкт-Петербург, а/я № 8

12+

Знак информационной продукции согласно
Федеральному закону от 29.12.2010 № 436-ФЗ

www.ingramcontent.com/pod-product-compliance
Lightning Source LLC
Chambersburg PA
CBHW052042220426
43663CB00012B/2406